1 2 3 Lune !

Manuel de code en ateliers CP

GUIDE PÉDAGOGIQUE

Jean-Claude Seguy
Inspecteur de l'Éducation nationale

Bénédicte Gastellu
Conseillère pédagogique, Conseillère départementale « Maternelle »

Audrey Luscher
Conseillère pédagogique de circonscription

Remerciements

Nous remercions **Jordan Chassain**, enseignant en CP, à l'école René Beauverie de Vaulx en Velin, **Evelyne Do Nascimento** et **Laurence Hergott**, enseignantes en CP-CE1 et CP, à l'école Paul Claudel de Jonage, **Aurélie Karsenti** et **Sylvain Moiriat**, enseignants en CP, à l'école Frédéric Mistral de Vaulx en Velin, d'avoir partagé avec nous leur expérience de plusieurs années de pratique du concept de cette méthode. Ils ont contribué, avec beaucoup de professionnalisme, à la relecture et aux enrichissements de cette collection.

bordas éditeur

Coordination artistique : Pierre Taillemite et Alexandre Millot
Fabrication : Laura Milhomme
Mise en pages : STDI
Infographie : Domino

Avant-propos

1 2 3 Lune ! est une méthode combinant, dans une complémentarité efficace, **les différentes composantes de l'enseignement de la lecture**. Elle propose :

1. **La mise en valeur des liens grapho-phonémiques** grâce à des séances de code avec des activités fondées sur des supports audios ;

2. Une période d'observation des élèves en début d'année permettant la mise en place d'une **différenciation pédagogique efficace** ;

3. Une différenciation proposée dans tous les supports pour **trois groupes de besoins** sous forme d'**ateliers guidés** et d'**ateliers autonomes** ;

4. Un enseignement approfondi de la **compréhension** par des stratégies explicites ;

5. Un **enseignement explicite** développant une attitude active et réflexive chez les élèves.

Dans cette méthode, nous avons voulu formaliser et mettre au service de tous notre expérience d'inspecteur et de conseillères pédagogiques en **éducation prioritaire renforcée**.

En effet, face aux difficultés récurrentes et fréquentes des élèves de nos territoires au moment de leur entrée dans l'apprentissage de la lecture, nous avons expérimenté pendant presque 10 années, une **adaptation différenciée de l'enseignement de la lecture**.

L'enseignement différencié de la lecture, nous en sommes convaincus, permet de gérer la grande hétérogénéité des élèves et d'aider chacun à devenir, au cours de son année de CP, un bon lecteur. Chaque élève suit ainsi un cheminement adapté à ses possibilités et évolutif au fil de sa progression individuelle.

Pour cela, nous avons développé **des stratégies et des organisations d'enseignement** qui répondent à cet objectif, afin de vous accompagner au mieux dans cette démarche et d'outiller vos élèves.

Ce sont ces stratégies et ces organisations, testées et améliorées pendant plus de dix ans, que nous vous présentons dans les pages suivantes.

Nous vous souhaitons, à vous qui choisissez de cheminer avec notre méthode 1 2 3 Lune ! une belle et bonne année d'enseignement de la lecture.

Les auteurs

Sommaire

Partie I
Présentation générale

Partie II
Repères didactiques et pédagogiques

Sommaire

Sommaire

Partie IV • Accompagnement pas à pas

Partie V • Textes à lire

Partie I
Présentation générale

A Les cinq principes généraux

123 Lune! est une méthode de lecture structurée autour de cinq principes généraux.

PRINCIPE 1 : Les liens grapho-phonémiques

L'entrée dans l'apprentissage de la lecture se fait par **le graphème**, conformément aux préconisations des programmes de 2018 (programme consolidé du *BO* n° 31 du 30/7/2020), en appui sur les composantes orales de la langue. Une entrée efficace dans l'apprentissage de la lecture s'appuie en effet sur une bonne maîtrise de la langue orale et de sa composante phonologique. Plus la conscience phonologique est assurée, plus l'entrée dans la combinatoire est rapide et stable.

De plus, pour une compréhension maîtrisée de **la segmentation des mots dans les phrases** et pour une acquisition durable des **correspondances graphèmes-phonèmes**, l'élève doit pouvoir **entendre ce qu'il voit**. C'est pourquoi, toutes les activités que nous proposons dans le *Manuel de code* veillent à mettre systématiquement en scène **les liens grapho-phonémiques** grâce à des audios.

Ces **audios** sont accessibles, en classe, sur le Manuel numérique de l'enseignant et les tablettes des élèves, mais aussi à la maison, sur un smartphone via des QR codes®.

Ces audios présentent **un triple avantage** :

- Pour **l'élève** : les audios lui permettent d'entendre autant de fois que nécessaire les sons liés aux éléments graphiques qu'il a sous les yeux.
- Pour **l'enseignant** : les élèves peuvent écouter en autonomie les audios grâce à une tablette et un casque. L'enseignant est donc beaucoup moins sollicité par les élèves pour répéter les mots cibles.
- Pour **les parents** : les audios sont facilement accessibles pour le suivi et l'entraînement de leur enfant à la maison.

PRINCIPE 2 : Une période d'observation

Dès le début du CP, les enseignants se trouvent confrontés à une grande hétérogénéité des élèves, à la fois dans leur capacité à entrer dans la perception du code et dans leur compréhension de l'écrit. Nous proposons donc **une période d'observation** des élèves, pendant les premiers jours de classe, lors des situations de réactivation des acquis de la Grande Section. Cette période permet aux enseignants d'identifier les différents besoins de chaque élève et de mettre en œuvre, dès le début de l'année, une **différenciation pédagogique adaptée**.

Nous proposons des **grilles de critères** liés aux compétences attendues pour aider les enseignants à effectuer ces observations (à télécharger sur notre site Ressources **https://123-lune.editions-bordas.fr**).

Cette modalité d'observation des élèves, qui se poursuit tout au long de l'année, privilégie l'évaluation en continu de **l'élève en action**, évitant la forme écrite et standardisée. Les observations réalisées sont complétées plus tard par le résultat des évaluations nationales plus formelles : l'enseignant peut alors ajuster sa différenciation au fur et à mesure de l'année.

Cette pratique présente de **nombreux avantages** pour l'enseignant comme pour les élèves :

- La prise en compte des stratégies mobilisées par l'élève et non pas seulement du résultat produit ;
- Le maintien d'une ambiance de travail sereine puisque les élèves sont observés dans leur contexte habituel de travail ;
- La photographie instantanée du positionnement des élèves sur des items mesurables et réajustables au fil de leurs progrès, qui servira de base à l'organisation en trois groupes de besoins ;
- La limitation des photocopies.

PRINCIPE 3 : La différenciation

La plupart des activités de notre méthode sont proposées avec une **différenciation en trois groupes de besoins** (3 pictogrammes : ☼ ★ ☾) dans le *Manuel de code*, le *Fichier d'exercices de code* et le *Fichier de lecture autonome*, ainsi que pour les activités de compréhension. Une organisation pédagogique permettant de gérer les apprentissages selon ces trois niveaux est détaillée dans ce

Guide pédagogique.

Les trois groupes de besoins sont constitués par l'enseignant en début d'année mais **doivent être réévalués constamment** au gré des apprentissages des élèves. **Ils ne sont pas forcément constitués des mêmes élèves selon les matières enseignées :** ainsi un élève qui a acquis une capacité de décodage maîtrisée peut rencontrer des difficultés en compréhension, et vice-versa.

Le niveau ★ constitue **le socle minimum à atteindre au CP**. Les élèves du groupe ☼ n'ont donc pas vocation à rester dans ce groupe, mais à rejoindre le groupe ★. Les élèves du groupe ☾ trouveront dans les activités qui leur seront proposées des tâches à leur mesure et qui nourriront leur envie de progresser.

Cette différenciation s'appuie sur une ritualisation des tâches permettant à l'élève d'acquérir des habitudes de travail et de construire une **autonomie progressive**.

Plusieurs modalités servent cet objectif.
– Des **formes de regroupement** variées : travail individuel en autonomie, en binômes, en petits groupes guidés ou non par l'enseignant ;

– Des **supports** de différentes natures pour l'élève :
- les exercices du *Manuel de code* et les *Fiches d'exercices de code*, différenciées selon trois niveaux ;
- les *Fiches de lecture autonome* différenciées selon trois niveaux ;
- les outils présents sur le site Ressources de la méthode (**https://123-lune.editions-bordas.fr**) que l'enseignant peut imprimer et plastifier ;
- des activités d'appropriation type *tiroirs d'autonomie* (reprise en autonomie d'activités travaillées en atelier guidé ou activités complémentaires).

L'**initiation à l'autonomie** revêt une importance capitale pour favoriser l'acquisition du statut d'élève, c'est-à-dire passer de l'autonomie fonctionnelle à l'autonomie dans les apprentissages. Elle permet de **substituer des activités occupationnelles par des activités confortant les apprentissages** et ainsi de contribuer au cadre serein de travail.

Ce *Guide pédagogique* propose des explications très concrètes, période par période, sur la mise en œuvre de ces modalités de mise en autonomie des élèves.

PRINCIPE 4 : Des stratégies de compréhension

L'enseignement de la lecture revêt plusieurs composantes étroitement imbriquées (phonologie, combinatoire, liens grapho-phonémiques, compréhension, fluence…), le bon développement des unes s'appuyant sur la maîtrise des autres. Nous proposons donc un travail sur la **compréhension en lecture dès le début de l'année**.

■ Des activités guidées par l'enseignant

Nous sommes intimement persuadés que **la compréhension s'enseigne** et proposons donc des séquences de compréhension, qui s'étalent sur une ou deux semaines, se déroulant la plupart du temps **à l'oral**, en classe entière ou en groupes de besoin (☼ ★ ☾).

Au cours de ce travail oral, l'élève développe les **compétences discursives** principales grâce au travail sur des **stratégies de compréhension** opérationnelles, au-delà des simples questions sur le texte.

Toutes ces stratégies sont ensuite gardées en mémoire dans les activités spécifiques de *Mon carnet d'apprenti lecteur*.

■ Un travail en autonomie

Ces **stratégies de compréhension** sont simultanément remobilisées explicitement dans les activités de lecture autonome de textes déchiffrables proposées dans les *Fiches de lecture autonome* différenciées (☼ ★ ☾).

PRINCIPE 5 : Un enseignement explicite

Nous avons pris le parti de placer toutes nos propositions pédagogiques, d'organisation ou d'activités, au service d'un **enseignement explicite.** Il ne s'agit pas ici simplement d'expliquer à l'élève ce qu'on lui enseigne mais de l'accompagner à mettre « des sous-titres » sur l'activité ou la tâche qu'il accomplit afin de lever les implicites des procédures en jeu. Ainsi, on fait appel de sa part, à une attitude active et réflexive.

Parallèlement, nous proposons des principes de guidance pour l'enseignant ainsi que des techniques d'entraînement nécessaires à l'acquisition de toute notion nouvelle par des élèves de CP.

L'enseignement explicite sert notre principe de différenciation car il répond à plusieurs objectifs :

- Aider l'enseignant à gérer la complexité des notions enseignées et à apporter une réponse adaptée à chaque élève ;
- Viser le **100 % déchiffrable** dans le *Manuel de code* et les textes des *Fiches de lecture autonome* ;
- Remobiliser dans les activités des *Fiches de lecture autonome*, les **stratégies de compréhension** étudiées dans les séances orales de compréhension et dans les activités de *Mon carnet d'apprenti lecteur* ;
- Accompagner, dès le début de l'année, l'entrée dans l'apprentissage du code et de la compréhension par de la **production d'écrit** ;
- Instaurer des situations contraignantes dans l'enseignement de la **copie** et accompagner ces situations par la verbalisation des **procédures** et stratégies mobilisées afin de rendre explicites les leviers de progression dans la maîtrise qualitative de la copie.

B Les outils pour l'élève

1. Les outils pour l'étude du code

a. Le Manuel de code

Le *Manuel de code* comporte tous les supports d'activités liés à la découverte du code (codage, décodage, lectures proches du 100 % déchiffrable, fluence, écriture). Il propose dès le début de l'année un travail sur l'observation de la langue et évolue, au fil de l'année, vers des activités d'orthographe lexicale, d'orthographe grammaticale et de lexique. Il introduit trois petits personnages attachants qui vont accompagner l'élève tout au long de sa progression : Nina et Noé et leur ami ours, Chouchou.

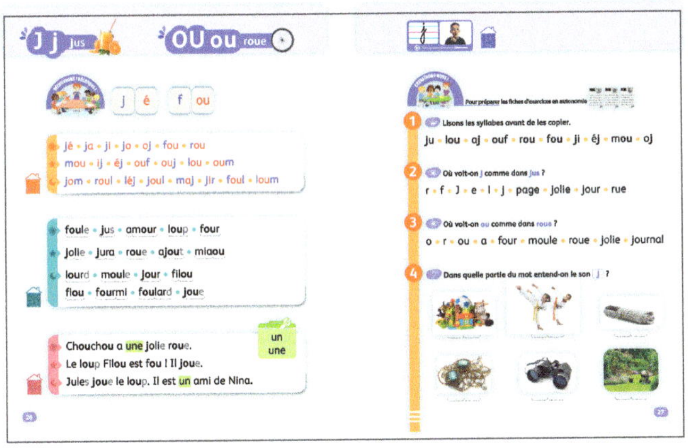

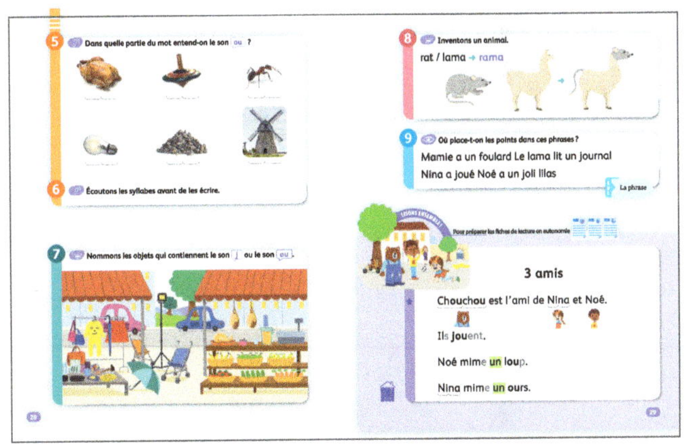

Ce manuel propose, **pour chaque semaine de l'année**, des **leçons sur deux doubles pages** permettant l'étude **simultanée de deux graphèmes**, de façon à en aborder une étude comparée. Tous les graphèmes étudiés pendant les trois premiers mois de l'année sont choisis pour leur **proximité phonologique**, le passage de l'un à l'autre s'opérant avec un minimum de repositionnement des organes phonatoires.

Ces leçons sont toutes construites autour de **trois rubriques** successives :

- *Découvrons ! Décodons !*
- *Entraînons-nous !*
- *Lisons ensemble !*

■ *Découvrons ! Décodons !*

Cette rubrique permet, à l'aide de **cartes graphèmes**, de favoriser une approche kinesthésique jusqu'en période 2. Ces cartes graphèmes sont disponibles sur le site Ressources de la méthode : https://123-lune.editions-bordas.fr. Elles peuvent ensuite être utilisées en différenciation et en soutien selon les besoins. Pour introduire les graphèmes, des **vidéos** sont également à la disposition de l'enseignant dans la *version numérique enseignant* du *Manuel de code* : elles permettent de visualiser la prononciation des phonèmes et les gestes d'écriture des lettres associées à ces graphèmes.

On trouve ensuite dans cette rubrique des activités rituelles de décodage de syllabes, mots et phrases. Elles sont proposées par groupe de besoins (☀ ★ ☾) de façon à ce que l'enseignant puisse diriger les ateliers guidés facilement, tout au long de la semaine.

■ *Entraînons-nous !*

Cette rubrique propose un **travail oral de préparation au travail en autonomie** qui sera réalisé par les élèves sur les *Fiches d'exercices de code*. Ce travail oral est mené par l'enseignant en **ateliers gui-**

dés, par groupe de besoins, tout au long de la semaine. La différenciation est, soit prévue dans le manuel lorsqu'elle porte sur le niveau de complexité de l'activité, soit à adapter quantitativement par l'enseignant en fonction du groupe qu'il accompagne.

Les activités proposées, la plupart du temps dans le même ordre tout au long du manuel de façon à permettre l'autonomisation des élèves, traitent les domaines suivants : la copie, la discrimination visuelle, la discrimination auditive, la dictée, la fluence à partir de la période 3, l'encodage et le décodage, la production d'écrit, l'étude de la langue.

■ ***Lisons ensemble !***

Cette rubrique permet de préparer à l'oral le travail des élèves en autonomie sur les *Fiches de lecture autonome*. Ce travail commun à l'oral est à réaliser en milieu de semaine quand les élèves sont familiarisés aux nouveaux graphèmes. Cela leur laisse le temps de réaliser les *Fiches de lecture autonome* durant les ateliers de la fin de semaine.

b. Les Fiches d'exercices de code – Fichier à photocopier

Pour chaque semaine, trois fiches de trois niveaux différents (☀ ★ ☾) sont proposées, permettant ainsi une différenciation dans la classe. Ces *Fiches d'exercices de code* sont à réaliser, en autonomie, par groupe de besoins.

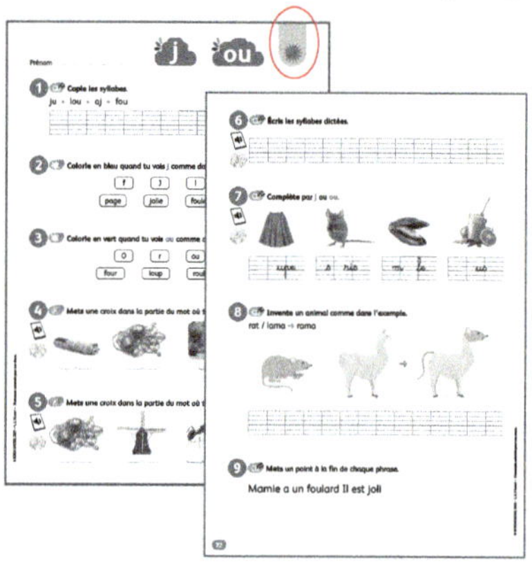
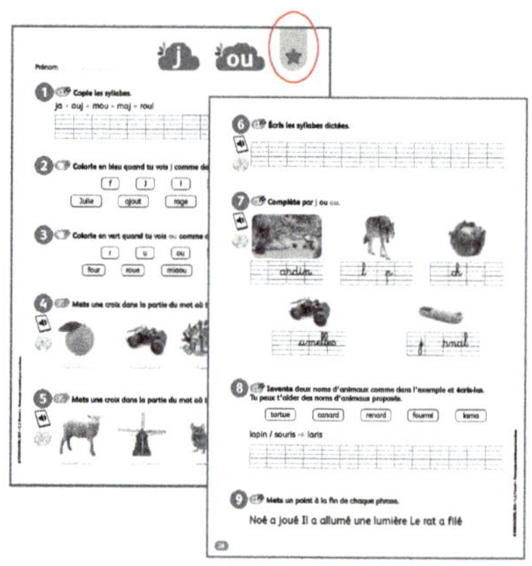
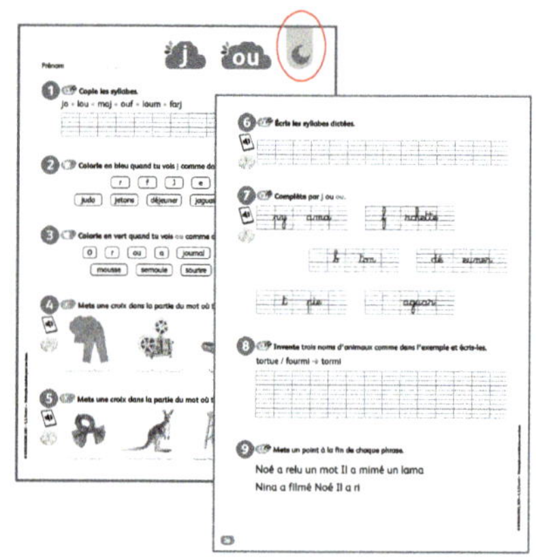

Ces fiches reprennent les activités de la rubrique *Entraînons-nous !* du *Manuel de code* de façon à permettre un **travail de renforcement et d'ancrage**. Elles proposent donc des exercices de discrimination visuelle, de discrimination auditive, de copie, de dictée, de production d'écrit, d'étude de la langue, à réaliser au cours de la semaine.

c. Les Ressources audios et vidéos

Le travail de décodage et d'encodage en autonomie sur les *Fiches d'exercices de code* se fait en appui sur des **supports audios** à écouter sur tablette. Si la classe n'est pas équipée en tablettes, cette écoute peut également être mise en place grâce à un dispositif collaboratif en duo d'élèves d'un même groupe de besoins.

L'oralisation des supports de travail est fondamentale pour aider les élèves dans la **discrimination auditive** d'une part, et dans la **prise de conscience des liens grapho-phonémiques** d'autre part.

Les *Ressources audios et vidéos de l'élève* sont à écouter et visionner sur tablette. Elles contiennent :

- Les vidéos de prononciation des phonèmes et les gestes d'écriture des lettres associés à ces graphèmes pour chaque leçon.
- Les audios nécessaires à tous les exercices : pour réaliser un exercice de discrimination auditive, de dictée ou d'encodage sur sa *Fiche d'exercices de code*, muni de sa tablette, l'élève clique sur chaque visuel pour entendre la prononciation du mot qu'il représente.

2. Les outils pour la compréhension

La compréhension est travaillée dans les supports suivants :

- ***Mon carnet d'apprenti lecteur***
- Les ***Fiches de lecture autonome*** présentes dans le fichier à photocopier.

a. Mon carnet d'apprenti lecteur

■ **L'enseignement de la compréhension** s'appuie sur des **textes entendus**, et le travail de lecture compréhension s'effectue **principalement à l'oral.**

■ Tous les textes à lire aux élèves sont présents dans la partie V « Textes à lire » de ce *Guide pédagogique* et sont également disponibles en version audio, lus par des comédiens. Ces audios sont accessibles dans la version numérique enseignant de *Mon carnet d'apprenti lecteur* pour une diffusion en classe qui permet à l'élève d'entendre une mise en voix différente de celle de son enseignant. Ils sont également accessibles via les QR codes® présents dans le *Carnet d'apprenti lecteur* pour une écoute à la maison.

■ Ces textes sont des textes littéraires variés, issus de la littérature de jeunesse ou du patrimoine, ainsi que des textes informatifs ou poétiques. L'étude de chaque texte s'étale sur une ou deux semaines, soit sur 4 à 8 séances. Un dessin animé est également proposé.

■ Une différenciation est proposée dans les fiches de préparation disponibles dans *ce Guide pédagogique* pour une mise en œuvre facilitée des séances de compréhension.

■ Les activités orales sur ces textes permettent l'élaboration d'une **représentation mentale de l'histoire**. Le rappel oral de ces récits oblige tout d'abord une **mobilisation lexicale et syntaxique**. Puis, la construction d'une **carte mentale collective** accompagne la constitution de cette représentation mentale. Elle permet de soutenir et d'outiller la construction des compétences de compréhension et de développer des compétences liées aux conduites discursives : expliquer, argumenter, décrire, raconter. Par ailleurs, les activités encouragent l'élève à faire des liens avec son expérience personnelle, sa culture en construction et lui apprennent à affirmer sa subjectivité.

■ *Mon carnet d'apprenti lecteur* permet de prolonger **le travail sur la compréhension effectué à l'oral** et de conserver une trace écrite de l'étude des textes (en image ou en production d'écrit). On y propose des activités permettant de dépasser le simple questionnement sur le texte et de développer des stratégies dans toutes les composantes de la compréhension. Ces différentes stratégies sont repérées par des pictogrammes.

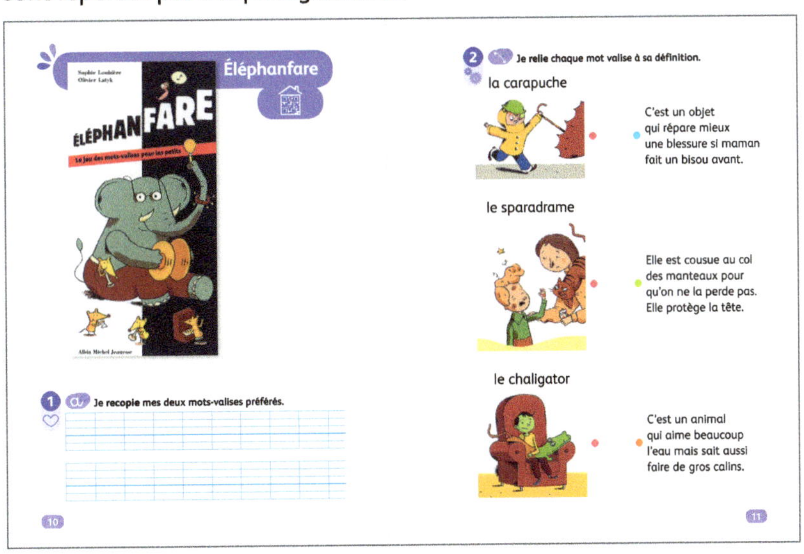

b. Les Fiches de lecture autonome – Fichier à photocopier

■ Ces *Fiches de lecture autonome* **hebdomadaires** permettent à l'élève d'effectuer une **synthèse du travail réalisé en apprentissage du code et en compréhension** :

– La progression de ces fiches est calquée sur la progression de l'étude des graphèmes dans le *Manuel de code.*

– Les acquis travaillés lors des séances de compréhension dirigées à l'oral par l'enseignant ou réalisées dans *Mon carnet d'apprenti lecteur* y sont réinvestis.

■ Un corrigé de ces fiches à destination des élèves est proposé de façon à pouvoir les rendre totalement autonomes, si l'enseignant le souhaite.

Ces fiches proposent :

- Des textes de trois niveaux de difficulté (☀ ★ ☾) au service de la différenciation autour des aventures des trois héros découverts dans le *Manuel de code* ;
- Des textes offrant un **pourcentage de déchiffrabilité élevé** qui permet très tôt à l'élève d'exercer sa capacité à lire des textes courts ;
- Des **activités de compréhension** pour que l'élève progresse sur sa capacité à comprendre des textes lus en autonomie.

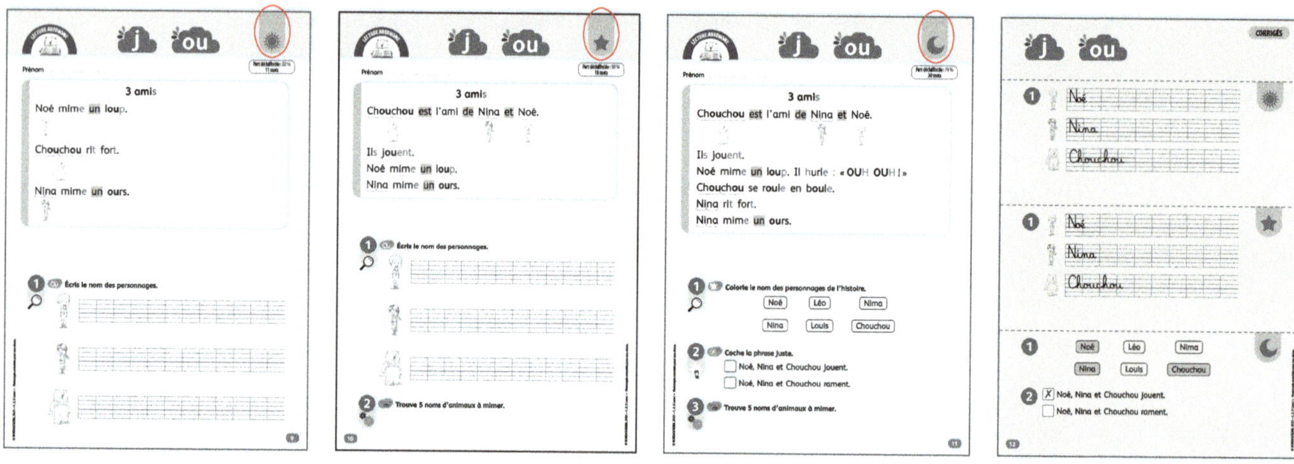

C Les outils pour l'enseignant

1. Le Guide pédagogique

Ce *Guide pédagogique* est très complet : il précise les **enjeux et les objectifs** des apprentissages proposés, les obstacles ou difficultés à surmonter, dans la perspective des cinq principes développés plus haut. Il donne par ailleurs des **repères didactiques et des conseils de gestion** des apprentissages à conduire.

On y trouve :

- Des mises en œuvre de séances différenciées et sollicitant l'autonomie des élèves ;
- Des fiches de préparation types pour les séances de code, période par période ;
- Des fiches de préparation pour toutes les séquences de compréhension ;
- Des activités complémentaires pour l'entraînement (organisables sur les temps de tiroirs d'autonomie ou dans le cadre des APC).

2. Le site Ressources https://123lune.editions-bordas.fr.

Il propose des outils téléchargeables gratuitement :

- Le guide pédagogique complet ;
- Les grilles d'observations des séances diagnostiques de début d'année en vue de la création des groupes de besoins ;
- Un tableau de synthèse de réussites des élèves aux exercices de fluence.
- Le matériel nécessaire à la conduite des séances de code (cartes graphèmes…), des séances de production d'écrit (Fiches ressources), des séances de compréhension (cartes personnages et lieux).

3. Le Manuel de code – Version numérique enseignant

La version numérique enseignant du *Manuel de code* est gratuite pour toute adoption du *Manuel de code* pour les élèves de la classe. Elle permet d'augmenter l'interaction avec la classe et l'implication de tous les élèves.

Cette version numérique enseignant comprend :

- Le *Manuel de code* optimisé pour la vidéoprojection : affichage pleine page avec possibilité de zoom sur les documents ;
- Toutes les vidéos du *Manuel de code* sur la prononciation des phonèmes et les gestes d'écriture de lettres associées aux graphèmes ;
- Les *Ressources audios et vidéos de l'élève* ;
- Ce *Guide pédagogique* en version PDF.

4. Mon carnet d'apprenti lecteur – Version numérique enseignant

La version numérique enseignant de *Mon carnet d'apprenti lecteur* est gratuite pour toute adoption de *Mon carnet d'apprenti lecteur* pour les élèves de la classe. Elle permet d'augmenter l'interaction avec la classe et l'implication de tous les élèves.

Cette version numérique enseignant comprend :
- *Mon carnet d'apprenti lecteur* optimisé pour la vidéoprojection : affichage pleine page avec possibilité de zoom sur les documents ;
- Tous les textes ou extraits à vidéoprojeter ;
- Tous les audios des textes lus par des comédiens ;
- Le dessin animé de Rita et Machin ;
- Les cartes mentales à projeter ;
- Les fiches de préparation des séances de compréhension.

D Les outils pour les parents

123 Lune! propose une solution inédite pour l'accompagnement des élèves à la maison par les familles.

1. Les audios du soir

Les audios du soir invitent les parents à **accompagner les apprentissages de leur enfant à la maison** pour lui permettre un réinvestissement rapide et régulier de ce qui est appris en classe.

En flashant les **QR codes®** présents tout le long du manuel avec un smartphone ou une tablette, les parents peuvent ainsi écouter **les supports audios de toutes les activités de décodage** du *Manuel de code*, ce qui leur permet de valider ce que lit leur enfant (la bonne prononciation, les bons accents, les bonnes intonations) et de le corriger si besoin. Syllabes, mots, phrases, et même les textes de lecture sont à leur disposition pour une mini-activité de travail chaque soir.

Les vidéos de prononciation des phonèmes et des gestes d'écriture des lettres associées aux graphèmes sont également accessibles aux parents grâce aux QR codes®.

2. Les textes à écouter

De même, les **enregistrements des textes lus à l'élève en classe pour le travail de compréhension** sont accessibles via les QR codes® présents dans *Mon carnet d'apprenti lecteur*.

Ils peuvent servir de supports à la maison pour le plaisir de réécouter le texte travaillé en classe.

Partie II • Repères didactiques et pédagogiques

Petit glossaire en guise de préambule

Phonèmes

Chacun des 36 phonèmes de la langue française « est l'un des plus petits sons que nous articulons lorsque nous parlons. Il est une unité indécomposable, par lui-même dénué de sens ».[1]

Graphèmes

« Les graphèmes sont la transcription écrite des phonèmes […] Les graphèmes sont en nombre beaucoup plus élevé que les phonèmes parce que les phonèmes peuvent s'écrire de plusieurs façons. [..] C'est cette situation qui explique les difficultés orthographiques du français ».[2]

Principe alphabétique

« Le principe alphabétique désigne le fait que les phonèmes sont représentés, transcrits par des graphèmes, qui s'écrivent à partir des lettres de l'alphabet. »[3]

Syllabe

« La syllabe se définit comme ce qui se prononce d'une seule émission de voix. Toute syllabe contient une voyelle, qui produit un son franc quand on la prononce. [..] C'est à partir des syllabes que l'on entend les phonèmes consonantiques. […] Les phonèmes qui composent la syllabe n'y sont pas simplement juxtaposés, prononcés l'un après l'autre, mais assemblés dans une seule émission de voix qu'est la syllabe, unité d'articulation des mots. »[4]

Conscience phonologique

« Aptitude à se représenter de manière consciente et explicite la langue comme une séquence d'unités sonores (mots, syllabes, phonèmes). Elle se traduit par la capacité à percevoir, à identifier ces différents composants phonologiques et à les manipuler en pratiquant diverses opérations : repérer puis localiser, enlever, substituer, ajouter, combiner. »[5]

A Étude du Code

1. Ce que disent les programmes et les experts

« Pour pouvoir lire et écrire, les enfants devront réaliser deux grandes acquisitions : identifier les unités sonores que l'on emploie lorsqu'on parle français (conscience phonologique) et comprendre que l'écriture du français est un code au moyen duquel on transcrit des sons (principe alphabétique). […] À l'école maternelle, ils apprennent à manipuler volontairement les sons, à les identifier à l'oreille donc à les dissocier d'autres sons, à repérer des ressemblances et des différences. Pour pouvoir s'intéresser aux syllabes et aux phonèmes, il faut que les enfants se détachent du sens des mots.

L'unité la plus aisément perceptible est la syllabe. Une fois que les enfants sont capables d'identifier des syllabes communes à plusieurs mots, de les isoler, ils peuvent alors s'attacher à repérer des éléments plus petits qui entrent dans la composition des syllabes. Parce que les sons-voyelles sont plus aisés à percevoir que les sons-consonnes et qu'ils constituent parfois des syllabes, c'est par eux qu'il convient de commencer […]. »[6]

---

1. *Pour enseigner la lecture et l'écriture au CP*, Ministère de l'Éducation nationale et de la jeunesse, août 2019
2. Ibid.
3. Ibid.
4. Ibid.
5. *Mobiliser le langage dans toutes ses dimensions, Ressources maternelles,* Éduscol, Ministère de l'Éducation nationale et de la jeunesse, avril 2016
6. *Bulletin officiel* du 31 juillet 2020, Programme d'enseignement de l'école maternelle, Ministère de l'Éducation nationale et de la jeunesse

« Dans la continuité de l'école maternelle, les élèves réactivent **à la rentrée** leurs habiletés sur le découpage des mots en syllabes.
[…]
La capacité à segmenter des syllabes simples (CV : consonne-voyelle, VC, CVC) en phonèmes et à fusionner des phonèmes pour trouver la syllabe correspondante facilitera fortement l'apprentissage du code alphabétique.
L'apprentissage systématique des correspondances graphèmes-phonèmes (CGP) s'effectue tout au long de l'année et débute dès la rentrée à un rythme soutenu de 2 correspondances par semaine à partir de graphèmes réguliers, fréquents, et facilement prononçables pour atteindre 12 à 15 CGP en **fin de période 1.**

En **période 1**, les élèves décodent des syllabes puis des mots simples. Ils accèdent à la compréhension du code de l'écrit grâce à des phrases puis des textes que les élèves sont capables de déchiffrer en fonction de la progression de l'étude des CGP. Cet apprentissage est progressivement automatisé, en lien avec des activités d'écriture.

Tout au long de l'année, l'identification des mots écrits est soutenue par un travail de mémorisation de formes orthographiques visant à automatiser le décodage. »[7]

- Ainsi, en périodes 1 et 2, l'apprentissage sera centré sur la découverte des graphèmes, le décodage et l'encodage de syllabes et de mots. Le graphème y est généralement présenté par l'enseignant lui-même, à l'oral, en appui sur la manipulation de cartes graphèmes pour matérialiser la fusion des phonèmes.
- À partir de la période 3, l'apprentissage du code évolue de l'encodage / décodage vers **l'orthographe lexicale** et **l'orthographe grammaticale**.
- En effet, les trois stades de l'apprentissage passent **du logographique** (reconnaissance de symboles ou mots dans leur globalité : indices visuels) **à l'alphabétique** (après développement de la conscience phonologique et en particulier de la conscience phonémique, c'est la capacité à convertir les symboles écrits en leurs correspondants phonologiques) jusqu'au stade **orthographique** (développement des représentations orthographiques complètes et organisées des mots comme séquences de lettres ordonnées d'une certaine manière, et constitution d'un lexique orthographique par système « **d'accès direct »,** système utilisé par le lecteur expert).

Comme indiqué dans le Guide pour la lecture au CP[8], « si les élèves n'utilisent que leur compétence phonologique, ils écriront phonétiquement, « comme ils entendent ». S'ils utilisent leurs compétences phonologiques et morphologiques, ils écriront plus sûrement sur le plan orthographique. […] ces capacités leur permettront de comprendre les textes lus ». On voit donc l'intérêt d'enseigner également cette voie d'adressage, dite voie directe.

La voie phonologique consiste à découper le mot à déchiffrer en graphèmes, à associer chaque graphème au phonème qui lui correspond, puis à fusionner ces phonèmes. Cette fusion phonémique permettra d'accéder au sens du mot si celui-ci figure dans le répertoire phonologique de l'élève.

La voie directe consiste à identifier l'image globale d'un mot déjà rencontré et enregistré dans sa mémoire orthographique. Cette identification va activer le sens lié à cette forme graphique et également la forme phonologique de cette image mémorisée dans le répertoire phonologique associé au répertoire orthographique. Le mot va pouvoir être prononcé directement et globalement

7. *Bulletin officiel* du 20 juillet 2020, Repères annuels de progression pour le cycle 2, Ministère de l'Éducation nationale et de la Jeunesse
8. *Pour enseigner la lecture et l'écriture au CP*, Ministère de l'Éducation nationale et de la jeunesse, août 2019

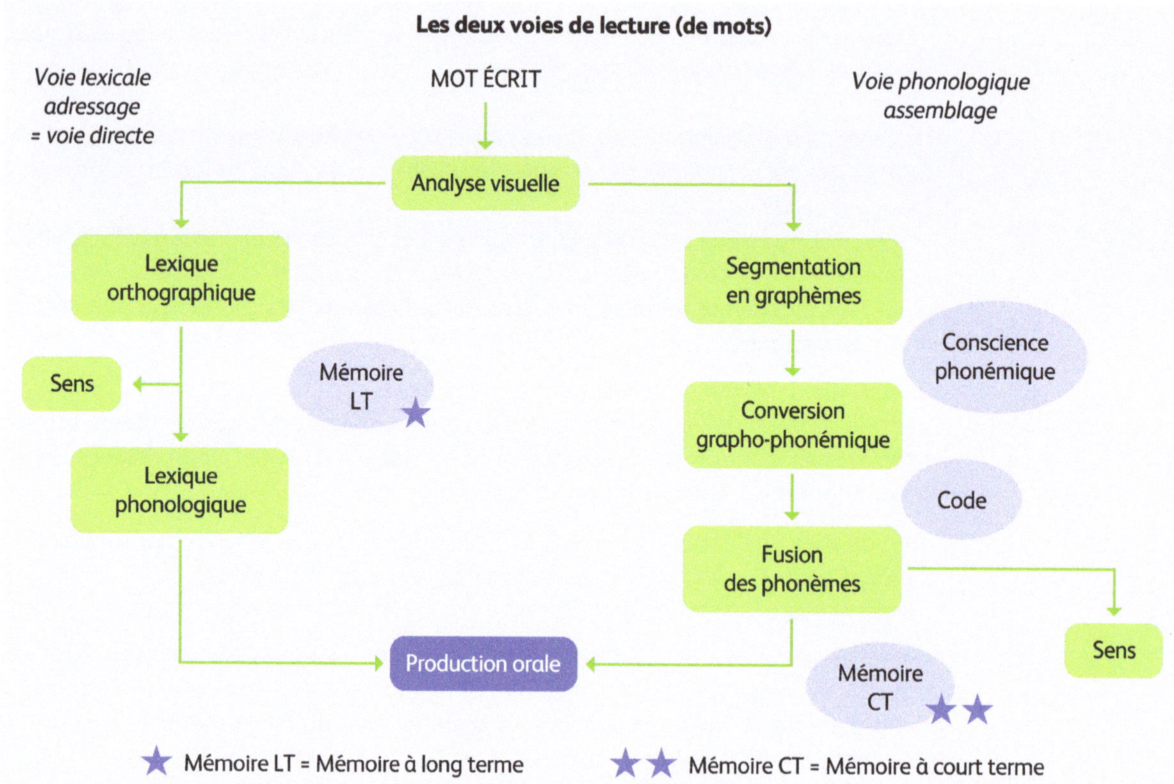

2. Les enjeux de la conscience phonologique et de la conscience phonémique

Par un entraînement intensif des habiletés phonologiques (notamment chez les élèves les plus fragiles), l'enseignant améliore chez l'élève la maîtrise du langage oral. Dès lors la langue devient un objet d'étude. C'est également un prédicteur de la réussite en lecture-écriture au CP.

3. L'apprentissage du code en autonomie

a. La mise en place de situations d'apprentissage en autonomie

- Les situations d'apprentissage en autonomie présentent deux avantages notables :
  - **L'enseignant a besoin de temps pour travailler certaines compétences en groupes restreints** ; la mise en autonomie des autres élèves de la classe lui permet de se ménager ces temps privilégiés.
  - Cette modalité permet aux élèves de **travailler la posture de l'élève apprenant**. Ce n'est pas une posture innée, et la fréquentation quotidienne de l'école ne suffit pas, pour un bon nombre d'élèves, à pouvoir se détacher de la gouvernance de l'enseignant. On attend des élèves qu'ils soient autonomes dans leurs apprentissages, qu'ils prennent en charge leur part de travail personnel. Pour permettre aux élèves de construire cette capacité de façon stable et durable, les enseignants doivent mettre en place des dispositifs pédagogiques adaptés.

- En maternelle, les élèves ont déjà commencé à explorer cette modalité de travail. Nous vous conseillons de vous rapprocher de vos collègues dans le cadre de la liaison GS-CP afin de connaître les fonctionnements vécus par les élèves les années précédentes.

- Il est nécessaire au CP de ne pas créer de rupture et de poursuivre le travail autonome. Cela implique que l'enseignant fasse confiance aux élèves et à leurs capacités. Les élèves se sentent ainsi valorisés. Ils vont pouvoir entraîner des compétences en cours d'apprentissage, répéter des apprentissages déjà maîtrisés, revenir sur des notions explorées, explorer et remobiliser leurs connaissances et leurs compétences, ce qui leur permettra d'accéder progressivement à une autonomie intellectuelle.

Une attitude spécifique est donc attendue des élèves mis en autonomie : ne pas faire de bruit, ne pas solliciter l'adulte, avoir recours à leurs connaissances et compétences déjà acquises pour réaliser la tâche demandée, être capable d'utiliser une aide matérielle ou celle d'un camarade.

- Ces attentes doivent être expliquées aux élèves et mises en œuvre dès le début de l'année. Cette étape fondamentale demande une attention particulière de la part de l'enseignant afin que cette organisation soit bien comprise.

En conclusion, l'objectif visé pour les élèves de cet âge est bien entendu, en premier lieu, l'autonomie matérielle, physique, affective. Mais l'objectif final consiste également en une autonomie cognitive. L'autonomie fait partie intégrante de la pédagogie différenciée.

b. Les conditions pour une mise en œuvre réussie du travail en autonomie

Plusieurs conditions doivent être réunies afin de mettre les élèves dans des situations de travail en autonomie efficaces :

- Un **aménagement** de l'espace classe : organisation spatiale, matérielle, temporelle, claire et structurée ;
- Une **lisibilité des apprentissages** dévolus aux temps d'autonomie : l'élève doit toujours savoir pourquoi il réalise une tâche et connaître le but de l'apprentissage ;
- Des situations d'entraînement de compétences **déjà enseignées en groupe classe** ou groupe restreint ;
- Des **situations connues** des élèves (pas de difficultés de compréhension de la consigne, pas d'attendus implicites) ;
- En cas de situations de découverte, ou d'exploration, une **mise en commun** en groupe classe ;
- Une **régulation et une évaluation** indispensables : que ce soit une auto-évaluation, une évaluation par un pair, ou une évaluation différée de l'enseignant, tout apprentissage nécessite un feedback permettant à l'élève de savoir ce qu'il a réussi et ce qu'il n'a pas réussi mais surtout ce qui lui a permis d'accomplir le travail demandé (en prenant conscience des stratégies : apprendre à apprendre) ;
- Une évolution du travail donné en autonomie au cours de l'année ;
- Un statut positif accordé à l'erreur.

B Production d'écrit

1. Les enjeux de la production d'écrits au CP

Au CP, les occasions de « produire de l'écrit » sont nombreuses et variées, et notamment dès le début de l'année. La production d'écrits est une activité qui implique un large champ de tâches complémentaires : encodage de syllabes et de mots, copie, dictée, geste d'écriture et production de textes, qu'il s'agisse de produire une phrase, puis plusieurs phrases en vue de produire du sens et de communiquer un message à autrui, ou de produire une phrase puis plusieurs phrases pour élaborer sa pensée.

Par ailleurs, les élèves possèdent à l'entrée au CP d'importantes représentations et connaissances sur l'univers de l'écrit. Au cycle 1, ils ont déjà commencé cet apprentissage. Même s'ils ne produisent pas encore de manière autonome un énoncé écrit compréhensible, leurs tentatives de communiquer ou de transcrire leur pensée par une trace écrite au sens large et sous différentes formes, existent déjà. Ces premières expériences doivent constituer un point de départ pour l'année de CP. Nous vous conseillons de vous rapprocher des enseignants de cycle 1 afin de connaître à quels types d'activités de production d'écrits les élèves ont été confrontés et à quelle fréquence, ainsi que les habitudes de travail installées et les outils en usage. Cela vous permettra de prendre appui sur ces expériences antérieures et sur les acquis des élèves afin de leur permettre de poursuivre cet apprentissage de façon rassurante.

L'activité de production d'écrits est complexe et coûteuse sur le plan cognitif car elle met en jeu de façon simultanée de nombreuses micro-compétences qu'un élève à l'entrée au CP n'a pas encore automatisées. Or ceci ne doit pas constituer un frein à une pratique quotidienne de cet enseignement. Ainsi, l'enseignement de l'écriture au CP ne peut se réduire à une démarche centrée sur le code, ni à une démarche centrée sur les aspects grapho-moteurs, comme en témoigne la représentation ci-dessous proposée par Sylvie Plane[9].

9. *Redonner toute sa place à l'écriture et à son apprentissage*, Contribution aux travaux des groupes d'élaboration des projets de C2, C3 et C4, Sylvie Plane, Conseil supérieur des programmes.

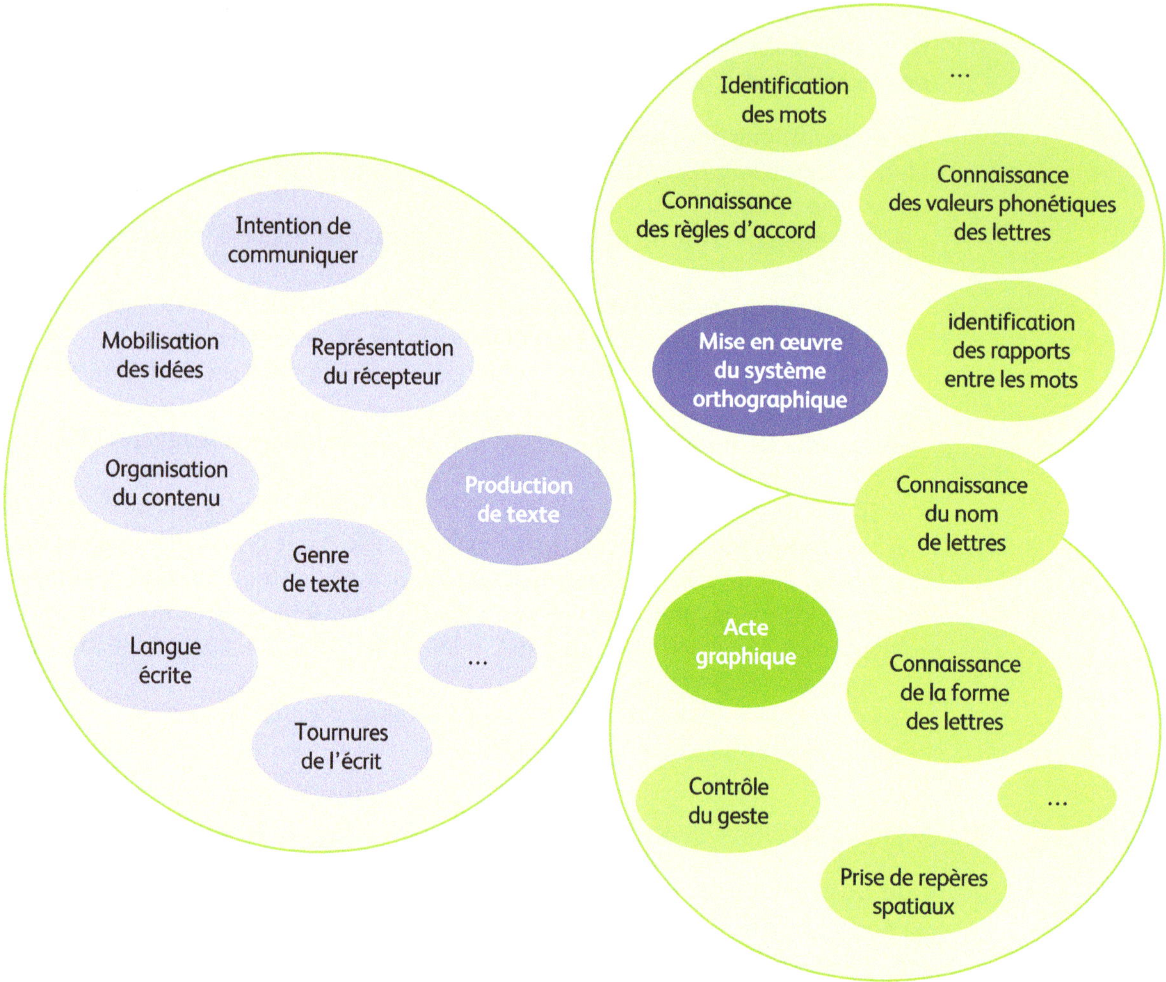

2. Ce que disent les programmes et les experts sur l'écriture

■ « Écrire est l'un des moyens d'apprendre à lire, en lien avec le vocabulaire, la grammaire, l'orthographe et la compréhension. La multiplicité des entraînements, sous diverses formes, conduit à une automatisation progressive. » peut-on lire dans le *Bulletin officiel de l'Éducation nationale* n°30 du 26 juillet 2018 relatif aux programmes du Cycle 2.

On voit ainsi que « la place importante accordée à des activités de production écrite joue un rôle essentiel dans la réussite de **l'apprentissage de la lecture**. C'est aussi en cherchant à écrire des mots, des phrases, des textes que l'élève va comprendre l'écrit et son fonctionnement. La production d'écrits est indissociable de l'apprentissage de la lecture, elle le renforce. »[10]

■ La production d'écrits améliore également l'apprentissage de la compréhension : « Les effets des activités d'encodage au sens large (syllabes, mots et phrases) sur les compétences des élèves en décodage, en orthographe ainsi que leur interaction réciproque avec les compétences en **compréhension**, ont été largement démontrés. »[11]

■ André Ouzoulias énumère, lui, 10 (bonnes) raisons de faire écrire pour enseigner la lecture[12], que l'on peut résumer ainsi :

1. Dans les tâches d'écriture, plus que de lecture, l'élève doit mobiliser son attention.
2. L'écriture note le langage.
3. Quand on écrit, il faut rester attentif à la fois au sens, au langage et à la langue.
4. Écrire aide à comprendre en quoi consiste l'acte de lire.
5. Le langage devient un objet qu'il faut manipuler et que l'écriture permet de manipuler consciemment.
6. C'est la main du jeune écriveur qui structure le regard du jeune lecteur.
7. L'écriture conduit naturellement à l'épellation.

10. *Des situations régulières de production écrite au CP*, Canopé, Ministère de l'Éducation nationale et de la jeunesse
11. *Les effets du temps passé à encoder sur les performances des élèves*, Jérôme Riou, Repères 55, 22 novembre 2017
12. *Tu feras produire des textes au cycle 2… 10 (bonnes) raisons de faire écrire pour enseigner la lecture*, A. Ouzoulias

8. L'écriture fréquente aide à mémoriser les petits mots dépourvus de charge sémantique.
9. Écrire provoque des allers-retours entre microstructure, mesostructure et macrostructure.
10. Écrire son texte aide à mémoriser les découvertes faites sur l'écrit.

C'est pourquoi l'enseignement de l'écrit ne doit pas être retardé. Son efficacité réside d'une part dans sa régularité et d'autre part dans les choix didactiques et pédagogiques de sa mise en œuvre[13].

Aussi, nous retiendrons les points de vigilance suivants :

- S'attacher à proposer des tâches de production d'écrits variées et en quantité aux élèves dès le début d'année ;
- Faire le lien avec les écrits mobilisés en compréhension et les connaissances sur la langue ;
- Faire prendre en compte le destinataire des écrits (écrire pour être lu) ;
- Proposer des situations d'écriture pour structurer sa pensée et garder trace d'une activité ;
- Proposer un enseignement structuré, explicite et différencié.

3. Ce que disent les programmes sur la rédaction de textes[14]

La rédaction de textes est articulée avec l'apprentissage de la lecture. **Il n'est pas nécessaire d'être lecteur pour commencer à écrire,** les professeurs s'appuient sur les acquis de l'école maternelle [...]. C'est le travail conduit avec méthode, explicite et continu sur le cycle, **en relation constante avec la lecture et l'étude de la langue,** qui fera progresser les élèves, alors que les activités dans lesquelles il s'insère apporteront la matière aux textes écrits.	
Attendus de fin de cycle	– rédiger un texte d'environ une demi-page, cohérent, organisé, ponctué, pertinent par rapport à la visée et au destinataire ; – améliorer un texte, notamment son orthographe, en tenant compte d'indications.
Compétences et connaissances associées	– identifier les caractéristiques propres à différents genres ou formes de textes ; – mettre en œuvre une démarche d'écriture de textes : trouver et organiser des idées, élaborer des phrases qui s'enchaînent avec cohérence, écrire ces phrases (démarche progressive : d'abord guidée, puis autonome) ; – acquérir quelques connaissances sur la langue : mémoire orthographique des mots, règles d'accord, ponctuation, organisateurs du discours, etc. ; – mobiliser des outils à disposition dans la classe, liés à l'étude de la langue (affiches, cahiers, ouvrages, etc.) ; – repérer des dysfonctionnements dans les textes écrits (omissions, incohérences, redites, etc.) pour améliorer son écrit ; – mobiliser des connaissances portant sur le genre d'écrit à produire et sur la langue ; – exercer une vigilance orthographique et mobiliser les acquisitions travaillées lors des leçons de grammaire, d'abord sur des points désignés par le professeur, puis progressivement étendue ; – utiliser des outils aidant à la correction : outils élaborés dans la classe, guide de relecture, etc.
Attendus de fin d'année de CP	**Exemples de réussite** – [L'élève] reconnaît qu'un texte est un documentaire en s'appuyant sur une ou plusieurs caractéristiques liées au genre. – Il est capable d'une première planification guidée de son écrit : il fait le point sur ce qu'il connaît sur le type d'écrits, propose des mots en rapport avec le thème, s'imagine l'histoire et la retient avant de l'écrire, repère les outils à disposition. – Il formule une réponse pour résoudre un problème mathématique, une question dans le cadre de la démarche d'investigation… – Suite à la lecture d'un récit à structure répétitive, il écrit un nouvel épisode en respectant la structure imposée par l'auteur. – Il orthographie correctement les mots outils et les mots fréquents étudiés et déterminés à partir d'échelles de fréquences. – Il orthographie les formes verbales fréquentes et rencontrées lors des lectures (c'est, je suis, il est, ils sont, il fait, il va, il a…). – Il orthographie des accords entendus à l'intérieur du groupe nominal. – Il utilise des organisateurs rencontrés et étudiés lors des lectures (mais, puis, et…). – Il utilise son cahier de références, les affiches de la classe et/ou une grille de mots définis pour écrire les mots de la phrase.

13. http://centre-alain-savary.ens-lyon.fr/CAS/education-prioritaire/ressources/theme-1-perspectives-pedagogiques-et-educatives/lire-ecrire-parler-pour-apprendre-dans-toutes-les-disciplines/dossier-lire-ecrire/copy_of_ecriture-se-construire-une-culture-commune
14. *Bulletin officiel* du 20 juillet 2020, Ministère de l'Éducation nationale et de la Jeunesse

■ L'élève doit être exposé à des situations d'écrits variées, et des types d'écrits à produire diversifiés au cours de l'année scolaire. Les diverses activités de la classe par exemple dans le domaine du « Questionner le Monde » sont des occasions de mettre les élèves en situation de production d'écrit. Les élèves sont alors incités à produire des écrits spontanés. Les écrits de travail font partie à part entière des activités de production d'écrit. Il est important de mettre en œuvre « des écrits courts porteurs de sens et qui se suffisent à eux-mêmes »[15].

■ Produire des écrits courts dès le début de l'année va concourir à renforcer les compétences des élèves en lecture. Il s'agit donc d'une activité essentielle car ils vont être confrontés à l'encodage mais aussi à la planification des idées et à la révision de leur texte.

4. Le processus d'écriture

■ Le processus d'écriture, étudié sur des sujets adultes, est composé de trois phases (*cf.* modèle d'Hayes et Flower, 1980). Toutefois, depuis ce modèle, on considère que pour un élève en cours d'apprentissage de cette activité complexe et multidimensionnelle, le déroulement de ces phases n'est pas linéaire mais constitué d'aller-retour entre ces phases. Ces interactions doivent être explicitement prises en compte dans la démarche d'enseignement. Dominique Bucheton écrit : « La mise en mots provoque de nouvelles idées qui modifient la planification du texte et de la syntaxe, qui font bouger le sens (…). Ces opérations mentales se déroulent en boucles plusieurs fois avant d'aboutir au texte final. Ainsi, les idées viennent en écrivant, l'organisation générale du texte peut se transformer après le premier jet. Les révisions ou corrections peuvent affecter autant le plan que les idées ou la mise en mots. »[16]

■ À chaque étape, le rôle et la place de l'enseignant doivent être pensés dans le sens de l'accompagnement des élèves dans le processus d'écriture. En effet, il n'est pas possible de demander à un élève de CP de prendre en charge toutes les dimensions d'une tâche d'écriture de façon autonome. Ainsi, au regard des objectifs visés, l'enseignant pourra prendre à sa charge certains aspects de la tâche d'écriture. Par ailleurs, la nature des consignes d'écriture qu'il choisit, leur lien avec les autres apprentissages en place dans la classe sont également des paramètres permettant de réduire la complexité de la tâche.

■ Le travail en production d'écrit fait interagir trois dimensions jusqu'à la production finale, comme définies dans *L'écriture au Cycle 2*[17] :

La planification	La mise en texte	La révision
Construction d'une vue d'ensemble du texte : ■ Le but du texte ; ■ Le genre du texte : ■ Le destinataire du texte ; ■ Le contenu du texte.	Structuration de l'ensemble du texte : ■ Organiser les informations ; ■ Assurer la liaison et la continuité entre les phrases : ■ Rédiger les phrases (avec maîtrise de l'orthographe et de la graphie).	Réperage des dysfonctionnements et réécriture du texte : ■ Correspondance avec le projet d'écriture ; ■ Acceptabilité sémantique : ■ Grammaticalité des formes et des structures.

a. Anticiper, préparer son écrit : La planification

■ Il s'agit de **se préparer à écrire** en se projetant dans la tâche tant dans son contenu que sur la forme.

■ Cette préparation peut être réalisée collectivement et à l'oral. Des traces collectives écrites peuvent aussi être produites. L'enseignant guide les échanges et apporte un étayage. Le temps accordé à ce travail, les feed-back de l'enseignant et l'outillage des élèves lors de cette phase sont déterminants.

En collectif ou en petits groupes, l'enseignant amène les élèves à :

- Créer des supports mémoire : prendre des notes puis les organiser sous forme des listes, tableaux, cartes mentales, dessins… ;
- Utiliser le questionnement pour faire émerger des idées, les enrichir, et faire des liens ;
- Proposer des essais de mise en mots à l'oral ;
- Mobiliser l'écoute lors de ces essais oraux ;

15. *Les écrits courts, La rédaction de textes*, Éduscol, Ministère de l'Éducation nationale et de la jeunesse
16. *Refonder l'enseignement de l'écriture*, Dominique Bucheton, Retz, 2014
17. *L'écriture au Cycle 2*, Éduscol, Ministère de l'Éducation nationale et de la jeunesse

- Mobiliser ses connaissances sur l'univers de l'écrit et la langue ;
- Élaborer des critères de réussite progressifs et explicites.

b. Écrire : La mise en texte

La mise en texte est réalisée par les élèves (à plusieurs ou individuellement). Elle repose sur les idées de l'élève, leur mise en mots et en phrases dans un enchaînement cohérent et la transcription d'une forme écrite correcte.

Bernadette Kervyn a recensé les habiletés que les élèves de CP vont progressivement réussir à mettre en œuvre lors de la mise en texte[18] :

- Segmenter les mots à l'écrit
- Maîtriser le geste graphique pour être lisible
- Maîtriser les procédures d'encodage pour être lisible
- Écrire de plus en plus et enchaîner des phrases
- Utiliser la majuscule et le point
- Utiliser quelques connecteurs simples
- Utiliser des reprises pronominales
- Utiliser des temps du passé

c. Revenir sur son écrit : La révision

La phase de révision va se mettre progressivement en place. Il est toujours très difficile de relire ses propres écrits avec distanciation. C'est encore plus vrai pour des élèves de CP.

Nous attirons votre attention sur l'importance des feedback lors de l'activité d'écriture dans son ensemble. Nous vous encourageons à avoir recours à la méthode V.I.P. de Mireille Brigaudiot[19] :

– Valoriser : donner de la valeur à la production quelle qu'elle soit ;
– Interpréter : interprétation cognitive qui permet de différencier, c'est faire « miroir cognitif » ;
– Poser l'écart : tu en es là, je vais te montrer comment je fais, moi !

Au CP, il est essentiel que l'enseignant ou un autre élève puisse se faire le « haut-parleur » de la production de l'élève, notamment pour les erreurs de CGP (correspondance graphème-phonème) ou les erreurs syntaxiques. En matière de révision orthographique, grammaticale et sémantique, il convient que celle-ci fasse référence à des notions explicitement travaillées en classe.

Dans une démarche de production d'écrit, revenir sur son écrit ne peut se réduire à la révision orthographique, syntaxique, ou de la forme textuelle. Dans les classes, l'accent est trop souvent mis sur ces aspects. En effet, Dominique Bucheton invite à penser la révision d'un écrit comme un « épaississement du texte ». Le retour sur le texte porte alors sur le sens : réécrire pour enrichir, repenser son écrit. Pour l'enseignant, cela implique de reconsidérer sa posture de correcteur et l'évaluation de l'écrit, tourné vers un accompagnement des élèves dans leur processus d'écriture en commençant par être à l'écoute en vue de favoriser la régulation de la tâche d'écriture. Dans l'ouvrage, *Refonder l'enseignement de l'écriture*, Dominique Bucheton écrit « il y a urgence à enfermer son stylo rouge dans la trousse lors de la première lecture d'un texte, pour pouvoir entendre ce que le texte commence à murmurer ». L'élève est alors considéré comme « un sujet écrivant »[20].

5. La progression d'un élève non lecteur vers la production autonome

Nous défendons l'idée qu'un élève non lecteur peut être engagé dans une activité de production d'écrit. En effet, en maternelle, les élèves ont déjà été confrontés à de telles tâches : dictée à l'adulte, premiers écrits autonomes (écriture tâtonnée).

Au début de l'apprentissage, les élèves écrivent en tâtonnant pour composer les mots qu'ils souhaitent écrire. Progressivement, les procédures mises en œuvre évoluent, et les élèves vont prendre appui sur les connaissances linguistiques spécifiques de l'écrit qu'ils élaborent. La maîtrise progressive du geste graphique va libérer l'élève. L'élève va dans le même temps développer ses connaissances sur le fonctionnement des écrits grâce à l'interaction lecture-écriture et sur les transformations nécessaires qui interviennent quand on passe d'une production orale à des phrases écrites. L'ensemble de ces progrès va lui permettre de gagner en autonomie. Cet apprentissage se construit tout au long de la scolarité de l'élève.

18. *Écrire, un acte complexe qui ne se résume pas à la production de textes*, Bernadette Kervyn, Centre Alain Savary, 2018
19. *Apprentissages progressifs de l'écrit à l'école maternelle*, Mireille Brigaudiot, Hachette Éducation, 2002
20. *Refonder l'enseignement de l'écriture*, Dominique Bucheton, Retz, 2014

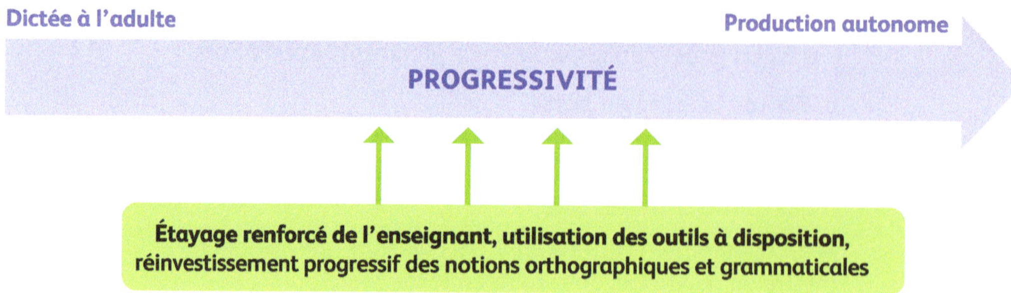

■ La mise en œuvre de cet apprentissage progressif et étayé par l'adulte peut se faire à travers des dispositifs tels que les ateliers dirigés proposés par Dominique Bucheton[21].

6. Les stratégies à mettre en place pour encoder

■ L'enseignant doit doter l'élève de stratégies lui permettant de gagner en autonomie. L'apprentissage des **correspondances graphèmes-phonèmes** est une étape importante, l'automatisation du geste d'écriture et du tracé normé des lettres est une voie indispensable. Toutefois, cela ne suffit pas. La complexité de l'orthographe de notre langue nécessite d'enseigner explicitement plusieurs stratégies.

■ Bernadette Kervynn cible cinq stratégies :
- Le découpage de la chaîne orale (voie indirecte) (*Cf.* Partie II. A. a.)
- Le recours au répertoire mental de mots écrits (voie directe) (*Cf.* Partie II. A. a.)
- Les connaissances morphosyntaxiques (les règles d'orthographe)
- L'analogie (« *ça s'écrit comme … dans …* »)
- Les outils de la classe : répertoires, listes de mots, affichages, règles de grammaires…

C Geste d'écriture et copie

1. Ce que disent les programmes[22]

Les activités de copie visent à entraîner les élèves aux gestes d'écriture et favorisent la mémorisation orthographique des mots écrits. Au début du cycle 2, le temps que demande toute activité d'écriture pour de jeunes élèves non experts ne doit pas dissuader de lui donner toute sa place tous les jours	
Attendus de fin de cycle	Copier ou transcrire, dans une écriture lisible, un texte d'une dizaine de lignes en respectant la mise en page, la ponctuation, l'orthographe et en soignant la présentation.
Compétences et connaissances associées	– maîtriser des gestes de l'écriture cursive exécutés avec une vitesse et une sûreté croissantes ; – transcrire un texte avec les correspondances entre diverses écritures des lettres (scripte → cursive) ; – utiliser des stratégies de copie pour dépasser la copie lettre à lettre : prise d'indices, mémorisation de mots ou groupes de mots ; – respecter la mise en page des textes proposés (demandes ou informations adressées aux parents ; synthèses d'activités ; outils de référence ; résumés de leçons ; poèmes et chansons à mémoriser ; anthologie personnelle de textes, etc.) ; – relire pour vérifier la conformité orthographique ; – manier le traitement de texte pour la mise en page de courts textes.
Attendus de fin d'année de CP	**Exemples de réussite** – [L'élève] adapte son écriture à l'espace imparti. – Il respecte la forme et la taille de la lettre, le sens de rotation du tracé et l'enchaînement des lettres. – Il trace les majuscules courantes (exemple : celles du prénom, des déterminants courants *le*, *la*, *les*, *des*). – Il transcrit en cursive des mots dont le modèle est donné en script. – Il copie 4 ou 5 phrases sans erreur et en respectant la ponctuation ; avec le modèle près de soi puis avec le modèle au tableau. – Il copie en gérant les sauts de ligne et les retours à la ligne, par exemple une poésie courte. – Il rectifie seul les oublis de mots et les erreurs de ponctuation. – Il transcrit quelques phrases courtes en mettant les virgules, les points, les apostrophes et les guillemets.

21. *L'atelier dirigé d'écriture au CP : une réponse à l'hétérogénéité des élèves*, D. Bucheton et Y. Soulé, Delagrave, 2009
22. *Bulletin officiel* du 20 juillet 2020, Ministère de l'Éducation nationale et de la Jeunesse

2. Le geste d'écriture en quelques repères

L'apprentissage du geste d'écriture est un apprentissage qui s'inscrit dans la durée. Depuis le cycle 1, de nombreuses activités ont permis de développer chez les élèves des acquis préalables à l'apprentissage du geste de l'écriture cursive : les habiletés motrices, le tonus musculaire, les tenues corporelles, la tenue de l'outil pour écrire, le développement du schéma corporel, la structuration spatiale et temporelle, la latéralité, la préférence manuelle, la mémoire[23]. Au CP, l'apprentissage se poursuit en s'appuyant sur la régularité de l'entraînement et demande une présence et une vigilance de l'enseignant pour chaque élève. La finalité doit permettre à l'élève d'acquérir une maîtrise suffisante des gestes d'écriture pour écrire vite, avec aisance, sans douleur, et pour être lisible par lui-même et par les autres. Il faut être vigilant car une mauvaise posture ou une mauvaise prise du crayon peut entraîner des douleurs dans la main. La tâche d'écriture manuscrite coûteuse cognitivement au début de l'apprentissage doit permettre par son automatisation de libérer les ressources cognitives de l'élève pour d'autres tâches mettant en jeu le rôle de l'écriture.

Selon Daniel Dumont, pour enseigner l'écriture cursive des 26 lettres de notre alphabet, nous pouvons prendre appui sur quelques formes de bases[24]. Cela nécessite que l'élève maîtrise les gestes et le sens du tracé pour les reproduire et les combiner.

Pour apprendre efficacement, l'élève a besoin :

- de **voir le tracé** (l'accompagnement par la mise en mots de l'enseignant aide les élèves à se représenter le tracé, à prendre des points de repère. Sur ce point, le vocabulaire doit être précis, toujours le même et harmonisé au sein d'une école) ;
- de **s'exercer de très nombreuses fois** ;
- de **comprendre les liens faits par l'enseignant avec le travail sur le code**.

L'élève doit pouvoir automatiser le mouvement, le geste (point d'attaque, sens de rotation, hauteur des lettres, fluidité du geste dans son enchaînement des lettres, …). On ne demande pas aux élèves de répéter « par cœur » la description du tracé complet de la lettre. Cependant, pendant qu'il écrit, copie, l'élève doit pouvoir oraliser ce qu'il est en train d'écrire.

Il convient d'**entraîner très tôt l'élève aux enchaînements de lettres** car c'est bien là que se pose la difficulté dans l'apprentissage de l'écriture cursive : « Les attaches entre les lettres, les ligatures, sont de loin ce qui représente la plus grande difficulté pour les élèves […] tous les traits d'attaque et de sortie commencent à mi-hauteur de l'interligne ».[25]

Le geste doit être continu et ne pas être interrompu par des levers de crayons non nécessaires. On lève le crayon dans un mot pour l'attaque d'une lettre avec un rond, on lève le crayon quand on a fini d'écrire un mot pour mettre les accents, les points sur les lettres, la barre de la lettre « t » et pour espacer les mots.

Le geste doit être simple pour être efficace : « les modèles de lettres cursives sont proposés avec des œilletons […], ceci n'est pas nécessaire, le changement de direction peut être effectué sans cet appendice.»[26]

Si l'entraînement au geste d'écriture passe par la répétition pour son automatisation, il faut rester vigilant à la longueur de l'exercice pour éviter les enchaînements de lignes de copie dans lesquelles les dernières lettres sont très souvent bien moins réussies et où le geste se déforme. De même, l'utilisation de modèles pré-tracés sur lesquels l'élève doit repasser avec son crayon est à proposer de façon ciblée.

De façon générale, le choix de l'outil scripteur, la qualité du support, ainsi que la hauteur des bureaux sont des éléments essentiels pour permettre de **bonnes conditions matérielles d'apprentissage**.

Nous attirons ici votre attention sur le graphisme de quelques lettres cursives.

23. *Apprendre à écrire de la PS à la GS*, Marie-Thérèse Zerbato-Poudou, Retz, 2020
24. *Le geste d'écriture*, Danièle Dumont, Hatier, 2016
25. *L'écriture à l'école maternelle, La forme des lettres, Graphisme et écriture*, Éduscol, Ministère de l'Éducation nationale et de la jeunesse
26. Ibid.

Les lettres « rondes »	Les lettres rondes présentent des points communs dans leur tracé. On débute en haut à droite de la lettre par rapport à un axe vertical : au niveau du premier interligne. Le geste part à gauche en faisant un arrondi, puis on tourne. La partie ronde reste toujours dans le premier interligne. Lorsque l'on travaille ces lettres isolément, il n'y a pas de trait d'attaque.
Les lettres avec « boucles » et jambages bouclés	Les lettres avec boucles sont montantes, descendantes ou montantes et descendantes (lettre f). La particularité de ces boucles réside dans le fait que leur partie descendante suit un mouvement rectiligne (sauf pour la lettre z). Ceci doit constituer un point de vigilance pour l'enseignant. Les lettres montantes atteignent le troisième interligne, les descendantes (jambages bouclés et bâtonnés) le deuxième interligne.
La lettre « e »	Il existe deux façons de tracer cette lettre. Le choix retenu doit être harmonisé entre le cycle 1 et le cycle 2. Ici nous avons opté pour le tracé selon une petite boucle simple sans arrêt dans le geste.
Les lettres « ponts »	Il existe deux façons pour enchaîner les ponts. Ici nous avons retenu le tracé en un seul mouvement continu sans lever de crayon entre chaque pont. Ce tracé consiste à remonter le long de la partie rectiligne du pont pour enchaîner le suivant.

* Des éléments de précision pour le tracé de chaque lettre sont donnés dans la partie IV « Accompagnement pas à pas » de ce *Guide pédagogique*. Des vidéos de tracé des graphèmes sont disponibles dans la version numérique enseignant du *Manuel de Code*, ainsi que dans les *Ressources audios et vidéos de l'élève*.

3. L'importance de l'enseignement de la copie

■ La copie est une tâche qui fait partie de l'activité de l'élève tout au long de sa scolarité. En maîtriser les techniques et les stratégies pour une copie de qualité est un enjeu important.

■ « Contrairement à une idée reçue, copier est une activité cognitivement complexe qui doit faire l'objet d'un apprentissage pour permettre aux élèves de copier vite et bien. »[27]

En effet, un « copieur expert » est en capacité de mobiliser à la fois le geste d'écriture cursive, la conversion des différentes écritures, la connaissance et le respect de la présentation des différents types de textes, la vigilance orthographique, les stratégies efficaces pour copier vite et bien (mémorisation des groupes de mots afin de diminuer les allers-retours entre le modèle à copier et le support), la compréhension de ce qui est à copier, et enfin les stratégies de relecture après copie.

Un élève de CP sera bien évidemment ralenti tant que toutes ces composantes ne seront pas développées et maîtrisées. C'est pourquoi, copier est une activité qui doit être enseignée avec régularité, soin et précision. L'enseignant a ici tout son rôle et sa place, notamment sur les feed-back.

■ Outre la calligraphie, **deux enjeux fondamentaux** résident dans l'enseignement de la copie au CP :

- Le développement de **la mémorisation orthographique** (le mot est mémorisé selon les lettres qui le composent et leur ordre dans celui-ci), qui joue un rôle fondamental dans l'apprentissage de la lecture. En effet, lorsque l'élève maîtrise le geste d'écriture et l'a automatisé, il dispose de davantage de ressources attentionnelles qu'il peut alors utiliser pour la mémorisation orthographique des mots en situation de copie.
- Le développement de **l'empan de copie** (fraction d'écrit prise en mémoire à chaque prise d'information) et la réduction du nombre d'allers-retours au modèle pour prise d'information, qui permet à l'élève de copier de plus en plus rapidement. Ce développement se fait via des activités de copie avec mise à distance du modèle, de disparition du modèle, de caches pour effacement progressif du modèle, etc.

4. Des principes pour la mise en œuvre des séances d'enseignement de la copie

■ Trois principes sont indispensables :

- La **subvocalisation** de l'élève, c'est-à-dire l'oralisation par l'élève du modèle à reproduire, au moment de la prise d'information et au moment de la reproduction. Elle fait appel à sa mémoire tampon auditive.

27. *Les enjeux de l'apprentissage de la copie, Le geste d'écriture et la copie*, Éduscol, Ministère de l'Éducation nationale et de la jeunesse

- L'explicitation par l'enseignant de la manière de stocker les mots en mémoire (comment segmenter), les procédures de mise en mémoire des graphèmes complexes, des lettres muettes, des consonnes doubles. Ces explications permettent l'enrichissement du répertoire mental orthographique de l'élève.
- L'explicitation par l'enseignant des deux enjeux fondamentaux de la copie (mémorisation orthographique, empan de copie), l'objectif principal ne résidant pas dans le simple fait de bien former les lettres.

- L'enseignant s'attache aussi à faire verbaliser les procédures de manière individuelle par les élèves. Tout comme pour les séances centrées sur le geste d'écriture, l'enseignant est un observateur de l'activité de l'élève mais aussi un modèle. L'élève doit pouvoir voir et entendre l'enseignant verbaliser sa manière de copier.

- La différenciation et la variété des tâches proposées doit pouvoir s'adapter aux progrès et aux besoins des élèves. Un élève doit copier des mots ou phrases qu'il est en capacité de décoder et de comprendre. On pourra consulter la ressource Éduscol suivante pour l'observation et l'évaluation continue des élèves :
https://cache.media.eduscol.education.fr/file/Ecriture/04/6/RA16_C2_FRA_Ecriture_geste-ecrit-copie_Grille-observables-copie_827046.pdf

- En cours d'apprentissage, la fréquence à laquelle un élève lève la tête pour prendre de l'information (le « lettre à lettre ») doit retenir toute votre attention, certains élèves allant jusqu'à prendre de l'information plusieurs fois pour la même unité lettre.

D Étude de la langue

1. Ce que disent les programmes[28]

> « Les objectifs essentiels de l'étude de la langue durant le cycle 2 sont liés à la lecture et à l'écriture. Les connaissances acquises permettent de traiter des problèmes de compréhension et des problèmes orthographiques.
> L'étude de la langue s'appuie sur l'observation et la manipulation d'énoncés oraux et écrits issus de corpus soigneusement constitués. »

2. Le lexique

Ce que disent les programmes[29]

> « Les élèves découvrent le sens des mots (contexte, synonymie, antonymie) et leur morphologie (mots de la même famille).
> Les élèves sont sensibilisés à l'oral par le professeur aux niveaux de langue (familier et courant).
> Les élèves utilisent différents outils de classement [...] et d'organisation [...], y compris numériques.
> Ils découvrent les fonctions et l'usage du dictionnaire [...]. »

Micheline Cellier[30] propose quelques principes didactiques que nous retenons ici :

- **Travailler prioritairement sur les mots fréquents** qui sont aussi les plus polysémiques, sans négliger les mots plus rares mais importants, découverts par la fréquentation des ouvrages de littérature de jeunesse. Ces mots vont entrer dans de nombreux réseaux très étendus : champs lexicaux, synonymes, antonymes, dérivés, etc.
- **Travailler aussi sur les mots des autres disciplines** (Mathématiques, Découverte du monde). Cette interdisciplinarité a une importance majeure à l'école.
  Choisir systématiquement des noms, des verbes et des adjectifs, des mots grammaticaux (déterminants, pronoms, mots de liaison) dans **un corpus qui structure le lexique** et donne la possibilité à l'élève de réemployer les mots
- **Travailler les mots dans une phrase** pour faire vivre les structures syntaxiques indispensables à une maîtrise de la langue. Les mots lexicaux et les mots grammaticaux ne peuvent pas s'envisager l'un sans l'autre.

28. *Programme du cycle 2*, Ministère de l'Éducation nationale, novembre 2018
29. *Bulletin officiel* du 20 juillet 2020, Ministère de l'Éducation nationale et de la Jeunesse
30. *Guide pour enseigner le vocabulaire à l'école élémentaire*, Micheline Cellier, Retz, 2014

Construire des outils variés, explicites, organisés, raisonnés pour structurer l'apprentissage et soutenir et solliciter la mémoire par des modalités diverses.

S'engager dans un enseignement explicite et structuré, avec des objectifs bien définis.[31]

3. L'orthographe lexicale

Ce que disent les programmes[32]

> Tout au long de l'année, [les élèves] mémorisent l'orthographe du lexique le plus couramment employé dans les activités scolaires et les apprentissages disciplinaires […]. Ils mémorisent progressivement l'orthographe de mots irréguliers […]. Ils encodent des mots invariables fréquents en s'appuyant sur les CGP étudiées.
> Les élèves regroupent des mots […] pour constituer des corpus selon des critères variés […] afin d'en mémoriser l'orthographe.

■ L'acquisition de l'orthographe se fonde sur la mémorisation des régularités et prend appui sur une comparaison entre l'oral et l'écrit afin de repérer et d'utiliser tous les éléments qui ne s'entendent pas mais qu'il faut écrire.

« Les chercheurs considèrent que le système d'apprentissage de la lecture […] est un système interactif composé de trois pôles : phonologie, sémantique et orthographe ».[33]

■ Une approche progressive fondée sur l'observation et la manipulation des énoncés et des formes, leur classement et leur transformation commence à construire une première structuration des connaissances.

■ Pour doter les élèves de procédures efficaces, il est nécessaire de les aider à développer des stratégies pour mémoriser l'orthographe lexicale et l'image orthographique des mots. En effet, les travaux de Stanislas Dehaene mettent en évidence trois facteurs qui maximisent la mémoire[34] :

- la profondeur de l'encodage (faire travailler activement les élèves sur le sens de ce qu'ils apprennent) ;
- l'alternance de périodes d'apprentissage et de test (mettre très souvent les élèves en situation épreuve) ;
- la répétition à intervalles espacés.

4. L'orthographe grammaticale

Ce que disent les programmes[35]

> **Au fil de l'année**, [les élèves] s'appuient sur la lecture et la ponctuation pour distinguer ligne et phrase. Les élèves s'approprient progressivement la notion de phrase qui s'appuie sur la cohérence sémantique. Les élèves identifient peu à peu le sujet et le verbe à partir du travail mené en compréhension […]. Les élèves commencent à identifier et à nommer les noms, les déterminants […] et les verbes. Ils constituent des corpus (adjectifs qualificatifs, mots invariables, pronoms personnels sujets), à partir des textes étudiés. Par des manipulations et des catégorisations, ils commencent à percevoir les propriétés des classes grammaticales sans les nommer.
>
> **À partir de la période 2** et tout au long de l'année, […] les élèves sont amenés à repérer et identifier les régularités audibles (masculin/féminin) puis visibles (singulier/pluriel) dans certaines chaînes d'accords […].
>
> **À partir de la période 3**, les élèves observent et se familiarisent à l'oral avec les différentes formes des verbes être et avoir, au présent. Ils commencent à les mobiliser à l'écrit en s'appuyant sur la mémorisation des CGP. Ils observent et constituent des collectes régulières de formes verbales pour les verbes du 1er groupe et pour les verbes irréguliers du 3e groupe […]. Ils les répertorient et les utilisent peu à peu à l'écrit.

31. Micheline Cellier, *Guide pour enseigner le vocabulaire à l'école élémentaire*, Retz, 2014
32. *Bulletin officiel* du 20 juillet 2020, Ministère de l'Éducation nationale et de la Jeunesse
33. *Lire pour comprendre et apprendre : quoi de neuf ?* Maryse Bianco, Rapport pour préparation de la conférence de consensus, 2016
34. *Fondements cognitifs des apprentissages scolaires - La mémoire et son optimisation*, Stanislas Dehaene, Collège de France, 2015
35. *Bulletin officiel* du 20 juillet 2020, Ministère de l'Éducation nationale et de la Jeunesse

■ Les notions grammaticales de phrase, classe de mots, genre et nombre, verbe, construites par l'observation de la langue et de son fonctionnement, aident à une meilleure compréhension.

■ Au CP, une première approche de la variation est visée, particulièrement le repérage et la matérialité de la chaîne d'accords dans une phrase simple. Une des premières choses que les élèves doivent comprendre est qu'il existe un décalage entre le repérage du nombre à l'oral et à l'écrit. Pour ce faire, des activités de tri de groupes de mots sont privilégiées, afin de construire des collectes, des corpus. De l'observation de ces collectes, s'ensuivent des formulations et des verbalisations pour définir la notion de singulier et de pluriel. Le professeur introduit ainsi les premiers éléments de la terminologie. Un codage de la chaîne d'accords est alors proposé. Ce codage a pour but de souligner la relation hiérarchique entre le nom et ses satellites. [36]

E Compréhension

1. Ce que disent les programmes[37]

« **La compréhension** est la finalité de toutes les lectures. [Les processus de compréhension] sont travaillés à de multiples occasions, mais toujours de manière explicite grâce à l'accompagnement du professeur, à partir de l'écoute de textes lus par celui-ci, en situation de découverte guidée, puis autonome, de textes simples ou à travers des exercices réalisés sur des extraits courts. »

■ Notons également que « Comprendre un texte, c'est-à-dire se faire une représentation mentale cohérente qui intègre toutes les informations du texte, suppose, une fois les mots identifiés, d'en activer la signification mais aussi de comprendre leur mise en relation dans la phrase et de mobiliser, pour cela, des connaissances grammaticales (morphologie et syntaxe). »[38]

■ **Enseigner la compréhension** consiste ainsi à **expliciter les stratégies à mettre en œuvre pour comprendre**, par une démarche intégrant l'ensemble des paramètres de la lecture. Ce sont les objectifs identifiés, les compétences enseignées et les gestes professionnels utilisés qui font la différence en termes d'efficacité. **L'enseignement d'habiletés spécifiques et de stratégies sont donc au cœur de notre méthode.**

2. Objectifs de compréhension à mettre en œuvre dans les séquences destinées aux élèves

– Sélectionner les informations et les hiérarchiser ;

– Expliciter :
  - les buts des personnages (pour le futur) et leurs raisons d'agir (en référence au passé) : **ce qu'ils veulent, pourquoi ils agissent** ;
  - les sentiments, les émotions, les perceptions des personnages (sur le versant de ce qu'ils ressentent) : **ce qu'ils ressentent** ;
  - les connaissances, les pensées, les croyances et les raisonnements des personnages : **ce qu'ils savent, ce qu'ils croient, ce qu'ils pensent.**

– Réaliser les transactions littéraires et personnelles, c'est-à-dire les liens que l'élève fait avec d'autres histoires (importance des réseaux) ou avec son propre vécu.

3. Objectifs d'expression orale à enseigner aux élèves

– Pratiquer les conduites langagières : décrire, raconter, expliquer, argumenter ;

– Développer le lexique.

Les résultats actuels de la recherche[39] établissent que **les dispositifs pédagogiques les plus efficaces** sont ceux qui :
– organisent des **discussions systématiques**, guidées par le professeur, pour permettre un traitement en profondeur du texte visé ;
– exigent des élèves **des tâches cognitives de haut niveau** (inférer, raconter) ;
– restent vigilants au **développement du vocabulaire**.

36. *Grammaire de base*, Suzanne-Geneviève Chartrand, Claude Simard, De Boek, 2000.
37. *Programme du cycle 2*, Ministère de l'Éducation nationale, novembre 2018
38. *Pour enseigner la lecture et l'écriture au CP*, Ministère de l'Éducation nationale et de la jeunesse, août 2019
39. *Enseigner la compréhension : principes didactiques, exemples de tâches et d'activités*, Sylvie Cèbe, Roland Goigoud, Serge Thomazet, Groupe départemental de l'Académie d'Orléans-Tours

4. Les stratégies de compréhension

La compréhension de l'écrit appartient à la catégorie des tâches faiblement structurées. Dans la résolution de telles tâches, les opérations à mettre en œuvre ne peuvent pas être décomposées en une séquence stricte de sous-tâches. Il est néanmoins possible d'**aider les élèves à identifier des stratégies cognitives**, et à s'y référer. « Les stratégies servent de formes de raisonnement aisément mobilisables et efficaces dans la résolution de ce type de tâches. »[40]
Les principales stratégies à développer sont les suivantes :

a. Les stratégies de préparation à la lecture qui visent essentiellement la préparation d'une attitude active de lecture au bénéfice d'un guidage par objectifs et questionnement :

- Identifier des objectifs de lecture ;
- Explorer les différentes parties du texte (structure) ;
- Se poser des questions sur ce qu'on va lire, sur ce qu'on cherche à savoir ;
- Formuler des hypothèses.

b. Les stratégies d'interprétation des mots, des phrases et des idées du texte (cohérence textuelle) :

- Relire ;
- Paraphraser ;
- Découper le texte ou les phrases complexes pour en comprendre la structure ;
- Comprendre les mots difficiles ou inconnus ;
- Annoter ;
- Prendre des notes ;
- Faire des inférences.

c. Les stratégies pour aller au-delà du texte qui permettent de connecter les informations lues à l'expérience du lecteur.

Ces stratégies permettent de réaliser les inférences de connaissances nécessaires pour comprendre ce que ne dit pas le texte : l'implicite ou encore les blancs du texte comme définis par Roland Goigoux. Pour résoudre cet implicite, tout lecteur doit réaliser une opération mentale qui consiste à comprendre des choses qui sont induites par le contexte mais non dites explicitement (par exemple : « j'avais 39 de fièvre, je suis resté couché ». S'il s'agit d'un enfant, des inférences possibles sont : car j'étais malade, donc je ne suis pas allé à l'école, …) et de lier les contenus apportés par le texte aux connaissances propres du lecteur :

- (Se) poser des questions (qui ? quoi ? quand ? où ? pourquoi ? comment ?) ;
- Reformuler, justifier à haute voix ;
- Visualiser et imaginer ;
- Utiliser des ressources externes au texte. Faire des liens avec d'autres œuvres, avec un vécu personnel.

d. Les stratégies d'organisation, de restructuration et de synthèse qui conduisent à organiser dans une structure cohérente (un schéma, une carte mentale) l'ensemble des informations lues.

Ces stratégies sont souvent mises en place après la lecture mais s'appuient aussi sur les traitements mis en œuvre pendant la lecture. Elles supposent souvent un retraitement des informations qui sert à consolider la compréhension et l'acquisition des informations essentielles :

- Utilisation d'organisateurs graphiques et de guides de lecture ;
- Activité de résumé, de synthèse.

40. *Effet-classe et effet-maître dans l'enseignement primaire : vers un enseignement efficace de la compréhension ?* Maryse Bianco et Pascal Bressoux, Université Grenoble Alpes, 2009

F Lecture autonome et fluence

1. Ce que disent les programmes sur la lecture[41]

« L'apprentissage systématique [des correspondances graphèmes-phonèmes] est progressivement automatisé **à partir de phrases et de textes que les élèves sont capables de déchiffrer**. Ces activités de lecture, menées conjointement aux activités d'écriture, doivent être régulières et structurées.

La compréhension est la finalité de toutes les lectures. [Les processus de compréhension] sont travaillés à de multiples occasions, mais toujours de manière explicite grâce à l'accompagnement du professeur, à partir de l'écoute de textes lus par celui-ci, en situation de découverte guidé, **puis autonome,** de textes simples ou à travers des exercices réalisés sur des extraits courts.

La lecture collective d'un texte permet l'articulation entre les processus d'identification des mots et l'accès au sens des phrases. Elle s'accompagne d'activités de reformulation qui favorisent l'accès à l'implicite et sont l'occasion d'apports de connaissances lexicales dans des domaines variés [..].

« **La lecture à voix haute est une activité centrale pour développer la fluidité et l'aisance de la lecture**. Cet exercice sollicite des habiletés multiples. Pratiquée selon diverses modalités, elle concourt à l'articulation entre l'identification des mots écrits et la compréhension, et permet aux élèves d'aborder de manière explicite la syntaxe de l'écrit. »[42]

2. Les objectifs de lecture

- Il s'agit de permettre aux élèves de s'entraîner à lire en individuel ou en collectif (seuls, en binôme, avec l'enseignant) des textes courts, selon les enjeux indiqués par les programmes :
  - Entraînement/automatisation du décodage ;
  - Entraînement à la compréhension à partir de textes lus en autonomie ;
  - Entraînement à la compréhension de textes en situation de lecture collective (expliciter l'articulation, l'identification des mots et la compréhension) ;
  - Entraînement à la fluence et à la lecture expressive.
- En situation de lecture autonome, lorsque l'élève a suffisamment automatisé le décodage (identification des mots), son accès au sens (compréhension du texte) est facilité.

3. La fluence

- En situation de lecture d'un support écrit par l'élève lui-même, la fluidité de lecture est une des conditions d'accès au sens du texte, avec les compétences de l'élève en compréhension orale et le capital lexical dont il dispose.
- La fluence de lecture d'un élève sur un texte s'appuie sur :
  - La maîtrise du décodage (compétences phonémiques des élèves, maîtrise des correspondances graphèmes-phonèmes) ;
  - L'identification aisée des mots qui s'appuie sur la maîtrise des compétences précédentes mais aussi sur les connaissances orthographiques (l'élève doit pouvoir mobiliser les deux voies de la lecture) ;
  - Les connaissances sur la langue ;
  - Les connaissances textuelles.
- On évalue la fluence par le nombre de mots correctement lus en une minute, à voix haute. L'amélioration des performances des élèves repose sur un entraînement régulier pour augmenter ce score. L'enjeu est de libérer la mémoire de travail du lecteur pour qu'il puisse utiliser ses ressources cognitives disponibles au service de la compréhension.
- Lors de la fluence en contexte (lecture de textes), on ne cherche pas la vitesse de lecture. On exerce les élèves au respect de la ponctuation, de la prosodie, du rythme (celui du langage parlé), des groupes de souffle (en appui sur les groupes syntaxiques). Le choix de l'intonation sera donc adapté au texte et conduira ainsi à une lecture expressive.

41. *Programme du cycle 2*, Ministère de l'Éducation nationale, novembre 2018
42. La *mise en voix de textes, Langage oral*, Éduscol, Ministère de l'Éducation nationale et de la jeunesse

4. Ce que disent les programmes sur la fluence[43]

> « À partir des périodes 3 ou 4 au plus tard, ces élèves doivent lire à plusieurs reprises (5 fois par exemple) des textes de plus en plus longs, jusqu'à parvenir à une fluence d'au moins 50 mots par minute en fin d'année). »
>
> **Exemples de réussite**
> – [L'élève] lit un texte simple dans lequel le nombre de mots correctement lus par minute atteint au moins 50 mots.
> – Après plusieurs lectures, il repère les groupes de mots qui doivent être lus ensemble (groupes de souffle respectant l'unité de sens).
> – Il lit un texte simple en faisant une courte pause à la fin des phrases.
> – Après plusieurs lectures, il modifie sa voix pour faire parler tel ou tel personnage. »

« La fluence concerne également la lecture de mots en contexte. Estimée à partir d'une lecture oralisée, elle est définie comme la capacité à lire correctement un texte continu, au rythme de la conversation, et avec la prosodie appropriée. Elle suppose à la fois d'identifier les mots à un rythme rapide en les groupant en unités syntaxiques de sens, et de faire un usage rapide de la ponctuation, tant pour repérer les groupes et relations syntaxiques que pour choisir l'intonation qui convient. C'est la condition pour accéder au sens d'unités plus grandes que le mot (phrases, textes). En effet, la mémoire de travail est limitée à quatre ou cinq unités de traitement : une lecture mot à mot la saturera donc très vite. En revanche, lorsque les mots sont lus ensemble, en tant que groupe syntaxique, ils constituent une seule unité de sens, ce qui accroît les capacités de traitement de la mémoire de travail et permet de donner du sens à des phrases plus longues.

Exemple : « Il était une fois / une petite fille de village, / la plus jolie / qu'on eût su voir ; / sa mère / en était folle, / et sa mère-grand / plus folle encore. » (Charles Perrault, Le Petit Chaperon rouge). »[44]

5. Des principes à retenir

■ Les recherches ont démontré le lien entre les résultats en compréhension et la fluidité en lecture orale[45] : « Les chercheurs nous apprennent que la fluidité de lecture orale ou fluence est un prédicteur direct de la bonne compréhension en lecture (les élèves qui obtiennent les résultats les plus faibles sur le plan de la fluidité ont également les résultats les plus faibles en compréhension). Elle se développe par un entraînement à la lecture à voix haute à partir de mots isolés au moment des premiers apprentissages puis de textes préparés. »[46]

■ Il est donc intéressant de retenir les principes suivants :
- Lire de manière fluide et rapide est une condition indispensable pour l'accès au sens ;
- Amener très tôt les élèves à éprouver que l'enjeu de la lecture est de comprendre ce qu'ils lisent de la même manière qu'ils comprennent ce qu'ils entendent rend l'enseignement de la lecture explicite ;
- Respecter la ponctuation est un enjeu majeur de la lecture à voix haute car celle-ci participe à la construction du sens.

43. *Bulletin officiel* du 20 juillet 2020, Ministère de l'Éducation nationale et de la Jeunesse
44. *La lecture à voix haute, Lecture et compréhension de l'écrit, Lire à voix haute*, Éduscol, Ministère de l'Éducation nationale et de la jeunesse
45. *Propositions pour une programmation de l'enseignement de la compréhension en lecture, Contribution aux travaux des groupes d'élaboration des projets de programmes C2, C3 et C4*, Maryse Bianco, Conseil supérieur des programmes
46. *La lecture à voix haute, Lecture et compréhension de l'écrit, Lire à voix haute*, Éduscol, Ministère de l'Éducation nationale et de la jeunesse

Partie III • Notre démarche

A Introduction

L'initiation à l'autonomie revêt pour nous une importance capitale pour favoriser l'acquisition du statut d'élève et permettre la mise en œuvre d'une différenciation adaptée aux besoins des élèves dans tous les domaines de la méthode.

1. Pourquoi mettre en place des situations d'apprentissage en autonomie ?

• Parce que l'enseignant a besoin de temps pour travailler certaines compétences en groupes restreints ; il doit donc pouvoir placer en autonomie les autres élèves de la classe.
• Parce que l'autonomie ne se décrète pas… elle se travaille et s'apprend tous les jours tout au long de la scolarité !

■ Cette modalité permet de travailler la posture de l'élève apprenant. Ce n'est pas une posture innée et la fréquentation quotidienne de l'école ne suffit pas, pour un bon nombre d'élèves, à pouvoir se détacher de la gouvernance de l'enseignant.
On attend des élèves qu'ils soient autonomes dans leurs apprentissages, qu'ils prennent en charge leur part de travail personnel. Mais cela requiert de la part des enseignants la mise en place de dispositifs pédagogiques permettant aux élèves de construire cette capacité de façon stable et durable.

■ En maternelle, les élèves ont déjà commencé à explorer cette modalité de travail. Nous vous conseillons de vous rapprocher de vos collègues dans le cadre de la liaison GS-CP afin de connaître les fonctionnements vécus par les élèves les années précédentes.

■ Il est nécessaire au CP de ne pas créer de rupture et de poursuivre le travail autonome. Cela implique que l'enseignant ait confiance en ses élèves et en leurs capacités. Les élèves se sentent ainsi valorisés. Ils vont pouvoir entraîner des compétences en cours d'apprentissage, répéter des apprentissages déjà maîtrisés, revenir sur des notions explorées, remobiliser leurs connaissances/compétences, pour accéder progressivement à une autonomie intellectuelle.
Une attitude spécifique est donc attendue des élèves mis en autonomie : ne pas faire de bruit, différer la sollicitation à l'adulte, avoir recours à leurs connaissances et compétences déjà acquises pour réaliser la tâche demandée, être capable d'utiliser une aide matérielle ou celle d'un camarade et travailler en binôme.

■ Ces attentes doivent être expliquées aux élèves et mises en œuvre dès le début de l'année. Cette étape fondamentale demande une attention particulière de la part de l'enseignant afin que cette organisation soit bien comprise.

L'objectif visé pour les élèves de cet âge est bien sûr, en premier lieu, l'autonomie matérielle, physique, affective. Mais l'objectif final est bien de viser une autonomie cognitive. L'autonomie fait partie intégrante de la pédagogie différenciée.

2. Quelles conditions pour une mise en œuvre réussie du travail en autonomie ?

- Un **aménagement** de l'espace classe : organisation spatiale, matérielle, temporelle, claire et structurée.
- Une **lisibilité des apprentissages** dévolus aux temps d'autonomie : l'élève doit toujours savoir pourquoi il réalise une tâche (pour quel apprentissage ?).
- Des situations d'entraînement de compétences **déjà enseignées en groupe classe** ou groupe restreint.
- Des **situations connues** des élèves (pas de difficultés de compréhension de la consigne, pas d'attendus implicites).
- En cas de situations de découverte, ou d'exploration, une **mise en commun** en groupe classe est requise (ex : des activités de catégorisation, des situations problèmes).
- Une **régulation et une évaluation** indispensables : que ce soit une auto-évaluation, une évaluation par un pair, ou une évaluation différée de l'enseignant. Tout apprentissage nécessite un feedback ! Celui-ci doit permettre à l'élève de savoir ce qu'il a réussi et ce qu'il n'a pas réussi mais surtout ce qui lui a permis d'accomplir le travail demandé (prendre conscience des stratégies : apprendre à apprendre).
- Une évolution du travail donné en autonomie au cours de l'année.
- Un statut positif accordé à l'erreur.

B Étude du Code

1. Progression proposée

■ Notre progression suit celle proposée dans l'ouvrage *Pour enseigner la lecture et l'écriture au CP*, (Ministère de l'Éducation nationale et de la jeunesse, 2019). Elle est notamment **fidèle à la place du graphème** « é », qui est introduit en début de période 1 avant celle du « e » qui n'intervient qu'en 5e semaine de la période 1. Ce choix de placer le **graphème « é »** en début de période, conforme à la proposition du Guide orange, se justifie par le fait que le phonème associé au « é » est toujours le même quelle que soit la position du graphème dans les mots. **Le graphème « e »** quant à lui est soit sonore, soit muet selon sa position. C'est une **situation complexe que nous préférons différer en fin de période 1.**

■ Nous avons cependant effectué quelques minces aménagements par rapport aux préconisations du Guide orange :

– **Les consonnes nasales « m » et « n »** sont proposées dès la période 1 car elles ont la particularité de pouvoir être oralisées de façon filées. Ainsi pendant les trois premiers mois, le mécanisme de fusion des phonèmes peut être matérialisé par le rapprochement des cartes graphèmes et oralisé simultanément.

– Quelques inversions pour les graphèmes associés au phonème [è] et au graphème « y », en fonction des fréquences de mots impliquant ces graphèmes.

■ À partir de la période 3, l'apprentissage du code évolue de l'encodage-décodage vers **l'orthographe lexicale et l'orthographe grammaticale** afin de faire passer l'enfant du stade alphabétique (après développement de la conscience phonologique et en particulier de la conscience phonémique, c'est la capacité à convertir les symboles écrits en leurs correspondants phonologiques) au stade **orthographique** (développement des représentations orthographiques complètes et organisées des mots comme séquences de lettres ordonnées d'une certaine manière, et constitution d'un lexique orthographique par système « **d'accès direct** », système utilisé par le lecteur expert).

■ À la fin de chaque période, une semaine de révisions permet de faire le point sur tous les acquis de la période, de remobiliser tous les graphèmes et mots étudiés, de combler les éventuels sauts ou retards dans certaines séances, et de rattraper les élèves en difficulté par des activités de reprise ciblées (plans de travail, activités complémentaires...).

PAGES	SEMAINE	GRAPHÈMES
PÉRIODE 1		
12	1	a i o u é
18	2	l m
22	3	r f
26	4	j ou
30	5	e eu
34	6	n ui
38	7	Révisions
PÉRIODE 2		
42	8	v + Les lettres finales muettes
46	9	ch er [èr]
50	10	p t
54	11	b d
58	12	ai ei et ê ë è
62	13	gn z
66	14	Révisions
PÉRIODE 3		
70	15	s ss s [z]
74	16	k q qu c [k] g gu
78	17	an am em en
82	18	on om in im
86	19	oi oin
90	20	Révisions et test de fluence

PAGES	SEMAINE	GRAPHÈMES
PÉRIODE 4		
94	21	au eau
98	22	œ ail aill
102	23	enn err ell ess ett
106	24	c [s] ç sc g [j]
110	25	es ez er [è] x [ks] [gz]
114	26	Révisions et test de fluence
PÉRIODE 5		
118	27	y [i] ym yn aim eim ain
122	28	um ien en
126	29	t [s] oy uy ay
130	30	h ph
134	31	ill aill ouil euil eil
138	32	w ù û ô ï à
142	33	Les consonnes finales
146	34	Les consonnes muettes
150	35	x [s] [z] c [g]
154	36	Révisions et test de fluence
158	Pourquoi travailler deux graphèmes simultanément ?	

2. Étude de deux graphèmes simultanément

■ Le *Manuel de code* propose **quatre pages pour chaque semaine**, toujours construites de manière identique, de façon à aider l'élève dans son repérage et sa navigation dans le Manuel.

Exemple de la leçon 4 sur les graphèmes « j » et « ou »

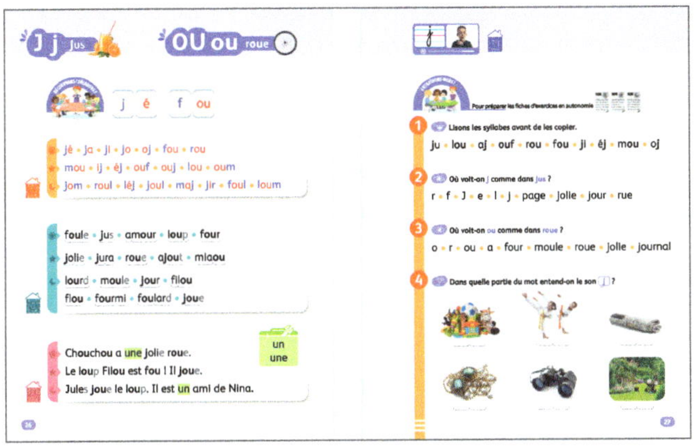

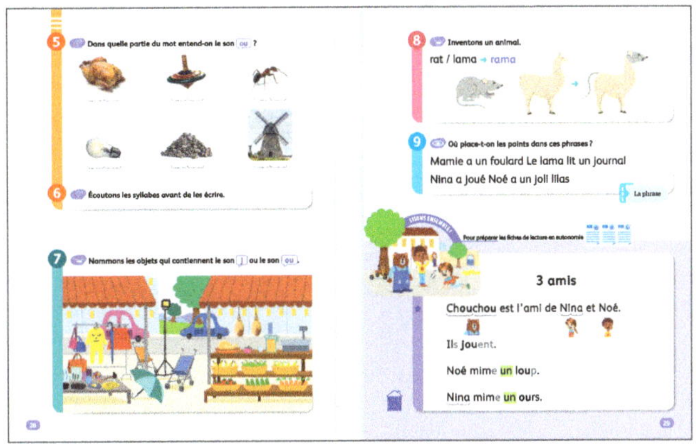

Découvrons ! Décodons *Ateliers guidés (sur 3 pages)* *Lisons ensemble !*

■ Chaque semaine, selon les préconisations du Guide orange[1], deux graphèmes (ou groupements de graphèmes renvoyant à un même phonème) sont étudiés.

Nous avons fait le choix de les étudier simultanément dès le début de la semaine pour plusieurs raisons détaillées ci-après :

– Comme pour tout objet qui nous entoure, **le phonème** associé à chaque graphème **peut être défini** par ce qui le caractérise en propre ou **par ses différences avec d'autres qui lui sont proches**. Dans ce même esprit, les graphèmes choisis pour chaque leçon correspondent à des phonèmes proches dans leur sonorité, mais avec de **légères différences qui ne mobilisent que peu de repositionnement des organes phonatoires**.

– À l'instar des gammes que l'on fait en musique, si l'on ne travaille les notes que de manière isolée et disjointe, on aura du mal à donner toute son ampleur à la musique globale. Ce n'est que par la **mise en opposition et en complémentarité** des notes que l'on pourra construire le relief de la musique. De même avec nos phonèmes, les travailler pour ce qu'ils sont chacun, en miroir avec d'autres qui leur sont proches, **renforce et consolide leur identification, leur reproduction et leur mémorisation.**

– Dans ce même esprit de combinaison pour une meilleure harmonie, les graphèmes proposés au sein d'une même leçon **s'articulent fréquemment entre eux dans les mots du lexique courant** (fr… ; jou… ; nui… ; cher…).

Tous les supports associés étayent cette appropriation (les vidéos de prononciation des phonèmes associés aux graphèmes, les virelangues mobilisant simultanément les deux phonèmes, les manipulations associées de cartes graphèmes).

Ainsi toute la semaine, dans tous les exercices, ces deux graphèmes sont mobilisés régulièrement et simultanément afin d'affiner leur décodage et leur mémorisation morphologique et de mettre **en valeur les similitudes et les différences pour une meilleure définition et maîtrise de chacun d'entre eux**. Une telle approche se révèle bénéfique pour l'élève comme pour l'enseignant.

a. Gains pour l'élève

■ En étudiant les deux graphèmes pendant les quatre jours de la semaine, **les élèves y sont confrontés plus longuement** que s'ils les étudiaient sur une durée de deux jours de manière disjointe, successivement. Ils disposent ainsi de quatre jours pour exercer, expérimenter, s'approprier ces deux graphèmes au lieu de deux jours. La fréquence de leur mise en scène et de leur mobilisation est donc renforcée.

■ La compréhension et l'identification des spécificités de chaque graphème sont renforcées par leur **étude comparée** qui révèle comment chacun est constitué et en quoi il se singularise. L'élève y gagnera en **richesse de ses représentations mentales** (ce qu'il est/ce qu'il n'est pas).

■ Ces défis de mise en opposition et de recherche de différences sont autant de moyens de **stimuler la motivation et l'intérêt de l'élève**.

1. *Pour enseigner la lecture et l'écriture au CP*, Ministère de l'Éducation nationale et de la jeunesse, 2019.

b. Gains pour l'enseignant

■ L'enseignant, comme les élèves, dispose d'un champ de confrontation des deux graphèmes pour **mieux faire percevoir les spécificités de chacun**, les postures phonatoires propres à chacun leur permettant de produire les phonèmes associés, leurs différences et leurs complémentarités.

■ Les élèves disposant de deux fois plus de temps de travail sur ces graphèmes, l'enseignant dispose ainsi de **deux fois plus de temps pour identifier les difficultés des uns ou des autres**, et apporter des situations complémentaires d'aide et de déblocage à ceux qui en ont le plus besoin.

■ L'organisation des séquences que nous proposons laisse un maximum de temps à l'enseignant tout au long de la semaine pour accompagner de manière ciblée et adaptée les groupes de besoins et leur apporter le juste niveau d'étayage qui conviendra à chacun.

3. La rubrique *Découvrons ! Décodons !*

■ La première plage de la semaine, en classe entière, est consacrée à la découverte des deux graphèmes et aux manipulations associées pour bien fixer la spécificité de chacun, leurs proximités et leurs différences. Cette première étape se fait sous le guidage de l'enseignant.

■ Les **vidéos ultra-courtes** permettent de bien montrer la mobilisation et la dynamique des organes phonatoires pour produire chacun des deux phonèmes. Ces vidéos sont visionnées successivement. L'enseignant peut les projeter à partir de la version numérique enseignant du *Manuel de code*. Ces vidéos sont également accessibles aux élèves sur leur tablette et aux parents via les QR code®.

■ Après le visionnage de chaque vidéo, une **première expérimentation kinesthésique** est faite pour produire chacun des phonèmes en explicitant les positionnements et mises en mouvement des organes phonatoires, comme on apprendrait à produire une note isolée sur un instrument.

■ Un second temps consiste à faire **prononcer en enchaînement ces deux phonèmes**, passant de l'un à l'autre et inversement, en prenant conscience des changements posturaux nécessaires pour ce passage. Le virelangue vient éventuellement compléter cet exercice. En en faisant varier la vitesse, on peut accroître à la fois la précision de la production sonore et la **dextérité de passage de l'un à l'autre**, comme on le ferait pour jouer sa première mélodie à partir des notes travaillées, par leur enchaînement avec des variations de rythmes.

a. Mise en œuvre de la découverte du graphème : en classe entière – Jour 1

– Faire entendre le son prononcé par le premier graphème tout en visionnant la vidéo. Commenter la position de la bouche, de la langue, le passage du souffle.

– Faire prononcer le son de ce premier graphème par les élèves en les invitant à ressentir d'un point de vue kinesthésique les parties de la bouche mobilisées et les sensations, positions et mouvements des parties de la bouche engagées dans cette dynamique de prononciation.

– Procéder de même pour le second graphème.

– Faire expérimenter le passage de l'un à l'autre des graphèmes en comparant les positions (proches) des organes phonatoires.

– Le cas échéant, faire prononcer le **virelangue du jour**, pour faire expérimenter par les élèves la proximité et les différences des phonèmes et le passage de l'un à l'autre. Le faire répéter plusieurs fois, à vitesse variable.

Durant les périodes 1 et 2, nous proposons en parallèle de la lecture collective des syllabes, une manipulation possible de **cartes graphèmes** (voir partie IV « Accompagnement pas à pas » de ce *Guide pédagogique*). Celle-ci permet de renforcer la compréhension de l'association des sons dans la syllabe.

Exemple avec les cartes graphèmes j et a, u, ou, e, i, o, é.

– Placer une voyelle éloignée, à droite du graphème « j ». Faire glisser la carte j de gauche à droite en prononçant le son filé « jjjjjjjjjjjjjjjjjjjj » jusqu'à ce que la carte j rejoigne la carte voyelle et prononcer le son voyelle au moment de la fusion des cartes (jjjjjjjjjjjjj – a). Puis inverser les positions lorsque la syllabe commence par la voyelle. Dans ce cas, c'est le son-voyelle qui est filé jusqu'à la fusion.

– Procéder de la sorte pour la lecture des deux premières lignes de syllabes.

– La troisième ligne se fait sans manipulation de cartes.

Remarques

• Dans le manuel, sous les mots, des corbeilles aident à la visualisation des syllabes. Nous prenons le parti de proposer des corbeilles liées aux **syllabes orales**.

• Quelques **mots-outils**, en nombre très limité, sont également introduits pour préserver un niveau de déchiffrabilité des textes proches de 100 %, dès les premiers jours de l'année.

b. Suite de l'apprentissage du code : en ateliers (à partir de la deuxième semaine)

■ La suite de l'apprentissage du code est organisée par **groupes de besoins**, avec des temps différenciés : d'un côté, un travail guidé par l'enseignant pour un groupe de besoins ; de l'autre, un travail en autonomie pour les autres groupes. L'enseignant prend en charge, successivement, chacun des groupes tous les débuts de matinées pour le travail de lecture des syllabes, des mots et des phrases du *Manuel de code* à l'oral au cours d'**ateliers guidés** :

– **Jour 2** pour les syllabes et mots ;
– **Jour 3** pour les mots et phrases ;
– **Jour 4** avec manipulations d'étiquettes autour des phrases ou du texte de lecture autonome.

Organisation des ateliers guidés

L'enseignant prend successivement les trois groupes de besoins, selon les durées proposées ci-dessous :

– le groupe ✹ (les moins rapides) **pendant 20 minutes**, pour déchiffrer et lire les syllabes, les mots et les phrases ✹ (et éventuellement ★), et les mots-outils ;

– puis le groupe ★ (les médians) **pendant 10 minutes**, pour déchiffrer et lire les syllabes, les mots et les phrases ✹, ★, et les mots-outils ;

– puis le groupe ☾ (les plus rapides) **pendant 10 minutes**, pour déchiffrer et lire les syllabes, les mots et les phrases ✹, ★, ☾, et les mots-outils.

Ces exercices peuvent être refaits à la maison grâce aux QR codes®.

Après cette mise en route sur la lecture des mots et des phrases, nous proposons les activités de la rubrique *Entraînons-nous !* selon l'organisation méthodique proposée dans l'emploi du temps type figurant dans la partie IV « Accompagnement pas à pas » de ce *Guide pédagogique*.

4. La rubrique *Entraînons-nous !*

a. Ateliers guidés

■ Toutes les activités proposées dans cette rubrique sont traitées à l'oral, en ateliers guidés par l'enseignant. **Ces activités orales préparent aux exercices sur les *Fiches d'exercices de code* à faire en autonomie.**

■ Nous proposons ici un travail systématique d'encodage/décodage (copie de syllabes, dictée de syllabes, de mots, de phrases), de production d'écrits courts et d'étude de la langue.

Organisation des ateliers guidés

L'enseignant prend successivement les trois groupes de besoins les après-midis, selon les durées proposées ci-dessous pour faire travailler les activités du jour sur le *Manuel de code* à l'oral :

– le groupe ✹ (les moins rapides) **pendant 30 minutes** ;
– puis le groupe ★ (les médians) **pendant 20 minutes** ;
– puis le groupe ☾ (les plus rapides) **pendant 20 minutes.**

b. Ateliers en autonomie avec les *Fiches d'exercices de code*

■ En fin de travail oral sur une activité, l'enseignant indique aux élèves du groupe les consignes qui s'appliqueront pour les exercices correspondants de la *Fiche d'exercices de code* à réaliser en autonomie.

■ Sur la *Fiche d'exercices de code*, les exercices sont proposés **dans le même ordre que les activités du *Manuel de code***. Ils reprennent certaines images et mots du manuel mais en proposent d'autres pour un meilleur ancrage du phonème.

■ Le travail en autonomie sur les *Fiches d'exercices de code* étant ritualisé, un simple rappel rapide des consignes de mise en œuvre est suffisant pour lancer ces temps de travail, après quelques semaines de rodage.

La même *Fiche d'exercices de code* est utilisée toute la semaine.

Organisation des ateliers guidés

Chaque groupe de besoins travaille en autonomie sur la fiche de son niveau :

– **30 minutes** pour le groupe ☾
– **30 minutes** pour le groupe ★
– **20 minutes** pour le groupe ✹

■ **L'utilisation des audios** pour la réalisation de ces *Fiches d'exercices de code* facilite l'automatisation des liens grapho-phonémiques sur ces temps d'autonomie. L'utilisation de casques et de tablettes offre un cadre de travail beaucoup plus serein et calme pour les élèves. Et l'enseignant est considérablement moins sollicité par les élèves.

■ Si la classe n'est pas équipée en tablettes et en écouteurs, l'enseignant peut néanmoins organiser des **duos d'élèves**. L'un des élèves est **l'opérateur** : il prononce les syllabes ou mots induits par les images. L'autre est **l'acteur** et effectue l'exercice en entendant les mots prononcés par son camarade. Cela lui évite une surcharge cognitive due à la réalisation simultanée de tâches (lecture de l'image, prononciation du mot dans sa tête, écoute de cette prononciation, détection des sons, transcription en graphèmes).

■ On permute les rôles dans un second temps. **Chaque élève joue ainsi, successivement, le rôle de la tablette !**

■ Tous les matins des jours 2, 3 et 4, lors de la prise en charge des groupes de besoins, l'enseignant fait, avec chaque groupe, la **correction des exercices réalisés en autonomie la veille**.

c. Tiroirs d'autonomie

■ L'utilisation de tiroirs d'autonomie, accompagnée de plans de travail, est une autre activité possible pour les élèves non pris en charge par l'enseignant.

■ Nous proposons dans la partie IV « Accompagnement pas à pas » de ce *Guide pédagogique*, lorsque cela s'y prête, des explications pratiques pour **transformer une activité faite en atelier guidé ou en classe entière en *tiroir d'autonomie***. Les élèves peuvent ainsi renforcer les apprentissages récents durant les temps d'autonomie s'ils ont fini leur travail sur les *Fiches d'exercices de code* ou les *Fiches de lecture autonome*.

■ **Objectifs de ce fonctionnement** : ce dispositif accroît la liberté des élèves, permettant une approche plus individualisée, plus respectueuse des besoins et du rythme de chacun. Le droit à l'erreur est aussi mis en pratique grâce à la possibilité de faire et refaire sans limite, sans trace de l'entraînement/échec. L'enseignant reste le guide et sait quelle progression doit suivre chaque élève afin d'acquérir les compétences attendues en fin de CP. En fonction des observations, des résultats des élèves aux évaluations, l'enseignant peut accompagner quand cela est nécessaire un élève vers l'atelier le plus adapté.

■ **Aménagement de la classe** en coins définis et identifiables par les élèves : par exemple, un meuble par domaine d'apprentissage (Lecture / Écriture), identifié par un pictogramme, une image ou une couleur qui permet à l'enfant non lecteur de se repérer. Des meubles à hauteur d'enfant, avec une organisation claire qui permet à l'enfant de se repérer et de ranger : numérotation des ateliers, système de couleur par domaine d'apprentissage, photo de l'atelier visible sur chaque atelier… Les meubles à tiroirs sont les plus pratiques, mais une étagère avec des boîtes convient très bien aussi (1 boîte/1 tiroir = 1 atelier).

Aménagements de classes avec des coins lire-écrire par compétences :

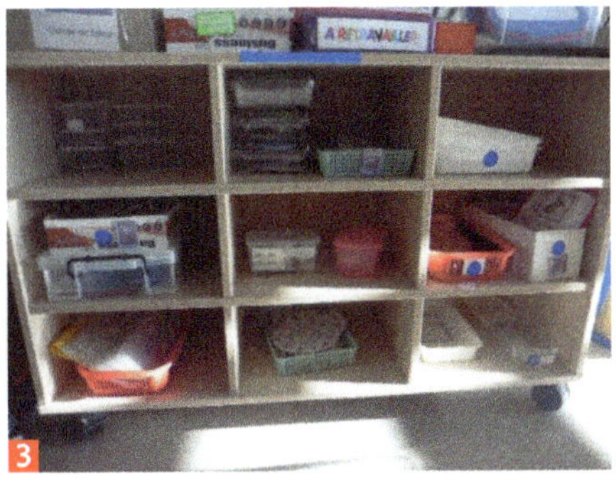

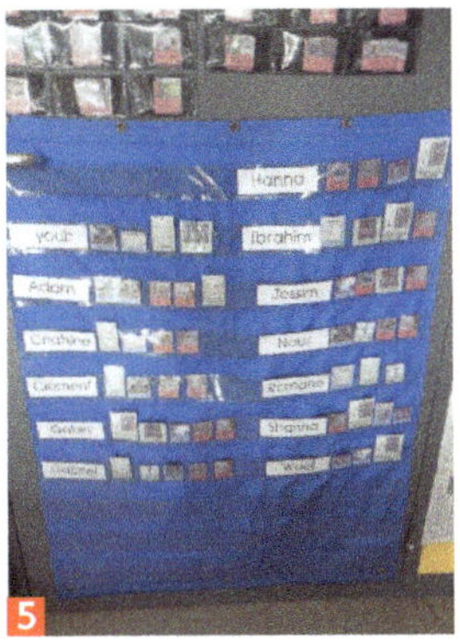

1. Des ateliers autonomes pour s'entraîner à écrire (geste d'écriture, copie, outils pour produire des écrits courts…).

2. Une bibliothèque de classe organisée en deux espaces : la lecture plaisir d'une part et un classement en niveaux de difficulté (en fonction de la déchiffrabilité des textes proposés) d'autre part.

3. Des ateliers autonomes pour développer la capacité à identifier les mots.

4. Des affichages modulables pour rendre lisible et réguler l'activité des élèves : des étiquettes avec une photographie de l'atelier et la compétence ciblée inscrite en dessous.

5. Un espace pour organiser le plan de travail des élèves pendant les temps d'autonomie.

Dispositifs

Les dispositifs, choix et suivis des ateliers décrits ci-dessous s'appuient sur les travaux d'Anne Larcher, Evie Laversanne, Adeline Michel, Aurélia Onyszko Leclaire et Séverine Walker[2].

Les centres d'autonomie

Les centres d'autonomie sont développés par Debbie Diller[3]. L'enseignant propose un nombre d'ateliers défini. Chaque atelier cible une compétence précise. Pour chaque atelier proposé, une différenciation est possible par la nature du matériel mis à disposition et/ou par des niveaux de difficulté variables. Dans une boîte ou un tiroir, se trouve un atelier qui contient, par exemple, des pochettes par niveau de difficulté différent. En choisissant cet atelier, les enfants travaillent la même compétence mais de manière différenciée. Ces ateliers sont mis à disposition des élèves pour une durée définie. La rotation des élèves sur ces ateliers est organisée par l'enseignant. Au bout d'un certain temps, l'enseignant change les ateliers et en propose de nouveaux qui ciblent les compétences étudiées au même moment en groupe classe.

Les ateliers de manipulation

L'enseignant propose un très grand nombre d'ateliers. Chaque atelier cible une compétence et un niveau de difficulté. Les ateliers sont accessibles tout au long de l'année et présentés au fur et à mesure aux élèves selon leur progression.

Choix des ateliers

– choix **libre** : l'élève va prendre l'atelier qu'il souhaite à condition qu'il lui ait été présenté au préalable par l'enseignant. Ce type de fonctionnement peut convenir au début du CP pour que les élèves s'approprient le dispositif d'ateliers autonomes. Cette possibilité lui permet de s'engager volontairement dans un effort, un apprentissage, un réinvestissement.

– choix **guidés** par l'enseignant : il permet d'encourager l'enfant, de lui offrir un cadre rassurant et d'aller vers des activités plus adaptées à son niveau, de le sortir de sa « zone de confort ». Ce guidage peut se faire sous la forme d'un tableau de programmation, d'un plan de travail collectif ou plan de travail individuel (quotidien ou hebdomadaire).

---

2. *Enseigner en classe flexible*, © Retz.
3. *Les centres de mathématiques pour les élèves de 5 à 8 ans*, © Chenelière Éducation, 2012, Montréal / *Les centres de littératie. Susciter l'engagement des élèves en lecture, en écriture et en communication orale*, © Chenelière Éducation, 2010, Montréal.

Suivis des ateliers

L'enseignant conçoit, au préalable, une programmation des ateliers par domaine et par compétences, sous la forme de tableaux de suivis affichés dans la classe qu'il renseigne au fur et à mesure de la réalisation des ateliers par les élèves. Il est intéressant que les ateliers soient autocorrectifs pour que l'élève ait un retour direct sur son travail. Une fois l'atelier réalisé, l'élève peut compléter son plan de travail, prendre son atelier en photo ou renseigner le tableau de suivi des ateliers. Quel que soit le dispositif choisi par l'enseignant, il est important que l'élève se situe par rapport à son avancée dans ses apprentissages et puisse se mettre en perspective de ses apprentissages futurs. Il peut ainsi mettre en lien ses activités avec sa progression.

Exemple de règles de fonctionnement des ateliers

– On ne fait un atelier que si l'enseignant nous l'a présenté.

– On range l'atelier comme on l'a pris et on le remet à sa place.

– On a le droit de demander de l'aide à un camarade pour faire un atelier (tutorat).

– Si on a besoin d'aide, on peut poser une question à voix basse à 3 camarades avant d'aller voir l'enseignant.

Outils à disposition des élèves

Il est important qu'un certain nombre d'outils connus et accessibles soit à disposition des élèves, notamment pour leur venir en aide lors des temps d'ateliers autonomes ou à tout autre moment collectif. Il peut être intéressant de les disposer à un endroit visible et accessible par les élèves. Ce n'est pas l'enseignant qui impose l'outil d'aide à un élève, mais c'est l'élève qui fait la démarche d'aller chercher un outil d'aide dès qu'il en ressent le besoin.

Voici une liste non exhaustive des outils qui peuvent être proposés (prévoir un outil par élève) :

– Une réglette avec les lettres de l'alphabet dans les différentes écritures,

– Une réglette d'écriture avec le sens de tracés des lettres,

– Les lettres rugueuses, des bacs avec de la semoule,

– Des lexiques de mots,

– Des lettres mobiles,

– Des feuilles Seyès (niveaux de réglures adaptés) avec le lignage couleur (cf. différenciation) et des feuilles Seyès ordinaires (niveaux de réglures adaptés).

Contenus des ateliers

La majorité des ateliers sont autocorrectifs. Voici quelques idées d'ateliers qui peuvent être proposés :

Lecture et compréhension de l'écrit

Compétence générale : identifier des mots de manière de plus en plus aisée		
Objectif	**Matériel**	**Consigne**
Connaître l'ordre alphabétique.	– Planche avec l'alphabet incomplet. – Bouchons ou cartes avec toutes les lettres.	*Complète l'alphabet en posant les lettres manquantes au bon endroit.*
Connaître les correspondances entre les différentes écritures.	– Roue avec l'alphabet dans une écriture (scripte, cursive). – Pinces à linge avec les lettres dans une autre écriture.	*Place la pince à linge avec la lettre minuscule sur la lettre majuscule correspondante.*
Reconnaître et nommer les lettres majuscules scriptes (ou les lettres minuscules scriptes ou les lettres minuscules cursives).	3 jeux de lotos différents. Pour chacun : – Des planches de loto avec des lettres dans une écriture. – Des cartes avec les lettres correspondantes dans la même écriture.	*Tire une lettre, dis son nom. Le joueur qui a la lettre sur sa planche prend la lettre et la pose dessus. Le jeu se termine lorsque la planche d'un joueur est entièrement remplie.*
Connaître le nom des lettres et le son qu'elles produisent.	– Des cartes avec une lettre de l'alphabet. – Des images contenant en attaque un son différent avec le mot écrit au dos de la carte.	*Place les images devant toi. Sous chaque image, mets la lettre qui correspond au son que l'on entend au début de ce mot.*

Objectif	Matériel	Consigne
Identifier un son dans un mot (en début, milieu ou fin de mot).	– Des roues avec des images dont plusieurs contiennent le son étudié. Le son recherché est écrit au centre de la roue. – Des pinces à linge.	*Place une pince sur l'image quand tu entends le son écrit au centre de la roue.*
Reconstituer un mot en assemblant dans l'ordre les syllabes.	– Des images sous lesquelles sont notées les syllabes du nom dans le désordre. – Les mêmes syllabes sur des cartes.	*Prends une carte. Prends les cartes de chaque syllabe écrite sous l'image. Remets-les dans le bon ordre pour reconstituer le mot de l'image.*
Décoder un mot et l'associer à la bonne image.	– Plusieurs pochettes contenant des images et des mots. Chaque pochette correspond à une notion de lecture spécifique de difficulté progressive (mot à 1 syllabe, puis 2, puis 3, puis avec une lettre muette, etc.).	*Place les images devant toi. Lis le mot-étiquette et place-le sous la bonne image.*
Lire aisément les mots-outils.	– Des planches de loto avec les mots-outils rencontrés en classe. – Des cartes avec ces mêmes mots-outils	*Tire une carte, lis à voix haute le mot-outil. Le joueur qui a le mot-outil sur sa planche le pose dessus. Le jeu se termine lorsque la planche d'un joueur est entièrement remplie.*

Compétence générale : comprendre un texte et contrôler sa compréhension		
Objectif	**Matériel**	**Consigne**
Comprendre une phrase lue seul et faire l'action demandée.	Des pochettes de niveaux de lecture progressifs.	*Pioche une carte, lis la phrase et réalise l'action demandée.*
Trouver parmi une liste de mots celui qui correspond à une image.	Des fiches avec des images et une liste de mots pour chaque image (1 thème par fiche).	*Entoure le mot qui correspond à l'image.*
Trouver parmi une liste de phrases celle qui correspond à l'image.	Une boîte contenant des fiches sur lesquelles on voit une image et plusieurs phrases. ⇒ Plusieurs boîtes de difficulté progressive.	*Entoure la phrase qui correspond à l'image.*
Associer le début et la fin d'une phrase en fonction du sens.	Des étiquettes contenant les débuts de phrases. Des étiquettes contenant les fins de phrases.	*Associe une étiquette à une autre pour former une phrase qui a du sens.*
Associer chaque phrase à la bonne image.	Des images et des phrases. ⇒ Plusieurs boîtes de difficulté progressive.	*Place chaque phrase sous la bonne image.*
Distinguer des mots qui comportent des sons proches (sens).	Des cartes contenant une devinette et 2 propositions de réponses (2 mots contenant des sons proches).	*Prends une carte, lis la devinette et trouve le bon mot.*
Identifier le personnage qui a été repris par un pronom.	Des cartes avec un petit texte contenant une reprise pronominale.	*Prends une carte, lis la devinette et réponds à la question : de qui parle le mot entouré ?*
Répondre à une question par inférence.	Des fiches contenant un texte avec des inférences.	*Prends une carte, lis le texte et écris la réponse sur la fiche réponse.*
Répondre à des questions de compréhension sur un album lu seul.	Bibliothèque de la classe avec les livres classés par niveau de lecture. Des fiches contenant des questions de compréhension.	*Lis un livre, prends la fiche correspondante et réponds aux questions de compréhension.*

Étude de la langue : grammaire, orthographe, lexique

Compétence générale : Construire le lexique		
Objectif	**Matériel**	**Consigne**
Trouver les mots correspondant à un thème parmi une liste.	Un thème et plusieurs mots.	*Trouve les mots qui correspondent au thème demandé.*
Enrichir le vocabulaire sur le monde environnant (documentaire) : les cartes de nomenclature.	– Des cartes avec des images et les mots inscrits dessous. – Des cartes avec les images seulement. – Des cartes avec les mots seulement. – Des cartes avec des définitions. – Un livret avec les images et leur définition.	*Place les images devant toi. Lis les mots-étiquettes et place le mot sous la bonne image. Vérifie ensuite si tu as juste avec la carte image/mot. Même déroulement avec les définitions.*

Compétence générale : s'initier à l'orthographe lexicale		
Mémoriser les mots-outils et les mots fréquents.	– Des cartes sur lesquelles sont inscrits les mots à mémoriser. – Une fiche qui reprend sous forme de pictogrammes les différentes méthodes pour mémoriser l'orthographe des mots.	*Prends les mots que tu souhaites réviser, apprends à les écrire en utilisant la méthode de ton choix.*

Écriture

Compétence générale : copier (en lien avec la lecture)		
Objectif	**Matériel**	**Consigne**
Améliorer son geste graphique : taille et forme des lettres.	– Des cartes avec les lettres rugueuses. – Un plateau avec de la semoule. – Une ardoise. – Des fiches d'entraînement pour chaque lettre avec le lignage.	*– Choisis une lettre rugueuse. Mets ton doigt sur le point et trace la lettre avec ton doigt en suivant bien le sens des flèches.* *– Reproduis cette lettre dans la semoule en faisant toujours bien attention au sens du tracé.* *– Écris cette lettre sur l'ardoise.* *– Entraîne-toi sur la fiche avec les lignes d'écriture.*
Savoir copier un mot (modèle en lettres cursives), puis des phrases, puis des textes.	– Des cartes avec des mots en lettres cursives (avec et sans lignage) ; avec des phrases en lettres cursives (avec et sans lignage) ; avec des textes en lettres cursives. Une ardoise puis un cahier de lignage adapté.	*Copie en cursive les mots / la phrase / le texte.*
Savoir copier un mot (modèle en lettres scriptes), puis des phrases, puis des textes.	Des cartes avec des mots en lettres scriptes ; avec des phrases en lettres scriptes ; avec des textes en lettres scriptes. Une ardoise puis un cahier de lignage adapté.	*Copie les mots / la phrase / le texte.*

Compétence générale : identifier des mots de manière de plus en plus aisée, en lien avec l'écriture (décodage associé à l'encodage) ⇒ Établir les correspondances graphophonologiques ; combinatoire		
Objectif	**Matériel**	**Consigne**
Écrire de manière autonome des mots à partir d'une image et des lettres dans le désordre, avec les lettres mobiles, puis directement sur l'ardoise quand l'élève a maîtrisé l'écriture de toutes les lettres cursives.	– Des pochettes contenant des cartes avec des images et les lettres du mot dans le désordre en lettres cursives ; avec des niveaux de difficulté progressive. – Des lettres mobiles. – Une ardoise puis un cahier de lignage adapté.	*Prends une enveloppe, choisis une image, écris le mot (avec les lettres mobiles ou directement sur l'ardoise).*
Écrire de manière autonome des mots : encodage.	Des cartes avec des images et le nombre de lettres indiqué pour chaque mot et un codage spécifique pour indiquer les lettres doubles et muettes.	*Prends une fiche et écris le mot correspondant à l'image.*

Écrire des textes en commençant à s'approprier une démarche (lien avec la lecture, le langage oral et l'étude de la langue)	
Objectif	**Matériel**
Écrire une liste de mots sur un thème donné, une phrase correspondant à une image, un texte à partir d'images séquentielles ou de cartes conte, une lettre (correspondance)…	Différents inducteurs d'écriture : – des images, – des images séquentielles, – des dés à conter, – des cartes conte : 1 lieu, 1 personnage, 1 objet. Différents supports d'écriture : – des petites affiches à accrocher en classe, – un cahier d'écrivain, – du joli papier à lettre.

Témoignages :

– https://classe-a-12.beta.gouv.fr/video/8fb25f4d-c170-4463-8582-4686bd7ca502/l%E2%80%99autonomie-au-cp

– https://classe-a-12.beta.gouv.fr/video/2c85c8b6-5029-4603-ad0f-a71e3c061515/developper-l-autonomie-au-cp

5. La rubrique *Lisons ensemble !*

■ Cette rubrique est constituée de textes proches du 100 % déchiffrable. Ces textes servent de **support aux *Fiches de lecture autonome*** des élèves.

■ Le texte qui figure dans cette rubrique du manuel correspond au texte de niveau ★ des *Fiches de lecture autonome*. Il peut être donné à réécouter une fois par semaine à la maison grâce au QR code® qui lui est associé dès que l'élève s'est essayé à son décodage.

■ **Le texte est introduit le premier jour**, lors de la découverte des graphèmes après la lecture des mots et phrases de la leçon. L'enseignant propose alors une narration introductive du texte (*cf.* partie IV « Accompagnement pas à pas ») et lit le titre aux élèves. Cette organisation permet une première élaboration de sens. S'il le souhaite, l'enseignant peut procéder à une première lecture du texte. Cette étape est progressivement abandonnée au fil des semaines ou réservée aux élèves prioritaires. La narration est maintenue tout au long de l'année.

■ Ensuite pendant la semaine, **les élèves le lisent en autonomie** et traitent les activités de compréhension liées au texte. Ces activités sont présentes sur la *Fiche de lecture autonome* de leur groupe de besoins (choisir le niveau de fiche lecture autonome correspondant au niveau de compréhension de l'élève).

■ Le jour 4 matin, la **manipulation d'étiquettes-mots pour reconstituer la chronologie de phrases** peut être faite à partir des phrases du texte autonome pour aider à en parfaire la compréhension et lever les derniers points de résistance.

■ En fin de semaine, la dernière demi-journée, nous proposons d'**effectuer un bilan** pour reprendre collectivement les réponses aux activités réalisées sur le texte et échanger sur les stratégies mobilisées.

C Production d'écrit

1. Quand avoir recours à l'écrit ?

Notre conception de la production d'écrit ne se réduit pas à la rédaction de textes longs et n'est pas réservée à des situations de chantier d'écriture.

Nous faisons le choix **d'avoir recours à l'écrit aussi souvent que possible**, comme une activité d'encodage, de la dictée ou copie de syllabes à l'encodage de phrases individuelles. Cela vient donc en interaction avec l'apprentissage de la lecture. Nous proposons ainsi des activités d'écrit régulières dans la partie IV « Accompagnement pas à pas » de ce *Guide pédagogique*.

2. La dictée

La dictée est abordée à trois moments :

1. Lors du **quart d'heure de dictée quotidien**, en classe entière, sur ardoise. Elle permet à l'enseignant de suivre l'avancée de tous les élèves (de 10 h 55 à 11 h 10 dans l'emploi du temps type proposé). Les syllabes, mots ou phrases sont proposés dans la partie IV.

2. Lors du **travail en ateliers guidés** par l'enseignant à partir du manuel. Les syllabes ou mots à dicter sont proposés dans la partie IV.

3. Lors du **travail en ateliers autonomes** sur les *Fiches d'exercices de code*. Les élèves utilisent alors les tablettes pour écouter les syllabes, mots ou phrases à écrire. L'enseignant peut également placer les élèves en duos (un opérateur et un acteur, avec permutation des rôles). Dans ce cas, il remet à chaque élève les syllabes ou mots qu'il devra dicter à son camarade.

3. La production d'écrit

■ La production d'écrit intervient dans **différents types d'activités ou d'exercices** afin d'exposer le plus possible l'élève à la tâche d'écriture. On la trouve dans des situations où l'élève doit apprendre à mobiliser les différentes compétences sous-jacentes, dans les supports suivants :

- Les *Fiches d'exercices de code* avec des exercices d'encodage spécifiques,
- *Mon carnet d'apprenti lecteur* en fonction des types d'écrits qui sont travaillés,
- Le cahier du jour pour l'entraînement au geste d'écriture puis l'entraînement à la copie.

Ces temps de production d'écrit sont détaillés dans la partie IV de ce *Guide pédagogique*, pour chaque semaine.

■ Dans le cadre des activités autonomes, des **lanceurs d'écriture** peuvent être mis à disposition des élèves. L'enseignant doit, pour cela, mettre en place un coin écriture dans sa classe. Des **supports d'écrits variés** peuvent être proposés aux élèves : ils sont sources de motivation et de créativité (papiers de différentes couleurs…).

■ Dans le cadre des autres enseignements que le français, la production d'écrit peut être mobilisée et ainsi entraînée (schéma à légender, écrits de travail, élaboration d'une conclusion de séance…).

a. Supports pour la production d'écrits

Le cahier d'écrivain est un outil pour personnaliser le travail de l'élève et développer le plaisir d'écrire. En y faisant réaliser de façon régulière diverses situations d'écriture, vous pourrez rendre visibles les progrès des élèves. Vous disposez d'un espace « flexible » pour l'écriture :

– pas de limitation d'espace,

– possibilité d'écrire et réécrire (les ratures sont autorisées : elles permettent de laisser visibles à l'élève les essais et rendent acceptable l'erreur comme faisant partie du processus d'apprentissage),

– possibilité d'y insérer des écrits libres (si vous disposez d'un coin écriture dans le cadre des ateliers autonomes).

La gestion de la différenciation est ainsi facilitée.

b. Dispositif : la dictée à l'adulte[4]

La dictée à l'adulte est très largement pratiquée au cycle 1. C'est donc une activité normalement déjà connue des élèves.

Rappel du principe : la dictée à l'adulte est une activité langagière qui invite l'élève à construire oralement un texte, avec l'aide de l'enseignant, qui l'écrit ensuite sous sa dictée. Déchargé de la dimension graphique de l'écrit, l'élève peut alors se concentrer sur l'élaboration et la mise en forme du texte. Ainsi, grâce à cette activité, il évolue sans cesse dans la maîtrise de la langue et acquiert, à son rythme, les capacités nécessaires à une future production d'écrit autonome.

« Le dispositif, conceptualisé par Laurence Lentin dans les années 70 comme une délégation d'écriture, est promu depuis des décennies par les différents textes institutionnels[5]. »

Pourquoi conduire une séance de dictée à l'adulte ?

La dictée à l'adulte est une situation pédagogique permettant de comprendre et d'apprendre que :

– « L'écrit code l'oral » (*ce qui se dit peut s'écrire*),

– « Il existe des différences entre discours oral spontané et discours écrit élaboré » (*on n'écrit pas comme on parle*),

– « L'écrit permet la mise à distance des propos » (*l'écrit permet toutes les reprises nécessaires*),

– « Être capable de dissocier contenus et moyens linguistiques pour bien le dire » (*quand on écrit, on fait attention à ce que l'on dit et à la manière dont on le dit*),

– « Il ne suffit pas de parler pour dicter » (*écrire demande plus de temps que parler*).

L'intérêt réside dans le fait que l'enseignant prend en charge l'encodage des mots et le geste graphique. Les élèves ont en charge la production (mise en mots et en phrases de leurs idées).

Comment conduire une séance de dictée à l'adulte : déroulement et gestes professionnels à mobiliser[4, 6]

Il n'y a pas de déroulement préétabli et figé, cela dépend de la situation d'écriture et du type d'écrit. Toutefois, des incontournables doivent être explicites pour l'élève. Cela lui permet de prendre conscience des procédures en jeu en production d'écrit.

1. La planification = prévoir, organiser les contenus

Activité de l'enseignant	Gestes professionnels
– Amener les élèves à se représenter la situation d'écriture par des questionnements. – Recontextualiser les connaissances antérieures : « On écrit à partir de ce que l'on connaît déjà ». – Organiser et réguler les échanges oraux, reformuler, synthétiser. – Facultatif : prendre des notes pour garder en mémoire les propositions des élèves. Cela peut servir de point d'appui pour la mise en mots. Ce brouillon n'est pas toujours utile. Cela dépend du projet d'écriture. De tels écrits intermédiaires, lorsqu'ils existent, ont pour vocation d'être vus et partagés avec les élèves.	– Veiller à donner la parole à tous les élèves. – Sécuriser les élèves qui n'osent pas prendre la parole. – Proposer une situation motivante pour l'élève.

4. EDUSCOL Ressources maternelle – Mobiliser le langage dans toutes ses dimensions – Partie II/4 – Lien Oral écrit – Les dictées à l'adulte
5. *Pratiquer la dictée à l'adulte – De l'oral vers l'écrit*. GS-CP-CE1, E. Canut, M. Guillou, © Ed Retz, 2017.
6. Mireille Brigaudiot, *Langage et école maternelle*, p. 97-207, © Hatier.

2. La mise en texte = raconter, mettre en mots, améliorer, « graphier »

Activité de l'enseignant	Gestes professionnels
Afficher les éléments préparatoires et les outils utiles pour soutenir l'activité des élèves.	– Veiller à distribuer la parole entre les élèves. – Sécuriser les élèves qui n'osent pas prendre la parole. **Différenciation :** on accepte (notamment en grand groupe) que des élèves puissent répéter ou reprendre presque à l'identique les propos d'un camarade.
– Aider les élèves à énoncer de l'écrit : le texte est donc négocié avant d'être transcrit par l'enseignant. – Montrer son étonnement, son incompréhension et solliciter des reformulations, des enrichissements de la part des élèves. – Accompagner les élèves pour leur apprendre à transformer l'oral en écrit tout en conservant le sens. – Apporter des compléments de connaissances lorsque cela est nécessaire. On peut procéder à des ratures, ajouter, découper-coller du texte devant les élèves. Ces procédures étant constitutives de l'acte d'écrire, elles doivent être mises aux yeux des élèves. **Condition à respecter :** ne transcrire que des propositions recevables à l'écrit (langage scriptural le plus proche possible de la forme écrite).	– Veiller au respect des normes de l'écrit tout en veillant à ne pas trop s'éloigner des productions des élèves qui doivent pouvoir reconnaître leurs propos. – Oraliser ce qui est écrit pour mettre l'oral et l'écrit en relation. – Demander aux élèves de ralentir leur débit de parole pour pouvoir écrire sous leur dictée. – Écrire en cursive devant les élèves sur un plan vertical visible par tous (en caractères suffisamment gros, être vigilant à la lisibilité de ce qui est écrit par tous les élèves) : rôle modélisant de l'enseignant. – Épeler certains mots réguliers, demander aux élèves quelles lettres utiliser pour écrire un mot ne présentant pas de particularités orthographiques. – Commenter son activité de scripteur : montrer les procédures cognitives silencieuses et les gestes invisibles, imperceptibles par les élèves. – Gérer le temps et le maintien de l'attention des élèves dans l'activité tout en prenant en compte les possibilités de concentration des élèves. **Points de vigilance sur la langue :** la syntaxe (phrases simples et phrases complexes), le lexique, l'enchaînement des phrases, la concordance des temps, les mots de liaison, la ponctuation, la présentation. Tout ne peut être travaillé en une séance : faire des choix en fonction des propositions des enfants et de leur progression.
Réguler la production : lire, relire le texte en cours de rédaction. Relire le texte final en fin de production.	– En relecture, montrer les mots au fur et à mesure (segmentation de la phrase en mots). – Faire répéter les élèves tout en suivant les mots avec le doigt. – Leur faire lire les mots qui sont à leur portée ou leur demander de montrer certains mots parce qu'ils ont été écrits plusieurs fois.

3. Éditer le texte

Il s'agit de donner une forme finale, lisible, communicable : soit en version manuscrite, soit en version informatique, réalisée par l'élève ou prise en charge par l'enseignant selon ses objectifs et choix pédagogiques.

4. Observer l'effet produit sur le lecteur

Les élèves de la classe, d'autres classes, des adultes de l'école, les parents, peuvent être lecteurs.

En conclusion : des écueils à éviter

– Noter ce que les élèves disent sans les amener à procéder à des ajustements ou à l'inverse corriger systématiquement à la place des élèves.

– Ne pas expliciter ce qui est en jeu dans cette situation d'écriture (laisser les apprentissages se faire de façon incidente).

c. Mise en œuvre des séances consacrées aux exercices de production d'écrit du *Manuel de code*

Ils sont organisés en ateliers avec des groupes homogènes ou hétérogènes selon le choix de l'enseignant (se reporter à l'emploi du temps : les groupes ✹ ★ ☾ ne sont pas conservés nécessairement pour ces séances. L'hétérogénéité est un point d'appui pour les élèves les plus fragiles dans ce type de tâches).

Temps 1 (matin) : préparation à l'écriture

Ce travail se conduit à l'oral. Pour chaque exercice, nous précisons les points d'attention spécifiques, dans le « pas à pas » (partie IV). Il s'agit d'accompagner les élèves dans cette phase d'anticipation, tant sur le contenu (comprendre la consigne d'écriture, élaborer des idées par des échanges oraux guidés par le questionnement de l'enseignant, par l'élaboration d'écrits provisoires, brouillons sous forme de tableaux, listes, dessins, cartes mentales…), que sur la future forme écrite (encodage collectif en dictée à l'adulte de certains mots, en lien avec les stratégies à mobiliser, et des critères de réussites sur la forme : segmentation d'une phrase en mots, majuscule-points…). Cette phase n'aboutit pas à un « premier jet d'écrit individuel ».

Temps 2 (après-midi) : phase d'écriture individuelle

	Guidage de l'enseignant et gestes d'étayage
1. Phases incontournables d'une séance	– Introduire la séance, présenter la situation et expliciter l'objectif. – Mettre les élèves en activité. Pendant la réalisation de la tâche, accompagner les élèves en régulant l'activité par un étayage plus ou moins important selon les besoins. – Dresser un bilan : ce qu'on a fait, comment on a réussi (procédures et aides). – Élaborer des outils de synthèse qui permettent d'en garder la trace pour y revenir et les enrichir au fur et à mesure des séances : la planification, les stratégies d'encodage, les critères de réussite de l'écrit sur le plan de la forme écrite.
2. Avant d'écrire	– Remobiliser le travail de préparation du matin (recours à des traces, outils constitués en groupe). – Rappeler les critères de réussite attendus en appui sur les affichages collectifs. – Questionner l'élève sur ce qu'il souhaite dire. – Faire formuler la phrase que l'élève veut écrire. – Faire segmenter les mots : à l'oral, utiliser un code gestuel qui représente la segmentation en mots de la chaîne orale ; à l'écrit, tracer (ou faire tracer par l'élève) un trait pour chaque mot qu'il va devoir écrire. Répéter la phrase en ralentissant le débit de façon à bien faire entendre les différents mots de la chaîne orale. – Aider à identifier les stratégies d'encodage.
3. En cours d'écriture	– Faire relire l'élève et lui demander si ce qu'il a écrit correspond à ce qu'il souhaitait écrire (mesurer les écarts). **Alternative :** l'enseignant signifie à l'élève ce qu'il a compris et lui demande si cela correspond bien à ce qu'il souhaitait écrire et aide l'élève à adapter son écrit. – Faire oraliser l'écrit de l'élève, ou le faire oraliser par une autre personne (un élève ou l'enseignant) pour identifier la structuration de la phrase, les oublis de mots, des problèmes d'encodage, de segmentation des mots… – Aider les élèves à mobiliser les stratégies et outils adaptés pour aboutir à une forme écrite correcte. Une stratégie à mettre en avant est le recours à l'analogie : « ça s'écrit comme dans… ». Il est également opportun de sensibiliser les élèves à la dérivation morphologique. Pour aider les élèves à progresser dans le stade orthographique, il est nécessaire de faire des liens entre les mots connus dont ils disposent, de créer des liens entre les mots eux-mêmes par leur appartenance à une même famille de mots (cas des radicaux réguliers). Pour les élèves : https://lesfondamentaux.reseau-canope.fr/video/entrer-dans-lecrit-leniveau-du-mot.html – Apporter les corrections orthographiques et grammaticales qui ne sont pas à la portée de l'élève. – Encourager ! Valoriser les essais !
3. Prolongements	Afin d'ancrer l'écrit dans sa fonction sociale, mettre régulièrement les élèves en situation de relire leurs propres écrits et ceux des autres, les soumettre à des lecteurs extérieurs (parents, autres classes de l'école…). Cela nécessite une phase de mise au propre en vue d'éditer les écrits produits.

En période 5, lors de la phase d'écriture de l'après-midi, nous recommandons aux enseignants d'être moins guidants auprès des élèves et de les laisser davantage écrire de manière autonome (désétayage). L'intervention de l'enseignant doit davantage cibler l'étayage de l'élève dans l'amélioration de l'écrit produit :

– Réviser son écrit pour corriger la segmentation des mots, les mots oubliés, les erreurs de CGP, l'usage de la majuscule et du point, l'usage de quelques connecteurs simples. L'enseignant peut souligner les erreurs d'orthographe lexicale et grammaticale que l'élève peut tenter de corriger seul. Les autres sont données par l'enseignant. Il écrit le modèle sous l'écrit de l'élève.

– Réécrire pour ajouter une idée, être plus précis sur le plan lexical…
Pour chaque situation d'écriture proposée dans le *Manuel*, vous trouverez dans le « pas à pas » des conseils spécifiques pour leur mise en œuvre.

D Geste d'écriture et copie

Nous proposons d'accompagner la mise en œuvre de **l'enseignement du geste d'écriture, évoluant progressivement vers l'enseignement de la copie**, afin de permettre aux élèves d'acquérir la maîtrise et l'aisance nécessaire de ces composantes essentielles de l'apprentissage du lire-écrire au CP. Nous donnons ici quelques repères pour organiser les séances au plan pédagogique.

1. Nos objectifs d'apprentissage de l'écriture

Notre progression s'organise selon les objectifs suivants, ceux-ci s'appuyant sur les documents d'accompagnement des programmes (*L'écriture au cycle 2 : la copie*, EDUSCOL, MEN, nov. 2018).

Périodes 1 et 2	– Poursuivre l'apprentissage du geste d'écriture et du tracé normé des lettres en lien avec l'étude des graphèmes pour développer la maîtrise des gestes de l'écriture cursive. – Apprendre à copier des mots et des syllabes.
Période 3	– Poursuivre l'entraînement du geste d'écriture, son perfectionnement et son automatisation pour acquérir une meilleure dextérité. – Développer la capacité à mémoriser l'orthographe d'un mot entier.
Période 4	– Poursuivre l'entraînement du geste d'écriture, son perfectionnement et son automatisation pour acquérir une meilleure maîtrise et une plus grande fluidité. – Développer la capacité à mémoriser l'orthographe d'un mot entier. – Apprendre à copier en développant l'empan visuel de prise d'information.
Période 5	– Poursuivre l'entraînement du geste d'écriture, son perfectionnement et son automatisation pour une écriture fluide, lisible et indolore. – Apprendre à copier en mobilisant des stratégies efficaces et des stratégies de relecture. – Apprendre à copier en développant l'empan visuel. – Développer la capacité à mémoriser l'orthographe d'une phrase. – Entraîner la réflexion sur le sens et la forme orthographique.

■ **En période 1 et 2**, les élèves s'exercent au tracé des lettres en cursive, aux enchaînements de lettres et copient quelques mots ou courtes phrases (situation de copie directe), par un enseignement structuré, progressif, guidé et régulier.

■ L'objectif, à ce moment de l'année, est bien de développer « *une écriture cursive fluide, lisible, bien disposée dans la page et dans le lignage* » (*L'apprentissage de l'écriture au cycle 2, Introduction*, EDUSCOL, MEN, nov. 2018). L'attention de l'enseignant est alors portée sur la posture et la tenue du crayon, le tracé des lettres (respect du ductus), la liaison entre les lettres, la hauteur des lettres, la tenue de la ligne.

■ Pendant les deux premières périodes, nous conseillons de consacrer **20 minutes par jour à la copie systématique**. Cependant, les situations de copie directe sont insuffisantes pour apprendre aux élèves à copier vite et sans erreur.

■ C'est pourquoi, à partir de la période 3, nous intégrons des activités d'écriture permettant un **enseignement explicite et progressif de la copie**.

De manière progressive **sur les trois dernières périodes,** les objectifs sont les suivants :
– poursuite de l'entraînement au geste graphique,
– développement de la capacité à mémoriser l'orthographe d'un mot entier,
– éloignement du modèle,
– changement de plan entre modèle et copie,
– limitation du nombre de retours pour prise d'informations,
– développement de l'empan visuel à chaque prise d'information sur le modèle,
– capacité à mémoriser l'orthographe d'une phrase,
– entraînement à la réflexion sur le sens et sur la forme orthographique.

■ La copie est donc présente à deux niveaux dans notre méthode :
– Dans les **exercices liés au code** sur les *Fiches d'exercices de code*, dans le but de fixer le lien graphophonétique sur les syllabes, mots et phrases travaillés dans chaque leçon du *Manuel de code*.

– Dans les **séances liées au geste d'écriture** sur le cahier du jour, où les stratégies de copie seront travaillées pour elles-mêmes, notamment à partir des mots et des phrases proposées dans les séances 2 et 3 hebdomadaires.

2. Conseils pour le choix du matériel

Ces conseils ont pour vocation de donner des points de repères et sont à évaluer et réévaluer en fonction de chaque situation.

a. Le cahier

■ **La réglure de 3 mm** est proposée **en début de CP** pour évoluer progressivement vers une réglure de 2,5 mm puis une **réglure standard de 2 mm à partir de la période 3** pour les élèves qui en sont capables. Il ne s'agit pas de contraindre artificiellement la taille de l'écriture avant que l'élève soit capable de gérer cet espace (*Repères annuels de progression, Français, cycle 2*, MEN, mai 2019).

■ L'enseignant doit, en début d'année, adapter le niveau de réglure en fonction des capacités des élèves à tenir la ligne et gérer les interlignes. Toutefois, la réglure choisie ne doit pas générer des mouvements trop importants en amplitude pour des élèves de CP, provoquant alors des défauts de posture.

■ La qualité du matériel utilisé par l'élève doit retenir toute l'attention de l'enseignant. En effet, il est préférable de choisir un papier de qualité car les contrastes de couleur lignes-interlignes sont plus forts, par exemple dans des cahiers avec ligne violette et interlignes bleus clairs. Cela sera profitable aux élèves, notamment à ceux qui ont un trouble neuro-visuel.

■ Il est important de veiller à la conformité de la réglure dans les différents supports, cahiers et fiches, sur lesquels l'élève travaille. Par ailleurs, la réglure présente sur les différents supports doit être la plus homogène possible avec celle du cahier sur lequel l'élève s'entraîne au geste d'écriture. Attention aux photocopies qui agrandissent ou réduisent la taille de la réglure !

b. L'outil scripteur : le crayon à papier et le stylo

■ Pour une prise en main efficace et confortable pour l'élève, il faut être vigilant au choix des outils selon les critères suivants :
– Le diamètre du crayon ou du stylo doit être adapté à la taille de la main des jeunes élèves.
– La longueur de l'outil, notamment pour les crayons à papier, ne doit pas être trop courte.

■ De plus, certains critères supplémentaires peuvent être pris en compte :
– La forme des crayons peut faciliter leur prise en main. Ainsi, les crayons de forme triangulaire facilitent le placement des doigts. Certains stylos ou crayons disposent de grips antidérapants ou d'encoches spéciales pour le positionnement des doigts. D'autres présentent des formes ergonomiques pour une bonne prise en main et certaines marques proposent même des modèles adaptés aux gauchers.
– La qualité du crayon à papier doit lui conférer une mine solide, toujours taillée.
– La texture joue un rôle important, notamment celle des stylos « rollers » qui sont souvent plus appréciés par les jeunes scripteurs que le stylo bille.

3. Les séances dédiées à l'apprentissage du geste d'écriture

a. Les modèles d'écriture

■ L'enseignant prépare en amont les modèles d'écriture **dans le cahier du jour de chaque élève ou dans un cahier dédié**. Pour cela, se référer au tableau donné pour chaque séance de l'année, dans la partie IV « Accompagnement pas à pas » de ce *Guide pédagogique*.

■ Ces tableaux sont organisés selon une progression qui commence par la lettre isolée. Dès la deuxième semaine de l'année, nous proposons de travailler des enchaînements de lettres, l'écriture de mots courts et de courtes phrases. **Les mots et enchaînements de lettres proposés ne font intervenir que des lettres dont le tracé a déjà été travaillé.** La progression du geste d'écriture est en lien avec la progression d'étude des correspondances graphèmes phonèmes (CGP).

■ Afin d'acquérir un geste continu, principe de l'écriture cursive, il est important que tous les élèves travaillent les différents types d'enchaînements. En effet, c'est ce point qui pose le plus de difficultés aux élèves. Un travail trop prolongé de la lettre isolée ne permet pas l'acquisition de la fluidité du geste, car l'enchaînement d'une lettre se fait toujours par rapport à la lettre précédente. Il peut créer des obstacles à l'acquisition d'une écriture fluide chez les élèves.

b. Gestion de la différenciation

■ Pour organiser un enseignement différencié et adapté aux besoins de chacun, les points suivants doivent faire l'objet d'une observation régulière de la part de l'enseignant pour chaque élève, car ils peuvent être sources de difficulté à tout moment de l'apprentissage : **la posture, la tenue de l'outil scripteur, le positionnement du support, la forme des lettres, la liaison des lettres dans les mots, le respect du lignage.**

■ Nous conseillons la lecture du document EDUSCOL intitulé *Les préalables à l'apprentissage de l'écriture cursive* et disponible à l'adresse suivante : https://cache.media.eduscol.education.fr/file/Gestes_et_ecritures/60/8/2-RA16_C2_FRA_3_prealable_app_ecriture_635608.pdf.
Il donne de nombreux conseils pour mettre en place un étayage adapté aux besoins des élèves, à partir des observations que l'enseignant peut effectuer lors des séances dédiées à l'entraînement du geste d'écriture, comme lors de toutes les activités quotidiennes de la classe où l'élève est en situation d'écrire. Pour différencier, il est possible d'**alléger la tâche** par le nombre de lettres, de syllabes, ou de mots copiés par ligne mais nous recommandons de faire travailler la lettre isolée et les enchaînements de lettres par tous les élèves.

■ Pour les élèves dont la motricité fine n'est pas suffisamment maîtrisée, il est possible **de renforcer le travail du geste d'écriture** en s'entraînant dans la semoule, le sable ou sur lettres rugueuses (comme cela est souvent fait en Maternelle), activités à privilégier dans le cadre des *tiroirs d'autonomie*.

■ Il est fondamental que ce travail se fasse **sous le contrôle de l'enseignant** qui peut accompagner l'élève dans la maîtrise du geste d'écriture par l'étayage verbal (rappel des formes de base qui composent la lettre, sens du tracé) ou moteur (en montrant à l'élève, en faisant en même temps que l'élève).

■ Pour aider les élèves qui rencontrent des difficultés dans le respect du lignage, il peut être utile d'utiliser les lignes de couleur, par exemple, le modèle mis au point par l'équipe de l'hôpital Bicêtre (C. Charrière et C. Galbiati) décrit ci-dessous :

> La ligne de base est en marron (ligne de terre) le premier interligne en vert (ligne de l'herbe), le deuxième interligne en gris (ou est supprimé pour certains élèves) et le troisième est en bleu (ligne de ciel). Le deuxième interligne en dessous de la ligne de base est en rouge (ligne de feu) et le premier en gris (ou est supprimé pour certains élèves).

c. Proposition de mise en œuvre d'une séance d'écriture

■ Il est important de ritualiser le déroulement de ces séances pour structurer l'enseignement et de le rendre explicite pour l'élève. L'évolution doit être progressive dans le temps.

■ Nous attirons votre attention sur la nécessité d'être auprès des élèves pendant les séances de travail du geste d'écriture. Au début de l'année notamment, et toute l'année pour les élèves en difficulté dans cet apprentissage, **l'apprentissage du geste d'écriture ne peut être une activité autonome**. Elle le deviendra par la suite pour les élèves qui auront acquis une certaine aisance.

Nous invitons l'enseignant à se référer aux documents Éduscol suivants sur lesquels s'appuie notre proposition de mise en œuvre :

- http://cache.media.eduscol.education.fr/file/Gestes_et_ecritures/61/2/4- 16_C2_FRA_3_cmt_conduire_seance_ecriture_635612.pdf
- https://cache.media.eduscol.education.fr/file/Gestes_et_ecritures/61/0/3-RA16_C2_FRA_3_mise_en_oeuvre_ens_ecriture_cursive_635610.pdf
- http://videos.education.fr/MENESR/eduscol.education.fr/2016/Ressources2016/Francais/Geste_ecrit_jeux_assouplissement.mp4

■ Introduction de la séance

Il est essentiel d'expliciter les objectifs : (« On va apprendre à … ; On s'entraîne à écrire pour … »), les attendus, faire du lien avec le déjà connu des élèves (présenter la lettre, le graphème du jour et faire du lien avec le travail mené en code : son de la lettre, du graphème).

■ Se préparer pour bien écrire

Nous vous recommandons de démarrer chaque séance par un échauffement corporel (vidéo d'échauffement http://videos.education.fr/MENESR/eduscol.education.fr/2016/Ressources2016/Francais/Geste_ecrit_jeux_assouplissement.mp4). Cela permet de se préparer à écrire, de se concentrer et aussi de travailler la motricité fine, la coordination, de libérer les articulations des doigts, du poignet, du coude, de l'épaule.

Découvrir le tracé de la lettre
Le rôle de l'enseignant consiste alors à montrer le modèle en prenant le temps de verbaliser ce qu'il fait (formes de base qui composent la lettre, quelques remarques sur les repères du lignage et éventuellement sur le ductus). Puis il demande alors aux élèves de s'entraîner avant d'écrire sur le cahier, soit en réalisant des tracés imaginaires dans l'espace ou sur le bureau avec le doigt (l'élève peut s'entraîner les yeux fermés puis les yeux ouverts) soit sur l'ardoise (côté blanc car les feutres mêmes fins sont trop épais pour permettre d'écrire correctement dans le lignage de l'ardoise).

Visionner les vidéos du ductus de chaque lettre
Des vidéos très courtes du geste graphique pour le tracé de chaque lettre sont disponibles dans la version numérique enseignant du *Manuel de code* (en haut de chaque leçon). Les élèves y ont accès également, sur leur tablette en classe et à la maison via le QR code®. Dans ces vidéos, nous avons choisi d'utiliser les lignes de couleur et les termes associés (ligne de terre, herbe, ciel, feu) qui sont facilitants pour beaucoup d'élèves et dans un souci de cohérence pour les élèves qui bénéficient de cet aménagement. Comme tout étayage, il faudra le supprimer progressivement. Nous introduisons les mots lignes et interlignes en fin de période 2.

Entraînement individuel
Lorsque l'élève passe au tracé sur son cahier, l'enseignant intervient pour le corriger dans sa posture, la tenue de son crayon, le sens du tracé, les liaisons entre les lettres, la hauteur des lettres et la tenue de la ligne, tout en valorisant le travail réalisé.

d. Rôle et posture de l'enseignant

- L'enseignant est un modèle : il prend le temps de montrer. Il **verbalise** et **explicite les gestes**. Il observe et **intervient pour corriger l'élève**. Ses observations lui permettent d'ajuster la différenciation qu'il met en place.
- **L'évaluation se fait par l'observation** de l'élève lors des séances dédiées au travail du geste d'écriture mais aussi dans les activités quotidiennes de la classe, en continu, de façon à avoir à tout moment une photographie de la progression de chaque élève : ce qu'il sait faire, ce qu'il est en train d'apprendre.
- Nous proposons une **grille d'observation** des élèves utilisable dès le début de l'année afin d'identifier de façon objective les acquis et les besoins de chaque élève. L'enseignant peut ainsi bien différencier son enseignement. On peut y noter les points forts acquis de l'élève et les enchaînements de lettres qui posent difficultés selon les critères du tableau. Nous suggérons d'identifier les gauchers en notant leur prénom dans une couleur différente.

Élève	Posture	Tenue et maniement du crayon	Positionnement du support	Forme des lettres	Liaison des lettres dans un mot	Lignage

Extrait de la grille d'évaluation à télécharger sur le site Ressources de la collection : https://123-lune.editions-bordas.fr

e. Matériel complémentaire

On trouve sur le site Ressources de la collection une frise alphabet sur lignage Seyès à imprimer et à photocopier. Cet outil de référence individuel, **placé sur la table de l'élève**, est plus adapté qu'un affichage mural en hauteur.

Si l'enseignant opte pour un affichage mural comme outil de référence pour la classe, il doit veiller à le placer à hauteur des yeux des élèves pour qu'il soit utilisable.

4. Les séances dédiées à l'apprentissage des stratégies de copie

a. Période 3

- Au cours de la **période 3**, les situations de copie « directe » travaillées en périodes 1 et 2 laissent place à d'autres situations permettant d'enseigner les stratégies à mettre en œuvre pour développer une copie efficace (rapide et sans erreur).
- L'objectif est de diminuer le nombre de fois où l'élève a recours au modèle, mais également, progressivement, d'apprendre à l'élève à réviser son écrit.

■ Pour cela, nous nous appuyons sur les activités proposées par Éduscol, comme les *Exemples de situations et d'activités d'entraînement à la copie* accessibles à l'adresse suivante : https://eduscol.education.fr/cid105737/francais-cycle-ecriture.html

■ L'efficacité de cet enseignement réside dans la **verbalisation des stratégies, la répétition et la structuration**. Nous organiserons leur progressivité sur les périodes 3 à 5 dans la partie IV « Accompagnement pas à pas » de ce *Guide pédagogique*.

b. Périodes 4 et 5

■ **Objectif général pour les Périodes 4 et 5** : développer les capacités des élèves pour copier de mieux en mieux (source : EDUSCOL).
Une copie est efficace lorsque :
– L'élève écrit de manière fluide pour gagner en vitesse.
– L'élève maîtrise la transcription des différentes écritures (capitale, scripte, cursive).
– Le nombre de retours au modèle est limité. Pour cela :
  ■ L'élève comprend et mémorise ce qu'il doit copier (un texte simple avec des mots connus est plus facile à copier).
  ■ L'élève a un empan de copie suffisamment important pour limiter le nombre de retours au modèle. Il sait s'appuyer sur des unités de capture plus larges que la lettre : la syllabe, le mot, un groupe de mots.
  ■ L'élève améliore sa vigilance orthographique pour s'appuyer sur des connaissances orthographiques de plus en plus solides (un mot connu est plus facile à copier lorsqu'on maîtrise les régularités de la langue ou lorsque celui-ci est mémorisé sur le plan lexical et orthographique).

– L'élève copie avec soin en respectant la présentation caractéristique à chaque type d'écrit : il adapte ses stratégies de copie. (Il est plus facile de copier un texte dont on reconnaît la typologie.)

– L'élève dispose de stratégies pour vérifier sa copie.

■ L'organisation pédagogique proposée en Période 4 et Période 5 vise à mettre en œuvre des situations permettant aux élèves de travailler de façon explicite les capacités précédemment énoncées. Elles seront présentées partie IV dans le pas à pas. Ainsi, à chaque séance :
– veiller en introduction à présenter l'objectif, à tisser des liens avec les connaissances en cours et les situations déjà rencontrées.
– adopter une posture de modèle dans les tâches proposées, c'est-à-dire se faire le haut-parleur des stratégies internes à mobiliser. Donner un exemple explicite de leur opérationnalisation.
– réguler l'activité des élèves en procédant à des feed-back immédiats sur les réussites et les procédures mobilisées. Inciter par le questionnement à les verbaliser.
– inciter aussi les élèves en train de copier à subvocaliser ce qu'ils écrivent.
– relever les difficultés des élèves et proposer des aménagements sur le geste d'écriture pour ceux pour qui cela serait encore nécessaire (il convient de les cibler et les ajuster aux besoins de chaque élève concerné), sur les variables possibles pour différencier l'activité de copie.
– valoriser l'activité de l'élève.
– observer et mesurer les progrès des élèves grâce à une grille d'observation. (https://cache.media.eduscol.education.fr/file/Ecriture/04/6/RA16_C2_FRA_Ecriture_geste-ecritcopie_grille-observables-copie_827046.pdf)

■ Évaluer les progrès des élèves et les progrès en cours de manière progressive et continue.
En période 4, porter son attention sur les critères suivants :
– la maîtrise du geste d'écriture (tracé et enchaînement des lettres),
– la maîtrise des transcriptions des différentes écritures,
– le développement de l'empan de copie (unité de capture, nombre de retours au modèle qui diminue),
– le respect de l'orthographe et de la ponctuation en cas de copie de phrases,
– le temps de copie.

c. Mise en œuvre

Mémoriser l'orthographe d'un mot entier (à partir de la Période 3 semaine 4)

■ **Découvrir les mots :**
– Lire et faire lire les mots cibles.
– Observer les particularités orthographiques (lettres muettes, consonnes doubles, CGP complexes/rares dans la langue). Les faire nommer par les élèves, utiliser un code couleur pour les identifier.

– Relier les mots avec d'autres mots déjà travaillés/connus et présentant les mêmes particularités orthographiques. Créer un outil collectif (répertoire des mots par phénomène de langue commun). Il s'agit de créer et d'enrichir au fur et à mesure, des listes de mots mettant en évidence une régularité dans la langue.
– Lier avec d'autres mots de la même famille lorsque cela est possible (les dire et les écrire au tableau, observer la régularité du radical).

Entraîner la mémorisation :
– Travailler l'épellation de ces mots afin de mémoriser les lettres et leur ordre, s'appuyer sur le découpage du mot en syllabes. L'épellation se fait en ayant recours au modèle puis sans le modèle (les yeux fermés).
Activité 1 : Écrire un mot de la liste au tableau puis le cacher partiellement ou effacer une ou plusieurs lettres/syllabes. Demander aux élèves d'écrire les mots en entier sur leur ardoise. Corriger immédiatement. Recommencer avec d'autres mots.
Activité 2 : Écrire la liste de mots au tableau. En effacer un. Demander aux élèves d'écrire le mot sur leur ardoise.

Développer un empan de plus en plus long (à partir de la Période 4)
Objectif : copier de mieux en mieux, s'entraîner à prendre de plus en plus d'informations en même temps, les mettre en mémoire pour regarder le moins possible le modèle.
Progressivité des unités à copier :
– Les mots cibles du jour, de la semaine
– Des mots travaillés les semaines précédentes
– Des groupes de mots ou courtes phrases
– Des phrases plus longues ou enchaînement de deux phrases
– Des mots non connus.

Comment réussir ? Les procédures à enseigner
Pour copier en regardant le moins possible le modèle, l'élève doit :
1. Lire et comprendre ;
2. Mémoriser le plus d'informations possible : être capable de répéter le mot ou les mots/groupes de mots/phrase à copier ;
3. Découper en unités plus petites pour mémoriser plusieurs lettres en même temps : découper un mot en syllabes, une phrase en groupes de mots, reconnaître les mots déjà connus et les récupérer dans la mémoire orthographique.
Ceci est à construire progressivement avec les élèves au cours des différentes séances. De plus, à chaque début de séance, ces stratégies sont rappelées collectivement et à chaque fin de séance, un bilan est réalisé pour les synthétiser et les recueillir sur une affiche collective, enrichie au fur et à mesure. Elle sert d'outil de référence pour faire explicitement du lien lors des situations où il faut réinvestir ces stratégies (situations de copie dans les autres disciplines). Elle peut être transmise en fin d'année à l'enseignant de CE1 pour faire du lien avec les stratégies développées au CP et poursuivre cet apprentissage au CE1.

Situation 1 : copie retournée
– Les unités à copier sont inscrites sur des cartes ou bandes de papier.
– L'élève lit, répète, exprime les liens avec ses connaissances, mémorise les informations.
– Il retourne la carte et écrit. Il revient au modèle autant de fois que nécessaire.
– Le binôme note une croix à chaque fois que l'élève qui copie regarde le modèle. Puis les deux élèves inversent les rôles.

Situation 2 : copie chrono
Situation de copie directe (texte sur le bureau ou au tableau).
– L'élève lit, répète, exprime les liens avec ses connaissances, mémorise les informations.
– Puis il copie.
– Le binôme chronomètre.
– L'enseignant a au préalable déterminé un temps de copie. Quand le chronomètre est fini, les deux élèves inversent les rôles.

E Étude de la langue

Tout au long de l'année et au fil des séances de code ou de lecture compréhension, nous saisissons les opportunités offertes par les textes et supports d'apprentissage pour aborder l'étude de la langue. Les notions abordées dans ce domaine sont détaillées pour chaque période dans le sommaire général du *Manuel de code*.

1. Les composantes de l'étude de la langue

a. Le lexique

■ Nous proposons un travail lexical sur la **polysémie** des mots, les **synonymes** et **antonymes**, et sur la **dérivation**.

■ Ce travail d'enrichissement lexical est conduit au travers de tous les supports de la méthode ***123 Lune !*** à partir des **mots de la leçon** qui sont remobilisés plusieurs fois chacun dans la semaine, dans les exercices en réception, en **production orale et écrite**, en étude de la langue (catégorisations), en **production d'écrit** (champs lexicaux, corpus mémoires individuels et de classe), en **fluence**, en **compréhension** et en **lecture autonome**.

■ Tous les exercices basés sur l'orthographe lexicale (encodage, tris, catégorisations, champs lexicaux…) contribuent à la **construction et au développement du répertoire mental lexical et orthographique** des élèves.

■ Toutes ces situations de développement du lexique sous les différentes formes évoquées sont détaillées et outillées dans la partie IV « Accompagnement pas à pas » de ce *Guide pédagogique* à chacune de leurs occurrences.

b. L'orthographe lexicale

■ En orthographe lexicale, nous proposons un travail visant **le renforcement de la voie directe de la lecture.**

■ Les mots qui servent de support à la copie ou à la compréhension y sont privilégiés. Des activités de manipulation visent à constituer le répertoire mental orthographique des élèves :
– classements par catégories sémantiques se référant au monde concret,
– identification des mots appartenant à une catégorie donnée,
– inventaire de mots de sens opposé, de verbes d'action.

■ **Mots à mémoriser**
À partir du milieu de la seconde période, la boîte des « mots-outils » de la page leçon du manuel se transforme en boîte des « mots à mémoriser ». Ces mots, qui sont rencontrés plusieurs fois dans la semaine, au travers des divers exercices et entraînements, font partie des mots d'usage fréquent. Le but de cette mémorisation est d'**accompagner de manière régulière et progressive la constitution du répertoire mental orthographique et lexical des élèves.** Ce répertoire mental permet aux élèves d'accéder de façon toujours plus étendue à la voie directe de lecture (séquençage des lettres des mots instantané sans déchiffrage et combinatoire). Cette voie, rappelons-le, permet d'alléger considérablement la charge cognitive, et est **indispensable pour accéder à la fluence de lecture** et la perfectionner. Nous laissons l'enseignant libre des activités complémentaires et périphériques qu'il souhaite proposer pour étayer cette mémorisation (temps dédié dans la journée, leçons du soir, activités complémentaires, moments de pauses méthodologiques…).

c. L'orthographe grammaticale

■ Le travail dans le domaine de l'orthographe grammaticale est conduit au travers des diverses activités de lecture, de production d'écrit et de compréhension. En partant de l'**oral en début d'année sur les formes régulières**, les activités évoluent peu à peu vers une mobilisation de ces formes à l'écrit et la mise en évidence progressive d'irrégularités de la langue.

■ Les notions de **phrase, genre, nombre, accords dans la phrase** sont manipulées implicitement, dans un contexte de sensibilisation.

■ Un travail explicite est d'abord conduit sur les réalités langagières audibles. Nous proposons des manipulations essentiellement orales dans quatre domaines :
– identification des déterminants et des noms,
– reconnaissance et production de phrases,
– travail sur les pronoms et les anaphores,
– identification des verbes.

2. Quelques principes pour une séquence type en étude de la langue

■ L'étude de la langue au CP se travaille toujours en articulation avec la lecture et l'écriture. Son enseignement a pour but de permettre aux élèves de mieux lire et de mieux écrire. Les études ont démontré la plus-value de cet enseignement sur les compétences des élèves dans les classes qui le pratiquent.

a. Partir d'une situation de lecture ou d'écriture

■ En étude de la langue, il convient toujours de **partir des régularités de la langue** (ce qui est le plus fréquent) et de les présenter comme telles aux élèves. Au fur et à mesure de la progression à travers le cycle, on étudie de façon explicite les phénomènes linguistiques les moins fréquents.

■ Pour une séquence visant la découverte de la notion de déterminant, l'enseignant propose aux élèves une situation de production d'écrit courte à partir d'un lanceur d'écriture simple. Par exemple: faire la liste des objets de la trousse, faire la liste des légumes ou des fruits.

■ L'enseignant récolte les productions des élèves et constitue un corpus d'étude composé de quatre à six groupes nominaux maximum. Dans un premier temps, on retient des groupes nominaux: déterminant + nom (déterminant masculin et féminin singulier).

b. Organiser une séance de tri à partir d'un corpus

■ L'objectif est d'amener les élèves à apprendre à observer la langue et à les exposer à des **activités de catégorisation**.

■ Les modalités de travail privilégiées pour cette phase sont les activités de groupe (de deux à quatre élèves), suivies d'une mise en commun collective. Ces tâches sont exclusivement réalisées à l'oral. Ainsi, les élèves découvrent et apprennent à parler, argumenter, expliquer à propos de la langue. La trace collective des échanges sera écrite par l'enseignant et avec les élèves.

■ Cette trace, qui a pour fonction de servir de mémoire de la notion découverte, peut prendre différentes formes. Par exemple, pour la séance sur les déterminants, l'objectif est d'y répertorier des déterminants prototypiques: sur une première affiche, on répertorie des déterminants féminins singuliers (la, une), puis sur une autre affiche, des déterminants masculins singuliers (le, un). On peut utiliser des pochettes ou des enveloppes dans lesquelles on glisse ces déterminants ou réaliser des outils type porte-clés auxquels on viendra ajouter d'autres déterminants au fur et à mesure de la rencontre d'autres déterminants.

■ Lors de ces activités de tri, l'enseignant peut guider ou non les élèves en choisissant s'il induit ou non des critères de tri. Lors de la phase de mise en commun, on doit discuter des critères de tri et des observations effectuées par les élèves qui les ont conduits à leur catégorisation. Si la catégorisation visée par l'enseignant n'émerge pas des propositions des élèves, il présentera « le tri du maître/maîtresse » et les élèves devront en retrouver les critères.

c. Structurer et s'entraîner à partir d'activités

■ Certaines **activités proposées dans le *Manuel de code*** et reprises dans **les *Fiches d'exercices de code*** permettent de réinvestir des connaissances grammaticales.

■ De plus, l'enseignant peut proposer des activités courtes et collectives ou avec un groupe restreint d'élèves selon leurs besoins.

■ Par exemple, à propos de la séance sur les déterminants:
– L'enseignant montre un objet ou une image. Les élèves doivent écrire le déterminant correspondant sur leur ardoise.
– L'enseignant propose le jeu du furet: il écrit un déterminant au tableau et les élèves, chacun à leur tour, doivent proposer un mot à partir d'objets de la classe pouvant aller avec ce déterminant.
– L'enseignant peut proposer aussi de nouvelles situations de tri à partir d'images ou d'étiquettes mots, mais en travail individuel cette fois-ci.

d. Réinvestir lors d'une nouvelle situation de lecture ou d'écriture

■ L'enseignant peut proposer une nouvelle situation de production d'écrit courte permettant d'utiliser la notion grammaticale dans un nouveau contexte.

■ Par exemple, pour la notion de déterminant, on peut demander aux élèves de produire une courte phrase à partir d'une phrase type où l'élève fera varier les groupes nominaux. (« Dans mon école, il y a … » ou « Dans ma chambre, il y a … »). Le nombre de groupes nominaux à produire ainsi que le nombre de phrases sera un élément de différenciation.

■ Toutes les séances d'étude de la langue visent à faire manipuler la langue par les élèves via ces opérations :
– Ajouter, supprimer, remplacer, déplacer ;
– Trier, catégoriser ;
– Expliquer, argumenter.

F Compréhension

1. Deux approches complémentaires

La méthode ***123 Lune !*** propose **deux approches pour l'apprentissage de la compréhension.**

a. Première approche

■ **Nous proposons un travail explicite sur les stratégies de compréhension**, en appui sur des textes littéraires ou documentaires résistants gardés en mémoire dans *Mon carnet d'apprenti lecteur.*

■ La **différenciation** est portée par **le degré d'étayage des activités** et non par des niveaux de difficulté différents. Pour tous les élèves au cours des deux premières périodes, le travail s'effectue uniquement à partir de **textes entendus**. Dans les périodes suivantes, les modalités d'organisation des activités et ateliers seront aménagées pour permettre aux élèves les plus avancés dans la maîtrise du code de lire en autonomie certaines parties sélectionnées des textes, et aux autres de continuer à bénéficier de l'appui de l'enseignant pour la lecture.

b. Seconde approche

■ **Nous proposons un travail de remobilisation de ces stratégies sur les textes en lecture autonome** via *Les Fiches de lecture autonome.*

■ Les petits épisodes proposés dans les *Fiches de lecture autonome* **différenciées** assurent l'articulation entre les stratégies de compréhension et le code : l'élève est placé devant des textes qu'il est en capacité de décoder. Ces textes ne sont pas des œuvres littéraires mais permettent de réinvestir en autonomie les stratégies développées sur les textes résistants.

2. Travail explicite sur les stratégies de compréhension

■ Nous proposons une progression en compréhension qui prend en compte les différents types d'écrits. De ce fait, les écrits documentaires qui requièrent des stratégies de lecture différentes y sont présents, ainsi que les écrits poétiques. Il s'agit d'assurer à l'élève de CP des expériences de compréhension variées et construites.

■ Chaque séquence de travail est structurée en séances détaillées. Nous proposons, pour chaque séance, des modalités de regroupement des élèves par ateliers ou groupes de besoins. Un descriptif détaillé est donné pour toutes ces séances de compréhension (*cf.* Partie IV « *Accompagnement pas à pas* » de ce *Guide pédagogique*). L'étude de chaque texte s'étale sur une ou deux semaines, soit sur 4 à 8 séances.

■ De manière générale, l'enseignement de la compréhension étant basé sur l'oral, l'objectif visé est le même pour tous : l'appropriation des stratégies. **La différenciation se fait principalement par l'étayage de l'enseignant**, et autour du passage à l'écrit. Celui-ci intervient en atelier guidé, ce qui permet d'adapter les critères de réussite aux élèves.

■ Il est à noter que la constitution des groupes de besoins pour les ateliers guidés de compréhension n'est pas forcément à calquer sur celle des groupes de besoins de l'apprentissage du code. En effet, un décodeur efficace n'accède pas forcément à la compréhension de façon performante et vice et versa.

■ Le passage à l'écrit est progressif, et dans un premier temps, il s'agit avant tout de garder une trace des séances de compréhension dans *Mon carnet d'apprenti lecteur.*

■ Les activités proposées dans *Mon carnet d'apprenti lecteur* sont progressivement destinées à permettre à l'élève de maîtriser des habiletés, des réflexes de raisonnement relatifs à la compréhension, nécessaires à la poursuite de sa scolarité.

■ Les exercices habituels de contrôle de la compréhension sont présents mais sont introduits sous l'angle formatif, en expliquant pas à pas à l'élève les stratégies nécessaires à leur réussite et en lui permettant de s'y exercer.

■ Les types de textes proposés dans *Mon carnet d'apprenti lecteur* sont variés :
– En période 1 : textes courts, contes en randonnée, article de journal

– En période 2 : albums, dessins animés, écrits prescriptifs (recette, notice)
– En période 3 : textes patrimoniaux, tableaux, poèmes
– En période 4 : textes documentaires et scientifiques, bandes dessinées, poèmes
– En période 5 : lectures suivies à épisodes, article de journal

a. Progression proposée

La progression choisie pour la compréhension répond à plusieurs objectifs et critères :

– Il s'agit tout d'abord de balayer de manière spiralaire au fil des périodes les **divers types d'écrits** (littéraires, poétiques, documentaires, informatifs…).

– Si la démarche passe toujours dans un premier temps par l'élaboration dune représentation mentale du contenu sémantique du texte (carte heuristique ou représentation matérialisée), le **degré de résistance des textes** est progressif, ainsi que leur **complexité**.

– Par ailleurs, **la durée de travail** sur ces textes augmente au cours de l'année : les textes littéraires sont exploités sur deux semaines pendant les trois premières périodes pour arriver à des exploitations suivies sur quatre semaines en période 5.

– Les **stratégies de compréhension** développées plus bas, travaillées de façon spiralaire au fil des périodes, progressent en **complexité** et en **densité** (notamment les champs inférentiels et anaphoriques). Ces stratégies répondent à un réel apprentissage des compétences nécessaires à une bonne compréhension de lecture, et pas seulement à un jeu de réponses à des questions de compréhension. La progression proposée pour l'apprentissage et la mémorisation de ces stratégies permet d'atteindre cet objectif.

– Enfin, les textes de la rubrique *Lisons ensemble !* du *Manuel de code* tout comme ceux proposés dans les *Fiches de lecture autonome* suivent en parallèle la même progression, la même montée en puissance des stratégies et la même complexité des activités de compréhension qui les accompagnent. Elles aboutissent également à un principe de lecture suivie sur les périodes 4 et 5.

b. Mobiliser les stratégies de compréhension

Des activités sont proposées pour **travailler les diverses composantes de la compréhension et leurs stratégies associées.** Elles pourront être mises en œuvre sous forme d'ateliers guidés ou autonomes. Dans ce cas, les élèves seront guidés par des critères de réussite.

Les objectifs des activités peuvent être de :
– raconter et jouer la scène,
– fabriquer une carte mentale du récit (*cf.* ci-dessous **1.**)
– résoudre une inférence (c'est-à-dire la capacité à produire un raisonnement déductif pour combler un implicite),
– détecter des incohérences,
– répondre à des questions de compréhension (*cf.* ci-dessous **2.**)
– travailler sur les connecteurs,
– résoudre des anaphores,
– travailler sur la structure narrative et la chronologie.

1. Fabriquer une carte mentale du récit

Nous avons choisi de faire construire à la classe des cartes mentales comme supports de compréhension et/ou de mémorisation, pour soutenir l'élaboration d'une représentation mentale du récit chez l'élève.

Celle-ci s'appuie sur l'identification du schéma narratif.

Le schéma narratif est la structure d'un récit. Il est en général constitué de 5 étapes.
– la **situation initiale, ou incipit**. Le début du récit permet de mettre en place éléments et personnages, ou de présenter certains éléments du récit.
– l'**élément perturbateur**, ou déclencheur. Cet élément vient modifier la situation initiale et lance le récit.
– le **déroulement**, ou péripéties. Il s'agit de toutes les actions qui suivent l'élément perturbateur. Les actions atteignent souvent une apogée avant d'atteindre leur résolution.
– l'**élément de résolution**. C'est la clé du récit, qui met fin aux actions.
– la **situation finale**. Elle peut être bonne ou mauvaise, mais il faut que la situation des personnages soit résolue. Parfois, certaines situations finales ne résolvent rien ou laissent planer le doute chez le lecteur.

Ce type de schéma peut aussi être utilisé pour des pièces de théâtre. Dans les contes, on parle souvent de **schéma quinaire**[7].

Nous proposons trois types de représentation graphique de ces cartes :
– la première, **pour les poésies**, met en avant des éléments du texte (images, mots, chronologie) pour étayer la récitation de l'élève, en déchargeant sa mémoire de travail pour la phase d'apprentissage.
– la deuxième pour les **écrits documentaires**. Il s'agit d'une carte mentale avec quatre cadres de catégorisation des informations concernant ici les animaux : l'alimentation, la reproduction, l'habitat et la fiche d'identité. Catégoriser les informations permet à l'élève d'organiser ses connaissances afin de mieux les mémoriser et de trouver des récurrences entre deux activités pour avoir une pensée plus efficace.
– la troisième, plus complexe, vise le même objectif d'étayage de la mise en mémoire du récit mais met également en lumière des éléments cachés implicites du texte. L'enseignant trace des flèches pour matérialiser un lien logique entre certains éléments : un personnage et une action, par exemple, afin de rétablir les liens de causalité (inférences). Il peut également dessiner des bulles de pensée ou de parole des personnages pour attirer l'attention de l'élève sur les pensées implicites des personnages qui les conduisent à mettre en œuvre telle ou telle action. Cet implicite, propre aux « textes résistants », doit être explicité dans la carte mentale.

■ L'essentiel de la compréhension repose sur cette identification de l'implicite. La carte mentale permet ici de rendre lisibles des éléments, des liens, des causalités que le lecteur-compreneur débutant doit rétablir pour comprendre.
L'organisation des informations est aussi un objectif de cette représentation synoptique.
La restitution du récit par l'élève s'appuie sur cette carte mentale et permet à l'enseignant de valider l'intégration des éléments du récit par l'élève.
L'élaboration de cette carte mentale doit être progressive et co-construite avec la classe au fur et à mesure des activités proposées autour des récits.
Les cartes mentales proposées ici ne sont que des exemples de mise en œuvre. Il ne serait pas pertinent de les utiliser telles quelles sauf à les avoir vraiment reconstruites avec les élèves dans les différentes séances et débats organisés.

2. Réaliser des activités de compréhension

1. La restitution de récit

Il s'agit d'une activité complexe qui, pour nous, est une entrée efficace pour élaborer progressivement la compréhension des élèves sur les textes étudiés.
Le rappel de récit[8] doit inclure :

	Guidance orale de l'enseignant
1. L'identification d'un ou de plusieurs personnages	– Quels sont les personnages rencontrés ? – Comment s'appellent-ils ? – Comment as-tu fait pour les reconnaître ?
2. Le rappel d'événements disjoints	– Quels sont les différents moments (épisodes) de l'histoire dont tu te souviens ?
3. Le début de l'organisation d'une histoire	– Au début de l'histoire, que s'est-il passé ? – Et après ?
4. La structuration dans le temps et dans l'espace	– Où se passe cette histoire ? – À quel moment ? – Où étaient les personnages ? – Sont-ils allés dans plusieurs endroits ?
5. L'évocation des relations causales	– Comment peux-tu expliquer ce qui a provoqué tel événement ?

7. Paul Larivaille, « L'analyse (morpho)logique du récit », *Poétique*, n° 19, pp. 368-388, 1974.
8. Progressivité des situations de restitution de récit, *Guide pour enseigner la lecture et l'écriture au CP*, Ministère de l'Éducation nationale et de la jeunesse, 2019.

6. L'explication causale à plusieurs niveaux de compréhension	Il s'est passé tel événement dans cette histoire. Nous avons vu que nous pouvions l'expliquer avec la présence de tel personnage. – Est-ce que nous pouvons l'expliquer autrement ? – Est-ce qu'un autre personnage est intervenu ? – Quelles étaient les intentions du héros ? – Quels étaient ses buts ? – Pourquoi a-t-il demandé ceci ?

■ Le **rappel oral** de l'histoire permet la mobilisation lexicale et syntaxique qui revient à :
– travailler les conduites de l'oral dites discursives : **expliquer, argumenter, décrire, raconter,** indiquées par les programmes officiels,
– mobiliser les capacités d'inférence des élèves, c'est-à-dire leurs capacités à combler les implicites du texte pour, en particulier :
- résoudre les états mentaux (se mettre à penser et ressentir comme les personnages : l'enseignant doit inciter les enfants à s'intéresser aux réactions inattendues, étranges d'un personnage, à ce qu'il peut penser lorsqu'il agit de la sorte. Il peut inviter les enfants à se questionner sur ce qu'un personnage peut ressentir, désirer ou craindre à partir de ce qu'il dit, montre, ou tait),
- rétablir les liens de causalité. L'élève doit peu à peu apprendre à comprendre que cet ensemble fait récit, ce qui suppose qu'il apprend aussi à hiérarchiser ce qui est central et ce qui est secondaire et à garder en mémoire la situation initiale, la trame principale et la chute en tant qu'ensemble cohérent.[9]

D'autres représentations peuvent manifester de la compréhension : dessins, théâtralisation, enregistrements avec analyse réflexive.
Le tableau ci-dessous référence les situations les plus utilisées dans les séances proposées partie IV de ce guide.

Tâches proposées à l'élève	Gestes de guidage de l'enseignant
Brouillon d'oral en petits groupes : les élèves s'entraînent à raconter, en sécurité, dans un groupe d'élèves restreint qui assure leur sécurité affective et les conduit à oser prendre la parole. Les rôles sont attribués par l'enseignant en fonction des personnages. Il est possible de confier un rôle de chuchoteur chargé de *souffler*, d'aider au récit.	**Encourager, aider à la mise en mots. Renvoyer des feedback constructifs** en termes de langage oral. Ne pas interrompre mais **reformuler** en utilisant des structures syntaxiques plus complexes ou en mobilisant un lexique plus varié.
Restitution collective : les élèves, à tour de rôle, s'expriment pour raconter. Les prises de parole se complètent pour parvenir au récit demandé.	– **Rester en retrait** afin de permettre des prises de parole longues. Veiller à la passation de parole entre élèves ou l'**organiser** par l'entremise d'un bâton de parole par exemple. Permettre dans un premier temps que l'élève répète ce qui est dit (sinon, les élèves timides n'oseront plus s'exprimer) pour progressivement faire comprendre que les prises de parole successives doivent amener des informations supplémentaires. – **Raconter pour se donner à voir en train de réaliser cette tâche.** Pour ce faire et dans toutes les situations où les élèves sont amenés à écouter, nous recommandons : – d'engager une écoute active dans l'environnement habituel de la classe, – d'éviter les matériaux ou une communication non verbale trop distrayants (affichages, marionnettes, théâtralisation excessive…) pour éviter la double tâche *Cet acte de racontage est à distinguer de la simple lecture du support et demande de l'entraînement.*

9. Éduscol – Mobiliser le langage dans toutes ses dimensions Partie IV – La littérature de jeunesse

Tâches proposées à l'élève	Gestes de guidage de l'enseignant
Chasse aux écarts : à partir de l'enregistrement audio d'un rappel de récit, le groupe identifie les manques dans le rappel et les comble en référence à la carte mentale, à leur mémorisation ou en demandant des retours au texte.	**Veiller à la présence des six points de vigilance** (*cf.* plus haut). **Encourager les procédures de contrôle** : retours au texte, comparaison avec la carte mentale
Jeu de scènes : les élèves jouent les scènes choisies par l'enseignant. Ils font parler les personnages et essaient de faire part des **émotions, intentions et pensées** des personnages[10]. Il est également suggéré de faire jouer les élèves à partir d'une maquette ou avec des masques.	**Valoriser et encourager** les élèves dans cet exercice risqué.

2. L'enrichissement lexical

■ L'accroissement du capital lexical des élèves demeure un objectif crucial. Le pas à pas de la partie IV présente des dispositifs tels que la marguerite de mots (*cf. Rita et Machin*) ou des recherches sur le champ lexical des émotions par exemple (*cf. La chèvre de M. Seguin*). Ces dispositifs qui servent de mémoire externe à l'élève sont à mobiliser lors de situations où ce vocabulaire peut être recontextualisé : au cours de la séquence de compréhension puis dans d'autres contextes (situation de production d'écrits, découverte du monde…).

■ La **marguerite à pétales** reste une formalisation simple et compréhensible ; elle permet aux élèves de prendre conscience des savoirs emmagasinés et aide au traitement de l'information à mémoriser. La représentation offre ainsi une image structurée de ce qu'est la langue : des mots reliés entre eux par et dans toutes sortes de réseaux (exemple : synonymie et champ sémantique).

■ La **boîte à mots**[11], propre à chaque histoire, dans laquelle sont systématiquement placés les nouveaux mots découverts ou étudiés est une solution intéressante pour capitaliser les mots au fur et à mesure de l'année. Chaque histoire étudiée dans l'année donne lieu à une boite. Ce dispositif permet de nombreuses activités de réinvestissement du lexique sous forme de jeux de cartes (catégorisation, mime, memory…) auxquels les élèves peuvent jouer lors des temps faibles de classe. Cette entrée lexicale est à mettre en lien et en cohérence avec le travail effectué autour des mots de copie par exemple : les procédés de dérivation ou de catégorisation doivent être réinvestis (*cf.* Partie 1. a).

3. Le questionnement en lecture : un statut particulier

1. La guidance orale de l'enseignant

Pour permettre aux élèves d'accéder aux implicites d'un texte, l'enseignant va être amené à déclencher une mise en réflexion des élèves sur les nœuds de compréhension de l'histoire. L'enseignant les aura préalablement repérés, soit a priori, soit lors des restitutions de récit des élèves lacunaires. Il organisera alors une activité autour de ceux-ci. Cette activité de compréhension faisant appel aux inférences à effectuer pourra prendre différentes formes mais le vecteur commun consistera en **un questionnement oral conduit par l'enseignant**. Ce questionnement sur le texte doit cibler le nœud de compréhension et amener les élèves à raisonner à l'oral.

Exemple de la séquence *Rita et Machin* en période 2, semaines 1 et 2.

– **Question** : Quelle est la cachette de Rita et Machin ? Où pouvez-vous trouver l'information ?
Réponse : Avec l'illustration de la première de couverture de l'album ou avec la phrase présente au début de l'histoire : « Rita et Machin ont une cachette secrète : une cabane à outils vermoulue tout au fond du jardin ».
➡ Surligner cette phrase au tableau.

– **Question** : Que ressent papa ?
Réponse : Papa est très énervé, exaspéré. Rita et Machin ont été punis car ils n'ont pas répondu à papa. Très concentrés dans leur jeu, ils n'ont pas entendu, donc ils n'ont pas répondu. Ils ont peut-être fait exprès de ne pas entendre.

10. J. Wilde Astington, *Comment les enfants découvrent la pensée* : « La théorie de l'esprit » chez l'enfant, © Retz.
11. Narramus, Sylvie Cèbe et Roland Goigoux © Éditions Retz

« Crac, crac ! font les planches de la cabane.
– Une attaque de puces géantes ! crie Machin-Machin.
Vite ! en plongée dans notre sous-marin de poche ! ordonne Rita-Rita.
– Rita ! Machin ! Où êtes-vous ? appelle Papa. Cette fois je vais me fâcher !
– Pauvres Rita et Machin, perdus sous la mer ! Jamais ils ne vont pouvoir remonter à temps pour le dîner !
– Rita ! Machin ! Je vous cherche partout ! Puisque vous ne répondez pas quand on vous appelle, filez au lit, et sans manger ! »

➥ Repérer les indices soulignés ici et les surligner au tableau sur le texte vidéoprojeté ou affiché : à partir de la récurrence de l'appel de papa et de la montée en puissance de ses menaces, l'enseignant fait raisonner les élèves sur l'état mental de papa : *il est d'autant plus énervé que cela fait plusieurs fois qu'il appelle.*

– **Question** : Pourquoi est-ce difficile de retrouver quelqu'un sur la banquise ?
Réponse : C'est difficile de se déplacer sur la banquise, car ça glisse, c'est gelé et que l'espace est immense.

« Pauvres Rita et Machin perdus sur la banquise ! Jamais personne ne pourra les retrouver ! »

La réponse ici doit s'appuyer sur la connaissance culturelle qu'ont les élèves de cet espace ou sur des connaissances apportées par l'enseignant. Le texte n'offre aucune aide.

– **Question** ♡ : Est-ce que tu aimerais vivre sur la banquise ?
Une telle question fait appel au ressenti de l'élève, à ses préférences et/ou à son vécu personnel de situations proches, et on lui demande d'exposer ses propres appréciations.

■ Ce type de question (et plus généralement les réponses qui font appel à de l'interprétation) met les élèves français en difficulté aux épreuves internationales telles PIRLS[12]. Nous devons leur donner l'habitude de s'impliquer de façon personnelle dans leurs réponses.

■ À la fin de la première séance de l'année, l'enseignant affiche les pictos-stratégies vus au cours de la séance sur le mur de la classe et demande aux élèves de bien s'y référer quand ils en ont besoin et les rassure sur le fait qu'ils les reverront ensemble à l'occasion d'autres histoires. Cette affiche sera enrichie lors des séances suivantes.

2. Les questionnaires de lecture : une activité parmi d'autres

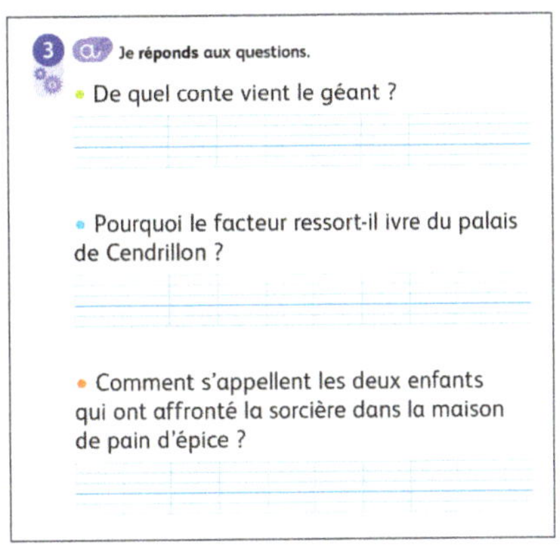
3 Je réponds aux questions.
• De quel conte vient le géant ?
• Pourquoi le facteur ressort-il ivre du palais de Cendrillon ?
• Comment s'appellent les deux enfants qui ont affronté la sorcière dans la maison de pain d'épice ?

Le gentil facteur (*cf.* Période 3)

■ Nous utilisons un certain nombre d'activités pour faire travailler les habiletés des élèves : questionnaire de lecture, vrai/faux, recherche d'anomalies ou d'incohérences, remise en ordre d'épisodes… (*cf.* partie IV).

■ Nous tenons à faire des **questionnaires de lecture un point de vigilance.** Traditionnellement, mesurer la compréhension qu'ont les élèves d'un texte se fait par l'entremise de questionnaire de lecture. Ce recours systématique comme outil de vérification de la compréhension des textes est à réexaminer[13]. Les questionnaires ne s'intéressent le plus souvent qu'à une compréhension de surface des textes. Ils ne permettent pas aux élèves d'exprimer ce qu'ils ont interprété du texte.

12. PIRLS (Progress in International Reading Literacy Study) pilotée par l'IEA
13. *Guide pour enseigner la lecture et l'écriture au CP*, Ministère de l'Éducation nationale et de la jeunesse, 2019.

■ Notre méthode s'attache donc à enseigner aux élèves à y répondre **mais en mettant en lumière les stratégies qui sont à l'œuvre. La clarté cognitive visée ici est indispensable ; elle doit être initiée par des temps consacrés à l'explicitation de la réflexion de l'élève, des temps pour « penser à voix haute » qui mettent en jeu les processus métacognitifs (*comment j'ai fait, ce que j'ai compris, ce que je retiens*).**
L'objectif ici est de guider et d'étayer la réflexion des élèves afin de leur faire percevoir qu'il y a plusieurs **types de questions fondamentales présentes dans les questionnaires de lecture** et donc **plusieurs façons de réfléchir** pour y répondre (questions dont la réponse est dans le texte, questions faisant appel à une inférence à partir d'indices présents dans le texte ou questions faisant appel à une inférence à partir de connaissances personnelles du lecteur).
Il s'agit donc de présenter la tâche au début en indiquant la stratégie à utiliser. Progressivement ce sera aux élèves de choisir la stratégie adaptée à la question posée sans qu'elle soit indiquée par l'enseignant.

3. Codage des activités

■ L'ensemble des activités de compréhension (dans *Mon carnet d'apprenti lecteur* ou dans le *Fichier de lecture autonome*) est codé par des pictogrammes qui symbolisent la stratégie principale que doit mobiliser l'élève. Ils sont également utilisés dans les séances conduites à l'oral par l'enseignant.

■ Nous proposons à l'enseignant de **mettre en place des habitudes de travail** concernant les stratégies à mobiliser pour réaliser les activités. **Il code les exercices ou tâches proposés en fonction du type de stratégie majeure à mobiliser** (à l'aide des pictogrammes « stratégies » ci-dessous).

■ Au fur et à mesure de l'introduction des autres pictos, l'affichage de classe suggéré ici sera complété. **À chaque pictogramme est associé un type de stratégies détaillé dans le tableau ci-dessous.** Il n'y a pas de hiérarchie dans les stratégies présentées.

Pictogrammes	Stratégies mises en œuvre	Verbalisations
	Ce type d'activité appelle une réponse extractive et exige la recherche d'informations dans le texte.	Quand vous voyez une loupe, vous devez aller chercher la réponse dans le texte.
	Ce type d'activité fait appel à une résolution d'inférence réalisée à partir d'indices présents dans le texte.	Quand vous voyez une ampoule, vous devez chercher des indices dans le texte, les surligner et faire des hypothèses.
	Ce type d'activité fait appel à une résolution d'inférence qui nécessite d'avoir recours à des connaissances externes au texte mais personnelles, encyclopédiques.	Quand vous voyez un engrenage, vous devez chercher dans vos connaissances et dans votre mémoire ou dans un travail déjà mené.
	Ce type d'activité fait appel à une représentation mentale et/ou à la mémorisation de situations. Cette représentation mentale est flexible et se densifie au fur et à mesure du travail.	Quand vous voyez une bulle, vous devez vous représenter la situation, ou vous rappeler de cette situation si vous l'avez vécue, et utiliser ce que vous avez mémorisé pour répondre.
	Ce type d'activité implique l'engagement et la prise de position personnelle de l'élève (ses préférences, ses ressentis, ses sentiments, son vécu personnel…)	Quand vous voyez un cœur, vous devez dire ce que vous préférez ou ce que vous ressentez à la lecture de cette histoire, ce que vous aimez, ou que vous n'aimez pas. C'est une réponse personnelle qui n'est pas indiquée par le texte.

G Lecture autonome

La lecture autonome est un travail permettant de remobiliser les stratégies de compréhension travaillées lors des séances de compréhension.

1. Les Fiches de lecture autonome

■ Les *Fiches de lecture autonome* sont disponibles selon trois niveaux dans un Fichier à photocopier. L'enseignant adapte le nombre de photocopies en fonction de chaque groupe de besoins ☀ ★ ☾ (choisir le niveau de fiche lecture autonome correspondant au niveau de compréhension de l'élève).

■ Chaque épisode est introduit par une narration de l'enseignant qui met en scène une nouvelle aventure pour nos trois héros Nina, Noé et l'ours Chouchou. Ces textes visent à se rapprocher du « 100 % déchiffrable ».

Le texte de niveau ★ est également dans le *Manuel de code* pour un travail collectif sur le texte.

■ Chaque épisode est proposé en trois niveaux (☀ ★ ☾) sur trois fiches distinctes : la longueur du texte et sa complexité varient selon le niveau de la fiche pour faciliter la gestion de la **différenciation**. La progressivité est organisée selon une longueur croissante des textes (nombre de mots).

■ Les exercices sont également diversifiés entre les trois fiches, ce qui laisse la possibilité à un élève de faire sans redondances deux fiches de niveaux différents pour le même épisode. Cependant, les activités des trois fiches font souvent appel à la même stratégie de compréhension afin que tous les élèves travaillent sur des objectifs communs. La 3e activité est destinée à être traitée collectivement.

2. Questions de stratégies

■ Le travail sur les textes met en jeu un réinvestissement des stratégies de compréhension travaillées à l'oral lors des séances de compréhension, et à l'écrit dans *Mon carnet d'apprenti lecteur*. Chaque activité est accompagnée d'un pictogramme qui symbolise la stratégie à utiliser (cf. tableau ci-dessus).

3. Proposition de mise en œuvre

■ Des temps sont dédiés au travail sur ces fiches (*cf.* emploi du temps et planning dans la partie IV). Pendant qu'il intervient avec un groupe d'élèves en atelier guidé, l'enseignant demande aux élèves de travailler sur les *Fiches de lecture autonome*. Il a la liberté de gérer la différenciation en jouant sur :
– le niveau de difficulté du texte à lire,
– la lecture intégrale ou parcellaire de ce texte (une partie du texte pouvant être lue par l'adulte ou par un autre élève),
– le nombre d'activités que l'élève va réaliser et donc la/les stratégie(s) de compréhension qu'il va travailler.
La dernière activité de chaque fiche est à réaliser à l'oral pendant la semaine, les élèves y répondent en binôme puis elle est traitée collectivement lors du bilan de fin de semaine.

■ En fin de semaine nous recommandons, de réaliser une séance bilan avec les élèves :
1. Faire raconter, restituer l'histoire lue par les élèves en autonomie. L'enseignant prend des notes sur les personnages, le temps, le lieu, les émotions…
2. Lire le texte du manuel ★ en collectif et comparer avec la restitution des élèves
3. Revenir sur les activités qui nécessitent la réalisation d'inférences afin que celles-ci soient collectivement explicitées (feedback).
4. Traiter la question 3 à l'oral (question identique pour les trois groupes de besoin).

4. Système d'autocorrection

Une autocorrection est prévue pour les questions extractives 🔍 et inférentielles 💡. Les questions qui font appel à la création et aux connaissances de l'élève ne sont pas auto-corrigées.

H Fluence

1. Définition de la fluence

■ Pour devenir des lecteurs autonomes, les élèves doivent acquérir une lecture fluide c'est-à-dire **passer d'une lecture par déchiffrage à une lecture par voie directe** (reconnaissance orthographique des mots).

■ Cela va passer par la répétition et la fréquence à laquelle les mots sont travaillés. Ils doivent être entendus, lus, écrits et être intégrés à un réseau sémantique pour être mis en mémoire de façon durable et être récupérés facilement par l'élève.

■ Lire avec aisance et avec une intonation juste (respect de la ponctuation et adéquation avec le sens du texte) sont les objectifs qui sont visés par cet entraînement de la fluence. Il est nécessaire d'**intégrer cet entraînement à l'emploi du temps hebdomadaire** afin d'en assurer la régularité.

■ À partir de la période 3, on commence à entraîner de façon systématique la fluence à partir de 20 mots par minute. En fin de CP, on vise 50 mots par minute.

■ L'efficacité de cette méthode repose sur une organisation ritualisée d'une séance. Elle permet de structurer l'enseignement en d'en faciliter l'explicitation.

2. Mise en œuvre d'une séance de fluence[14]

Nous pouvons parler de deux types d'entraînement à la fluence.

a. « Fluence » sur les mots

■ Il s'agit d'un entraînement que l'on pourrait qualifier d'*entraînement préparatoire* à la fluence. Il porte sur la **lecture de syllabes, puis de mots**, de plus en plus rapidement, pour forcer les réflexes et automatismes de lecture par voie directe en alimentant et consolidant le répertoire mental orthographique de l'élève.

■ Nous sommes bien conscients qu'il ne s'agit pas là d'un réel travail de fluence car il ne comporte pas toutes les composantes de compréhension liées à un texte constitué de phrases impliquant une chronologie, une cohérence textuelle, des reprises anaphoriques, etc. Mais il permet de **préparer le réel travail de fluence.**

■ Ce type d'entraînement est mis en œuvre dès le début de la période 3 sur des syllabes et dès le début de la période 4 sur des mots, à partir d'une activité dédiée dans le *Manuel de code* avec l'enseignant durant la semaine. Cette activité est reprise dans les *Fiches exercices en autonomie* en fin de semaine. Elle est symbolisée sur les deux supports par un picto sablier.

■ En fin de période, dans les séances de Révision du *Manuel de code*, les exercices portant sur la fluence permettent à l'enseignant de baliser la progression de chaque élève dans ce domaine.

b. Fluence sur les textes

Ces temps de travail de fluence se déroulent chaque fin de semaine, par groupe de besoins, sous le pilotage de l'enseignant. Les élèves se seront appropriés ces textes pendant la semaine en lecture autonome, les conditions sont donc favorables à une bonne progression dans l'acculturation à la lecture par voie directe et à la progression dans la fluidité de lecture en continu. Pour les élèves du groupe ☀, ce travail de fluence sur textes démarrera peut-être plus tard, quand ils auront atteint la capacité de lecture de 20 mots par minute. Dans ce cas, on se limite à la fluence de syllabes et mots en attendant de pouvoir les emmener vers la fluence sur textes.

Mise en œuvre 1 : l'enseignant travaille avec des groupes de besoins.

Cette séance est à réaliser sur la fiche de lecture autonome travaillée par les élèves pendant la semaine.

Étape 1 : introduction de la séance

L'enseignant rappelle les critères de réussite d'une lecture fluente, demande aux élèves de restituer l'histoire et se montre modélisant dans une lecture magistrale avant de débuter la séance.

Étape 2 : appropriation du texte

Cet entraînement de l'élève par la lecture oralisée et chronométrée (nombre de mots correctement lus en une minute) est précédée d'une phase d'appropriation du texte portant sur son décodage et sa compréhension globale. Dans notre démarche, les élèves se sont déjà appropriés le texte sur lequel leur fluence sera entraînée et mesurée (narration de l'enseignant en début de semaine, lec-

14. Maryse Bianco.

ture individuelle ou en binôme du texte et activités de compréhension auto-corrigées en autonomie). D'autres dispositifs comme celui proposé dans l'ouvrage *Fluence* (M. Pourchet et M. Zorman, vol. 1, Éditions La Cigale) font prendre en charge par l'enseignant cette découverte du texte qu'il lit à voix haute aux élèves

Étape 3 : Lecture individuelle chronométrée. Chacun son tour, les élèves lisent à voix haute le texte de la semaine et sont chronométrés par l'enseignant.

Étape 4 : Feed-back immédiat sur les critères de réussite. Pendant chaque lecture, l'enseignant et les autres élèves sont attentifs aux erreurs de décodage, au respect de la ponctuation, à l'identification des groupes de souffle (débit) puis plus tard dans l'année à l'intonation. Ils reviennent sur ces points à l'issue de chaque lecture.

Étape 5 : Chaque séance chronométrée est clôturée par l'enregistrement des scores des élèves sur la fiche de suivi proposée sur le site Ressources.

Mise en œuvre 2 : **l'enseignant met les élèves en autonomie.**

Lorsque les élèves ont compris le déroulement d'une séance, ils peuvent travailler en binôme avec un chronomètre.

Ils peuvent également s'enregistrer si l'enseignant dispose d'une tablette avec une application dictaphone ou tout autre type de matériel.

L'enseignant travaille alors avec un groupe restreint regroupant les élèves les plus fragiles.

Partie IV
Accompagnement pas à pas

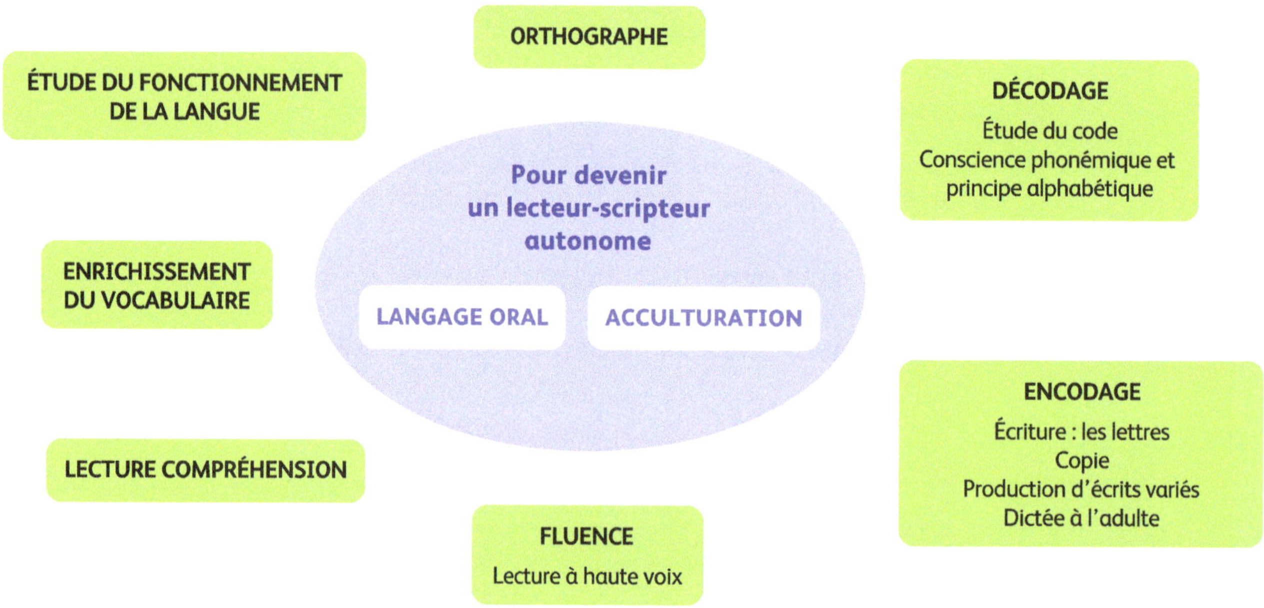

Introduction

Les plannings que nous proposons réunissent l'ensemble des activités liées à l'apprentissage de la lecture.
Le travail tout au long de l'année de CP étant évolutif, nous proposons 5 emplois du temps types pour les différentes périodes de l'année :

1. Pour la semaine 1 : lien avec la maternelle (réactivation), révision des voyelles et diagnostics et introduction des stratégies de compréhension.
2. Pour les semaines 2 et 3 : premières bases de l'enseignement du code, entrée dans la combinatoire, avec 2 graphèmes par semaine.
3. De la semaine 4 à la fin de la période 2 : début de la lecture autonome.
4. Pour la P3 : généralisation des consonnes complexes et initiation à la fluence.
5. Pour la P4 et P5 : généralisation de la fluence de mots et de textes.

Période 1 • Semaine 1

La période est particulière et très vite évolutive dans la forme et le contenu des séances proposées.

1. Proposition d'emploi du temps

Pendant cette première semaine, des activités guidées par l'enseignant sont prévues pour un petit groupe d'élèves sur certaines plages horaires. Pendant ce temps, l'enseignant propose aux autres élèves une activité complémentaire autonome (activités phonologiques, catégorisations et tris, jeu de course aux syllabes, lecture libre, décoration de pages de garde des cahiers…).

En classe entière En autonomie, individuellement ou en binômes En groupes avec l'enseignant En demi classe

Horaires		Jour 1	Jour 2	Jour 3	Jour 4
9 h 00 9 h 15	1. **Code** Jeu problème du perroquet	**Tâche 1** Univers de référence Autres élèves	Groupe 8 élèves : Tâches 4-5 Autres élèves : Autonomie	Groupe 8 élèves : Tâches 4-5 Autres élèves : Autonomie	Groupe 8 élèves : Tâches 4-5 Autres élèves : Autonomie
9 h 15 9 h 35		**Tâche 2** Encodage + **Tâche 3** Geste d'écriture	Autres domaines disciplinaires	Autres domaines disciplinaires	Autres domaines disciplinaires
9 h 35 10 h 00	2. **Code** Révision voyelles	**Graphème a** **Vidéo** + ex. 1	**Graphème i** **Vidéo** + ex. 1	**Graphème o** **Vidéo** + ex. 1, 2, 3	**Graphème é** Ex. 1, 2, 3
10 h 00 10 h 45	Autres domaines disciplinaires	Autres domaines disciplinaires	Autres domaines disciplinaires	Autres domaines disciplinaires	Autres domaines disciplinaires
10 h 45 11 h 10	3. **Projet de rentrée**	**Phase 1 :** découverte album, hypothèses + **Phase 2** lecture début album	1re moitié classe : **Phase 4 :** dictée à l'adulte 2de moitié classe : Autonomie	2de moitié classe : **Phase 4 :** dictée à l'adulte 1re moitié classe : Autonomie	**Phase 5 :** lecture intégrale **Phase 6 :** illustration
11 h 10 11 h 30	4. **Écriture**	Frises d'entraînement au repérage du lignage et écriture du prénom	étrécies (lettres « i » et « u »)	ronds (lettres « a » et « o »)	boucles (lettre « é »)
13 h 30 14 h 00	2. **Code**	**Graphème a** ex. 2, 3	**Graphème i** ex. 2, 3	**Graphème u** **Vidéo** + ex. 1, 2, 3 Autonomie	En rotation : ex. 1 + 2 + 3 + 4 Autonomie
14 h 00 14 h 30 (15 h mardi, jeudi, vendredi)	3. **Projet de rentrée** (jour 1) 5. **Compréhension** *Avanceras-tu, cochon têtu ?* (jours 2, 3, 4)	**3. Projet de rentrée Phase 3 :** compréhension globale + impressions de lecture	**5. Compréhension Séance 1** *Avanceras-tu, cochon têtu ?*	**5. Compréhension Séance 2** *Avanceras-tu, cochon têtu ?*	**5. Compréhension Séance 3** *Avanceras-tu, cochon têtu ?*
14 h 30 15 h 30	6. **Constitution groupes de compreneurs**	Autres domaines disciplinaires	**6.** Constitution de groupes	**6.** Constitution de groupes	**6.** Constitution de groupes
15 h 30 16 h 30	Autres domaines disciplinaires	Autres domaines disciplinaires	Autres domaines disciplinaires	Autres domaines disciplinaires	Autres domaines disciplinaires
Total lecture 10 h sur la semaine					

2. Code. Évaluation diagnostique : l'épreuve du perroquet

Modalités	Tous les matins, en groupe classe, puis en petits groupes de 8 élèves avec l'enseignant
Durée	**JOUR 1 :** 35 min **JOURS 2, 3, 4 :** 15 min
Matériel enseignant	– Texte *Le Perroquet de Jojo* (*cf.* site Ressources) – 5 documents à montrer aux élèves : 1. le texte *Le Perroquet de Jojo* dactylographié 2. le même texte complet écrit à la main 3. un dessin de perroquet avec un titre 4. un titre avec un résumé 5. quatre images séquentielles de type BD – Fiche « Dessiner un perroquet » (*cf.* site Ressources) – Grille d'observation du geste d'écriture (*cf.* site Ressources)
Matériel élève	3 bandes de papier : *Le perroquet / Le perroquet dit « Momo ! Momo ! » / Momo* (*cf.* site Ressources)

Il s'agit d'une activité ludique pour les élèves, qui permettra aux enseignants d'envisager la différenciation en lecture, par la constitution de groupes de fonctionnement adaptés aux capacités des élèves. Est questionné ici le rapport que les élèves ont avec l'écrit : le stade d'entrée dans l'écrit, la connaissance du code graphophonologique mais aussi l'attitude face à la tâche scolaire.

Nous vous conseillons de constituer **dès les deux premières semaines de l'année scolaire** des groupes assez homogènes en fonction des procédures de lecture-écriture :
Groupe A : enfants qui n'utilisent pas le code alphabétique pour encoder, qui ne reconnaissent pas d'indices dans l'écrit et qui n'utilisent que le contexte pour parler sur l'image (élèves prioritaires).
Groupe B : enfants qui utilisent le code alphabétique pour encoder et qui essaient de déchiffrer pour lire, ou qui disent le nom des lettres qu'ils reconnaissent sans recours au contexte et au sens.
Groupe C : enfants qui utilisent le code alphabétique pour encoder et qui essaient de déchiffrer en prenant appui sur ce qu'ils savent de l'histoire du perroquet
Groupe D : enfants dont on ne comprend pas le comportement (élèves prioritaires).

Cette situation de jeu-problème peut être proposée en grand groupe ou en petits groupes. Tout le long du jeu, l'enseignant encourage les élèves mais garde une posture d'observateur.

Pour la différenciation dans les activités liées au code :
- Les groupes A et D vont constituer **notre groupe ☀**.
- Le groupe B va constituer **notre groupe ★**.
- Le groupe C va constituer **notre groupe ☾**.

L'épreuve du *Perroquet* propose à l'enfant plusieurs tâches permettant de travailler les représentations de l'écrit[1]. Cette partie d'observation sera complétée par les observations faites en phonologie.

Tâche 1 Construire un univers de référence

Consigne : Dessinez un perroquet.

Objectif : savoir immédiatement quels enfants entrent facilement dans la tâche scolaire.

Déroulé :

– Encourager l'enfant au fur et à mesure qu'il dessine.

– Pour les élèves en difficulté, prévoir une activité plus tard dans la journée à partir d'un tutoriel (Fiche « Dessiner un perroquet » *cf.* site Ressources). Ce dessin ira personnaliser leur porte manteau, par exemple.

1. Déroulé proposé par Mireille Brigaudiot, *Première maîtrise de l'écrit.*

Tâche 2 Encoder : écrire « Momo ! Momo ! »	**Consigne :** Le perroquet parle. Il dit « Momo ! Momo ! ». Écrivez sur le dessin devant son bec pour montrer qu'il parle. **Déroulé :** – Si l'élève écrit correctement *Momo*, le féliciter et passer à la suite. S'il encode avec des signes à lui, écrire *Momo ! Momo !* sur sa feuille en cursive et lui dire : J'écris « mo », encore « mo », ça fait « momo » et je mets un point d'exclamation. Maintenant, je recommence parce qu'il le dit deux fois. – S'il refuse : Est-ce que je peux faire quelque chose pour t'aider ? – S'il demande un modèle, le lui faire sur une feuille à part.
Tâche 3 : Repérer le geste d'écriture	**Consigne :** Maintenant, vous écrivez votre prénom en bas de la feuille et si vous le savez, votre nom aussi. Pour la bonne analyse de cette tâche, vous pouvez commencer à utiliser la grille d'observation du geste d'écriture (*cf.* site Ressources). **Pour les tâches 4 et 5,** l'enseignant prend les élèves individuellement (8 par jour). Prévoir une activité autonome : jeu, lecture libre, décoration de pages de garde des cahiers… pendant ce temps pour les autres élèves.
Tâche 4. Rechercher des indices dans l'écrit	**Consigne :** Choisis une bande de papier correspondant à la légende de ton dessin. **Déroulé :** – Prévoir 3 bandes : *Le perroquet / Le perroquet dit « Momo ! Momo ! » / Momo*. Quand l'enfant a posé sa bande devant son dessin, le laisser éventuellement modifier son choix. Lui faire coller la bande sur le dessin, quel que soit son choix. Si l'enfant a choisi la bonne bande, lui poser la question : Comment sais-tu que c'est la bonne bande ? Réponse attendue : toute réponse qui se fonde sur le fait qu'il y a Momo répété deux fois. Sans être capable encore de déchiffrer, l'élève identifie qu'il y a le même mot écrit deux fois à la suite l'un de l'autre. Il en déduit que c'est cette bande qui est la bonne. – Sinon, l'aider à se corriger : Je vais te dire ce qui est écrit sur la bande que tu as choisie. – Puis : Cherche celle où est écrit « *Le perroquet dit Momo ! Momo !* » Lui faire coller la bande correcte en-dessous de la première.
Tâche 5 **1. Mobiliser la représentation de l'acte de lire : identifier le support lu.**	Après avoir lu l'histoire du perroquet Momo sans montrer le support, demander à l'enfant de choisir, parmi cinq feuilles présentées, celle qui a été lue : 1. le texte complet tapé, 2. le texte complet écrit à la main, 3. un dessin de perroquet avec un titre, 4. un titre avec un résumé, 5. ou quatre images séquentielles de type BD. **Déroulé :** Si l'enfant montre une des deux feuilles avec le texte ou les deux, lui poser la question : Comment sais-tu qu'il s'agit de celle-là ? Une multitude de réponses est possible. On attend que l'élève fasse le lien avec le fait que ce qui a été lu est un texte long (dactylographié ou manuscrit) contenant des phases de dialogue. Ce sont des mots écrits qui racontent l'histoire, pas un dessin, pas seulement des images. L'enfant doit faire le lien entre ce qu'il a entendu et ce qui est écrit. Ce début de justification est fondé sur des indices repérés dans l'écrit. – Si l'enfant montre une autre feuille : la lire devant lui en accentuant le regard et lui redemander laquelle comporte le texte entier. – À la fin de la séance, noter les pages montrées par l'enfant en premier et en second lieu. – Après la seconde réponse, expliquer que vous avez lu le texte complet tapé. Faire remarquer qu'il s'agit d'un énoncé long écrit *comme dans un livre*, que la lecture a duré longtemps, qu'il fallait regarder le support car il ne pouvait pas être lu de mémoire, etc.
2. Mobiliser la représentation de l'acte de lire : essayer de lire.	Demander à l'enfant s'il peut lire, tout seul l'histoire. Si l'enfant répond « oui », lui demander : Tu me montres comment tu fais ?

Si l'enfant répond « non » : Il est normal qu'aujourd'hui tu ne saches pas lire mais dans quelques jours/semaines tu auras appris tout ce qu'il faut pour pouvoir lire toute l'histoire et bien d'autres, tout seul.

3. Code : les voyelles a; i; o ; u; é

Modalités	**JOURS 1, 2, 3** : en groupe classe **JOUR 4** : en demi-classe
Matériel enseignant	– Vidéos Canopé – Version numérique du *Manuel de code* pour la projection des vidéos du Manuel
Matériel élève	– *Manuel de code* pour le travail avec l'enseignant – *Fiche d'exercices de code* pour le travail en autonomie

Planning

JOUR 1	JOUR 2	JOUR 3	JOUR 4
Graphème [a] : – vidéos – *Manuel* : exercices 1, 2, 3	**Graphème [i] :** – vidéos – *Manuel* : exercices 1, 2, 3	**Graphème [o] :** – vidéos – *Manuel* : exercices 1, 2, 3 **Graphème [u] :** – vidéos *Manuel* : exercices 1, 2, 3	**Graphème [é] :** *Manuel* exercices 1, 2, 3 **Exercices** sur les 5 voyelles (*manuel* et *fiche* en rotation)

JOUR 1 MATIN

Graphème [a]

Capsule vidéo visionnable en entier (2 min 41 s) https://www.reseau-canope.fr/lesfondamentaux/discipline/langue-francaise/lecture/correspondance-sonvoyelle/decouvrir-le-son-a-et-sa-graphie.html

Dans l'impossibilité de projeter, présenter les mots en s'inspirant de la présentation de la vidéo.

Exercice 1 • manuel, p. 12

Pour chaque nouveau mot découvert :

– Compter les syllabes à haute voix en marquant le découpage en syllabes par des frappés de mains, manuel fermé.

– Procéder de même en regardant en même temps le codage écrit dans le manuel (ouvert).

– Faire repérer dans le mot la place de la syllabe contenant [a].

– Valider en frappant les syllabes.

– Reprendre cette activité sans support visuel avec d'autres mots : **ordinateur, taxi, réfrigérateur, stylo, tapis, appétit, spaghetti, image…**

APRÈS-MIDI

– Visionner la vidéo de prononciation du phonème [a] (*cf.* Manuel numérique).

– Commenter la position des organes phonatoires (langue, bouche, gorge, passage du souffle).

– Faire expérimenter.

Exercice 2 • manuel, p. 12

– Faire pointer la première occurrence du graphème **« a »** et vérifier en passant parmi les élèves.

– Faire pointer la seconde occurrence et ainsi de suite.

Exercice 3 • manuel, p. 12

– Demander aux élèves des mots commençant tous par une syllabe contenant le son **[a]**. Donner deux exemples : **baleine** ; **châtaigne** accompagnés du frappé de syllabes. Ouvrir l'appel avec « **ra** », prendre plusieurs propositions, faire valider par le groupe à chaque proposition : Est-ce qu'on entend bien [a] dans la première syllabe ?

– Puis procéder de même avec « **ba** », puis « **pa** ».

– Suivant le temps disponible, proposer aux élèves de donner eux-mêmes la première syllabe de leur choix, contenant [a]. Proposer le même exercice avec des syllabes imposées en finale de mots.

JOUR 2 MATIN

Graphème [i]	**Capsule vidéo** visionnable jusqu'à 2 min. https://www.reseau-canope.fr/lesfondamentaux/discipline/langue-francaise/lecture/correspondance-sonvoyelle/decouvrir-le-son-i-et-ses-graphies.html
Exercice 1 • manuel, p. 13	Pour chaque nouvel animal découvert : – Compter les syllabes à haute voix en marquant le découpage en syllabes par des frappés de mains, manuel fermé. – Procéder de même en regardant en même temps le codage écrit dans le manuel ouvert. – Faire repérer dans le mot la place de la syllabe contenant [i]. – Valider en frappant les syllabes. – Reprendre cette activité, sans support visuel, avec d'autres mots : **pyjama, pilote, radis, micro, ordinateur, taxi, harmonica, réfrigérateur, stylo, télévision, tapis, appétit, immense, spaghetti, image, gentil, pluie, pharmacie…**
APRÈS-MIDI	Visionner la vidéo de prononciation du phonème [i] (*cf.* Manuel numérique). Commenter la position des organes phonatoires (langue, bouche, gorge, passage du souffle). Faire expérimenter.
Exercice 2 • manuel, p. 13	– Faire pointer la première occurrence du graphème « i » et vérifier en passant parmi les élèves. – Faire pointer la seconde occurrence et ainsi de suite.
Exercice 3 • manuel, p. 13	– Demander aux élèves des mots commençant tous par une syllabe contenant le son **[i]**. Donner deux exemples : **dinette** ; **piano** accompagnés du frappé de syllabes. Ouvrir l'appel avec « **li** », prendre plusieurs propositions, faire valider par le groupe à chaque proposition : Est-ce qu'on entend bien [i] dans la première syllabe ? – Puis procéder de même avec « **mi** », puis « **ri** ». – Suivant le temps disponible, proposer aux élèves de donner eux-mêmes la première syllabe de leur choix, contenant [i]. Proposer le même exercice avec des syllabes imposées en finale de mots (ex. : souris ; paradis…).

JOUR 3

Graphème [o]	**Capsule vidéo** visionnable jusqu'à 1 min 50 s – https://www.reseau-canope.fr/lesfondamentaux/discipline/langue-francaise/lecture/correspondance-sonvoyelle/decouvrir-le-son-o-et-ses-graphies.html
Exercice 1 • manuel, p. 14	Pour chaque mot retenu : – Compter les syllabes en marquant le découpage en syllabes sonores par des frappés de mains à l'oral. Manuel fermé. – Procéder de même avec le manuel ouvert sous les yeux. – Faire repérer dans le mot la place de la syllabe contenant [o]. – Reprendre cette activité sans support visuel avec d'autres mots : **vélo, otarie, trottinette, judo, etc.** – Visionner la vidéo de prononciation du phonème [o] (*cf.* Manuel numérique). Commenter la position des organes phonatoires (langue, bouche, gorge, passage du souffle). Faire expérimenter.
Exercice 2 • manuel, p. 14	– Faire pointer la première occurrence du graphème **« o »** et vérifier en passant parmi les élèves. – Faire pointer la seconde occurrence et ainsi de suite.
Exercice 3 • manuel, p. 14	– Demander aux élèves des mots commençant tous par une syllabe contenant le son **[o]**. Donner deux exemples : **tomate ; moto** accompagnés du frappé de syllabes. Ouvrir l'appel avec « **to** », prendre plusieurs propositions, faire valider par le groupe à chaque proposition : Est-ce qu'on entend bien [o] dans la première syllabe ? – Puis procéder de même avec « **mo** », puis « **lo** ».

Graphème [u]	**Capsule vidéo** visionnable en entier – https://www.reseau-canope.fr/lesfondamentaux/discipline/langue-francaise/lecture/correspondance-sonvoyelle/decouvrir-le-son-y-et-sa-graphie.html – Visionner jusqu'à 1 min 25. Faire formuler les hypothèses sur le son travaillé dans cette vidéo. – Si nécessaire, isoler oralement les mots du texte contenant le graphème [u] pour faciliter la validation ou la réfutation d'hypothèses. Finir le visionnage de la vidéo. – Rechercher d'autres objets qui pourraient être offerts et qui correspondent aux hypothèses retenues. – Lorsque le son sera découvert, visionner la vidéo de prononciation du phonème [u]. Commenter la position des organes phonatoires (langue, bouche, gorge, passage du souffle). Faire expérimenter. – Ressentir et décrire les différents organes de la phonation mis en œuvre lors de la production du son [u] (dans la bouche, dans la gorge, etc.). – Comparer avec les sensations lors de la prononciation des autres syllabes. – Utiliser les mots du manuel. Frapper les syllabes et identifier celles qui contiennent [u].
Exercice 1 • manuel, p. 15	– Prononcer chaque mot deux fois. Les élèves lèvent la main quand ils entendent le son **[u]** dans les mots prononcés. – Faire repérer dans quelle syllabe se trouve le son [u].
Exercice 2 • manuel, p. 15	– Faire pointer la première occurrence du graphème **« u »** et vérifier en passant parmi les élèves. – Faire pointer la seconde occurrence et ainsi de suite.
Exercice 3 • manuel, p. 15	– Demander aux élèves des mots commençant tous par une syllabe contenant le son **[u].** Donner deux exemples : **fumée ; lunettes** accompagnés du frappé de syllabes. Ouvrir l'appel avec « **fu** », prendre plusieurs propositions, faire valider par le groupe à chaque proposition : Est-ce qu'on entend bien [u] dans la première syllabe ? – Puis procéder de même avec « **lu** », puis « **tu** ».

JOUR 4 MATIN

Graphème [é]	
Exercice 1 • manuel, p. 16	– Lire les mots du manuel (manuel fermé pour les élèves) et faire deviner le son proposé [é]. – Compter les syllabes en marquant le découpage en syllabes sonores par des frappés de mains. – Faire repérer dans chaque mot la ou les syllabe(s) contenant [é]. – Valider en frappant les syllabes. – Visionner la vidéo de prononciation du phonème [é]. Commenter la position des organes phonatoires (langue, bouche, gorge, passage du souffle). Faire expérimenter.
Exercice 2 • manuel, p. 16	– Faire pointer la première occurrence du graphème **« é »** et vérifier en passant parmi les élèves. – Faire pointer la seconde occurrence et ainsi de suite.
Exercice 3 • manuel, p. 16	– Demander aux élèves de proposer des mots terminés par la syllabe « té » ou « tié ». Si le temps le permet, proposer de trouver des mots qui commencent ou qui finissent par une syllabe contenant le son [é].

APRÈS-MIDI

Proposition d'organisation pour les plages exercices	– Les exercices de la dernière page de la leçon sont réalisés en demi-classe avec l'enseignant pendant que l'autre demi-classe est placée en autonomie sur la fiche d'exercice de la semaine 1. – **Avec l'enseignant** : les élèves du groupe sont placés de manière à ce que l'enseignant ait la vue simultanée de tous les élèves.

Exercice 1 • manuel, p. 17

– Pour chaque ligne de lettres, demander aux élèves de trouver combien de fois ils ont vu la lettre modèle dans la ligne. Pour les élèves qui n'ont pas donné le bon nombre, faire vérifier par le pointage des occurrences de la lettre. Idem pour chaque ligne.

Exercice 2 • manuel, p. 17

– Demander aux élèves de pointer le mot qui commence par la même lettre que le premier mot de la ligne

Exercice 3 • manuel, p. 17

– Faire lire une série de lettres à chaque élève du groupe, à tour de rôle, sous forme de relais.
– Les autres élèves suivent la lecture de l'élève acteur et lèvent la main s'ils identifient une erreur.

Exercice 4 • manuel, p. 17

– Les lettres dictées par l'enseignant sont écrites en cursive sur le cahier du jour, chaque élève revenu à sa place.
– Lettres dictées : a u i o é o u i é a.

4. Production d'écrit : écrire un album de classe à la manière de *Moi j'adore, la maîtresse déteste* (Projet de rentrée)

Cette première semaine inclut des lectures offertes, par exemple l'album *Moi j'adore, la maîtresse déteste*[2]. Cet album sert d'inducteur pour réaliser une première production d'écrit sous forme de dictée à l'adulte collective (en demi-classes hétérogènes en ce début d'année).
Le but du **projet de rentrée** est de réaliser un album (1 page par élève à partir de leur production). En dictée à l'adulte, chaque élève produit une phrase sur le modèle « Moi j'adore…, la maîtresse déteste… » et en réalise une illustration.
L'enseignant reproduit ensuite la phrase de chaque élève sur la page de son illustration. Il collecte l'ensemble des productions et les présente sous forme d'un album à consulter par les élèves. Cet album peut également être confié le soir à un élève et circuler dans les familles.

Planning

JOUR 1	JOUR 2	JOUR 3	JOUR 4
Phases 1, 2, 3	Phase 4 (demi classe)	Phase 4 (demi classe)	Phases 5, 6

Proposition de mise en œuvre

JOUR 1

1. Découvrir l'album

Objectif : se projeter dans l'ouvrage par l'émission d'hypothèses.
– Exposer la première de couverture.
– La faire décrire par les élèves et leur faire identifier les éléments principaux (titre, auteur, illustrateur…).
– Réguler les prises de parole, relancer la discussion par des questions. Que font les enfants ? Ont-ils l'air d'apprécier ? Est-ce une attitude normale en classe ? Que peut penser la maîtresse de ces manières de faire en classe ? Quelles autres « bêtises » des élèves peuvent-ils faire que la maîtresse n'aimerait pas ?
– Reformuler, synthétiser. Porter une attention particulière à la syntaxe et au lexique du titre.
– Phase d'émission d'hypothèses : À votre avis, que va-t-il se passer dans cet album ?
– Faire aussi réfléchir les élèves sur la présence d'une maîtresse dans le titre alors qu'elle n'est pas représentée sur la première de couverture.

2. E. Brami, L. Le Neouanic, Éditions Seuil Jeunesse.

2. Lire le début de l'album	– Lire les premières pages aux élèves.
3. Travailler la compréhension globale	– Amener les élèves à faire part de leur compréhension du texte : Que s'est-il passé ? Qu'avez-vous compris ? Racontez-moi ce que vous avez retenu. – Les faire parler également de la structure répétitive. – Comparer les hypothèses faites dans la phase 1 avec le contenu réel. – Faire s'exprimer les élèves sur leurs ressentis : Comment trouvez-vous cette histoire ? – Amorcer un travail sur ce champ lexical : ce qu'on aime = les ressentis agréables (aimer, apprécier, adorer, désirer, espérer, attendre…) / ce qu'on n'aime pas (détester, ne pas aimer, refuser, interdire…). À cette occasion, élaborer un outil de référence type **fleur lexicale**[3] pour recenser et organiser ces mots. Cet outil doit être disponible pour pouvoir s'y référer à chaque fois que cela sera nécessaire. Ces mots pourront être mobilisés dans toutes les situations qui amènent les élèves à exprimer un ressenti. Vous pourrez enrichir le lexique au fur et à mesure de l'année. Vous pourrez aussi faire manipuler ces mots aux élèves afin de réorganiser la catégorisation selon des relations sémantiques ou grammaticales et faire ainsi prendre conscience aux élèves des différents liens qui structurent le lexique.

JOURS 2-3

Dictée à l'adulte	**Objectif :** produire une phrase à l'aide d'une structure inductrice. **Consigne :** C'est votre tour de vous mettre dans la peau du narrateur (celui qui raconte l'histoire) et de compléter la phrase : *Moi j'adore… et la maîtresse déteste…* (*cf.* Partie III Déroulé de la dictée à l'adulte)

JOUR 4

1. Lire l'album	**Objectif :** finaliser le projet d'écriture collective. – Lire intégralement l'album. – Demander aux élèves ce qu'ils ont trouvé drôle ou étonnant, ce qu'ils ont préféré…
2. Faire illustrer	– Faire choisir aux élèves une phrase parmi celles élaborées en phase 4. – La reproduire pour les élèves sur une feuille individuelle. – Demander aux élèves de justifier leur choix à l'oral (*je choisis cette phrase parce que…*). – Faire réaliser une illustration (travail individuel en autonomie).
Lectures en réseaux sur le thème « La rentrée et la maîtresse »	« *À quoi rêvent les crayons le soir au fond des cartables* », David Merveille « *À l'école, il y a des règles* », Laurence Salaün « *Le Crocodile de l'école* », Christine Naumann-Villemin « *Je suis en CP : C'est la rentrée* », Magdalena « *La Fille en bleu* », Elsa Oriol

5. Révision du geste d'écriture et premières lettres

Matériel enseignant	– Vidéo d'échauffement (*cf.* Partie III) – Document « *Des modèles de frises pour toute l'année* » (*cf.* site Ressources) – Grille d'observation (*cf.* site Ressources)
Matériel élève	– Ardoise + feutres – Cahier de l'élève avec modèles préparés par l'enseignant – Outil scripteur de l'élève

3. Micheline Cellier, *Enseigner le vocabulaire à l'école élémentaire*, © Retz.

Planning

JOUR 1	JOUR 2	JOUR 3	JOUR 4
– Frise pour se repérer sur les lignes et interlignes – Frise pour évaluer la capacité des élèves à tenir la ligne de base – Écriture du prénom	– Etrécies – Lettres i et u	– Ronds – Lettres a et o	– Boucles – Lettre e

Objectifs	– Consolider quelques gestes de base de l'écriture cursive. – S'entraîner au repérage du lignage dans l'espace de la feuille.
Déroulement	*cf.* Partie III « Proposition de mise en œuvre d'une séance d'écriture » – Observer les élèves : posture, tenue du crayon, tenue de la ligne, formation des premières lettres. – Identifier tout de suite les élèves gauchers. – Compléter la grille d'évaluation diagnostique.
Observations possibles	Faire écrire le prénom permet en particulier d'observer la manière dont l'élève enchaîne les lettres en écriture cursive : – les lettres sont enchaînées avec fluidité, – l'élève s'arrête, lève le crayon entre les lettres (hors attaque d'une lettre ronde), – l'élève écrit chaque lettre séparément puis ajoute des ligatures (traits ajoutés *a posteriori* par l'élève pour lier les lettres entre elles qui donnent l'illusion d'une écriture cursive), – l'élève n'écrit pas son prénom en cursive, – l'élève mélange les différentes écritures.

6. Compréhension : *Avanceras-tu cochon têtu ?* – 1re partie

Modalités	**JOURS 2, 3, 4** – En groupe classe et petits groupes
Durée	7 séances de 20 min sur deux semaines
Matériel enseignant	– Texte du conte (*cf.* Partie V) – Manuel numérique de *Mon carnet d'apprenti lecteur* – Carte mentale (*cf.* Manuel numérique) – Moyen d'enregistrement : smartphone ou autre
Matériel élève	– *Mon carnet d'apprenti lecteur* – Figurines des personnages du conte

Les contes en randonnée	Les activités de compréhension sont menées essentiellement à l'oral, néanmoins un **carnet d'apprenti lecteur** est constitué pour ancrer la mémorisation des apprentissages réalisés et permettre à l'élève de revenir sur son travail avec ses parents. Les **contes en randonnée** se définissent par une structure répétitive caractérisée par : **– des reprises par énumération** (chaîne énumérative des personnages ou des actions d'un personnage), accumulation/adjonction de personnages, juxtaposition, élimination, inclusion, substitution, alternance, répétition par reprise syntaxique. **– la succession du même évènement** présenté selon la même structure narrative et les mêmes dialogues. **– un schéma quinaire** : à la suite d'un évènement déséquilibrant, le héros engage une quête et interpelle successivement différents personnages. La chute fait le plus souvent fonction de bouquet final, de morale ou de pirouette, le déséquilibre initial trouvant alors sa résolution[4]. **– la recherche d'une sécurité affective :** « La régularité de la structure et la ritournelle répétitive des mots sont rassurants pour les jeunes lecteurs ou auditeurs. Ils savent ce qui les attend et ont l'impression de produire eux-mêmes le texte. Cette imprégnation

4. Paul Larivaille, « *L'Analyse (morpho)logique du récit* », Poétique, n° 19, pp. 368-388, 1974.

de structures syntaxiques est capitale dans le développement du langage oral. L'enfant qui écoute peut devancer le conteur qui ne se prive pas du plaisir de laisser l'auditoire dire l'histoire avec un temps d'avance pour, au moment de la chute, avoir le malin plaisir de surprendre »[5].

Justification du support *Avanceras-tu cochon têtu ?*

– un univers thématique en lien avec les animaux de la ferme, adapté pour le CP ;
– une structure de récit de randonnée en symétrie qui facilite la mémorisation de l'histoire ;
– un vocabulaire et une syntaxe adaptés au CP.

Exploitations proposées

– Restitution de récit en grand groupe grâce à une maquette (décor et personnages).
– Jeu de rôles.
– Résolution d'inférences.
– Réalisation d'activités de compréhension dans *Mon carnet d'apprenti lecteur.*

Déroulé des séances

La lecture de l'album doit être réitéré autant de fois que possible entre les séances pour éviter la lecture systématique en début de séance. Sinon les élèves ne travaillent que sur leur mémoire à court terme ou leur mémoire de travail.

Schéma narratif à reconstituer au fil des épisodes et de la réalisation de la carte mentale (*cf.* Partie III)

Situation initiale :
– **Épisode 1** : La fermière veut aller vendre son cochon au marché.
Élément de perturbation : Le cochon ne veut plus avancer.
Péripéties :
– **Épisode 2** : La fermière appelle le chien.
– **Épisode 3** : La fermière appelle le bâton.
– **Épisode 4** : La fermière appelle le feu.
– **Épisode 5** : La fermière appelle le ruisseau.
– **Épisode 6** : La fermière appelle la vache.
– **Épisode 7** : La fermière appelle le boucher.
Élément de résolution : Tous les personnages acceptent ce que la fermière demande.
Situation finale : Le marché est fini, le cochon ne sera pas vendu.

JOUR 2 SÉANCE 1

Objectif : découvrir l'histoire et commencer à élaborer une représentation mentale.

1. Raconter

En classe entière

Le racontage de l'histoire (sans la lire) par l'enseignant est un geste professionnel pertinent ici. Il est, en effet, essentiel que l'enseignant donne à voir aux élèves la façon dont il s'y prend pour raconter une histoire en entier.

2. Lire le texte aux élèves

– Lire de manière expressive le **récit en entier**, sans la dernière phrase.

3. Poser des questions et enregistrer

– Recueillir les dires des élèves sur ce qu'ils ont compris.
– Demander des précisions sur les lieux, les personnages et la causalité des faits.
– Enregistrer le récit entier d'un ou deux élèves (enregistreur vocal, smartphone).
– Relire le conte.
– Commencer à tracer la carte mentale au fur et à mesure de la séance.

4. Faire jouer le premier épisode

Par petits groupes : jeu de scène
– Équiper les élèves (par groupes de trois) de figurines représentant les personnages : la fermière, le cochon, le chien. Leur faire jouer la scène devant la classe entière.
– Il est ici essentiel de solliciter en ce début d'année les élèves volontaires. Quand le groupe sera bien constitué et que la sécurité affective sera garantie, les élèves les plus réservés pourront être invités à essayer eux aussi.

5. *Parcours lecture de 4 à 7 ans* © Acces.

JOUR 3 SÉANCE 2

1. Mémoriser

Objectif : mémoriser le récit en entier et résoudre des inférences pour expliciter les intentions des personnages.

– Faire raconter le récit par les élèves, en appui sur la carte mentale ou une maquette des lieux et les figurines.
– Laisser les élèves s'entraîner par petits groupes de brouillon d'oral (*cf.* Partie III).
– Relire le conte sans la dernière phrase.

2. Résoudre des inférences du récit

– Expliquer aux élèves qu'ils vont devoir répondre à des questions pour mieux comprendre l'histoire.
– Énoncer la première question.
1. Pourquoi le cochon ne veut-il pas traverser ?
– Laisser les élèves réagir et élaborer avec eux à l'oral la réponse.
– Transcrire les hypothèses des élèves au tableau.
– Valider par rapport au texte entendu (indices), aux connaissances culturelles des élèves ou apports culturels de l'enseignant sur le marché, la vente d'animaux, la chaîne de fabrication du saucisson…
– Amener les élèves à expliquer collectivement comment ils ont procédé pour répondre (la stratégie).
– Expliciter que la réponse n'est pas dans le texte et qu'il fallait donc faire des déductions.
– Procéder de la même façon pour la deuxième question et donc préciser aux élèves qu'ils vont devoir mobiliser cette stratégie pour y répondre. 2. Pourquoi la fermière appelle-t-elle le chien ?

3. Bilan de séance

– **Commencer une affiche de stratégies :** coder la stratégie utilisée pour cette séance avec un engrenage et expliquer aux élèves qu'à chaque fois qu'ils verront un engrenage, il s'agit de raisonner, de réaliser une inférence parce que la réponse n'est pas donnée par le texte (*cf.* Partie III).

JOUR 4 SÉANCE 3

Objectif : poursuivre la mémorisation du récit et identifier les personnages de l'histoire à l'écrit.

1. Rappeler le récit : la chasse aux écarts (*cf.* Partie III)

– Écouter un enregistrement fait en séance 1.
– Prendre des notes au tableau sur les manques perçus par les élèves.
– Faire enregistrer un nouveau récit par les élèves volontaires.
Cette activité s'appelle **la chasse aux écarts.** Il s'agit de montrer les écarts entre le premier et le second enregistrement. Ils vont concerner les informations ou les étapes manquantes. Faire référence à la carte mentale.

2. Réaliser les activités de compréhension sur *Mon carnet d'apprenti lecteur* p. 8

Dessin au trait : il peut être colorié lors d'un temps d'autonomie, quand le travail est fini et que les élèves sont en attente, au cours des deux semaines, ou en fin de séquence, après le bilan de la séance 7 ou en devoir à la maison en accompagnement de la réécoute de l'histoire via le QR code®.

Activité 1

– Pour réaliser cette activité, les élèves vont devoir faire appel à leur mémoire du récit et/ou effectuer un retour au texte (demander l'album et le feuilleter ou demander à l'enseignant de relire tout ou partie de l'histoire) pour vérifier la présence de chacun des personnages.
– La stratégie utilisée est représentée par le picto (extraire les informations du texte).
– **Rajouter cette stratégie sur l'affiche de la classe : l'affiche des pictos stratégies.**
– L'enseignant lit la consigne à tous. La correction sera réalisée en collectif.

Exemple de carte mentale finalisée (à l'issue des 7 séances)

7. Compréhension : constitution des groupes de compreneurs

Modalités	– La première partie du test « compréhension de phrases » est facultative car reprise dans les évaluations nationales de début d'année. Les consignes sont passées collectivement, chaque élève répond sur une fiche individuelle. – Photocopier les planches, et faire cocher les élèves sur leur fiche. – Les parties 2 et 3 se font en passation individuelle rapide. Les autres élèves sont placés sur des activités autonomes.
Durée	Trois séances d'une heure
Matériel	Planche d'images (*cf.* site Ressources)

– Dans la perspective d'un enseignement différencié de la compréhension à partir de la semaine 2, un test[6] permet de constituer des groupes d'élèves en fonction de leurs besoins.

– Ce test est composé de trois parties :

Partie 1 : compréhension de phrases

Partie 2 : compréhension de texte

Partie 3 : déductions

– À l'issue des épreuves, nous vous conseillons de constituer des groupes homogènes en fonction des résultats des élèves. Pour anticiper les difficultés d'apprentissage de la lecture, tous les élèves qui obtiennent moins de 14 devraient bénéficier d'un entraînement à la compréhension.

Tableau de recueil des résultats

Items	1	2	3	4	5	6	7	8	9	10	11	12	13	14	15	16	17	18	19	20	21	22	23	24	25	26	27	28	29
Score																													

1 = item réussi / 0 = item échoué

Constitution de groupes homogènes de 6 à 8 élèves

Pour la différenciation dans les activités liées à la compréhension :

- Les faibles compreneurs (scores de 1 à 14/29) vont constituer le groupe ☀.
- Les moyens compreneurs (scores 15 à 22/29) vont constituer le groupe ★.
- Les bons compreneurs (scores 23 à 29/29) vont constituer le groupe ☾.

– Proposer aux élèves les exercices tels qu'ils sont, même si certains paraissent trop difficiles. Aucune aide particulière ne doit être donnée au-delà de ce qui est préconisé. Si un élève demande des informations complémentaires, ne lui donner aucun élément qui puisse orienter sa réponse : se limiter à répéter la consigne en insistant sur ce qui fait problème et à donner des précisions d'ordre matériel.

– Chaque élève répond sur sa pochette transparente. Les résultats seront reportés dans le tableau de positionnement des élèves.

Partie 1

Principe

Compréhension de phrases

– Montrer la planche 0.

– Proposer l'exemple : « *Le couteau est sur la chaussure.* »

– L'élève doit pointer du doigt le dessin correspondant à l'énoncé.

– Si l'élève se trompe, expliquer à nouveau l'exercice à l'aide de cet exemple.

Suite de l'exercice

L'enseignant lit les phrases suivantes, l'élève montre les planches correspondantes.

1. « Ils sont en train de sauter par-dessus le mur. » (Planche 1)
2. « L'éléphant les porte. » (Planche 2)
3. « Le garçon est assis mais ne mange pas. » (Planche 3)
4. « Le carré qui est dans l'étoile est noir. » (Planche 4)
5. « Le garçon mange les pommes que la fille cueille. » (Planche 5)
6. « Le chien poursuit le cheval qui se retourne. » (Planche 6)

6. Maryse Bianco, *Ouvrage compréhension CP*, © La Cigale.

7. « La dame le porte. » (Planche 7)
8. « La fille fait tomber la troisième tasse. » (Planche 8)
9. « Le cheval poursuit un chien dont la queue est longue. » (Planche 9)
10. « La fille poursuit le chien qui saute. » (Planche 10)

Partie 2

Compréhension de texte : lire les histoires puis poser les questions

Texte 1
Flocon et Marron

Flocon et son frère Marron sont deux petits oursons qui s'ennuient à la maison.
– On peut aller dehors ? demande Flocon.
– Oui, dit Papa Ours, mais mettez vos anoraks, il pleut très fort.
Flocon et Marron n'ont pas envie de mettre leur anorak, ils préfèrent prendre le parapluie. C'est Flocon qui tient le parapluie. Mais le parapluie est trop petit pour abriter les deux oursons.
– Je suis tout mouillé, gémit Marron. À mon tour de tenir le parapluie, dit-il.
– Non, à moi ! répond Flocon.
Flocon et Marron tirent tous les deux sur le parapluie. Crac ! Le parapluie se déchire. Flocon et Marron rentrent tout mouillés à la maison.
– Vilains garnements ! dit papa. Allez vite dans la salle de bain !

1. « *Qui sont Flocon et Marron ?* » (Deux ours / des ours / des oursons)
2. « *Où veulent-ils aller ?* » (Dehors)
3. « *Pourquoi doivent-ils mettre leur anorak ?* » (Parce qu'il pleut / parce qu'il pleut très fort)
4. « *Pourquoi se disputent-ils ?* » (Ils veulent le parapluie tous les deux)
5. « *Qu'arrive-t-il au parapluie ?* » (Le parapluie se déchire / est déchiré)
6. « *Comment rentrent-ils à la maison ?* » (Tout mouillés)
7. « *Papa Ours est-il content ?* » (Non)

Texte 2
La tortue égarée

Cette nuit, la porte du jardin était restée ouverte et la petite tortue s'est sauvée. Alors ce matin, Sophie est partie à sa recherche.
Elle appelle : « Marguerite ! Marguerite ! » Mais Marguerite est introuvable. Sophie est prête à pleurer quand elle aperçoit son voisin.
Elle s'arrête et l'interroge.
– Bonjour Monsieur, vous n'avez pas vu ma petite tortue ?
– Mais oui, dit-il. Je me demandais bien d'où elle venait ! Je l'ai trouvée tout à l'heure près des rosiers et je l'ai rentrée dans ma maison. Viens, je vais te la donner.
Sophie est très heureuse d'avoir retrouvé si vite Marguerite.

1. « Qui est Marguerite ? » (Une tortue / une petite tortue)
2. « Pourquoi s'est-elle sauvée ? » (Porte ouverte / porte du jardin ouverte / portail ouvert)
3. « Que fait alors Sophie ? » (Elle part à sa recherche / elle la recherche / elle court pour la retrouver / elle l'appelle)
4. « Qui a retrouvé la tortue ? » (Le voisin)
5. « Où le voisin l'a-t-il trouvée ? » (Près des rosiers / dans les rosiers / dans les roses / à côté des fleurs)
6. « Qu'a-t-il fait de la tortue ? » (Il l'a amené / ramené / mis, porté ou transporté chez lui ou dans sa maison / donné à la fille)

Partie 3

Déductions

Texte 1

Aujourd'hui, Laura mange au restaurant. Pour le dessert, elle voudrait une glace ou un gâteau au chocolat. Il n'y a plus de glace.

1. « À ton avis, que va manger Laura pour son dessert ? » (du gâteau / du gâteau au chocolat)
2. « Pourquoi ? » (car il n'y a plus de glace)

Texte 2

Le chat voudrait bien attraper la souris. Mais la souris est maligne et elle s'est cachée. Si j'étais une souris, pense le chat, je me cacherais derrière le radiateur ou sous le buffet ! Il regarde sous le buffet, mais la souris n'y est pas.

1. « À ton avis, où est cachée la souris ? » (derrière le radiateur)
2. « Pourquoi ? » (car la souris n'est pas sous le buffet)

Texte 3

Maxime a perdu son doudou. Maman lui dit : « Il est sûrement dans ta chambre ou dans la cuisine. » Maxime va voir dans la cuisine, le doudou n'y est pas.

1. « À ton avis, où est le doudou de Maxime ? » (dans la chambre / dans la chambre de Maxime)
2. « Pourquoi ? » (car le doudou n'est pas dans la cuisine)

8. Compétences orales en phonologie

Quelles activités mettre en œuvre en début d'année pour renforcer les compétences des élèves ?

– Pour les élèves identifiés prioritaires en fin de GS, un entraînement intensif en début de CP de ces compétences phonologiques constitue une des conditions de leurs progrès dans l'apprentissage du code. Nous vous invitons à vous rapprocher des enseignants de cycle 1 dans le cadre de la liaison GS-CP afin de mieux cerner les besoins des élèves prioritaires sur ces compétences ainsi que les apprentissages menés en GS. Vous pourrez ainsi proposer des activités de renforcement de ces compétences déficitaires chez les élèves dans un esprit de continuité pédagogique entre le cycle 1 et le début du cycle 2.

Pour élargir cette gamme de tâches, vous pourrez vous reporter à l'ouvrage suivant :
– EDUSCOL : Ressources maternelle – Mobiliser le langage dans toutes ses dimensions
– Partie II.2 – Lien oral-écrit – Activités phonologiques au service de l'entrée dans le code alphabétique,

– Ces activités peuvent débuter dès la première semaine et se poursuivre sur toute la première période (voire plus pour certains dans le cadre des APC ou groupes de besoins spécifiques).

– Une grille d'observation peut être renseignée au cours de ces activités selon les critères suivants :

Décomposition de mots en syllabes	Localisation de phonèmes dans le mot	Encodage de syllabes (corbeilles…)	Transformation de mots par ajout, suppression, inversions de syllabes	Catégorisation/ syllabes identiques en attaque, en fin…	Connaissance des lettres	Segmentation de syllabes en phonèmes	Combinaison/ fusion de phonèmes	Identification d'un même phonème dans plusieurs mots

Comment constituer les groupes ?

– Nous avons volontairement fait le choix de ne pas procéder à une première série d'évaluation diagnostique en phonologie dans les premières semaines, pour ne pas être redondant avec les évaluations nationales. En effet, nous avons privilégié l'entrée immédiate dans le code par les voyelles et le renforcement des acquis en phonologie. – Ces activités de révisions permettent à l'enseignant d'observer ses élèves, et l'évaluation se fait alors en continu (évaluation formative).

– Pour débuter, constituer les groupes sur la base des acquis de maternelle en phonologie. Au cours de la première semaine, il faudra probablement procéder à des modifications de ces groupes. Les « évaluations REPÈRES » nationales effectuées en début de CP permettent de les ajuster.

– Il est normal que les groupes ne soient pas fixes tout au long de l'année. Ils peuvent nécessiter des ajustements en fonction de l'avancée des élèves et de leurs progrès.

Période 1 • Semaine 2

1. Proposition d'emploi du temps (Semaines 2 et 3)

En classe entière   En autonomie, individuellement ou en binômes   En groupes avec l'enseignant

	Domaine	JOUR 1			JOUR 2	
		☀	★	☾	☀	★
9 h 00 **9 h 20**	Code Encodage/décodage	Découverte graphèmes			*Manuel* : – Lecture syllabes, mots – Ex. discrimination visuelle et auditive à l'oral	*Fiche exercices de code* : Ex. copie
9 h 20 **9 h 30**					*Fiche exercices de code* : Ex. copie	*Manuel* : – Lecture syllabes, mots – Ex. discrimination visuelle et auditive à l'oral
9 h 30 **9 h 40**					TA	TA
9 h 40 **10 h 55**	Autres domaines	Autres domaines			Autres domaines	
10 h 55 **11 h 10**	Dictée *Le quart d'heure quotidien*	*Manuel* : dictée de syllabes et mots (ardoise)			*Manuel* : dictée de syllabes et mots (ardoise)	
11 h 10 **11 h 30**	Geste d'écriture	Découverte de la lettre (écriture de la lettre isolée, enchaînements de lettres simples)			Enchaînement de lettres, mots + frise (exercice complémentaire)	
13 h 30 **13 h 50**	Compréhension	Sem 2 Séance 4 *Avanceras-tu, Cochon têtu* Sem 3 Séance 1 *Éléphanfare*			Sem 2 Séance 5 *Avanceras-tu, Cochon têtu* Sem 3 Séance 2 *Elephanfare*	
13 h 50	Copie / Production d'écrit liée au code + entraînement encodage/décodage	*Manuel* : Ex. 1 copie	TA	TA	*Manuel* : Ex. dictée de syllabes	*Fiche exercices de code* : Ex. discrim. visuelle
14 h 20		TA	*Manuel* : Ex. 1 copie	TA	*Fiche exercices de code* : Ex. discrim. visuelle	*Manuel* : Ex. dictée de syllabes
14 h 40		TA	TA	*Manuel* : Ex. 1 copie	TA	TA
15 h 00 **16 h 30**	Autres domaines	Autres domaines			Autres domaines	

Ex. : exercice – TA : tiroirs d'autonomie – discrim. : discrimination – Fiche exercices = *Fiche d'exercices de code* – prod. d'écrit = *production d'écrit*

	JOUR 3			JOUR 4		
☾	☀	★	☾	☀	★	☾
Fiche exercices de code : Ex. copie	*Manuel* : – Lecture mots, phrases – Ex. prod. d'écrit à l'oral	*Fiche exercices de code :* Ex. discrim. auditive	*Fiche exercices de code :* Ex. discrim. auditive	*Manuel* : – Lecture mots, phrases – Encodage à l'oral	TA	*Fiche exercices* de code : Ex. encodage
TA	*Fiche exercices de code :* Ex. discrim. auditive	*Manuel* : – Lecture mots, phrases – Ex. prod. d'écrit à l'oral	TA	*Fiche exercices* de code : Ex. encodage	*Manuel* : – Lecture mots, phrases – Encodage à l'oral	TA
Manuel : – Lecture syllabes, mots – Ex. discrimination visuelle et auditive à l'oral	TA	TA	*Manuel* : – Lecture mots, phrases – Ex. prod. d'écrit à l'oral	TA	*Fiche exercices* de code : Ex. encodage	*Manuel* : – Lecture mots, phrases – Encodage à l'oral
	Autres domaines			Autres domaines		
	Manuel : dictée de mots (ardoise)			*Manuel* : dictée de phrases		
	Découverte de la lettre (écriture de la lettre isolée, enchaînements de lettres simples)			Enchaînement de lettres, mots + frise (exercice complémentaire)		
	Sem 2 Séance 6 *Avanceras-tu, Cochon têtu* Sem 3 Séance 3 *Elephanfare*			Sem 2 Séance 7 *Avanceras-tu, Cochon têtu* Sem 3 Séance 4 *Elephanfare*		
Fiche exercices de code : Ex. discrim. visuelle	*Fiche exercices de code :* Ex. prod. d'écrit	*Fiche exercices de code :* Ex. dictée syllabes	*Fiche exercices de code :* Ex. dictée syllabes	*Manuel* : autres exercices	*Fiche exercices de code :* autres ex.	*Fiche exercices de code :* autres ex.
TA	*Fiche exercices de code :* Ex. dictée syllabes	*Fiche exercices de code* : Ex. prod. d'écrit	TA	*Fiche exercices de code :* autres ex.	*Manuel :* autres exercices	TA
Manuel : Ex. dictée de syllabes	TA	TA	*Fiche exercices de code* : Ex. prod. d'écrit	TA	TA	*Manuel :* autres exercices
	Autres domaines			Autres domaines		

2. Code : graphèmes l et m

Modalités	**JOUR 1** – Oral – Classe entière – 40 min
Matériel	– *Manuel de code* p. 18 – Vidéos du manuel de code à vidéoprojeter – Cartes graphèmes **l m a u i o é** (*cf.* site Ressources)
Étape 1	– Faire entendre, l'un après l'autre, le son prononcé pour chaque graphème, tout en visionnant la capsule vidéo. Commenter la position de la bouche, de la langue, le passage du souffle. – Bien expliquer aux élèves que, pour la prononciation de **l** et **m**, le passage du premier au second est opéré par fermeture des lèvres qui génère la nasalisation pour le m, les autres éléments restant dans la même position. Le faire exercer et expérimenter par les élèves.
Étape 2	Faire prononcer le **vire-langue** du jour. Le faire répéter plusieurs fois, à vitesse variable : « Lalie, la libellule de Mamie, a mal au mollet ».
Étape 3	– Activité avec les cartes graphèmes (*cf.* partie III). – Faire lire les syllabes (*cf. Manuel*).
Étape 4	Faire lire les **mots outils**. Ces mots sont présentés dans leur globalité, non déchiffrables puisque les unités graphémiques les constituant ne sont pas encore travaillées. Il s'agit de les faire observer et prononcer et de les remobiliser fréquemment en les faisant identifier par les élèves à chaque occurrence.

3. Activités d'encodage/décodage

Modalités	**JOURS 2, 3 et 4** – Par groupe de besoins, ✹ ★ ☾, en rotation : – Oral avec l'enseignant à partir du *Manuel* – Écrit en autonomie sur les *Fiches d'exercices* 40 min
Matériel enseignant	*Manuel de code* p. 18 à 21
Matériel élève	– *Manuel de code* pour le travail avec l'enseignant – Cahier du jour pour la dictée avec l'enseignant – Étiquettes de mots et de phrases – *Fiche d'exercices de code* ✹ ★ ou ☾ pour le travail en autonomie – Tablette (ou duo d'élèves) pour le travail en autonomie

Planning

	JOUR 2	JOUR 3	JOUR 4
Ateliers guidés avec l'enseignant	*Manuel* : – lecture syllabes et mots – exercices 2, 3, 4, 5, 6, 7	*Manuel* : – lecture mots et phrases	*Manuel* : – manipulation d'étiquettes phrases – exercices 8, 9
Ateliers en autonomie	*Fiches* : exercices 2, 3	*Fiches* : exercices 4, 5, 6, 7	*Fiches* : exercices 8, 9

L'alternance de prise en charge des groupes préconisée est détaillée dans l'emploi du temps donné au début de cette semaine.

– **Pour la lecture des mots**, des corbeilles sont placées sous les mots pour aider les élèves à repérer leur découpage en syllabes orales. Cette lecture peut s'accompagner du frappé de ces syllabes pour les élèves qui auraient du mal à segmenter selon ce découpage. Ces élèves dont la conscience phonologique n'est pas encore bien en place, peuvent être repris en APC pour des activités de phonologie.

– **Les exercices** conduits en groupes guidés par l'enseignant portent sur la discrimination visuelle et auditive ainsi que sur la dictée de syllabes. L'enseignant profite de ces exercices guidés pour affiner les positionnements des élèves dans les groupes de besoins en code.

– Lire et expliciter si besoin les consignes, sachant que les élèves les retrouveront à l'identique dans la plupart des exercices de la fiche qu'ils feront en autonomie.

Exercices 2 et 3 • manuel, p. 19

Exercices de discrimination visuelle. L'enseignant fait passer tous les élèves du groupe sur ces exercices, ce qui lui permet d'identifier les difficultés dans ce domaine et de pouvoir les traiter en remédiation hors séances communes (identification des lettres dans les différentes graphies).

Exercices 4, 5 et 6 • manuel, p. 19-20

Exercices de discrimination auditive. L'enseignant oralise les mots correspondant aux images en détachant bien les syllabes orales pour aider les élèves à identifier la syllabe contenant le son cible, surtout avec le groupe ☀. Pour l'exercice 4, il s'agit simplement de déterminer le nombre de syllabes de chaque mot.

Exercice 7 • manuel, p. 20

Syllabes dictées par l'enseignant sur le cahier du jour :

☀ la – al – mu – il

★ mu – lu – li – mol – lam

☾ lo – él – mal – lam – moli – mulo

Manipulations d'étiquettes

La lecture de mots et de phrases de la leçon peut s'accompagner de **manipulation d'étiquettes** comportant les mots des phrases à déplacer pour remise en ordre, ou sous forme de jeux :

– L'enseignant dit un mot, l'élève montre l'étiquette correspondante,

– L'élève tire une étiquette et dit le mot qu'elle comporte,

– L'enseignant montre plusieurs étiquettes, et demande à postériori : « Est-ce que le mot xxxx était dans les étiquettes tirées ? »

– L'enseignant annonce un mot, les élèves doivent le repérer dans la suite des étiquettes qui sont montrées rapidement.

Ces étiquettes permettent également de faire des tris lors de travail futur de catégorisation. Elles sont conservées au fur et à mesure pour constituer une base ressource pour ces séances manipulatoires. Elles peuvent également être reproduites pour rejoindre les tiroirs d'autonomie.

Cette proposition sera la même pour tous les jours 4 des périodes 1 et 2 sur les phrases du *Manuel* (Période 1, semaines 2 et 3), puis sur les textes de lecture autonome.

Exercice 8 • manuel, p. 21

– Les exercices où les élèves doivent retrouver une syllabe manquante sont construits avec des mots dont les parties comportent des graphèmes non acquis pour l'instant. Le but de ces exercices est que l'élève repère auditivement, en fonction de sa place dans le mot, la syllabe concernée.

– Pour les élèves rencontrant des difficultés, les exercices de phonologie proposés lors de la semaine 1 sont une bonne indication (jeux de substitution de syllabes, de suppression, de déplacements…).

Exercice 9 • manuel, p. 21

Il s'agit de nommer les éléments de la scène de plage dont le nom comporte l'un des deux graphèmes du jour. Ces mots viennent compléter le répertoire de mots remobilisés lorsque les élèves sont en autonomie. Ils alimentent également les tiroirs d'autonomie.

Écrit en autonomie sur les *Fiches d'exercices de code*

Consignes pour les groupes en autonomie

– Avant de prendre en charge le premier groupe guidé, l'enseignant indique à tous les groupes l'organisation de la séance, les rotations prévues, les numéros d'exercices prévus, le matériel nécessaire (notamment pour les exercices nécessitant l'usage des tablettes), et les plans de travail éventuels pour les tiroirs d'autonomie.

– Les consignes des exercices sont reformulées par l'enseignant avant de laisser les groupes en autonomie.

4. Dictée : le quart d'heure quotidien

Modalités	Classe entière. Procédé « Lamartinière » sur ardoise.
Durée	**Tous les jours.** 15 min
Matériel enseignant	Cartes graphèmes (*cf.* site Ressources)
Matériel élève	Ardoise

Planning et textes

JOUR 1 la – mi – ol – am – mal – lim – alu

JOUR 2 lo – li – de – ami – lama – mamie

JOUR 3 mal – lame – de – lilas – allumé – malle – lit

JOUR 4 mamie – le lit de Nina – l'ami de mamie

Les syllabes ou mots dictés sont répétés trois fois. Les élèves les écrivent sur l'ardoise puis montrent leur production. Repérer les élèves qui ont fait une proposition erronée. Rappeler les stratégies de combinaison des syllabes avec le principe des cartes graphèmes en faisant manipuler un élève.

5. Geste d'écriture

Modalités	Classe entière. **Tous les jours.** 20 min
Matériel enseignant	– Vidéo *échauffement des doigts* (*cf.* Partie III) – Vidéos lettres L/M (*Manuel numérique*) – Outils de différenciation en usage, en fonction des besoins (*cf.* Partie III) – Tableau d'observation des élèves (*cf.* site Ressources)
Matériel élève	– Ardoise + feutre – Cahier de l'élève avec modèles d'écriture préparés par l'enseignant – Outil scripteur de l'élève

– La référence indiquée aux niveaux ☀ ★ ☾ est **totalement indépendante des groupes de lecture** (code et compréhension). En effet, la différenciation pour le geste d'écriture s'appuie sur d'autres critères comme indiqués dans la partie III.

– L'enseignant organise le premier jour un travail collectif sur la lettre isolée, puis des enchaînements de lettres et/ou mots communs à tous les élèves. Le lendemain, il propose un travail différencié selon les degrés de difficultés indiqués (unités à copier plus longues, enchaînements de lettres plus complexes, nombre de mots à copier par ligne adapté…).

– Tous les élèves doivent travailler les différents enchaînements de la lettre par la copie directe de syllabes et de mots.

JOURS 1, 2

		Exemples*
☀ ★ ☾	Lettre isolée	l
	Enchaînement de lettres	il le ile lui ol
	Rupture dans le geste : levé de crayon	la lo
	Enchaînement de deux boucles + levé de crayon Enchaînement de deux boucles : attention aux déformations lors de l'enchaînement	allo
★ ☾	Courte phrase (espacement entre les mots)	Il a lu.

JOURS 3, 4

☀ ★ ☾	Lettre isolée	m
	Enchaînement de lettres : syllabes – mots (sans déterminant)	me / um / ami / mie / mule
	Liaison horizontale	om
	Rupture dans le geste : levé de crayon	ma mamie / le lama
★ ☾	Courte phrase (espacement entre les mots)	Il a mal.

* Exemples au choix : proposer au moins les éléments surlignés.

La lettre l

– Elle est constituée d'une grande boucle qui monte jusqu'au troisième interligne.

– Au niveau du mouvement, le poignet ne bouge pas. Les doigts s'étirent légèrement et se replient. C'est le pouce qui guide ce mouvement.

Point de difficulté : attirer l'attention de l'élève sur la partie descendante de la grande boucle : elle est rectiligne. Cette lettre amène les élèves à devoir gérer des niveaux d'interlignes.

Remarque : le point sur le i ou les accents se font une fois que le mot est terminé pour éviter d'arrêter le geste. Ceci doit retenir l'attention de l'enseignant. Il sera sans doute nécessaire de le rappeler régulièrement aux élèves.

La lettre m

– C'est une lettre à ponts. Il convient de la tracer d'un seul geste sans lever le crayon à chaque arc. La partie descendante de chaque pont doit suivre un trait bien droit.

Point de difficulté : attirer l'attention de l'élève sur l'enchaînement des ponts. Lui indiquer de remonter le long du trait rectiligne du pont qu'il vient de terminer pour enchaîner le suivant. Être vigilant sur ce point. En effet, certains élèves ont tendance à faire une boucle lors de l'enchaînement des arcs ou à espacer les ponts.[7]

Exercices complémentaires

cf. site Ressources.

6. Copie

Modalités

JOURS 1, 2 – Par groupe de besoins ☀ ★ ☾ avec l'enseignant, en rotation avec des activités en autonomie.

Matériel enseignant

Manuel de code p. 19

Matériel élève

– Cahier du jour pour le travail avec l'enseignant

– *Fiche d'exercices de code* ☀ ★ ou ☾ pour le travail en autonomie

JOUR 1	JOUR 2
Manuel : exercice 1	*Fiche d'exercice en autonomie* : exercice 1

Exercice 1 • manuel, p. 19

– Copie sur le cahier du jour.

– L'enseignant est en observation des postures. Il peut continuer à renseigner la fiche d'observation, et également rectifier les postures ou tenues déficientes en direct pendant l'exercice. Pour l'instant, la copie se fait sans contraintes supplémentaires, avec le modèle proche et dans le même plan que le support de copie.

Écrit en autonomie sur les *Fiches d'exercices de code*

Consignes pour les groupes en autonomie

– Avant de prendre en charge le premier groupe guidé, l'enseignant indique à tous les groupes l'organisation de la séance, les rotations prévues, les numéros d'exercices prévus, le matériel nécessaire (notamment pour les exercices nécessitant l'usage des tablettes), et les plans de travail éventuels pour les tiroirs d'autonomie.

– Les consignes des exercices sont reformulées par l'enseignant avant de laisser les groupes en autonomie.

7. Ressources maternelle, graphisme et écriture – l'écriture à l'école maternelle : la forme des lettres.

7. Production d'écrit

Modalités	**JOUR 3** – Par groupe de besoins ☀ ★ ☾ avec l'enseignant, en rotation avec des activités en autonomie
Durée	**Matin :** ☀ 20 min ★ 10 min ☾ 10 min **Après-midi :** ☀ 30 min ★ 20 min ☾ 20 min
Matériel enseignant	– *Manuel de code* p. 21 – Un panier
Matériel élève	– *Manuel de code* – *Fiche d'exercices de code* ☀ ★ ou ☾ ou bandes de papier

Exercices 10 et 11 • manuel, p. 21

Objectif : développer la capacité à encoder des mots simples.

MATIN

Préparation à l'écriture

1. Introduire la séance

– Présenter la situation et expliciter l'objectif.

Consigne : Aujourd'hui, nous allons nous entraîner à écrire des mots qui contiennent la lettre m. C'est vous qui choisirez les mots à écrire. Nous allons devoir choisir les bonnes lettres pour écrire les mots, pour qu'ils puissent être lus.

– Proposer une situation motivante (enrôlement des élèves dans la tâche) : Je veux remplir mon panier avec des mots qui contiennent la lettre m.

– Mettre en scène la situation en apportant un panier.

2. Chercher des mots qui pourraient répondre à la consigne

Consigne : Pour l'instant, mon panier est vide. Quels mots pourrait-on mettre dans ce panier ?

– Recueillir les propositions des élèves, valider collectivement les mots proposés correspondant au critère (le son [m] écrit avec la lettre m).

– Noter sur une feuille les propositions des élèves (trace pour se souvenir) et l'expliciter aux élèves.

3. Encoder

– Choisir un mot exemple : un mot simple avec les graphèmes étudiés. Exemple : lama.

– Encoder collectivement le mot et expliciter la stratégie « découpage de la chaîne orale » (*J'écris avec mes oreilles, ce que j'entends*).

Consigne : Nous allons écrire le premier mot du panier ensemble.

– Afficher l'image au tableau.

– Faire nommer l'animal : C'est un lama.

– Annoncer la tâche : Maintenant nous allons écrire *lama*. Pour écrire *lama*, nous allons bien écouter les sons du mot et choisir les lettres qui correspondent aux sons.

– Compter les syllabes la-ma collectivement et frapper les syllabes : Dans *lama*, il y a 2 syllabes.

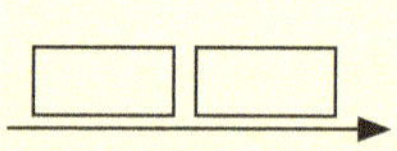

– Matérialiser au tableau le codage ci-contre (outil d'étayage) :
  - 1 trait pour représenter le mot à écrire (la flèche donne le sens de l'écriture).
  - une boîte par syllabe.

– Répéter le mot en montrant le codage des syllabes.

– Encoder « la » : Nous allons d'abord écrire « la ».

Les élèves écrivent sur leur ardoise (ici, on n'attend pas des élèves qu'ils écrivent en cursive, ils peuvent écrire en capitales). Le recours à des lettres mobiles est également possible.

– Répéter (et faire répéter par les élèves) la syllabe à encoder, pour aider les élèves à identifier les phonèmes et y faire correspondre les graphèmes. Pour un élève qui fait des erreurs d'encodage, oraliser ce qu'il a écrit sur son ardoise.

	– En collectif, demander à un élève ce qu'il a écrit (cibler un élève dont l'encodage est juste) et comment il a fait. – Reformuler : *lama*, j'entends le son [l], j'écris la lettre L, j'entends le son [a], j'écris la lettre A. L'enseignant doit explicitement faire la distinction entre le phonème entendu et le graphème encodé. – Recommencer pour l'encodage de « ma ». – Faire lire le mot. – Écrire **lama** sur une bande de papier, la montrer aux élèves et la mettre dans le panier. – Faire reformuler la procédure par les élèves.
APRÈS-MIDI	**Mise en texte et révision**
4. Encodage en individuel, à l'écrit	**Consigne :** C'est à votre tour d'écrire des mots à mettre dans le panier. Choisissez votre mot, puis écrivez-le au crayon à papier sur une bande de papier. Avant de mettre votre mot dans le panier, je vérifie avec vous ce que vous avez écrit. – Avant de lancer les élèves dans cette tâche, faire un rappel des mots trouvés collectivement : les élèves peuvent choisir parmi ces mots ou bien choisir d'autres mots. Le mot encodé collectivement est réécrit au tableau. – Ils peuvent choisir des mots contenant des CGP non encore travaillées en classe : soit l'élève en connaît d'autres, soit l'enseignant apporte les CGP nécessaires ou fait référence à un mot connu de l'élève qui lui permettra d'écrire par analogie. **Organisation et modalités de groupement :** – Organiser un feed-back auprès des élèves qui ont travaillé en autonomie (*cf.* méthode VIP, partie II). – Demander à l'élève le mot qu'il voulait écrire. L'élève lit le ou les mots qu'il a encodés. L'enseignant peut aider à oraliser ce qui a été écrit par l'élève. Il l'aide à corriger les erreurs de CGP. – Si le mot comporte des lettres muettes ou autres particularités liées à l'orthographe, les expliciter en précisant que pour écrire les mots en français, on ne peut pas toujours écrire « avec ses oreilles » (le français, ne fonctionnant pas sur une simple correspondance phonie/graphie).
5. Bilan : ce qu'on a fait, comment on a réussi (procédures, et aides)	– Organiser, réguler les échanges, synthétiser et reformuler. – Réaliser une trace écrite collective qui sera complétée au fur et à mesure des séances.
Prolongement	Le panier doit rester à disposition des élèves pour leur laisser la possibilité de lire, relire leurs écrits. S'il y a une autre classe de CP dans l'école, un échange des paniers peut être organisé. Les écrits sont ainsi partagés avec d'autres lecteurs.

8. Compréhension : *Avanceras-tu, cochon têtu ?* – 2e partie

Modalités	**Tous les jours**. Classe entière avec moments de mise en groupes ou binômes.
Durée	7 séances de 20 min sur deux semaines.
Matériel	– Texte de l'histoire (*cf.* Partie V) – Carte mentale à compléter (*cf.* semaine 1) – Moyen d'enregistrement : smartphone ou autre
Matériel élève	– *Mon carnet d'apprenti lecteur* – Décor du lieu (*cf.* site Ressources) et figurines

JOUR 1 SÉANCE 4

Lire les épisodes 1 et 2 (*cf.* semaine 1)

Objectif : comprendre les états mentaux du cochon.

– Faire raconter l'histoire par les élèves en collectif et en appui sur la carte mentale.
– Questionner les élèves sur les états mentaux du petit cochon :
Que ressent-il quand la fermière appelle le bâton ? A-t-il peur ? de quoi ?

Tableau des états mentaux du cochon :

Intentions	Échapper à la vente, gagner du temps, ruser.
Émotions	– Peur de mourir, peur des intentions de la fermière, impuissance. – Le cochon partage cette émotion avec tous les personnages secondaires qui ont peur de quelqu'un.

– Résoudre des inférences du récit (mêmes modalités de travail qu'en séance 2). Les élèves vont devoir en effet faire appel à leur faculté d'empathie et donc à leurs connaissances affectives personnelles pour se mettre dans le cœur et la tête des personnages afin de répondre à la question.
– Compléter la carte mentale

JOUR 2 SÉANCE 5

Objectif : identifier la structure répétitive de l'histoire pour mieux la comprendre.

1. Étudier les épisodes 3, 4, 5 (*cf.* semaine 1)

– Lire les épisodes 3, 4, 5 (*cf.* semaine 1) de façon à bien mettre en avant la structure répétitive et en laissant les élèves intervenir pour compléter son énoncé (effet ritournelle). Expliciter la structure répétitive aux élèves.

2. Faire jouer

– Faire jouer les 3 épisodes par un groupe d'élèves volontaires devant la classe. Plusieurs groupes peuvent se succéder en fonction du temps disponible. Certains élèves vont en effet vouloir venir jouer car ils seront rassurés par la prestation de leurs camarades. La sécurisation affective des élèves doit être une priorité dans ce genre de tâche.
– Faire jouer l'histoire **en entier** par des élèves volontaires, en appui sur la carte mentale, ou une maquette représentant les lieux et des figurines.
– Compléter la carte mentale

JOUR 3 SÉANCE 6

Réaliser l'activité de compréhension sur *Mon carnet d'apprenti lecteur* p. 9

Objectif : comprendre les personnages.
En autonomie : Le groupe travaille tout seul.
En petit groupe : prendre en charge les deux autres groupes.
Activité 2. Lire la consigne à tous. C'est la première fois que le picto est rencontré. Indiquer aux élèves qu'il faut utiliser sa mémoire du texte ou des indices de celui-ci pour pouvoir réaliser l'activité. **Rajouter le picto dans l'affiche de la classe : affiche des pictos stratégies.**

Pour répondre à la question, mais surtout pour justifier et argumenter leur réponse, les élèves doivent interpréter les situations en faisant appel à leurs connaissances personnelles et en rétablissant le lien de causalité. Exemple : *c'est la fermière qui ordonne au feu de brûler le bâton car elle est en colère contre le bâton. Il n'a pas frappé le cochon.*

JOUR 4 SÉANCE 7

1. Rappeler le récit en ajoutant les épisodes 6 et 7

Réaliser une narration de l'histoire en ajoutant les deux derniers épisodes. Le préciser aux élèves.

2. Rappeler le récit : la chasse aux écarts

Objectif : manifester une représentation mentale aboutie de l'histoire.
– Enregistrer une des productions des élèves.
– Écouter la production en grand groupe et chasser les écarts, comme en séance 3.

3. Bilan de la séquence en appui sur la carte mentale et l'affiche des stratégies

Revenir avec les élèves sur la conclusion suivante : comprendre une histoire, c'est
– retenir les étapes principales,
– résoudre des inférences,
– connaître les pensées et les émotions des personnages.

Période 1 • Semaine 3

1. Proposition d'emploi du temps (*cf.* Semaine 2)

2. Code : graphèmes r et f

Modalités	**JOUR 1** – Oral – Classe entière – 40 min
Matériel	– *Manuel de code* p. 22 – Vidéos du manuel de code à vidéoprojeter – Cartes graphèmes **l m r f a u i o é** (*cf.* site Ressources)

Étape 1	– Faire entendre l'un après l'autre le son prononcé pour chaque graphème tout en visionnant la capsule vidéo. Commenter la position de la bouche, de la langue, le passage du souffle. – Bien expliquer aux élèves que pour la prononciation du r, le son se fait par vibration de l'air au niveau de la gorge, non projeté vers l'avant, et le passage au **f** s'opère par arrêt de mobilisation de la gorge, et propulsion de l'air entre les lèvres, avec un léger resserrement des lèvres éventuellement. – Le faire exercer et expérimenter par les élèves par enchaînements alternés de l'un à l'autre dans le même souffle.
Étape 2	Faire prononcer le **vire-langue** du jour. Le faire répéter plusieurs fois, à vitesse variable : « Le rat de Marie file à toute allure dans son armure sans une éraflure ».
Étape 3	– Activité avec les cartes graphèmes (*cf.* partie III). – Faire lire les syllabes (*Manuel*, p. 22).
Étape 4	Faire lire les **mots outils** (*cf.* semaine 2).

3. Activités d'encodage/décodage

Modalités	**JOURS 2, 3 et 4** – Par groupe de besoins, ☀ ★ ☾, en rotation : – Oral avec l'enseignant à partir du *Manuel* – Écrit en autonomie sur les *Fiches d'exercices*. 40 min
Matériel enseignant	*Manuel de code* p. 23 à 25
Matériel élève	– *Manuel de code* pour le travail avec l'enseignant – Cahier du jour pour la dictée avec l'enseignant – *Fiche d'exercices de code* ☀ ★ ou ☾ pour le travail en autonomie – Tablette (ou duo d'élèves) pour le travail en autonomie

Planning

	JOUR 2	JOUR 3	JOUR 4
Ateliers guidés avec l'enseignant	*Manuel* : – lecture syllabes et mots – exercices 2, 3, 4, 5, 6	*Manuel* : – lecture mots et phrases	*Manuel* : – manipulation d'étiquettes phrases – exercices 7, 8, 9
Ateliers en autonomie	*Fiches* : exercices 2, 3	*Fiches* : exercices 4, 5, 6	*Fiches* : exercices 7, 8, 9

Rappel : La différenciation s'applique dès les lectures de syllabes, de mots et de phrases. Les élèves du groupe ☀ ne liront que les syllabes mots et phrases de la ligne ☀, les élèves du groupe ★ liront les lignes ☀ et ★, et les élèves du groupe ☾ liront les lignes ☀ ★ ☾.

Lire et expliciter si besoin les consignes, sachant que les élèves les retrouveront à l'identique dans la plupart des exercices de la fiche qu'ils feront en autonomie.

Exercices 2, 3, 4, 5 • manuel, p. 23-24	*cf.* semaine 2.
Exercice 6 • manuel, p. 24	Syllabes dictées par l'enseignant sur le cahier du jour : ☀ ro – or – fu – if ★ ra – fi – for – ram – fil ☾ ar – lir – rom – mur – film
Exercice 7 • manuel, p. 24	– Les exercices où les élèves doivent retrouver une syllabe manquante sont construits avec des mots dont les parties comportent des graphèmes non acquis pour l'instant. Le but de ces exercices est que l'élève repère auditivement, en fonction de sa place dans le mot, la syllabe concernée. – Pour les élèves rencontrant des difficultés, les exercices de phonologie (*cf.* semaine 1) sont une bonne indication (jeux de substitution de syllabes, de suppression, de déplacements…).
Exercices 8 • manuel, p. 25	– Prononcer le nom d'une image. Les élèves proposent le mot qui correspond, et expliquent pourquoi ils proposent ce mot (initiales, nombre de syllabes). Dérouler plusieurs fois le corpus. – Désigner ensuite un mot et demander aux élèves de le prononcer en montrant l'image correspondante. – Extension de l'exercice : prononcer une des premières syllabes, les élèves proposent le mot complet qui correspond. Procéder de même avec les syllabes finales.
Exercice 9 • manuel, p. 25	*cf.* exercice 9, semaine 2, adapté à cour de récréation.
Manipulation d'étiquettes	*cf.* semaine 2.
Consignes pour les groupes en autonomie sur les *Fiches d'exercices de code*	*cf.* semaine 2.

4. Dictée : le quart d'heure quotidien

Modalités	Classe entière. Procédé « Lamartinière » sur ardoise.
Durée	**Tous les jours.** 15 min
Matériel enseignant	Cartes graphèmes (*cf.* site Ressources)
Matériel élève	Ardoise

Planning et textes

JOUR 1	ru – fa – or – ri – éf – ré – if
JOUR 2	fi – ro – uf – ral – fil – lum – ol
JOUR 3	rame – mur – film – lire – mare
JOUR 4	la rame de Nina – la larme de la fée

Les syllabes ou mots dictés sont répétés trois fois. Les élèves les écrivent sur l'ardoise puis montrent leur production. Repérer les élèves qui ont fait une proposition erronée. Rappeler les stratégies de combinaison des syllabes avec le principe des cartes graphèmes en faisant manipuler un élève.

5. Geste d'écriture

Modalités	Classe entière. **Tous les jours.** 20 min
Matériel enseignant	– Vidéo *échauffement des doigts* (*cf.* Partie III) – Vidéos lettres R/F (*Manuel numérique*) – Outils de différenciation en usage, en fonction des besoins (*cf.* Partie III) – Tableau d'observation des élèves (*cf.* site Ressources)
Matériel élève	– Ardoise + feutre – Cahier de l'élève avec modèles d'écriture préparés par l'enseignant – Outil scripteur de l'élève

			Exemple*
JOURS 1, 2	☀ ★ ☾	Lettre isolée	r
		Enchaînement de lettres	ar / ur / ri / re
		Liaison haute	or
		Mots	rire
		Rupture dans le geste (levé de crayon)	ra / ro
		Mot avec rupture dans le geste (levé de crayon)	rare
	★ ☾	Nom avec déterminant (espacement entre les mots)	La rue
		Courte phrase (espacement entre les mots)	Le mari rame.
JOURS 3, 4	☀ ★ ☾	Lettre isolée	f
		Enchaînement de lettres	fe / fu / if / off**
		Mots	fuir / le fil / la fumée
		Rupture dans le geste : levé de crayon	fa / fo
		Nom avec déterminant (espacement entre les mots)	la forme /la folie
		Courte phrase	Il file.
	★ ☾	Courte phrase	Marie file le fil.

* Exemples au choix : proposer au moins les éléments surlignés.
** *off* = liaison montante + enchaînement de 2 f : à réserver pour la semaine de révision.

La lettre r	Ne pas enseigner le tracé avec œilleton car les élèves ont tendance à faire une boucle trop grosse. **Point de difficulté :** le tracé de la lettre r entraîne un changement de direction et l'enchaînement de deux gestes, un trait d'attaque puis un pont.
La lettre f	Elle se compose de deux boucles (une boucle montante et une boucle descendante). **Point de difficulté :** attirer l'attention de l'élève sur la partie descendante. Celle-ci suit un trait vertical, bien droit. Cette lettre amène les élèves à devoir gérer des niveaux d'interlignes : la boucle supérieure monte jusqu'au 3e interligne, la boucle inférieure descend jusqu'au 2e interligne.
Exercices complémentaires	*cf.* site Ressources.

6. Copie

Modalités	**JOURS 1, 2** – Par groupe de besoins ☀ ★ ☾ avec l'enseignant, en rotation avec des activités en autonomie
Matériel enseignant	*Manuel de code* p. 23
Matériel élève	– Cahier du jour pour le travail avec l'enseignant – *Fiche d'exercices de code* ☀ ★ ou ☾ pour le travail en autonomie

Planning

JOUR 1	JOUR 2
Manuel : exercice 1	*Fiche d'exercice en autonomie* : exercice 1

Exercice 1 • manuel, p. 23	Les élèves copient les syllabes sur le cahier du jour. Éloigner progressivement le modèle pour forcer les élèves à mémoriser la syllabe complète avant de la reproduire. On peut aller jusqu'à placer le modèle sur un plan vertical, la reproduction se faisant sur un plan horizontal. L'objectif étant cette mise en mémoire de la syllabe avant sa reproduction.
Consignes pour les groupes en autonomie sur les *Fiches d'exercices de code*	*cf.* semaine 2.

7. Production d'écrit

Modalités	**JOUR 3** – Par groupe de besoins ☀ ★ ☾ avec l'enseignant, en rotation avec des activités en autonomie
Durée	**Matin** : ☀ 20 min ★ 10 min ☾ 10 min **Après-midi** : ☀ 30 min ★ 20 min ☾ 20 min
Matériel enseignant	– *Manuel de code* p. 25
Matériel élève	– *Manuel de code* – *Fiche d'exercices de code* ☀ ★ ou ☾ ou cahier du jour/d'écrivain – Feuilles A4 partagées en 4 (blanches puis décorées par les élèves ou feuilles de couleur)

Exercice 10 « Le mur des mots » • manuel, p. 25	**Objectif** : s'entraîner à encoder des mots simples. – La situation proposée se situe dans la continuité des apprentissages réalisés la semaine précédente. On modifie « l'habillage » de la situation : le but cette semaine est de réaliser « un mur des mots ». S'appuyer sur la séance précédente pour conduire celle-ci. – Afficher ce « mur » dans le couloir ou un espace commun de l'école ce qui donnera à voir, à lire les productions des élèves. Constituer également les corpus ressources comme décrit en semaine 2. **Lien avec les arts :** https://www.fondationdudoute.fr/1626-la-cour-du-doute.htm

8. Compréhension : *Éléphanfare* – 1re partie

Modalités	**Tous les jours.** Classe entière avec moments de mise en groupes ou binômes.
Durée	8 séances de 20 min sur deux semaines
Matériel enseignant	– Texte *Éléphanfare* (*cf.* Partie V) – Version numérique de *Mon carnet d'apprenti lecteur pour la vidéoprojection* – Affiche des pictos stratégies commencée en semaine 2 (*cf.* site Ressources) – Photographies des mots utilisés (*cf.* site Ressources)
Matériel élève	*Mon carnet d'apprenti lecteur*

JOUR 1 SÉANCE 1

1. Présenter l'objectif	**Objectif :** comprendre la signification et le mécanisme de construction des mots valises Vous allez apprendre à comprendre des mots appelés *mots valises*. Écoutez attentivement et essayez d'expliquer comment ils fonctionnent.
2. Projeter et lire le texte	Extraits : « À table » et « À la maison ».
3. Discuter en grand groupe	– Les élèves entendent des mots qu'ils reconnaissent. Ils prennent également appui sur l'illustration. Noter soigneusement les mots discriminés au tableau, bien en face du mot valise correspondant. – Laisser les élèves expliquer le mécanisme de formation : « Ce sont des bouts de mots, deux mots différents, sur le dessin on voit… ». – Faire une synthèse provisoire de leurs trouvailles. Il est intéressant à ce moment-là d'introduire le terme de *syllabes* puisque les élèves auront certainement perçu le jeu sur celles-ci.

JOUR 2 SÉANCE 2

	Objectif : savoir expliquer la formation des mots valise.
1. Introduire la séance	Revenir sur le bilan provisoire du Jour 1.
2. Présenter l'objectif du jour 2	Vous allez savoir expliquer comment on forme des mots valises.
3. Travailler sur la première de couverture	– Projeter la première de couverture de l'album (mot *éléphanfare*) au tableau. – Faire écouter le mot et faire identifier *éléphant* et *fanfare*. Tous les élèves ne vont pas savoir ce qu'est une fanfare, certains vont entendre le mot *phare*. Les aider à valider le mot entendu par recours à l'illustration de l'album puis à une photographie de fanfare.
4. Expliciter le mécanisme de composition du mot	Valider la formulation suivante : Le mot *éléphanfare* est composé du mot éléphant et du mot *fanfare*.

JOUR 3 SÉANCE 3

1. Relire le texte	**Objectif :** s'approprier le mécanisme de formation des mots valise. Extrait « À la maison ».
2. Faire reformuler	Faire reformuler le mécanisme de formation du mot par les élèves.
3. Réaliser l'activité de compréhension sur *Mon carnet d'apprenti lecteur* p. 10	**Activité 1** ♡. Les questions « cœur » invitent les élèves à faire appel à leurs préférences, leurs ressentis ou leur vécu personnel et à l'exprimer. – Écrire au tableau, à la demande, les mots choisis par les élèves pour qu'ils bénéficient d'un modèle. Cette phase de copie est précédée d'un temps d'oral où les mots préférés des élèves sont préalablement inscrits au tableau. **– Compléter l'affiche de la classe avec le picto** ♡.

JOUR 4 SÉANCE 4

1. Expliciter le mécanisme de composition des mots valise	**Objectif :** s'entraîner à expliquer la composition des mots valise (Avec d'autres mots et les affiches de ces mots-valises). – Les élèves les plus autonomes ★☾ travaillent par deux avec les affiches sans les mots (choisir des mots différents de *sparadrame*, *carapuche et artichaumière*, par exemple : *camembar*, fesselle, *courchette*, *cocholat*, *cracteur*, *restaurant*). – Prendre en charge le groupe ☀ et réaliser la même séance que le jour 2 avec le mot *carapuche*. Leur lire la définition du mot.
2. Bilan de séance en classe entière	– Les élèves autonomes explicitent la composition des mots qui leur ont été confiés ; leur lire la définition correspondante. – Un élève du groupe ☀ explique le mot *carapuche*.

Période 1 • Semaine 4

1. Proposition d'emploi du temps applicable jusqu'à la fin de la période 2

En classe entière En autonomie, individuellement ou en binômes En groupe de besoins avec l'enseignant

	Domaine	**JOUR 1**			**JOUR 2**	
		☀	★	☾	☀	★
9 h 00	Code Encodage/décodage	Découverte des graphèmes			*Manuel :* – Lecture syllabes, mots – Ex. discrimination visuelle et auditive à l'oral	*Fiche d'exercices de code :* Ex. copie
9 h 20					*Fiche d'exercices de code :* Ex. copie	*Manuel :* – Lecture syllabes, mots – Ex. discrimination visuelle et auditive à l'oral
9 h 30					*Fiche LA*	*Fiche LA*
9 h 40 10 h 55	Autres domaines	Autres domaines			Autres domaines	
10 h 55 11 h 10	Dictée *Le quart d'heure quotidien*	Dictée de syllabes (ardoise)			Dictée de syllabes et mots (ardoise)	
11 h 10 11 h 30	Geste d'écriture	Découverte de la lettre (lettre isolée, enchaînements de lettres simples)			Enchaînement de lettres, mots + frise (exercice complémentaire)	
13 h 30 13 h 50	Compréhension	Séance 1			Séance 2	
13 h 50	– Copie – Production d'écrit liée au code – Entraînement encodage/décodage	*Manuel :* Ex. copie	TA	TA	*Manuel :* Ex. dictée de syllabes ou mots	*Fiche exercices :* Ex. discrim. visuelle
14 h 20		TA	*Manuel :* Ex. copie	TA	*Fiche exercices :* Ex. discrim. visuelle	*Manuel :* Ex. dictée de syllabes ou mots
14 h 40		TA	TA	*Manuel :* Ex. copie	TA	TA
15 h 00	Autres domaines	Autres domaines			Autres domaines	
15 h 20 16 h 30						

Ex. : exercice – TA : tiroirs d'autonomie – discrim. : discrimination – Fiche exercices = *Fiche d'exercices de code* – Fiche LA = *Fiche de lecture autonome* –

	JOUR 3			JOUR 4		
☾	☀	★	☾	☀	★	☾
Fiche d'exercices de code : Ex. copie	*Manuel :* – Lecture mots, phrases – Ex. prod. d'écrit à l'oral	*Fiche exercices :* Ex. discrim. auditive	*Fiche exercices :* Ex. discrim. auditive	*Manuel :* – Manip étiquettes phrases et texte *Lisons ensemble !* – Ex. EDL à l'oral	*Fiche exercices :* Ex. encodage/ décodage	*Fiche exercices :* Ex. encodage/ décodage
Fiche LA	*Fiche exercices :* Ex. discrim. auditive	*Manuel :* – Lecture mots, phrases – Ex. prod. d'écrit à l'oral	*Fiche LA*	*Fiche exercices :* Ex. encodage/ décodage	*Manuel :* – Manip étiquettes phrases et texte *Lisons ensemble !* – Ex. EDL à l'oral	*Fiche LA ou TA*
Manuel : – Lecture syllabes, mots – Ex. discrimination visuelle et auditive à l'oral	*Fiche LA*	*Fiche LA*	*Manuel :* – Lecture mots, phrases – Ex. prod. d'écrit à l'oral	*Fiche LA ou TA*	*Fiche LA ou TA*	*Manuel :* – Manip étiquettes phrases et texte *Lisons ensemble !* – Ex. EDL à l'oral
	Autres domaines			Autres domaines		
	Dictée de mots (ardoise)			Dictée de phrases		
	Découverte de la lettre (lettre isolée, enchaînements de lettres simples)			Enchaînement de lettres, mots + frise (exercice complémentaire)		
	Séance 3			Séance 4		
Fiche exercices : Ex. discrim. visuelle	*Fiche exercices :* Ex. prod. d'écrit	*Fiche exercices :* Ex. dictée syllabes ou mots	*Fiche exercices :* Ex. dictée syllabes ou mots	*Manuel :* Ex. encodage/ décodage	*Fiche exercices :* Ex. EDL	*Fiche exercices :* Ex. EDL
TA	*Fiche exercices :* Ex. dictée syllabes ou mots	*Fiche exercices :* Ex. prod. d'écrit	TA	*Fiche exercices :* Ex. EDL	*Manuel :* Ex. encodage/ décodage	TA
Manuel : Ex. dictée de syllabes ou mots	TA	TA	*Fiche exercices :* Ex. prod. d'écrit	TA	TA	*Manuel :* Ex. encodage/ décodage
	Autres domaines			*Fiche de lecture autonome :* Bilan du texte et des questions de la semaine		
				Autres domaines		

rod. d'écrit = *production d'écrit*

2. Code : graphèmes j et ou

Modalités	**JOUR 1** Oral – Classe entière – 40 min
Matériel	– *Manuel de code* p. 26 – Vidéos du *Manuel de code* à vidéoprojeter – Cartes graphèmes **j ou a u i o é** (*cf.* site Ressources)
Étape 1	– Faire entendre l'un après l'autre le son prononcé pour chaque graphème tout en visionnant la vidéo. Commenter la position de la bouche, de la langue, le passage du souffle. – Bien expliquer aux élèves que, pour **j** et **ou**, (ces deux phonèmes se combinant dans beaucoup de mots), le passage de l'un à l'autre se fait par abaissement de la langue en l'incurvant en forme concave en arrondissant les lèvres. Le faire exercer et expérimenter par les élèves par enchaînements alternés de l'un à l'autre dans le même souffle.
Étape 2	Faire prononcer le **vire-langue** du jour. Le faire répéter plusieurs fois, à vitesse variable : « Tous les jours, Juju joue au javelot sous une roue ».
Étape 3	– Activité avec les cartes graphèmes (*cf.* partie III). – Faire lire les syllabes (*cf. Manuel*).
Étape 4	– *Cf.* semaine 2. – Procéder ensuite à la lecture découverte du texte autonome. Énoncer la narration introductive et procéder à une lecture du texte.

3. Activités d'encodage/décodage

Modalités	**JOURS 2, 3 et 4** – Par groupe de besoins ✹ ★ ☾, en rotation : – Oral avec l'enseignant à partir du *Manuel*. – Écrit en autonomie sur les *Fiches d'exercices*. 40 min
Matériel enseignant	*Manuel de code* p. 26 à 29
Matériel élève	– *Manuel de code* pour le travail avec l'enseignant – Cahier du jour pour la dictée avec l'enseignant – *Fiche d'exercices de code* ✹, ★ ou ☾ pour le travail en autonomie – Tablette (ou duos d'élèves) pour le travail en autonomie

Planning

	JOUR 2	JOUR 3	JOUR 4
Ateliers guidés avec l'enseignant	*Manuel :* – lecture syllabes et mots – exercices 2, 3, 4, 5, 6	*Manuel :* – lecture mots et phrases	*Manuel :* – texte *Lisons Ensemble !* – exercices 7, 9
Ateliers en autonomie	*Fiches* : exercices 2, 3	*Fiches* : exercices 4, 5, 6	*Fiches* : exercices 7, 9

Exercices 2, 3 • manuel, p. 27	Exercices de discrimination visuelle. L'enseignant fait passer tous les élèves du groupe sur ces exercices, ce qui lui permet d'identifier les difficultés dans ce domaine et de pouvoir les traiter en remédiation hors séances communes.
Exercices 4, 5 • manuel, p. 27	Exercices de discrimination auditive. L'enseignant oralise les mots correspondant aux images en détachant bien les syllabes orales pour aider les élèves à identifier la syllabe contenant le son cible, surtout avec le groupe ✹.
Exercice 6 • manuel, p. 28	Syllabes dictées par l'enseignant sur le cahier du jour : ✹ ja – ju – fou – mou ★ oj – jé – fou – mou – jour ☾ ji – jar – oul – foul – jim – mouf

Exercice 7 • manuel, p. 28	Il s'agit de nommer les éléments de la scène de marché dont le nom comporte l'un des deux graphèmes de la semaine. Ces mots viennent compléter le répertoire de mots remobilisés lorsque les élèves sont en autonomie. Ils peuvent alimenter également les tiroirs d'autonomie.
Exercice 9 • manuel, p. 29	C'est le premier exercice d'**EDL** proposé. Il s'agit d'identifier et de caractériser le concept de phrase. On peut débuter la séance à partir d'un album (ou tout support écrit), où l'on fait observer aux élèves les signes qui marquent le début et la fin des phrases à l'écrit, sachant que la phrase est surtout caractérisée par une unité de sens. Les manipulations qui auront lieu autour de ce concept visent à faire percevoir aux élèves ces trois « marqueurs » du concept (majuscule initiale, unité de sens, point final : . ? !).
Consignes pour les groupes en autonomie sur les *Fiches d'exercices de code*	*Cf.* semaine 2.

4. Dictée : le quart d'heure quotidien

Modalités	Classe entière. Procédé « Lamartinière » sur ardoise.
Durée	**Tous les jours.** 15 min
Matériel enseignant	Cartes graphèmes (*cf.* site Ressources)
Matériel élève	Ardoise

Planning et textes

JOUR 1 ja – rou – ij – ju – fou – aj – lou

JOUR 2 jé – mou – ouf – roul – jom – loum – flou

JOUR 3 jour – joli – miaou – four – fourmi – roulé

JOUR 4 Chouchou a une roue. Julie est une amie de Nina.

– Les syllabes ou mots dictés sont répétés trois fois. Les élèves les écrivent sur l'ardoise puis montrent leur production. Repérer les élèves qui ont fait une proposition erronée : leur rappeler les stratégies de combinaison des syllabes avec le principe des cartes graphèmes, leur faire manipuler les cartes.

– Pour la dernière phrase, commencer à faire remarquer la marque du féminin à *amie*. Appuyer sur *un ami* et *une amie* (*un* et *une* étant les mots-outils de la semaine, cela permettra également de les caractériser).

5. Geste d'écriture

Modalités	Classe entière. **Tous les jours.** 20 min
Matériel enseignant	– Vidéo échauffement des doigts (*cf.* S1 et vidéo lettre J) – Outils de différenciation en usage, en fonction des besoins (*cf.* Partie III) – Tableau d'observation des élèves (*cf.* site Ressources)
Matériel élève	– Ardoise + feutre – Cahier de l'élève avec modèles d'écriture préparés par l'enseignant – Outil scripteur de l'élève

JOURS 1, 2

		Exemples*
☀	Lettre isolée	j
	Enchaînement de lettres	aj / oj** / ju
★	Mot court	je
☾	Syllabes avec rupture dans le geste (levé de crayon)	ja / jo
	Mot avec rupture du geste	jolie

JOURS 3, 4

☀	Enchaînement de lettres (liaison horizontale)	ou
★	Mots avec rupture du geste	la roue / fou / la joue / la fourmi / le four
☾	Courte phrase	Julie joue.
★☾	Courte phrase	La jolie fée joue.

* Exemples au choix : proposer au moins les éléments surlignés.
** Liaison horizontale.

La lettre j

C'est une lettre à boucle descendante. Elle commence par un trait d'attaque et finit par un jambage bouclé.

Point de difficulté : attirer l'attention de l'élève sur la partie descendante. Celle-ci suit un trait vertical, bien droit. Cette lettre amène les élèves à devoir gérer des niveaux d'interlignes. Le jambage bouclé descend jusqu'au deuxième interligne.

Exercices complémentaires

cf. site Ressources.

6. Copie

Modalités

JOURS 1, 2 – Par groupe de besoins ☀ ★ ☾ avec l'enseignant, en rotation avec des activités en autonomie

Matériel enseignant

Manuel de code p. 27

Matériel élève

Cahier du jour pour le travail avec l'enseignant
Fiche d'exercices de code ☀, ★ ou ☾ pour le travail en autonomie

JOUR 1	JOUR 2
Manuel avec l'enseignant : exercice 1	*Fiche d'exercices* en autonomie : exercice 1

Exercice 1 • manuel, p. 27

– Faire copier les syllabes sur le cahier du jour.
– Éloigner progressivement le modèle pour forcer les élèves à mémoriser la syllabe complète avant de la reproduire. On peut aller jusqu'à placer le modèle sur un plan vertical, la reproduction se faisant sur un plan horizontal. L'objectif étant cette mise en mémoire de la syllabe avant sa reproduction.

Consignes pour les groupes en autonomie sur les *Fiches d'exercices de code*

cf. semaine 2.

7. Production d'écrit

Modalités

JOUR 3 – Par groupe de besoins ☀ ★ ☾ avec l'enseignant, en rotation avec des activités en autonomie

Durée

Matin : ☀ 20 min ★ 10 min ☾ 10 min
Après-midi : ☀ 30 min ★ 20 min ☾ 20 min

Matériel enseignant

– *Manuel de code* p. 29
– Fiche d'identité « Exemple » (*cf.* site Ressources)

Matériel élève

– Fiche Ressources 1 (*cf.* site Ressources)
– Fiche d'identité vierge à compléter (*cf.* site Ressources)
– *Fiche d'exercices de code* ☀, ★ ou ☾ ou cahier du jour/d'écrivain
– Planches d'images d'animaux à découper (*cf.* site Ressources)

Exercice 8 • manuel, p. 29

Qu'est-ce qu'un mot valise ? C'est un mot inventé par association de deux autres mots, soit en supprimant une syllabe, soit en combinant des mots dont une syllabe est commune. Veillez ici à tisser le lien entre cette séance et celles d'*Éléphanfare*.

But : créer un bestiaire imaginaire composé de chimères (créatures imaginaires).

Objectifs d'apprentissage :
– apprendre à encoder des mots simples,
– compléter une phrase (approche de la structure syntaxique),
– diversifier les stratégies pour écrire et encoder des mots simples.

Proposition de lien avec les arts : les chimères
En amont de la séance d'écriture, présenter des chimères issues des œuvres d'arts, par exemple : La Chimère (Plat à figures rouges, Apulie, v. 350-340 av. J.-C.) ; La Chimère d'Arezzo (statue, 1553) ; la fontaine Saint-Michel (H.-A. Jacquemart, Paris, 1860) ; la statue de la Tarasque (Tarascon) ; des chimères issues des cultures anciennes : le griffon (Martin Schongauer, The Griffin, c. 1480/1490.), le minotaure, l'hydre, le basilic, le cocatrix. Les élèves les observent, les décrivent, expriment leurs ressentis face à ces créatures imaginaires. Amener les élèves à créer, à l'oral, le nom de ces créatures fantastiques sur le principe des mots valises. Il s'agit de familiariser les élèves avec ce type de jeu de mots.

MATIN	**Préparation à l'écriture**
1. Introduire la séance	Présenter la situation et expliciter l'objectif : Vous allez inventer, vous aussi, des animaux imaginaires et créer leur fiche d'identité.
2. Montrer et expliquer un exemple	– Projeter la fiche d'identité « Exemple » contenant le nom de la créature, son dessin et sa définition : « Le rama. C'est un animal qui a une tête de rat et 4 pattes ». – À partir de l'image, les élèves décrivent la chimère et lisent son nom. Ils expliquent comment ce mot a été inventé (à partir de *rat* et de *lama*). – Faire identifier les parties qui caractérisent la fiche d'identité à produire : un titre, une illustration et une définition. – Demander aux élèves d'expliquer comment écrire « rama » : ➜ stratégie = recours à la **voie indirecte** (*J'écris avec mes oreilles, ce que j'entends*). – Puis demander aux élèves comment écrire les mots de la définition : ➜ stratégie = **voie directe et répertoire lexical** (utilisation de la Fiche Ressources 1 pour les mots dont on ne connaît pas les lettres et l'orthographe). – Organiser, réguler les échanges, synthétiser et reformuler.
APRÈS-MIDI	**Mise en texte et révision**
3. Créer sa chimère et compléter sa fiche d'identité	– À l'aide de la planche images (*cf.* site Ressources), les élèves découpent des animaux, créent et collent leur propre créature imaginaire sur leur fiche d'identité. Ils peuvent également dessiner d'autres parties d'animaux de leur choix. – Puis ils encodent le nom de la créature inventée et complètent la définition selon la phrase suivante : « C'est un animal qui a ...». Pour cela, mettre la **Fiche Ressource 1** à disposition des élèves. Elle constitue un outil de référence pour aider les élèves à écrire des mots qui ne peuvent pas être encodés par la voie indirecte ou dont la forme orthographique n'a pas encore été mémorisée par les élèves. ➜ L'élève peut donc mobiliser 4 stratégies : soit la **voie indirecte** (*J'écris les sons que l'entends*), soit la **voie directe** (il a recours à des mots dont il a mémorisé la forme orthographique), soit l'utilisation de **l'outil de référence (la Fiche Ressource)** soit en utilisant **l'analogie** (comme expliqué en semaine 2, Production d'écrit). – C'est le rôle de l'enseignant d'accompagner le choix de façon explicite pour les élèves. Pour certains, le recours à la dictée à l'adulte est possible.
4. Faire le bilan	– Expliquer ce que l'on a fait, comment on a réussi (procédures et aides). – Organiser, réguler les échanges, synthétiser et reformuler. Faire finaliser la trace écrite de chaque élève.
5. Collecter les productions et les regrouper pour constituer un bestiaire imaginaire	– Mettre ce recueil à disposition des élèves au coin bibliothèque pour être lu et relu. Le faire circuler dans les familles où les élèves pourront le présenter, le lire et l'expliquer. L'échanger avec une autre classe de CP ou le présenter aux élèves de GS qui pourront faire un retour sur leur impression de lecture.

8. Compréhension : *Éléphanfare* – 2e partie

Modalités	**Tous les jours.** Classe entière avec moments de mise en groupes ou binômes.
Durée	8 séances de 20 min sur deux semaines
Matériel enseignant	– Texte *Éléphanfare (cf.* Partie V) – Version numérique de *Mon carnet d'apprenti lecteur* pour la vidéoprojection – Affiche des pictos stratégies (*cf.* site Ressources) – Photographies des mots utilisés (*cf.* site Ressources) – Affiches des mots valises
Matériel élève	*Mon carnet d'apprenti lecteur*

JOUR 1 SÉANCE 5

Expliciter la composition des mots valise	**Objectif :** s'entraîner à expliquer la composition du mot valise. Travail en autonomie pour les groupes ★ ☾ sur plusieurs autres mots choisis par l'enseignant. Les élèves ✺ travaillent avec le mot *sparadrame.*

JOUR 2 SÉANCE 6

Travailler en deux groupes simultanément	**Objectifs :** – comprendre le mécanisme de formation du mot valise en écrivant, – associer un mot valise à sa définition. Deux groupes sont constitués et l'enseignant passe de l'un à l'autre (demi classe). **Atelier 1 : production de mots valises** (1er groupe) Donner une illustration de l'album, **sans le texte**, et demander aux élèves de produire un mot valise. Attention, ce ne sera peut-être pas le même que celui de l'auteur du texte. Fournir les affiches comme étayage de la tâche. **Atelier 2 : jeu des devinettes** (2e groupe) Lire une définition (une nouvelle ou une déjà vue). Les élèves cherchent à deux le mot valise correspondant. Faire valider des indices par repérage (surligner au TBI ou entourer au feutre sur le tableau) sur le texte de la définition. Bien insister et verbaliser sur cette stratégie. À répéter trois fois. Pendant la phase de recherche, maintenir le premier groupe en autonomie sur la production des mots. La production peut être simplement orale. Si elle est écrite, aider à l'encodage.

JOUR 3 SÉANCE 7

Suite de la séance 6 en 2 groupes	**Objectifs :** – comprendre le mécanisme de formation du mot valise en écrivant, – associer un mot valise à sa définition. Les élèves travaillent sur l'atelier qu'ils n'ont pas exploré la veille.

JOUR 4 SÉANCE 8

Réaliser l'activité de compréhension sur *Mon carnet d'apprenti lecteur* p. 11	**Objectif :** associer des mots valise à leur définition. **Activité 2** ✺ Il s'agit de faire des inférences en se référant à des connaissances externes contextuelles (contexte de chaque définition). – Projeter l'exercice. Lire la consigne à tous. – Lire l'exercice par colonnes : - colonne 1 : lire ou faire lire le mot valise. - colonne 2 : lire la première définition et laisser le temps aux élèves de relier. – Même chose pour les définitions suivantes. – À noter : les élèves ✺ ont déjà été sollicités sur deux des trois mots.
Bilan	Rappeler le mécanisme de formation et valoriser les mots valises découverts en ateliers par un affichage dans la classe.

9. Lecture autonome

À compter de cette semaine, et pour tout le reste de l'année, un texte de lecture figure sur la dernière page de chaque leçon du *Manuel*. Il est associé au travail à effectuer sur les *Fiches de lecture autonome*. Des propositions de mise en œuvre sont décrites dans la partie III.

> Nous soulignons que le **pourcentage de part déchiffrable** d'un texte (indiqué plus bas) prend en compte :
> – Les graphèmes étudiés selon la progression du manuel,
> – Les mots qui ont été mémorisés dans leur forme orthographique (mots outils, noms des personnages…) selon la progression du manuel.
>
> Plus cette part déchiffrable est proche du 100 %, moins il y a aura de mots ou graphèmes qui n'ont pas encore été étudiés.

À noter : Dans les *Fiches*, une typographie particulière est utilisée pour aider les élèves :
– Certains mots outils sont identifiables par un surlignage ;
– Les lettres muettes sont identifiées en gris clair ;
– Le ou les graphèmes de la semaine sont en caractère gras.

Modalités	Travail individuel, en autonomie. Bilan en classe entière
Durée	**JOUR 1 :** 2 ou 3 min en fin de séance de découverte des graphèmes (matin) **JOURS 2, 3 :** 2 séances de 10 min. **JOUR 4 :** 1 séance guidée manipulation étiquettes de 10 min + 1 séance autonomie/questions de 10 min + 1 séance bilan de 20 min
Matériel élève	– *Fiche de lecture autonome* ☼, ★ ou ☾ – Fiche autocorrective

Planning

	JOUR 1	JOUR 2	JOUR 3	JOUR 4
Groupe classe	Narration de l'enseignant et lecture du titre			Bilan
Ateliers en autonomie		Lecture	Lecture et activités	Lecture et activités / autocorrection
Ateliers guidés avec l'enseignant				Manipulation d'étiquettes sur le texte de lecture autonome pour travail sur l'ordre et la chronologie

Narration de l'enseignant pour présenter les personnages

Nous proposons de présenter le texte de lecture par une narration introductive. Celle-ci est donnée aux élèves lors de la présentation du travail de la semaine. Elle a pour but d'introduire le texte et de pouvoir travailler avec les élèves ce qui relève de la projection dans l'histoire, de l'émission d'hypothèses.

Noé et Nina sont frère et sœur. Ils viennent d'entrer au CP. Ils sont dans la classe de la maîtresse Aurélie. Dans la cour de récréation, Noé remarque un nouveau camarade un peu solitaire. Avec Nina, ils décident d'aller à sa rencontre. Ils sympathisent avec ce petit ours très rigolo. Il se prénomme Chouchou. Désormais, Chouchou ne sera plus tout seul à la récréation et les trois nouveaux amis joueront ensemble.

Caractéristiques des textes par groupe de besoins

	Nombre de mots	%	3 amis
☀	11	82 %	*Cf. Fiche de lecture autonome* p. 9
★	18	88 %	*Cf. Fiche de lecture autonome* p. 10 et *Manuel* p. 29
☾	30	79 %	*Cf. Fiche de lecture autonome* p. 11

Compétences travaillées (stratégies de compréhension *cf.* partie III)

	Activité 1	Activité 2	Activité 3
☀	Identifier les personnages.		
★		Établir des liens avec ses connaissances personnelles.	
☾		Manifester sa compréhension de l'histoire : choisir le bon résumé.	Établir des liens cohérents avec ses connaissances personnelles.

Bilan du JOUR 4

– Demander aux élèves de restituer l'histoire en identifiant particulièrement les personnages et en veillant à la compréhension globale de la situation (activité 2 fiche ☾).
– Lire le texte à voix haute aux élèves.
– Traiter collectivement l' activité 3 de la fiche ☾ (faire le lien avec leur expérience de ce type de jeu de mime).

Période 1 • Semaine 5

1. Proposition d'emploi du temps (*cf.* Semaine 4)

2. Code : graphèmes e et eu

Modalités JOUR 1 – Oral – Classe entière – 40 min

Matériel

– *Manuel de code* p. 30
– Vidéos du manuel de code à vidéoprojeter
– Cartes graphèmes l m r f j e eu ou a u i o é (*cf.* site Ressources)

Étape 1

– Faire entendre l'un après l'autre le son prononcé pour chaque graphème tout en visionnant la capsule vidéo. Commenter la position de la bouche, de la langue, le passage du souffle.
– Bien expliquer aux élèves que **les deux sons e et eu** sont très proches. On obtient le passage du premier au second par une légère contraction de tous les muscles périphériques de la cavité buccale, passage d'un « e » ouvert à un « e » fermé. Le faire exercer et expérimenter par les élèves par enchaînements alternés de l'un à l'autre dans le même souffle. On peut également aller jusqu'au « u » comme présenté dans la vidéo.

Étape 2

Faire prononcer le vire-langue du jour. Le faire répéter plusieurs fois, à vitesse variable : « Je veux deux nœuds pour attacher les cheveux du clown joyeux ».

Étape 3	– Activité avec les cartes graphèmes (*cf.* partie III). – Faire lire les syllabes (*cf. Manuel*, p. 30).
Étape 4	Faire lire les **mots outils** (*cf.* semaine 2).

3. Activités d'encodage/décodage

Modalités	**JOURS 2, 3 et 4** – Par groupe de besoins, ☀ ★ ☾, en rotation : – Oral avec l'enseignant à partir du *Manuel* – Écrit en autonomie sur les *Fiches d'exercices*. 40 min
Matériel enseignant	*Manuel de code* p. 31 à 33
Matériel élève	– *Manuel de code* pour le travail avec l'enseignant – Cahier du jour pour la dictée avec l'enseignant – *Fiche d'exercices de code* ☀ ★ ou ☾ pour le travail en autonomie – Tablette (ou duo d'élèves) pour le travail en autonomie

Planning

	JOUR 2	JOUR 3	JOUR 4
Ateliers guidés avec l'enseignant	*Manuel* : – lecture syllabes et mots – exercices 2, 3, 4, 5, 6	*Manuel* : – lecture mots et phrases	*Manuel* : – texte *Lisons ensemble !* – exercices 7, 9
Ateliers en autonomie	*Fiches* : exercices 2, 3	*Fiches* : exercices 4, 5, 6	*Fiches* : exercices 7, 9

Exercices 2, 3, 4, 5 • manuel, p. 31-32	*cf.* semaine 2.
Exercice 6 • manuel, p. 32	Syllabes dictées par l'enseignant sur le cahier du jour : ☀ je – me – feu – reu ★ le – reuf – jeu – eur – meul ☾ re – meu – reuj – leur – fleur
Exercice 7 • manuel, p. 32	*cf.* exercice 9, semaine 2, adapté à la scène de camping.
Exercices 9 • manuel, p. 33	Poursuivre l'identification et la caractérisation du concept de phrase. Ici, c'est le sens qui permet d'identifier les phrases (même si les majuscules peuvent être un indicateur pour les plus observateurs) et de marquer leur fin par un point.
Consignes pour les groupes en autonomie sur les Fiches d'exercices de code	*cf.* semaine 2.

4. Dictée : le quart d'heure quotidien

Modalités	Classe entière. Procédé « Lamartinière » sur ardoise.
Durée	**Tous les jours.** 15 min
Matériel enseignant	Cartes graphèmes
Matériel élève	Ardoise

Planning et textes

Les syllabes ou mots dictés sont répétés trois fois. Les élèves les écrivent sur l'ardoise puis montrent leur production. Repérer les élèves qui ont fait une proposition erronée. Rappeler les stratégies de combinaison des syllabes avec le principe des cartes graphèmes en faisant manipuler un élève.

JOUR 1 me – re – feu – meu – le – leu – jeu – je

JOUR 2 je – eul – reu – leur – meul – fleur

JOUR 3 joueur – lueur – milieu – rameur – lieu – heureux

JOUR 4 Marie a un jeu. Rémi est un joueur. Il joue dans leur rue.

5. Geste d'écriture

Modalités	Classe entière. **Tous les jours.** 20 min
Matériel enseignant	– Vidéo *échauffement des doigts* (*cf.* Partie III) – Vidéo phonème e (*cf. Manuel numérique*) – Vidéo lettre y (*cf. Manuel numérique* p. 119) – Outils de différenciation en usage, en fonction des besoins (*cf.* Partie III) – Tableau d'observation des élèves (*cf.* site Ressources)
Matériel élève	– Ardoise + feutre – Cahier de l'élève avec modèles d'écriture préparés par l'enseignant – Outil scripteur de l'élève

			Exemples*
JOURS 1, 2, 3	☀ ★ ☾	Lettre isolée	y
		Enchaînement de lettres	eu
		Mots	Il y a / elle / le feu / le jeu / lieu / la fleur
		Mots (avec levée de crayon)	le joueur
	★ ☾	Courte phrase (espacement entre les mots)	Il y a le feu.
JOUR 4	☀ ★ ☾	Les chiffres 0, 1, 2	

* Exemples au choix : proposer au moins les éléments surlignés.

La lettre y	Travailler la lettre **y** isolée pour le mot outil « il y a ». Elle commence par deux étrécies (comme un **u**) et enchaîne avec un jambage bouclé (comme un **j**). **Point de difficulté :** attirer l'attention de l'élève sur la partie descendante de la boucle : elle est rectiligne. Cette lettre amène les élèves à devoir gérer des niveaux d'interlignes. Le jambage bouclé descend jusqu'au deuxième interligne.
Exercices complémentaires	*cf.* site Ressources.

6. Copie

Modalités	**JOURS 1, 2** – Par groupe de besoins ☀ ★ ☾ avec l'enseignant, en rotation avec des activités en autonomie.
Matériel enseignant	*Manuel de code* p. 31
Matériel élève	– Cahier du jour pour le travail avec l'enseignant – *Fiche d'exercices de code* ☀ ★ ou ☾ pour le travail en autonomie

Planning

JOUR 1	JOUR 2
Manuel : exercice 1	*Fiche en autonomie* : exercice 1

Exercice 1 • manuel, p. 31	*cf.* semaine 3.
Consignes pour les groupes en autonomie sur les *Fiches d'exercices de code*	*cf.* semaine 2

7. Production d'écrit

Modalités	**JOUR 3** – Par groupe de besoins ☀ ★ ☾ avec l'enseignant, en rotation avec des activités en autonomie
Durée	**Matin** : ☀ 20 min ★ 10 min ☾ 10 min **Après-midi** : ☀ 30 min ★ 20 min ☾ 20 min
Matériel enseignant	– *Manuel de code* p. 32 – *Guide pédagogique* Partie III
Matériel élève	– *Manuel de code* – *Fiche d'exercices de code* ☀ ★ ou ☾ ou cahier du jour/d'écrivain – Fiches Ressources 1 et 2 (*cf.* site Ressources)

Exercice 8 • manuel, p. 32	**En amont de la séance,** constituer un corpus des mots valises créés par les élèves ou utiliser le bestiaire créé. Compléter une structure syntaxique. **Objectif :** développer la capacité à encoder une phrase : compléter une phrase, s'entraîner à encoder des mots simples en ayant recours aux stratégies connues. La situation proposée se situe dans la continuité des apprentissages réalisés la semaine précédente.
MATIN	**Préparation à l'écriture**
1. Introduire la séance	**Présenter la situation d'écriture :** il s'agit de compléter la phrase à l'aide de noms d'animaux connus ou inventés la semaine précédente. Exemple : *Le rat ça existe, le rama ça n'existe pas.*
2. Se projeter dans l'écriture	Les élèves du groupe, chacun leur tour, proposent une phrase à l'oral.
APRÈS-MIDI	**Mise en texte et révision**
2. Lancer les élèves dans l'écriture	– Demander aux élèves de choisir un animal qui existe et un animal inventé issu du bestiaire. – Faire le lien avec le travail effectué le matin à l'oral. Chaque élève énonce la première phrase qu'il souhaite écrire sur le modèle « ça existe, ça n'existe pas ». – Mettre les fiches ressources à disposition des élèves.
3. Accompagner les élèves dans l'écriture	– Faire des liens avec les intentions d'écriture, encourager l'élève à oraliser ce qu'il écrit (ou le faire pour lui). – Observer, aider à mobiliser les stratégies d'encodage en fonction des mots, des erreurs et des difficultés rencontrées. – Valoriser les réussites. – Encourager l'entraide : pour encoder, pour enrichir ses idées.
4. Clôturer la séance	Revenir sur les textes produits, valoriser ce que l'on est en train d'apprendre en écrivant des textes (partager les procédures et les outils pour y parvenir).

8. Compréhension : *Les Dimanches* – 1re partie

Modalités	**Tous les jours.** Classe entière avec moments de travaux de groupes ou de binômes
Durée	8 séances de 20 min sur deux semaines
Matériel enseignant	– Texte du poème (*cf.* Partie V) – Version numérique de *Mon carnet d'apprenti lecteur* – Grille de critères de réussite d'une récitation (*cf.* site Ressources) – Carte mentale (*cf.* Manuel numérique)
Matériel élève	– *Mon carnet d'apprenti lecteur* – Cahier de poésie

Cette poésie est étudiée sur deux semaines, la fiche séquence intègre donc toute la démarche de mémorisation, de compréhension, d'interprétation et d'évaluation inhérentes à cet apprentissage spécifique.

JOUR 1 SÉANCE 1

1. Présenter les objectifs	**Objectifs** : découvrir la poésie et les enjeux d'apprentissage autour de la récitation. – Expliquer aux élèves l'intérêt d'apprendre par cœur : culture littéraire, mémorisation de tournures de phrase et de lexique ; développement de la capacité de la mémoire à long terme. – La récitation n'est pas seulement un exercice de **mémorisation**. Elle implique aussi un travail de **diction** et d'**interprétation**. Pour que l'enfant énonce une poésie posément, avec des **intonations** variées, il est nécessaire qu'il ait bien saisi son sens.
2. Présenter les critères de réussite	Si elle est évaluée, la récitation doit l'être sur la base de **critères de réussite explicites et explicités**[8]. Afficher la grille de critères en classe.
3. Offrir une récitation	– Réciter de manière expressive. Il est important que l'enseignant puisse se montrer en situation de récitation puisque c'est ce qu'il va exiger de ses élèves. – Après la prestation de l'enseignant, les élèves doivent dessiner trois mots chacun sur leur ardoise.
4. Projeter le texte	– Lire le texte affiché. – Les élèves vérifient que leur mot est bien présent dans le texte lu. Ils peuvent en dessiner un nouveau ou effacer s'ils ont commis une erreur. À l'issue du temps de travail, les mots collectés sont partagés en classe entière.

JOUR 2 SÉANCE 2

1. Introduire la séance	**Objectif** : comprendre et raconter le poème pour mieux mémoriser.
2. Réciter	Réciter ou lire le texte aux élèves.
3. Questionner sur la compréhension du texte	– Réaliser la **carte mentale** sur le TBI ou sur une affiche. – Questionner simultanément les élèves sur les personnages, les actions, les mots ou les dessins clés (prévoir des affichettes pour les mots *parasol, tournesol, lit, parapluie*). Qui ? Où ? Quand ?
4. Raconter	– Faire raconter le poème par les élèves, sans relecture préalable du texte. – Distribuer le texte aux élèves, le faire coller dans le cahier de poésie.
5. Réaliser les activités de compréhension sur *Mon carnet d'apprenti lecteur* p. 12-13	– Lire le poème. – **Activités 1 et 2** : les deux questions font appel à l'expression des préférences, ressentis et vécu personnel des élèves. Ne pas négliger **le dessin** : il constitue la **première traduction personnelle** du texte.

8. *Cf.* fiche eduscol.education.fr/ressources-2016 – Ministère de l'Éducation nationale, de l'Enseignement supérieur et de la Recherche – Novembre 2016/ EV16C2 Français langage oral dire mémoire

Exemple de carte mentale finalisée (à l'issue des 8 séances)

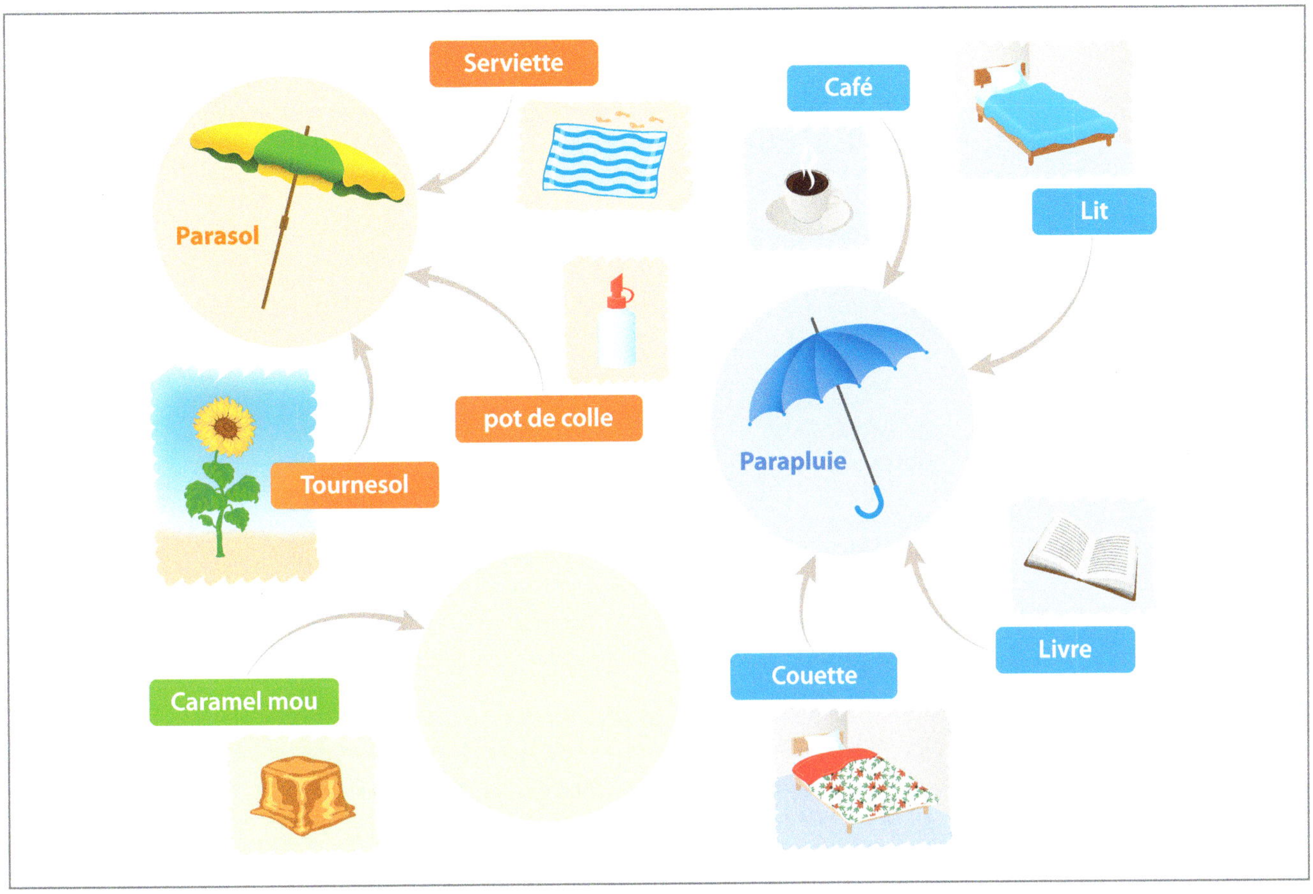

JOUR 3 SÉANCE 3

	Objectif : apprendre par cœur.
1. Faire raconter toute l'histoire	– Faire raconter l'histoire du poème par les élèves, en appui sur la carte mentale et les images de la séance du jour 2.
2. Réciter	– Réciter la première strophe aux élèves.
3. Faire raconter la strophe 1	– Faire raconter immédiatement la strophe 1 par les élèves : *c'est dimanche, un jour de repos. L'enfant est collé à sa serviette, il ne bouge pas. Il profite de n'avoir rien à faire.* **À noter :** à l'étape 1, il s'agit d'un récit mémoire d'évocation. À l'étape 3, c'est une reconstitution du récit à chaud. Dans les faits, on constate que les élèves reconstituent le récit avec leurs propres mots à l'étape 1. À l'étape 3, ils reprennent les mots et structures syntaxiques de l'auteur qu'ils viennent juste d'entendre. Les objectifs ne sont pas les mêmes et le résultat non plus. C'est là que se produit l'enrichissement lexical.
4. Apprendre par cœur et mimer	– Phase d'apprentissage systématique avec les élèves. Réciter un vers et le mimer. Faire répéter par les élèves. Faire repérer les rimes (les colorier au tableau ou sur l'affiche). Recommencer avec d'autres vers.
5. Échanger	– Questionner les élèves : Le vécu de cet enfant est-il similaire au tien ? Les aider à exprimer **ce qu'ils ressentent** ou à établir des correspondances avec leur propre expérience des dimanches (*cf.* transactions évoquées partie II, liens avec soi).
6. Prolongement	Donner la poésie à réécouter via le QR code® à la maison.

JOUR 4 SÉANCE 4

	Objectif : continuer à mémoriser par cœur.
1. Apprendre la strophe 2	– Même déroulé pour la strophe 2. – Cumuler la récitation des strophes 1 et 2.
2. Prolongement	Donner la poésie à réécouter via le QR code® à la maison.

9. Lecture autonome

Modalités	Travail individuel, en autonomie – Bilan en classe entière
Durée	**JOUR 1 :** 2 ou 3 min en fin de séance de découverte des graphèmes (matin) **JOURS 2, 3 :** 2 séances de 10 min **JOUR 4 :** 1 séance bilan de 20 min
Matériel élève	– *Fiche de lecture autonome* ☀ ★ ou ☾ – Fiche autocorrective

Planning

	JOUR 1	JOUR 2	JOUR 3	JOUR 4
Groupe classe	Narration de l'enseignant et lecture du titre			Bilan
Ateliers en autonomie		Lecture	Lecture et activités	Lecture et activités / autocorrection
Ateliers guidés avec l'enseignant				Manipulation d'étiquettes pour travail sur l'ordre et la chronologie

Narration de l'enseignant pour présenter l'épisode

Noé, Nina et Chouchou ont sympathisé. Le petit ours est maintenant bien intégré dans sa nouvelle classe. Il retrouve souvent ses nouveaux amis pour jouer. Aujourd'hui, ils ont décidé de jouer à « la rumeur ». Ce jeu implique de répéter en secret une phrase à son voisin, sans rien oublier ni la modifier ! À ton avis, qui va gagner ? As-tu déjà joué à ce genre de jeu ?

Caractéristiques des textes par groupes de besoins

	Nombre de mots	%	Le jeu de la rumeur
☀	23	88 %	*Cf. Fiche de lecture autonome* p. 13
★	33	89 %	*Cf. Fiche de lecture autonome* p. 14 et *Manuel* p. 33
☾	35	89 %	*Cf. Fiche de lecture autonome* p. 15

Compétences travaillées (stratégies de compréhension *cf.* partie III)

	Activité 1	Activité 2	Activité 3 à l'oral
☀	Rétablir la cohérence sémantique de la phrase.	Manifester sa compréhension du jeu.	Établir des liens avec les connaissances sur le monde.
★	Identifier les paroles des personnages.	Identifier ce qui pose problème.	Établir des liens avec les connaissances sur le monde.
☾	Identifier les paroles des personnages.	Identifier ce qui pose problème.	Établir des liens avec les connaissances sur le monde.

Bilan du JOUR 4	– Faire jouer la scène : constituer des groupes de trois élèves. – Pour traiter l'activité 3, établir collectivement la règle du jeu (dictée à l'adulte), puis organiser une partie.

Période 1 • Semaine 6

1. Proposition d'emploi du temps (*cf.* Semaine 4)

2. Code : graphèmes n et ui

Modalités	**JOUR 1** – Oral – Classe entière – 40 min
Matériel	– *Manuel de code* p. 34 – Vidéos du manuel de code à vidéoprojeter – Cartes graphèmes **l m r f j n ui ou e eu a u i o é** (*cf.* site Ressources)

Étape 1	– Faire entendre l'un après l'autre le son prononcé pour chaque graphème tout en visionnant la capsule vidéo. Commenter la position de la bouche, de la langue, le passage du souffle. – Bien expliquer aux élèves que, **pour n et ui**, collement de la langue aux incisives supérieures enclenchant la nasalisation du n, le passage se fait par la descente de la langue allant se coller sur les dents inférieures en position convexe provoquant arrêt de la nasalisation pour passer par le u puis ouverture des lèvres pour diphtonguer sur le i. – Le faire exercer et expérimenter par les élèves par enchaînements alternés de l'un à l'autre dans le même souffle.
Étape 2	Faire prononcer le **vire-langue** du jour. Le faire répéter plusieurs fois, à vitesse variable : « Nolan navigue sur un nouveau navire à Noël avec Nathan ».
Étape 3	– Activité avec les cartes graphèmes (*cf.* partie III). – Faire lire des syllabes (*cf. Manuel*, p. 34).
Étape 4	Faire lire les **mots outils** (*cf.* semaine 2).

3. Activités d'encodage/décodage

Modalités	**JOURS 2, 3 et 4** – Par groupe de besoins, ☀ ★ ☾, en rotation : – Oral avec l'enseignant à partir du *Manuel* – Écrit en autonomie sur les *Fiches d'exercices*. 40 min
Matériel enseignant	*Manuel de code* p. 34 à 37
Matériel élève	– *Manuel de code* pour le travail avec l'enseignant – Cahier du jour pour la dictée avec l'enseignant – *Fiche d'exercices de code* ☀ ★ ou ☾ pour le travail en autonomie – Tablette (ou duo d'élèves) pour le travail en autonomie

Planning

	JOUR 2	JOUR 3	JOUR 4
Ateliers guidés avec l'enseignant	*Manuel* : – lecture syllabes et mots – exercices 2, 3, 4	*Manuel* : – lecture mots et phrases	*Manuel* : – texte *Lisons ensemble !* – exercices 5, 6, 8, 9
Ateliers en autonomie	*Fiches* : exercice 2	*Fiches* : exercices 3, 4	*Fiches* : exercices 5, 6, 8, 9

Exercices 2 et 3 • manuel, p. 35	*cf.* semaine 2.
Exercice 4 • manuel, p. 35	Syllabes dictées par l'enseignant sur le cahier du jour : ☀ ne – ni –nui – oun ★ na – fui – uir – inou – oni ☾ no – nor – uir – moun – frui – neuf
Exercice 5 • manuel, p. 36	Prononcer les mots lentement, en séparant bien les syllabes. Demander aux élèves de répéter la syllabe qu'ils ont entendue à la place du manque, et de repérer ensuite laquelle des étiquettes correspond à cette syllabe.
Exercice 6 • manuel, p. 36	*cf.* exercice 11, semaine 2, adapté à la scène du parc de loisirs.
Exercice 8 • manuel, p. 37	Il s'inscrit dans la continuité des précédents, centré sur le concept de phrase, à distinguer des lignes.
Exercice 9 • manuel, p. 37	C'est le premier exercice qui met en scène le genre des noms. Accompagner les élèves dans le tri proposé par l'exercice. Quand tous les élèves du groupe ont réussi leur classement, leur proposer de trouver eux-mêmes d'autres mots qui compléteront les colonnes du tableau.
Consignes pour les groupes en autonomie sur les *Fiches d'exercices de code*	*cf.* semaine 2.

4. Dictée : le quart d'heure quotidien

Modalités	Classe entière. Procédé « Lamartinière » sur ardoise.
Durée	**Tous les jours.** 15 min
Matériel enseignant	Cartes graphèmes
Matériel élève	Ardoise

Planning et textes

JOUR 1	ni – oun – nou – ne – nui – fui – uil
JOUR 2	mui – na – nu – lui – ruin – uni – anu
JOUR 3	une – neuf – final – animal – journal – jeune
JOUR 4	Nina a lu un journal. Noé lui offre une fleur.

5. Geste d'écriture

Modalités	Classe entière. **Tous les jours.** 20 min
Matériel enseignant	– Vidéo *échauffement des doigts* (*cf.* Partie III) – Vidéo lettre n (*cf. Manuel numérique*) – Outils de différenciation en usage, en fonction des besoins (*cf.* Partie III) – Tableau d'observation des élèves (*cf.* site Ressources)
Matériel élève	– Ardoise + feutre – Cahier de l'élève avec modèles d'écriture préparés par l'enseignant – Outil scripteur de l'élève

			Exemples*
JOURS 1, 2, 3	☀ ★ ☾	Lettre isolée	n
		Enchaînement de lettres	nui / ne / ni
		Mots	une / lui / Nina / unir / neuf
		Rupture dans le geste (levé de crayon)	nou / na
		Mots (levé de crayon)	une journée / l'animal / normal / Noé
		Enchaînement de deux n	annulé / l'année
	★ ☾	Courte phrase (espacement entre les mots)	Noé joue.
JOUR 4	☀ ★ ☾	Travailler le geste des chiffres : 3, 4, 5	

* Exemples au choix : proposer au moins les éléments surlignés.

La lettre n

C'est une lettre à ponts. Il convient de la tracer d'un seul geste sans lever le crayon à chaque arc. La partie descendante de chaque pont doit suivre un trait bien droit.

Point de difficulté : attirer l'attention de l'élève sur l'enchaînement des ponts. Lui indiquer de remonter le long du trait rectiligne du pont qu'il vient de terminer pour enchaîner le suivant. Être vigilant sur ce point. En effet, certains élèves ont tendance à faire une boucle lors de l'enchaînement des arcs ou à espacer les ponts.

Exercices complémentaires

cf. site Ressources.

6. Copie

Modalités

JOURS 1, 2 – Par groupe de besoins ☀ ★ ☾ avec l'enseignant, en rotation avec des activités en autonomie.

Matériel enseignant

Manuel de code p. 35

Matériel élève

– Cahier du jour pour le travail avec l'enseignant
– *Fiche d'exercices de code* ☀ ★ ou ☾ pour le travail en autonomie

Planning

JOUR 1	JOUR 2
Manuel : exercice 1	*Fiche en autonomie* : exercice 1

Exercice 1 • manuel, p. 35

cf. semaine 3.

Consignes pour les groupes en autonomie sur les *Fiches d'exercices de code*

cf. semaine 2.

7. Production d'écrit

Modalités

JOUR 3 – Par groupe de besoins ☀ ★ ☾ avec l'enseignant, en rotation avec des activités en autonomie.

Durée

Matin : ☀ 20 min ★ 10 min ☾ 10 min
Après-midi : ☀ 30 min ★ 20 min ☾ 20 min

Matériel enseignant

– *Manuel de code* p. 36

Matériel élève	– *Manuel de code* – *Fiche d'exercices de code* ☀ ★ ou ☾ ou cahier du jour/d'écrivain – Dés à construire (*cf.* site Ressources) – Fiche Ressources 3 (*cf.* site Ressources)
Exercice 7 • manuel, p. 36	**Objectif :** développer la capacité à encoder une phrase en situation collective (en groupe ou en classe entière). **Ce déroulé de séance type est utilisable pour les deux supports suivants qui sont récurrents dans la méthode : les dés et les images séquentielles.** **1. Les dés** reprennent des mots dont les graphèmes ont été travaillés pendant la période. Leur utilisation permet de poursuivre cet apprentissage lors d'un atelier autonome. **2. Les images séquentielles** (lien possible avec EPS, expérience en QLM ou récits connus). Lors de la révision, il est intéressant de faire lire des productions de plusieurs élèves qui présentent une mise en mots légèrement différente.
MATIN	**Préparation à l'écriture**
1. Introduire la séance	– Présenter la situation et expliciter l'objectif. – Élaborer une phrase à partir des dés (personnages, objet, action, lieu, moment …). **Remarque :** faire varier le nombre de dés et de lancers des dés pour augmenter ou diminuer la longueur de la phrase. Ceci permet de gérer la différenciation et d'adapter la tâche (progression et différenciation). Le principe est d'avoir une phrase commune à tous les élèves du groupe. En prolongement, il est possible de faire évoluer cette situation car elle permet à partir d'un corpus de mots communs de produire des phrases différentes d'un élève à l'autre. – Répéter et faire répéter la phrase aux élèves. – Expliciter les procédures et stratégies : - La segmentation des mots : faire compter les mots par les élèves et les représenter par un trait au tableau. - La majuscule et le point.
2. Identifier les mots	Pour chaque mot, identifier si c'est un mot connu (lexique mental), un mot encodable par mise en correspondance graphie/phonie, un mot par analogie, un mot-outil de la classe.
APRÈS-MIDI	**Mise en texte et révision**
3. Accompagner les élèves dans l'écriture	– Réguler l'activité des élèves, donner des feedback : - Erreur de CGP : demander à l'élève de lire ce qu'il écrit ou se faire le haut-parleur de ce que l'élève a écrit. - Erreur de segmentation des mots : reprendre le comptage des mots puis tracer les traits sur une feuille pour l'élève. - Erreur de niveau orthographique : identifier la stratégie permettant à l'élève d'écrire correctement le mot. – On peut aussi avoir recours à l'épellation du mot.
4. Mise en commun	– Rappeler la phrase à encoder. – Organiser une correction collective avec un élève qui écrit le premier mot au tableau puis faire un lien explicite avec les stratégies et ainsi de suite pour les autres mots. – Faire relire la phrase par un élève.

8. Compréhension : *Les Dimanches* – 2e partie

Modalités	**Tous les jours.** Classe entière avec moments de travaux de groupes ou de binômes
Durée	8 séances de 20 min sur deux semaines

Matériel enseignant	– Texte du poème (*cf.* Partie V) – Version numérique de *Mon carnet d'apprenti lecteur* – Grille de critères de réussite d'une récitation (*cf.* site Ressources) – Carte mentale (*cf.* Manuel numérique)
Matériel élève	– *Mon carnet d'apprenti lecteur* – Accessoires : serviette, parapluie…

JOUR 1 SÉANCE 5

Apprendre la strophe 3	**Objectif :** continuer à mémoriser – *Cf.* Déroulé de l'étude de la strophe 1, séance 3 – Cumuler la récitation par cœur des strophes 2 et 3.

JOUR 2 SÉANCE 6

1. Interpréter et mettre en scène	**Objectif :** mettre en scène le poème pour mieux le connaître. La place du corps dans les apprentissages est centrale. – Demander aux élèves de mettre en scène le poème, de le présenter sur une scène. Les élèves font des propositions : matériel, attitudes, gestes, déplacements… (prévoir une serviette, un parapluie ou tout objet utile). – Demander à un ou plusieurs élèves volontaires de venir jouer la scène.
2. Faire réciter et jouer par des élèves volontaires	– Les élèves les plus timides doivent pouvoir bénéficier d'espaces de récitation ou de jeu plus protégés (APC, fin de cours, dans un coin de la classe avec l'enseignant ou face à un élève très dégourdi, en binôme). Ne pas négliger la prise de risque par l'élève lors de cet exercice. Il importe de conserver l'idée de plaisir pour tous. La poésie est un support de choix dans cette perspective (jeux du corps, des sonorités, images amusantes, émouvantes…).

JOUR 3 SÉANCE 7

1. Réaliser l'activité de compréhension sur *Mon carnet d'apprenti lecteur* p. 13	**Objectif :** continuer à mémoriser et affiner sa compréhension du texte. **Activité 3 :** cette question renvoie aux connaissances ou expériences personnelles de l'élève pour les deux premiers items. Elle renvoie à un picto ♡ pour le troisième item : il fait appel aux préférences et ressentis de l'élève.
2. Jouer et évaluer	– Faire réciter/jouer 4 ou 5 élèves volontaires. – Co-évaluer (enseignant et les élèves auditeurs) les récitations grâce à la grille de critères partagés.

JOUR 4 SÉANCE 8

Suite de la séance 7	**Objectif :** évaluer la récitation.

9. Lecture autonome

Modalités	Travail individuel, en autonomie – Bilan en classe entière
Durée	**JOUR 1 :** 2 ou 3 min en fin de séance de découverte des graphèmes (matin) **JOURS 2, 3 :** 2 séances de 10 min **JOUR 4 :** 1 séance bilan de 20 min
Matériel élève	*Fiche de lecture autonome* ☀ ★ ou ☾ Fiche autocorrective

Planning

	JOUR 1	JOUR 2	JOUR 3	JOUR 4
Groupe classe	Narration de l'enseignant et lecture du titre			Bilan
Ateliers en autonomie		Lecture	Lecture et activités	Lecture et activités / autocorrection
Ateliers guidés avec l'enseignant				Manipulation d'étiquettes sur le texte de lecture autonome pour travail sur l'ordre et la chronologie

Narration de l'enseignant pour présenter l'épisode

Noé et Chouchou sont tous les deux inscrits au club de tennis de leur ville. Ce week-end, un tournoi est organisé. Leurs amis et leurs familles sont venus les voir jouer. Sur le court de tennis, on peut entendre les encouragements de leurs supporters. Nina encourage Noé et Chouchou. Le match s'annonce serré. C'est l'heure de la finale. Tout le monde est impatient de connaître le vainqueur. Quel que soit le résultat, Noé et Chouchou ont promis de rester ami car leur entraîneur leur a expliqué que l'important, c'est de participer !

Textes par groupe de besoins

	Nombre de mots	%	Une folle journée
☀	23	85 %	*Cf. Fiche de lecture autonome* p. 17
★	31	83 %	*Cf. Fiche de lecture autonome* p. 18 et *Manuel* p. 37
☾	41	84 %	*Cf. Fiche de lecture autonome* p. 19

Compétences travaillées (stratégies de compréhension *cf.* partie III)

	Activité 1	Activité 2
☀	Identifier des anomalies (5).	Comprendre les émotions des personnages.
★	Identifier des anomalies (7).	
☾	Identifier des anomalies (8).	Comprendre les émotions des personnages et leur chronologie.

Bilan du JOUR 4

– Demander aux élèves de restituer l'histoire en veillant à l'identification des personnages, au rôle de chacun (joueur, perdant, vainqueur…) et à l'évolution des émotions des personnages. Traiter collectivement l'activité 1 de la fiche ☾. Veiller à faire justifier les anomalies.

– Ouvrir sur un débat, type dilemme moral : Que penses-tu de ce que ressent Chouchou lorsqu'il perd contre son ami ?

Questions de relance et d'ouverture :

– T'es-tu déjà trouvé dans une situation semblable ? Comment as-tu réagi ? Comment les choses se sont-elles arrangées ?

– Si tu avais été à sa place, comment aurais-tu réagi ?

– As-tu déjà été déçu de perdre lors d'un match ? As-tu ressenti autre chose ? Comment as-tu fait pour surmonter cette émotion ?

Période 1 • Semaine 7

1. Proposition d'emploi du temps (*cf.* Semaine 4)

2. Code : révisions

Modalités	**JOUR 1** – Oral – Classe entière – 40 min
Matériel	– *Manuel de code* p. 38 – Des jeux – Un chronomètre
Groupes pris en charge par l'enseignant	Pendant cette semaine de révisions, les exercices sur les fiches sont remplacés par des plans de travail personnalisés en fonction des besoins individuels d'approfondissement ou de remédiations. Travail sur les syllabes. Faire lire les syllabes dans le sens normal puis en sens inverse. On peut utiliser : – des jeux type furet (un élève lit une syllabe, le voisin, la suivante, et ainsi de suite). – un chronomètre et engager les élèves sur des challenges (« Combien lis-tu de syllabes en 30 secondes ? »).

3. Activités d'encodage/décodage

Modalités	**JOURS 2, 3 et 4** – Par groupe de besoins, ☀ ★ ☾, en rotation : – Oral avec l'enseignant à partir du *Manuel* 40 min
Matériel enseignant	*Manuel de code* p. 39 à 41
Matériel élève	– Plans de travail personnalisés. Tiroirs d'autonomie. – Cahier du jour pour la dictée avec l'enseignant

Planning

Ateliers guidés avec l'enseignant	*Manuel* : – lecture syllabes et mots – exercices 2, 3, 4, 5, 6	*Manuel* : – lecture mots et phrases	*Manuel* : – texte *Lisons ensemble !* – exercices 7, 8, 10, 11

Exercices 3, 4, 5 • manuel, p. 39-40	*cf.* semaine 2.
Exercice 6 • manuel, p. 40	Syllabes dictées par l'enseignant sur le cahier du jour : ☀ la – mi – feu – jou – lui – mur ★ il – ouf – lé – rum – four – lim ☾ mor – roul – maj – rém – nour – lum
Exercice 7 • manuel, p. 40	– Première occurrence de cette forme d'exercice de discrimination à l'échelle des mots. – Vérifier si les erreurs des élèves relèvent de l'inattention ou d'une confusion entre graphèmes proches morphologiquement. Dans le second cas, il convient d'engager des activités complémentaires pour retravailler les liens phonographiques liés à ces graphèmes.
Exercice 8 • manuel, p. 40	Prononcer deux fois le premier mot. Demander aux élèves quelle est la dernière syllabe prononcée pour ce mot. Les élèves doivent désigner la bonne proposition parmi les syllabes proposées. Procéder de la même manière pour les mots suivants.
Exercices 10 et 11 • manuel, p. 41	Ils reprennent le concept de phrase. À la suite de l'exercice 11, faire repérer les nombres de lignes et phrases du texte : « Une folle journée ».

4. Dictée : le quart d'heure quotidien

Modalités	Classe entière. Procédé « Lamartinière » sur ardoise.
Durée	**Tous les jours.** 15 min
Matériel enseignant	Cartes graphèmes
Matériel élève	Ardoise

Planning et textes

JOUR 1	al – mu – fui – lou – jeu – ré – ni
JOUR 2	mou – maj – jour – leur – lui – film
JOUR 3	fourmi – ami – journal – familial – rameur – animal
JOUR 4	Elle est jolie la fourmi. Noé a un ami. Il est réjoui.

5. Geste d'écriture

Modalités	Classe entière. **Tous les jours.** 20 min
Matériel enseignant	– Vidéo *échauffement des doigts* (*cf.* Partie III) – Outils de différenciation en usage, en fonction des besoins (*cf.* Partie III) – Tableau d'observation des élèves (*cf.* site Ressources)
Matériel élève	– Ardoise + feutre – Cahier de l'élève avec modèles d'écriture préparés par l'enseignant – Outil scripteur de l'élève

– Pour la semaine de révision, proposer des lignes d'écriture à partir des besoins des élèves : entraînements et prolongements (*cf.* modèles d'écriture de la période 1 et exercices complémentaires du site Ressources).

– C'est l'occasion de revenir sur l'entraînement d'enchaînements de lettres qui nécessitent une répétition du geste. L'enseignant prend appui sur les observations conduites au quotidien.

6. Copie

Modalités	**JOURS 1, 2** – Par groupe de besoins ☀ ★ ☾ avec l'enseignant, en rotation avec des activités en autonomie.
Matériel enseignant	*Manuel de code* p. 39
Matériel élève	Cahier du jour pour le travail avec l'enseignant

Planning

JOUR 1	JOUR 2
Manuel : exercice 1	*Fiche en autonomie* : exercice 1

Exercice 1 • manuel, p. 39

– À partir de cette semaine et pour les suivantes, la copie de syllabes est différenciée pour aborder la complexification des CGP (correspondances graphèmes phonèmes).

– On trouve en ligne ☀ essentiellement des combinaisons de deux graphèmes, CV ou VC. En ligne ★, on trouve des combinaisons simples CV/VC et quelques complexes de premier niveau : CVC. En niveau ☾, les complexes peuvent dépasser les 3 composantes CCVC, CVCC.

7. Production d'écrit

Modalités	**JOUR 3** – Par groupe de besoins ☀ ★ ☾ avec l'enseignant, en rotation avec des activités en autonomie.
Durée	**Matin** : ☀ 20 min ★ 10 min ☾ 10 min **Après-midi** : ☀ 30 min ★ 20 min ☾ 20 min
Matériel enseignant	– *Manuel de code* p. 41
Matériel élève	– *Manuel de code* – Cahier du jour/d'écrivain

Exercice 9 • manuel, p. 41	Utiliser les créneaux du matin et de l'après-midi pour réaliser les différentes phases de la **dictée à l'adulte** *cf.* partie III « *Comment conduire une séance de dictée à l'adulte : déroulement et gestes professionnels à mobiliser* ». **Objectif** : développer la capacité à écrire un court récit en situation de dictée à l'adulte. **Situation d'écriture :** Demander aux élèves d'écrire un nouvel épisode des aventures de nos 3 personnages Noé, Nina, Chouchou qui deviennent des super-héros.
MATIN	**Préparation à l'écriture**
1. Planifier	Faire déterminer aux élèves : – Les super-héros que seront Noé, Nina et Chouchou ; – Leur super pouvoir ; – La mission qu'ils vont devoir accomplir ; – L'obstacle, l'ennemi qu'ils vont rencontrer, affronter ; – Comment ils vont réussir.
APRÈS-MIDI	**Mise en texte et révision**
2. Mettre en texte	Les élèves doivent véritablement prendre part à la mise en mots mais aussi à l'écriture. Ils ont développé des capacités d'encodage, l'enseignant peut s'appuyer dessus.
3. Réguler	Cette phase de régulation ne doit pas être négligée et amène à un retour sur la planification et la mise en texte.
Différenciation	Longueur et complexité du récit, autonomie des élèves dans l'encodage.
Prolongements	– Lecture offerte des histoires des 3 groupes ; – Réalisation d'une illustration de son histoire ; – Partage des textes avec un lecteur externe à la classe : une autre classe, les parents…

8. Compréhension : *L'Éléphant*

Modalités	**Tous les jours.** Classe entière avec moments de travaux de groupes ou de binômes
Durée	4 séances de 20 min
Matériel enseignant	– Texte de la poésie (*cf.* Partie V) – Version numérique de *Mon carnet d'apprenti lecteur* – Affichettes pour les mots spécifiques – Carte mentale (*cf.* Manuel numérique) – Accessoires de mise en scène
Matériel élève	– *Mon carnet d'apprenti lecteur* – Cahier de poésie

JOUR 1 SÉANCE 1

1. Introduire la séance	**Objectif** : découvrir la poésie et la comprendre.
2. Première lecture	Réciter le texte aux élèves.
3. Questionner	– Réaliser la **carte mentale** sur le TBI ou sur une affiche. – Questionner simultanément les élèves sur les personnages, actions, mots ou dessins clés (prévoir des affichettes pour les mots spécifiques du poème *élégant, gants, effarant, manteau, étonnant, brosse à dents, évident, épatant*). – Quel est le thème ? – Qui ? Où ? Quand ?
4. Travailler sur le vocabulaire difficile	Donner des synonymes, réaliser un affichage pour la classe. Bien préciser qu'un seul mot n'empêche pas la compréhension globale du texte.
5. Raconter	– Faire raconter l'histoire du poème par les élèves, sans relecture préalable. – Distribuer le texte aux élèves, le faire coller dans le cahier de poésie.
6. Réaliser l'activité de compréhension sur *Mon carnet d'apprenti lecteur* p. 14	– Lire le poème. – **Activité 1**. Stratégie ♡. Cette activité fait appel aux compétences d'écriture de l'élève et lui permet de s'approprier le poème par la copie du titre.

Exemple de carte mentale finalisée (à l'issue des 4 séances)

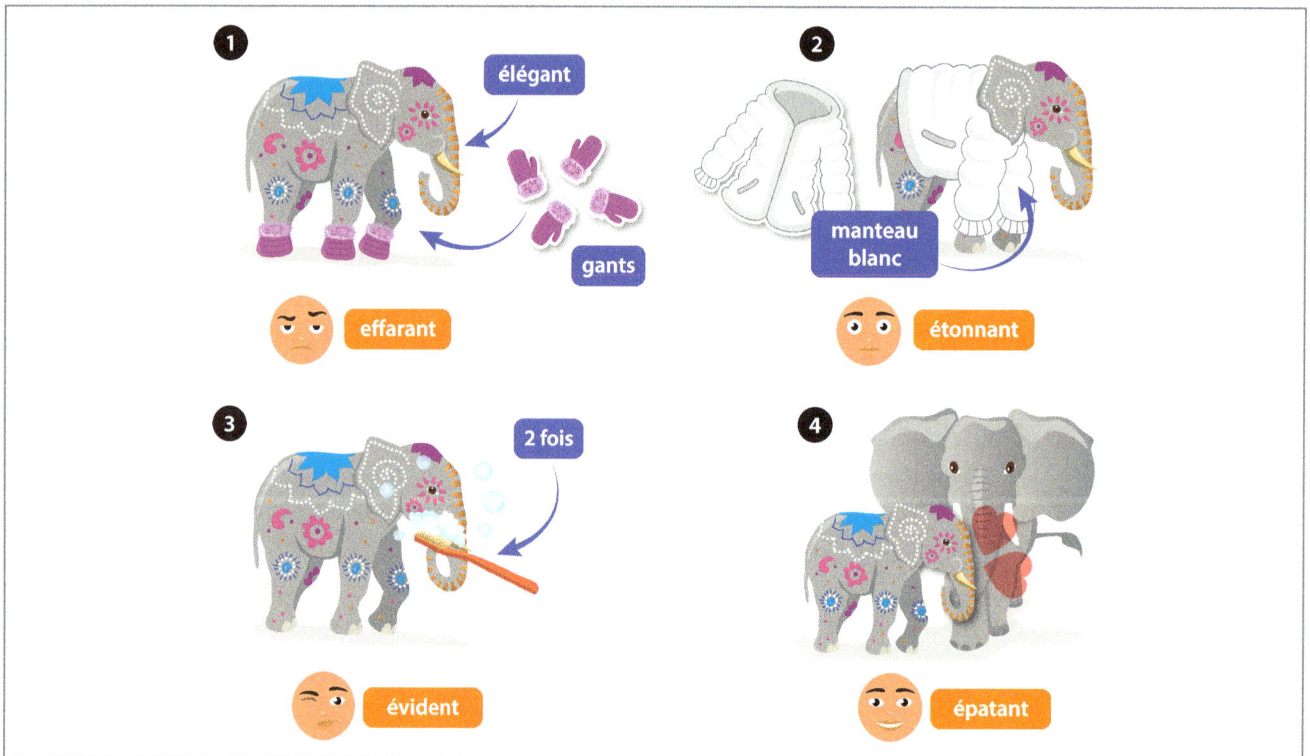

JOUR 2 SÉANCE 2

1. Introduire la séance	**Objectif** : comprendre et raconter pour mieux mémoriser.
2. Raconter	Faire raconter l'histoire du poème par les élèves en appui sur la carte mentale et les images de la séance du jour 2.
3. Réciter	Réciter tout le texte aux élèves.
4. Raconter	Faire raconter l'histoire par les élèves.
5. Faire apprendre par cœur	Phase d'apprentissage systématique avec les élèves : réciter un vers et le mimer. Les élèves répètent. Faire repérer les rimes (les colorier au tableau ou sur l'affiche).
6. Échanger	Aider les élèves à exprimer **ce qu'ils ressentent** ou à établir des correspondances avec leur propre expérience (*cf.* transactions évoquées partie II, liens avec soi).

JOUR 3 SÉANCE 3

Réaliser l'activité de compréhension sur *Mon carnet d'apprenti lecteur* p. 15	**Objectif :** comprendre le lexique. **Activité 2.** Cette question implique une représentation mentale de chaque définition pour l'élève à mettre en lien avec le contexte d'utilisation des objets. Ne pas négliger l'activité possible de **dessin** : celui-ci constitue, pour l'élève, sa **première traduction personnelle** du texte. Faire illustrer la poésie dans le cahier de poésie.

JOUR 4 SÉANCE 4

1. Introduire la séance	**Objectif :** mettre en scène le poème pour mieux le comprendre. La place du corps dans les apprentissages est centrale.
2. Interpréter et mettre en scène	– Demander aux élèves de mettre en scène le poème, de le présenter sur une scène. Les élèves font des propositions : matériel, attitudes, gestes, déplacements… – Demander à un ou plusieurs élèves volontaires de venir jouer la scène.
3. Réciter et jouer	– Les élèves les plus timides doivent pouvoir bénéficier d'espaces de récitations un peu plus protégés (APC, fin de cours, dans un coin de la classe avec l'enseignant ou face à un élève très dégourdi, en binôme). Ne pas négliger la prise de risque par l'élève lors de cet exercice. Il importe de conserver l'idée de plaisir pour tous. La poésie est un support de choix dans cette perspective (jeux du corps, des sonorités, images amusantes, émouvantes…)

9. Lecture autonome

Modalités	Travail individuel, en autonomie – Bilan en classe entière
Durée	**JOURS 2, 3 :** 2 séances de 10 min **JOUR 4 :** 1 séance bilan de 20 min
Matériel élève	*Manuel de code* p. 41

– Lors de la semaine de révision, le texte de lecture autonome est une synthèse des aventures de la période. Les phrases sont issues des textes précédents. Il n'y a pas de fiche d'activités. Ce texte est l'occasion d'effectuer un rappel sur les différentes aventures, sur les personnages, leur personnalité, les personnages secondaires rencontrés…
– C'est l'occasion de permettre à des élèves de relire certains épisodes de leur choix, d'essayer des lectures du niveau supérieur sur un texte déjà lu, de faire une fiche de lecture autonome qu'ils n'auraient pas pu faire pendant la période…

Période 2 • Semaine 1

1. Proposition d'emploi du temps (*cf.* Période 1 Semaine 4)

2. Code : graphème v et lettres finales muettes

Modalités	**JOUR 1** – Oral – Classe entière – 40 min
Matériel	– *Manuel de code* p. 42 – Vidéos du *Manuel de code* à vidéoprojeter – Cartes graphèmes **v l m r f j n ui ou e eu a u i o é** (*cf.* site Ressources)
Étape 1	– Faire entendre le son prononcé pour le graphème **v** tout en visionnant la capsule vidéo. – Commenter la position de la bouche, de la langue, le passage du souffle.
Étape 2	Faire prononcer le **vire-langue** du jour. Le faire répéter plusieurs fois, à vitesse variable : « Victor veut vivre les aventures des vipères et des vautours. »
Étape 3	Activité avec les **cartes graphèmes** (*cf.* partie III).
Étape 4	Faire lire les **mots outils**. Ces mots sont présentés dans leur globalité, non déchiffrables puisque les unités graphémiques les constituant ne sont pas encore travaillées. Il s'agit de les faire observer et prononcer, et de les remobiliser fréquemment en les faisant identifier par les élèves à chaque occurrence.

3. Activités d'encodage/décodage

Modalités	**JOURS 2, 3 et 4** – Par groupe de besoins ☀ ★ ou ☾, en rotation : – Oral avec l'enseignant à partir du *Manuel* – Écrit en autonomie sur les *Fiches d'exercices de code* 40 min
Matériel enseignant	*Manuel de code* p. 42 à 45
Matériel élève	– *Manuel de code* pour le travail avec l'enseignant – Cahier du jour pour la dictée avec l'enseignant – *Fiche d'exercices de code* ☀ ★ ou ☾ pour le travail en autonomie – Tablette (ou duo d'élèves) pour le travail en autonomie

Planning

	JOUR 2	JOUR 3	JOUR 4
Ateliers guidés avec l'enseignant	*Manuel* : – lecture syllabes et mots – exercices 2, 3, 4, 5, 6	*Manuel* : – lecture mots et phrases	*Manuel* : – texte *Lisons ensemble !* – exercices 7, 9
Ateliers en autonomie	*Fiches* : exercices 2, 3	*Fiches* : exercices 4, 5, 6	*Fiches* : exercices 7, 9

– À partir de cette semaine, les mots de la leçon sont présentés avec un déterminant, permettant une sensibilisation progressive au genre des noms.

– Lors de la lecture des mots en groupe guidé, faire observer que beaucoup de mots ont une lettre finale qu'on n'entend pas. Préciser que, pour l'instant, ces lettres (e, x, t) figurent en gris. Les repérer avec les élèves.

Exercices 2 et 5 • manuel, p. 43-44	*Cf.* Période 1.
Exercice 3 • manuel, p. 43	Cet exercice prolonge la sensibilisation aux lettres finales muettes (d, x, s, t) en comparaison avec les finales sonores (é, l, r).

Exercice 4 • manuel, p. 43	Recourir au frappé pour aider à identifier le nombre de syllabes de chaque mot.
Exercice 6 • manuel, p. 44	Syllabes dictées par l'enseignant sur le cahier du jour : ☀ vou – va – av – vo – vir ★ iv – vé – vou – rouv – val ☾ vi – louv – val – fleuv – trav – mouv
Exercice 7 • manuel, p. 44	Faire produire à l'oral le maximum de mots correspondant à des objets du dessin « scène de rue urbaine » qui contiennent le son [v]. Les mots donnés à encoder sur la *Fiche d'exercices de code* sont issus de cette scène.
Exercice 9 • manuel, p. 45	– Faire classer le corpus de mots suivant en trois catégories : « masculin », « féminin », « pluriel » : un vélo – une revue – un navire – des larves – des villas – une avenue – un livre – le fleuve – la vie – une louve – la ville – les vallées – un vase – des olives. – Faire remarquer aux élèves que la marque du pluriel, le **s** final, ne s'entend pas à l'oral car c'est une lettre finale muette qui marque le pluriel à l'écrit. – Faire ensuite l'exercice 9 à l'oral.
Consignes pour les groupes en autonomie sur les *Fiches d'exercices de code*	*cf.* Période 1.

4. Dictée : le quart d'heure quotidien

Modalités	Classe entière. Procédé « Lamartinière » sur ardoise.
Durée	**Tous les jours.** 15 min
Matériel enseignant	– Cartes graphèmes (*cf.* site Ressources) – Utilisation des cartes graphèmes (*cf.* Partie III)
Matériel élève	Ardoise

Planning et textes

JOUR 1	vu – av – vi – vou – év – avi
JOUR 2	val – riv – vif – liv – mouv – vol
JOUR 3	un vélo – une revue – la ville – le livre – avec
JOUR 4	La nuit va venir. Noé joue avec son ami.

5. Geste d'écriture

Modalités	Classe entière. **Tous les jours**. 20 min
Matériel enseignant	– Vidéo *échauffement des doigts* (*cf.* Partie III) – Vidéo du *Manuel de code* à vidéoprojeter – Outils de différenciation en usage, en fonction des besoins (*cf.* Partie III) – Tableau d'observation des élèves (*cf.* site Ressources)
Matériel élève	– Ardoise + feutre – Cahier de l'élève avec modèles d'écriture préparés par l'enseignant – Outil scripteur de l'élève
La lettre v	Pour mémoire, la référence aux groupes ☀ ★ ☾ est **totalement indépendante des groupes de lecture (code et compréhension)**. En effet, la différenciation pour le geste d'écriture s'appuie sur d'autres critères, comme indiqué dans la partie III. C'est un pont suivi d'un début d'étrécie. Cette lettre se termine par une attache haute (On peut utiliser l'image du bec avec les élèves). Celle-ci amènera un enchaînement avec la lettre suivante dit « haut ».

Points de vigilance :

– Cette liaison difficile doit retenir l'attention de l'enseignant.

– Ne pas enseigner le tracé avec œilleton car les élèves ont tendance à faire une boucle trop grosse.

Travail sur la semaine

JOUR 1 : organiser un travail collectif sur la lettre isolée, et des enchaînements de lettres communs à tous les élèves (parmi les propositions ☀).

JOUR 2 :

– Travailler l'enchaînement des lettres **v + e** pour tous les élèves.

– Puis proposer un travail différencié sur les mots (parmi les propositions ☀ ou ★☾), selon l'aisance, la fluidité du geste et la vitesse d'écriture des élèves.

JOUR 3 : même principe de fonctionnement. Tous les élèves doivent travailler l'enchaînement des lettres **v + r**.

Exercice complémentaire

Une fois dans la semaine, proposer un entraînement à partir d'une frise (*cf.* site Ressources).

		Exemples*	
		☀	★☾
JOURS 1, 2, 3	Lettre isolée	v	
	Enchaînement de lettres	iv – vu – ve – ov	+ vre
	Mots	la vie – la vue	le fleuve
	Rupture dans le geste (levé de crayon)	vo	vou
	Mots avec rupture dans le geste (levé de crayon)	le vélo – un navire	une laverie – ma villa
	Courte phrase (espacement entre les mots)	Il lave.	Elle ouvre un livre.
JOUR 4	Le geste des chiffres 6 et 7		

* Exemples au choix : proposer au moins les éléments surlignés.

6. Copie

Modalités

JOURS 1, 2 – Par groupe de besoins ☀ ★ ☾ avec l'enseignant, en rotation avec des activités en autonomie

Matériel enseignant

Manuel de code p. 43

Matériel élève

– Cahier du jour pour le travail avec l'enseignant

– *Fiche d'exercices de code* ☀ ★ ou ☾ pour le travail en autonomie

Planning

JOUR 1	JOUR 2
Manuel : exercice 1	*Fiche en autonomie* : exercice 1

Exercice 1 • manuel, p. 43

Éloigner progressivement le modèle pour forcer les élèves à mémoriser la syllabe complète avant de la reproduire. On peut aller jusqu'à placer le modèle sur un plan vertical, la reproduction se faisant sur un plan horizontal. L'objectif est la mise en mémoire de la syllabe avant sa reproduction.

Consignes pour les groupes en autonomie sur les *Fiches d'exercices de code*

cf. Période 1.

7. Production d'écrit

Modalités	**JOUR 3** – Par groupe de besoins ☀ ★ ☾ avec l'enseignant, en rotation avec des activités en autonomie
Durée	**Matin** : ☀ 20 min ★ 10 min ☾ 10 min **Après-midi** : ☀ 30 min ★ 20 min ☾ 20 min
Matériel enseignant	– *Manuel de code* p. 44 – *Guide pédagogique* (*cf.* partie III)
Matériel élève	– *Manuel de code* – *Fiche d'exercices de code* ☀ ★ ☾ ou cahier du jour/d'écrivain (selon le choix de l'enseignant)

Pendant toute la Période 1, nous avons mis une focale forte sur le travail d'encodage, dans le souci de l'autonomisation des élèves. À partir de la période 2, c'est la démarche de production d'écrit qui est visée, dans un principe de continuum avec les apprentissages réalisés en cycle 1, afin de permettre aux élèves de devenir des scripteurs de plus en plus autonomes.

Exercice 8 • manuel, p. 44

Objectifs : – continuer à découvrir une démarche de production d'écrit,
– s'entraîner à encoder des écrits courts : savoir mobiliser les stratégies nécessaires.

MATIN

Préparation à l'écriture

1. Introduire la séance, présenter la situation et expliciter l'objectif

Dans cet exercice, je vous demande d'écrire un titre pour ce dessin. Qu'est-ce qu'un titre ? À quoi ça sert ? Comment allons-nous nous y prendre pour trouver un titre qui corresponde à ce dessin ? Ce matin, nous allons observer et décrire cette image et cet après-midi, vous inventerez et écrirez votre titre.

2. Décrire l'image

– Après un court temps d'observation, amener les élèves à décrire l'image (objets, couleurs, lumières…) et ce qu'elle leur évoque (impressions, émotions).
– Organiser les échanges à partir de questions ouvertes : Que voyez-vous sur cette image ? Que peut-on dire des couleurs/de la lumière ? À quoi ce dessin vous fait-il penser ? Que ressentez-vous ?
– Distribuer la parole, synthétiser, reformuler.
– Noter au tableau ou sur une affiche (trace mémoire pour la séance d'écriture de l'après-midi, outil d'aide à l'orthographe, à expliciter aux élèves) quelques mots clés parmi les propositions des élèves. Les élèves doivent être associés à l'encodage de certains mots.

APRÈS-MIDI

Mise en texte et révision

3. Lancer les élèves dans l'écriture

– Annoncer la tâche : écrire un titre pour le dessin.
– Expliciter le critère de réussite : le titre doit correspondre à l'image, exprimer l'idée générale de l'image ou parler d'un élément précis, une émotion…
– Afficher le support constitué collectivement le matin, comme outil d'aide.
– Faire un rapide tour de table, pour faire dire des exemples de titres possibles. En proposer d'autres afin d'enrichir les propositions des élèves.
– Amener les élèves à être attentifs au lien entre le titre proposé et ce qu'ils veulent exprimer : faire justifier les choix.

4. Accompagner les élèves dans l'écriture

– Faire des liens avec les intentions d'écriture, encourager l'élève à oraliser ce qu'il écrit (ou le faire pour lui) pour faire constater les écarts : Que voulais-tu que ton titre exprime ? Quel titre avais-tu choisi d'écrire ? Qu'as-tu écrit ?
– Observer les élèves, mobiliser les modalités d'étayage en fonction des besoins (aide de l'adulte, étayage matériel-outil ressource, aide d'un pair), aider à mobiliser les stratégies d'encodage en fonction des mots, des erreurs et des difficultés rencontrées.
– Valoriser les réussites.
– Aider à enrichir l'écrit produit (ex : la nuit ➜ la nuit étoilée).

	– Encourager l'entraide pour encoder, pour enrichir ses idées. – Faire aboutir chaque élève à une forme écrite complète.
5. Clôturer la séance	Revenir sur les textes produits, valoriser ce que l'on est en train d'apprendre en écrivant des textes (partager les procédures, les outils pour y parvenir).
6. Prolongement	Ce travail peut être reconduit à partir d'œuvres d'art visuelles (*La nuit étoilée* de Van Gogh) ou auditives. Il s'agit de tisser du lien entre les séances menées en art et la production d'écrit.

8. Compréhension : *La cachette de Rita et Machin* – 1re partie

Modalités	**Tous les jours.** En classe entière avec des moments de mise en groupes ou binômes
Durée	8 séances de 20 min sur deux semaines
Matériel enseignant	– Manuel numérique de *Mon carnet d'apprenti lecteur* – Texte de l'histoire (*cf.* Partie V) – Boîte à mots – Carte mentale (*cf.* Manuel numérique)
Matériel élève	– *Mon carnet d'apprenti lecteur* – Cahier du jour préparé avec le début de phrase *Rita et Machin se sentent…* – Flashcards de Rita et Machin *(à créer)* *Sur le site Ressources :* – Flashcards du personnage et des lieux (papa, cabane, igloo, espace, mer, chambre) et étiquettes de ces mots – Imagiers et étiquettes des mots du lexique de la banquise, de la mer, de l'espace – Étiquette-phrase « Rita ! Machin ! Où êtes-vous ? » – « Marguerites » à compléter (lexique banquise, espace, mer) – Affiche des pictos stratégies

SÉANCE 0

	Objectif : anticiper l'histoire. – Cette séance peut être supprimée ou anticipée le jour scolaire précédent, en fin de journée, par exemple. L'étude de la première de couverture accroît les connaissances culturelles de l'élève mais ne participe que très peu à la construction des compétences de compréhension. Elle est néanmoins intéressante pour apprendre aux élèves à formuler des hypothèses à partir du titre et/ou de l'illustration. – Exceptionnellement, on peut utiliser une partie de la plage horaire (9 h 40 – 10 h 55) réservée aux autres domaines d'apprentissage pour placer ce temps d'anticipation. On peut encore placer cette séance le dernier jour de la Période 1, avant les vacances, pour créer un univers d'attente.
Recueillir les premières impressions	– Projeter la couverture de l'album à partir du manuel numérique (ou l'imprimer en format A3). – Interroger les élèves : Que voit-on sur la première de couverture ? *On voit deux personnages : une petite fille et un chien, des planches clouées entre elles, et une vitre.* Pouvez-vous lire le titre ? Laisser les élèves le déchiffrer, donner le mot « cachette » si besoin. Que nous apprend-il ? *On comprend que les planches assemblées et la vitre sont la façade d'une cabane. On peut penser que les deux personnages ont une cachette dans une cabane ou qu'ils jouent dans la cabane au fond du jardin.* Quelle pourrait être l'histoire ? *Ces personnages construisent une cabane. Rita essaie d'effrayer Machin avec une araignée.*

– Faire formuler des hypothèses : on attend que l'élève s'engage sur une production orale cohérente et syntaxiquement construite.
– Être attentif à la formulation des phrases et encourager la prise de parole longue.
– Reformuler si besoin en apportant les corrections nécessaires, sans pointer les erreurs de langage après avoir laissé l'élève terminer sa prise de parole.

JOUR 1 SÉANCE 1

– La lecture de l'album doit être réitérée autant de fois que possible entre les séances pour éviter la lecture systématique en début de séance. Sinon, les élèves ne travaillent que sur leur mémoire à court terme ou leur mémoire de travail.
– Il est indispensable que l'enseignant puisse raconter l'histoire (au préalable de la séance) avec ses propres mots avant de la lire lors de cette séance. Il n'est pas toujours aisé pour l'adulte de raconter. Nous conseillons à l'enseignant de s'y entraîner.

1. Présenter les objectifs

Objectifs : – apprendre à raconter l'histoire pour bien la comprendre,
– repérer les éléments essentiels du récit.

Critères de réussite élèves : faire produire une ou deux phrases orales à propos de l'histoire par chaque élève.

But de la tâche : constituer la carte mentale de l'histoire.

2. Raconter puis lire

– Raconter avec ses propres mots l'histoire avant de la lire. Se donner à voir en train de raconter est un geste professionnel qui montre à l'élève la tâche à réaliser : Je vais d'abord vous raconter l'histoire en entier, puis je vais la lire.
– Fermer le livre pour raconter l'histoire.
– Puis, lire sans montrer les images, dans un premier temps, pour laisser aux élèves l'effort de les fabriquer eux-mêmes.

3. Repérer les éléments essentiels du récit

Comprendre un texte, pour un élève, va nécessairement passer par la restitution du récit.
– Attirer l'attention des élèves sur les éléments constitutifs de l'histoire, les personnages, les lieux : Vous allez apprendre à raconter l'histoire tout seuls.

– Faire identifier les personnages : Quels sont les personnages de l'histoire ? *Rita, Machin, et Papa.*
– Placer les flashcards correspondantes au tableau, ou afficher les images sur l'écran via la version numérique du manuel.

– Faire reconnaître les lieux : Quels sont les lieux où se passent l'histoire ? *La cabane, la mer, la banquise, l'espace, la chambre.*
– Placer les flashcards des lieux sur le tableau. Dans un premier temps, la chronologie ne va pas être respectée par les élèves. Laisser faire.

– Établir l'ordre des événements. Il est possible ici d'établir l'ordre des trois épisodes différents. Pour certaines histoires, l'ordre est déterminant. Ce n'est pas le cas ici. Nous allons mettre en ordre les épisodes de l'histoire : la banquise, l'espace, la mer.
– Faire verbaliser que, depuis leur cabane, Rita et Machin jouent à être sur la banquise, dans l'espace et sous la mer.
– Placer les flashcards des personnages au centre du tableau.
– Placer les flashcards des lieux autour de ceux-ci et les numéroter.
– Faire repérer aux élèves la récurrence de la phrase du père « Rita ! Machin ! Où êtes-vous ? ».

Les liens de causalité sont difficiles à repérer par les élèves et pourtant ils sont centraux à la compréhension.
– Verbaliser explicitement : C'est parce que Rita et Machin n'ont pas répondu à Papa qu'ils sont punis.
– Intercaler l'étiquette phrase « Rita ! Machin ! Où êtes-vous ? » entre les flashcards des lieux à chaque fois

4. Restituer et enchaîner les épisodes.

– Il s'agit de faire restituer collectivement les trois épisodes par les élèves. Encourager une prise de parole longue par les élèves volontaires. Exiger que l'élève qui prend la suite, complète et ne répète pas ce qui vient d'être dit, délicatement pour ne pas décourager les prises de parole.

– Au fur et à mesure des propositions de récit des élèves, placer les images correspondantes de manière à construire **une carte mentale**. Exiger les phases initiale et finale ou compléter le récit en formulant à la place des élèves le cas échéant.

La compréhension du schéma narratif est capitale. Ici, le schéma narratif est simplifié. Nous mettons l'accent sur la situation initiale et la situation finale.

Situation initiale : Rita et Machin jouent dans une cabane au fond du jardin quand il pleut.
Épisode 1 : ils font semblant d'être sur la banquise.
Épisode 2 : ils font semblant de se trouver dans l'espace.
Épisode 3 : ils font semblant d'être sous la mer.
Situation finale : Papa arrive en colère car Rita et Machin n'ont pas répondu à ses appels. Ils sont punis.

JOUR 2 SÉANCE 2

– Cette séance détaille une proposition de travail lexical sur le champ de la banquise. Il est possible d'organiser la séance et ce, de façon préférentielle, sous la même organisation et déroulement, avec un travail en trois groupes. Chaque groupe travaille sur un champ lexical différent (banquise, espace, mer) qui débouche sur **trois « marguerites », une pour chaque champ lexical**.
– Prendre le soin de relire l'histoire en entier entre la séance 1 et la séance 2, en dehors des séances de compréhension.

But de la tâche : réaliser une trace écrite sous forme de réseau de mots pour la classe.

Voici le déroulé d'une séance pour un groupe sur le champ lexical de la banquise (à adapter pour chacun des deux autres groupes et champs lexicaux) :

1. Présenter l'objectif principal de la séance

Objectif : catégoriser les mots, comprendre le lexique et l'enrichir.

L'objectif est formulé ainsi pour que l'élève ne confonde pas ce qu'il fait (une « marguerite ») et ce qu'il apprend (des mots concernant le champ lexical de la banquise).

Vous allez tous ouvrir une boîte dans votre mémoire pour que l'on puisse y ranger les mots de Rita et Machin qui se rapportent à la banquise.

2. Recueillir les mots connus des élèves

– Faire raconter l'épisode de la banquise par les élèves. Le lire ensuite.
Quels sont les mots que vous avez entendus qui parlent de la banquise ? *Igloo, esquimau, chien de traîneau, banquise.*
Connaissez-vous d'autres mots liés à cet univers ? Glace, ours polaire, pingouin…
– Au fur et à mesure que les élèves citent les mots, les noter sur une « **marguerite** » que l'on confectionne soit sur une grande feuille pour pouvoir la conserver, soit sur le tableau que l'on photographiera pour pouvoir ensuite projeter la photographie. Positionnez avec des aimants l'image correspondant à chaque mot à côté de ce mot.

3. Enrichir le lexique des élèves

– Distribuer les imagiers aux élèves : Quels sont les autres mots que vous pouvez trouver ? *Morse, iceberg, manchot, océan arctique, pôle nord, antarctique, brise-glace…*

– Expliquer la signification des mots nouveaux à l'aide des images, et compléter la « marguerite ».

– À la fin de la séance, placer toutes les étiquettes mots dans la **boîte à mots** « Rita et Machin ». Un carton à chaussures ou une boîte dédiée au recueil des mots de l'histoire facilite la mise en mémoire que l'élève doit effectuer du lexique étudié. Il s'agit d'une catégorisation en acte qui lui permet d'ordonner son propre stock lexical dans sa mémoire à long terme. Cette boîte à mots est laissée à disposition dans la classe pour que les élèvent mobilisent le vocabulaire pour les séances de production d'écrits, par exemple.

Exemples de marguerites finalisées (à l'issue des séances)

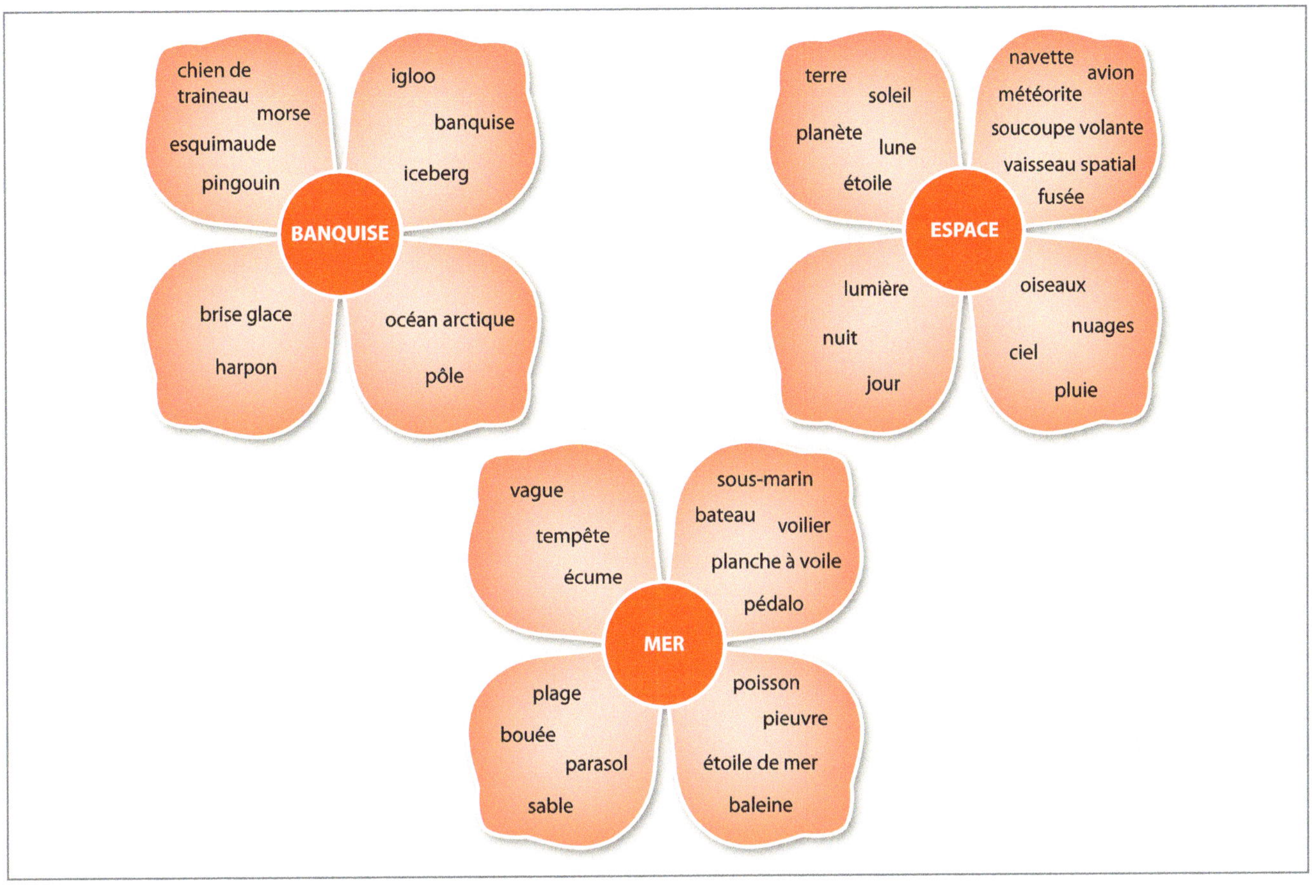

JOUR 3 SÉANCE 3

1. Présenter les objectifs	**Objectifs :** – faire des liens à soi, des liens avec son vécu personnel, – comprendre ce que les personnages ressentent.
2. Faire restituer le récit	– Inviter les élèves à restituer le récit. – Afficher ou projeter la carte mentale. – Pointer les images des différents lieux sur la carte mentale au fur et à mesure que les personnages changent de lieux. – Si les élèves ne le font pas spontanément, insister sur le lien de causalité établi à la séance précédente. Papa est en colère car Rita et Machin ne lui ont pas répondu. Ils n'ont pas répondu car ils étaient occupés à leurs jeux sur la banquise, dans l'espace et sous la mer.
3. Prendre du recul sur sa propre expérience – Faire des liens avec soi	– Pour faire comprendre les états mentaux des personnages, demander aux élèves de se souvenir d'un épisode de leur vie où ils n'ont pas répondu à papa et maman : As-tu déjà vécu une telle situation ? Raconte. – Aider les élèves à effleurer l'idée que, pour comprendre un récit, il faut nourrir sa réflexion par son propre vécu. Les inciter à raconter une expérience de punition, de colère des parents, de jeu de *faire semblant*.
4. Réaliser les activités de compréhension sur *Mon carnet d'apprenti lecteur* p. 16	**Activités 1 et 2.** Stratégie ♡ Il s'agit d'activités impliquant l'engagement personnel de l'élève, ici ses préférences.

JOUR 4 SÉANCE 4

1. Présenter les objectifs	**Objectifs :** – s'intéresser aux états mentaux des personnages, – comprendre ce que les personnages pensent dans leur tête.
2. Se mettre à la place de Rita et Machin	– Il s'agit de travailler la **théorie de l'esprit des personnages**. Pour y accéder, l'élève doit être questionné sur ce que **pensent, croient et ressentent** les personnages. Le cadre

de questionnement proposé ci-dessous est **récurrent dans la méthode**. Il est adapté à l'histoire étudiée.

– L'enseignant pose la première question et balaye avec les élèves les intentions, émotions, croyances qu'il explicite. Il réitère avec la deuxième question.

– Les questions suivantes visent à aider les élèves à faire une synthèse sur ce que veulent les personnages, ce qu'ils ressentent, ce qu'ils savent et croient.

– Si les élèves ne parviennent pas à s'accorder, ne pas hésiter à donner les bonnes réponses. Il ne faut pas laisser croire aux élèves que toutes les réponses ou toutes les interprétations se valent[1].

Guidance 1 : Que ressentent Rita et Machin lorsqu'ils sont sur la banquise ?

Intentions

Pourquoi Rita et Machin choisissent-ils de jouer sur la banquise ? *Ils ne la connaissent pas bien, ils en ont entendu parler dans un dessin animé, dans des histoires lues par leurs parents ; cela les attire, les fascine…*

Font-ils exprès de ne pas répondre à papa ? *Oui, ils font exprès car ils ne veulent pas s'arrêter de jouer, ils veulent jouer plus longtemps ; Non, ils sont tellement occupés, ils n'entendent vraiment pas…*

Émotions

Que ressentent Rita et Machin quand ils sont plongés dans leurs jeux ? *Plaisir, détente, ils se sentent forts, héros, acteurs de différents rôles…*

Que ressent papa la première fois qu'il les appelle, et la deuxième fois ? *Inquiétude, peur de les avoir perdus, impatience, colère…*

Savoirs, croyances

Que savent-ils de la banquise ? *C'est grand, froid, il y a des ours et des esquimaux enveloppés dans des fourrures. C'est un environnement hostile, mystérieux, fascinant.*

Guidance 2 : Que ressentent-ils lorsque Papa les gronde ? Que pensent-ils ?

Si besoin, étayer la réflexion des élèves en ajoutant : Sont-ils tristes d'être punis ?

Intentions

Comment Rita et Machin vont-ils se débrouiller pour revenir jouer ? *Ils ont bien l'intention de se rattraper, d'être gentils avec papa pour pouvoir revenir vite dans la cabane. C'est parce qu'ils ne peuvent pas venir souvent qu'ils l'aiment tant…*

Émotions

Que ressentent-ils après que papa a exprimé sa colère ? *Ils sont déçus d'arrêter leurs jeux, vexés parce que papa les prive d'un bon moment. Ils sont tristes, ils n'aiment pas quand papa est fâché…*

Savoirs, croyances

Que savent-ils des punitions ? *C'est logique, tous les enfants sont punis quand ils désobéissent, ce n'est pas grave ! La punition ne va pas durer longtemps, ils pourront revenir jouer…*

3. Produire une trace écrite

Phase orale :

– Recenser au tableau les adjectifs qui correspondent aux sentiments éprouvés par les personnages : *tristes, malheureux, vexés, surpris…*

– Faire compléter en oral collectif l'amorce de phrase : **Rita et Machin se sentent…**

Phase écrite : sur le cahier du jour, inviter les élèves à écrire comment se sentent Rita et Machin quand Papa les punit. Écrire le début de la phrase « *Rita et Machin se sentent…* » au tableau. Écrire le début de la phrase directement sur certains cahiers.

1. C. Tauveron, *Comprendre et interpréter le littéraire à l'école : du texte réticent au texte proliférant*, 1999.

Exemple de carte mentale finalisée (à l'issue des 8 séances)

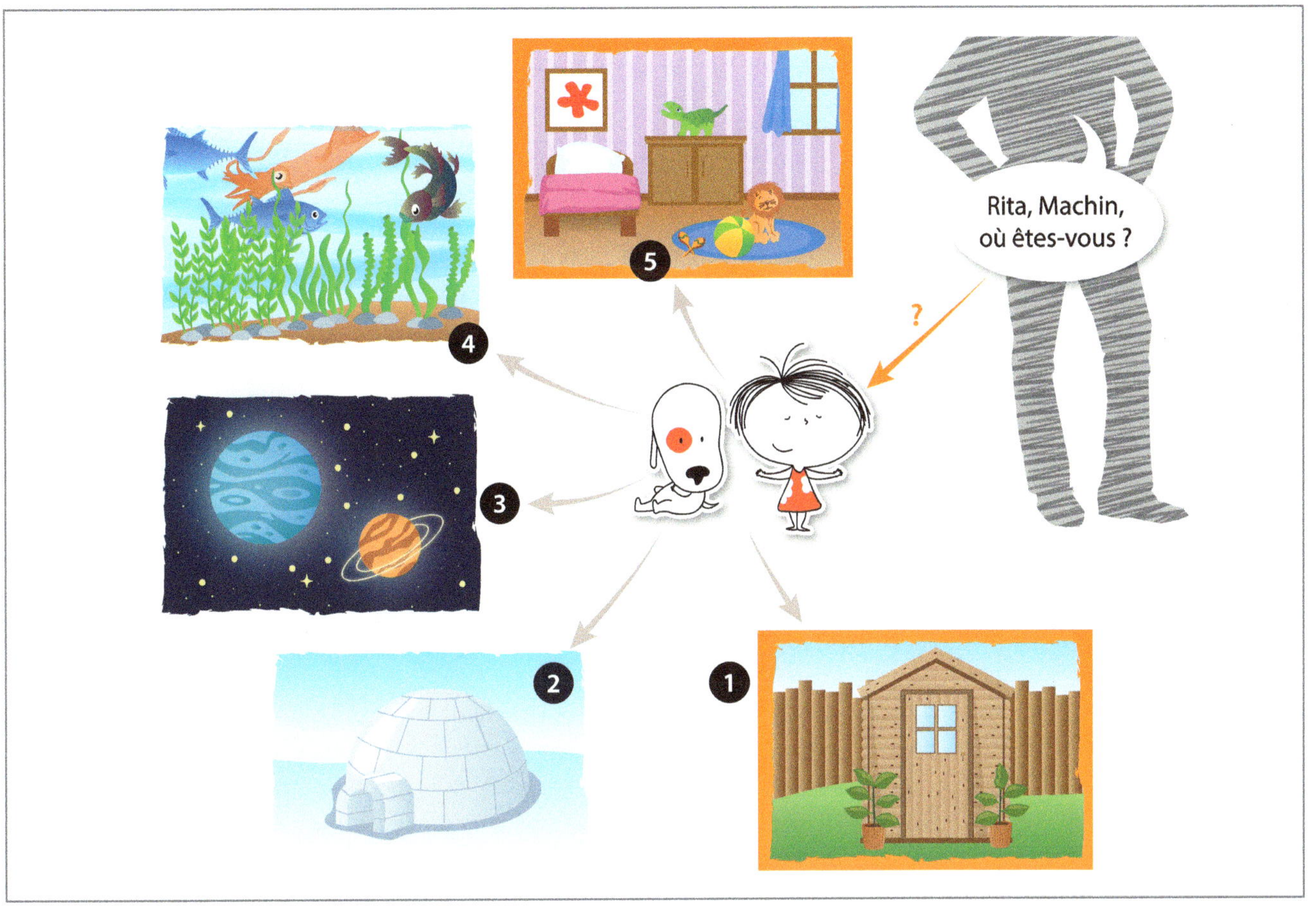

9. Lecture autonome

Modalités	Travail en autonomie et en groupe de besoins – Bilan en classe entière
Durée	**JOUR 1 :** 2 ou 3 min en fin de séance de découverte des graphèmes (matin) **JOURS 2, 3 :** 2 séances de 10 min **JOUR 4 :** 1 séance guidée de manipulation d'étiquettes de 10 min, + 1 séance en autonomie sur les questions de 10 min, + 1 séance bilan en groupe classe de 20 min
Matériel élève	– *Fiche de lecture autonome* ou – Fiche autocorrective

Planning

	JOUR 1	JOUR 2	JOUR 3	JOUR 4
Groupe classe	Narration de l'enseignant et lecture du titre			Bilan
Ateliers en autonomie		Lecture	Lecture et activités	Lecture et activités / autocorrection
Ateliers guidés avec l'enseignant				Lecture / Manipulation d'étiquettes

Narration de l'enseignant pour présenter l'épisode

Cet épisode fait suite au précédent. La journée a été intense et pleine d'émotions. Nina est contente mais fatiguée. Après la finale, ils ont passé l'après-midi à jouer, à rire. Au goûter, ils ont mangé des gaufres. C'est Papa qui les a offertes pour fêter la victoire de

Noé. Le soir, ils sont rentrés à la maison et ont pris une bonne douche. Le repas a été vite avalé et les enfants sont partis se coucher, des souvenirs plein la tête.

Caractéristiques des textes par groupes de besoins

	Nombre de mots	%	Le rêve de Nina
☀	18	97 %	*Cf. Fichier de lecture autonome* p. 21
★	33	95 %	*Cf. Fichier de lecture autonome* p. 22 et *Manuel de code* p. 45
☾	39	96 %	*Cf. Fichier de lecture autonome* p. 23

Compétences travaillées (stratégies de compréhension *cf.* partie III)

	Activité 1	Activité 2
☀ ★ ☾	Manifester sa compréhension de l'histoire : identifier les incohérences pour choisir l'image correspondant au texte.	Identifier le titre.

Bilan du JOUR 4

– Demander aux élèves de restituer l'histoire.
– Lire le texte à voix haute aux élèves.
– Traiter collectivement à l'oral l'activité 1 de la fiche ★. Justifier le choix de la bonne image en explicitant les incohérences sur les autres images.

Période 2 ■ Semaine 2

1. Proposition d'emploi du temps (*cf.* Période 1 Semaine 4)

2. Code : graphème ch et er final prononcé

Modalités
JOUR 1 – Oral – Classe entière – 40 min

Matériel
– *Manuel de code* p. 46
– Vidéos du *Manuel de code* à vidéoprojeter
– Cartes graphèmes **ch v l m r f j n er ui ou e eu a u i o é** (*cf.* site Ressources)

Étape 1
– Faire entendre le son prononcé pour le graphème **ch** tout en visionnant la capsule vidéo.
– Commenter la position de la bouche, de la langue, le passage du souffle.

Étape 2
Faire prononcer le **vire-langue** du jour. Le faire répéter plusieurs fois, à vitesse variable : « Charlotte a de la chance en cherchant des champignons dans les champs. »

Étape 3
Activité avec les **cartes graphèmes** (*cf.* Partie III).

Étape 4
Faire lire les **mots outils** (*cf.* semaine 1).

Étape 5
– Présenter aux élèves les mots : **fer – mer – ver – cher – amer**. Les lire à haute voix plusieurs fois.
– Demander aux élèves ce qu'ils entendent de commun dans tous ces mots. Leur faire identifier ce son commun à l'écrit ➜ **er**.

3. Activités d'encodage/décodage

Modalités	**JOURS 2, 3 et 4** – Par groupe de besoins ☀ ★ ou ☾, en rotation : – Oral avec l'enseignant à partir du *Manuel* – Écrit en autonomie sur les *Fiches d'exercices de code* 40 min
Matériel enseignant	*Manuel de code* p. 47 à 49
Matériel élève	– *Manuel de code* pour le travail avec l'enseignant – Cahier du jour pour la dictée avec l'enseignant – *Fiche d'exercices de code* ☀ ★ ou ☾ pour le travail en autonomie – Tablette (ou duo d'élèves) pour le travail en autonomie

Planning

	JOUR 2	JOUR 3	JOUR 4
Ateliers guidés avec l'enseignant	*Manuel* : – lecture syllabes et mots – exercices 2, 3, 4, 5	*Manuel* : – lecture mots et phrases	*Manuel* : – texte *Lisons ensemble !* – exercices 6, 8
Ateliers en autonomie	*Fiches* : exercice 2	*Fiches* : exercices 3, 4, 5	*Fiches* : exercices 6, 8

Exercice 3 • manuel, p. 47
Faire identifier les mots dans lesquels on entend le son [ch].

Exercice 4 • manuel, p. 48
Faire identifier dans quelle partie du mot, quelle syllabe, on entend ce son.

Exercice 5 • manuel, p. 48
Syllabes dictées par l'enseignant sur le cahier du jour :
☀ chu – chi – mer – ach – cha
★ chou – ich – éch – fer – ouch – char
☾ che – ach – chor – ruch – amer – chav

Exercice 6 • manuel, p. 48
– Prononcer deux fois chaque mot : faire choisir le mot écrit correspondant.
– Demander aux élèves ce qui leur a permis de faire leur choix entre les deux mots : c'est l'occasion d'attirer leur attention sur les aspects morphologiques qui différencient ces mots.

Exercice 8 • manuel, p. 49
– Faire une catégorisation des mots des lignes ☀ et ★ de la leçon, à classer dans les colonnes « masculin » ou « féminin ».
– Faire remarquer que les mots *riche* et *cher* ne peuvent pas être classés car ils ne peuvent pas être placés après *un* ou *une*.
– On peut commencer à dire que les mots qui peuvent se placer après *un* ou *une* sont des noms, sans insister pour cette première caractérisation.

Consignes pour les groupes en autonomie sur les *Fiches d'exercices de code*
cf. Période 1.

4. Dictée : le quart d'heure quotidien

Modalités	Classe entière. Procédé « Lamartinière » sur ardoise
Durée	**Tous les jours.** 15 min
Matériel enseignant	– Cartes graphèmes (*cf.* site Ressources) – Utilisation des cartes graphèmes (*cf.* partie III)
Matériel élève	Ardoise

Planning et textes

JOUR 1 cha – ouch – cher – chu – ich

JOUR 2 éch – cho – char – chou – écha – fer

JOUR 3 mouche – mer – niche – ruche – vache – cheval

JOUR 4 Le chat joue avec un ver. La cheminée fume.

5. Geste d'écriture

Modalités	Classe entière. **Tous les jours**. 20 min
Matériel enseignant	– Vidéo *échauffement des doigts* (*cf.* Partie III) – Vidéos du *Manuel de code* à vidéoprojeter – Outils de différenciation en usage, en fonction des besoins (*cf.* Partie III) – Tableau d'observation des élèves (*cf.* site Ressources)
Matériel élève	– Ardoise + feutre – Cahier de l'élève avec modèles d'écriture préparés par l'enseignant – Outil scripteur de l'élève

La lettre c	C'est un rond ouvert.
La lettre h	C'est une grande boucle et un pont. **Point de vigilance :** les élèves peuvent avoir tendance, à la fin de la grande boucle, à tourner sur la ligne de base comme un l, au lieu de s'arrêter pour remonter et enchaîner le pont. **Points de difficulté :** attirer l'attention de l'élève sur la partie descendante. Celle-ci suit un trait vertical, bien droit. Cette lettre amène les élèves à devoir gérer des niveaux d'interlignes. La boucle monte jusqu'au troisième interligne.

		Exemples (au choix parmi les propositions)	
JOUR 1	Tracé des lettres c et h. Travail des deux lettres isolées.		
		☀	★ ☾
JOURS 2, 3	Enchaînement de lettres	che – uche	
	Mots	avec	avec – la mer
	Rupture dans le geste (levé de crayon)	cha	
	Mots avec rupture dans le geste	une roche – la mouche	
	Courte phrase (espacement entre les mots)	Chouchou marche.	Chouchou marche avec une vache.
JOUR 4	Le geste des chiffres 8 et 9.		

6. Copie

Modalités	**JOURS 1, 2** – Par groupe de besoins ☀ ★ ☾ avec l'enseignant, en rotation avec des activités en autonomie
Matériel enseignant	*Manuel de code* p. 47
Matériel élève	– Cahier du jour pour le travail avec l'enseignant – *Fiche d'exercices de code* ☀ ★ ou ☾ pour le travail en autonomie

Planning

JOUR 1	JOUR 2
Manuel : exercice 1	*Fiche en autonomie* : exercice 1

Exercice 1 • manuel, p. 47

– Organiser les élèves en binômes, au moins pour le groupe ☾, voire ★.
– Lancer un signal pour l'observation du modèle, donner quelques secondes aux élèves.
– Au second signal, l'élève 2 du binôme cache le modèle, afin que l'élève 1, acteur, écrive la syllabe mémorisée.
– Permuter les rôles.
– Procéder de même pour chaque syllabe.

L'objectif est de contraindre l'élève acteur à mémoriser le modèle une fois pour toute et à l'écrire sans retour de prise d'information.

Consignes pour les groupes en autonomie sur les *Fiches d'exercices de code*

cf. Période 1.

7. Production d'écrit

Modalités	**JOUR 3** – Par groupe de besoins ☼ ★ ☾ avec l'enseignant, en rotation avec des activités en autonomie
Durée	**Matin** : ☼ 20 min ★ 10 min ☾ 10 min **Après-midi** : ☼ 30 min ★ 20 min ☾ 20 min
Matériel enseignant	– *Manuel de code* p. 49 – *Guide pédagogique* (*cf.* Partie III)
Matériel élève	– *Manuel de code* – *Fiche d'exercices de code* ☼ ★ ☾ ou cahier du jour/d'écrivain (selon le choix de l'enseignant)

Exercice 7 • manuel, p. 49

Objectif : développer la capacité à écrire une courte phrase en lien avec une image (poursuite d'une démarche de production d'écrit).

Cette séance se situe dans la continuité de la séance de la semaine précédente.

MATIN

Préparation à l'écriture

1. Introduire la séance, présenter la situation et expliciter l'objectif

Nous allons continuer à apprendre à écrire des phrases pour décrire ce que l'on voit sur une image. Ce matin, nous allons travailler à l'oral pour observer et décrire cette image et cet après-midi, vous inventerez et écrirez votre titre.

2. Décrire l'image

– Après un court temps d'observation, amener les élèves à décrire l'image (objets, couleurs, personnages, lieu, actions…) et ce qu'elle leur évoque (impression, émotions).
– Organiser les échanges à partir de questions ouvertes : Que voyez-vous sur cette image ? Que font les deux animaux ? À votre avis, que ressent le chat/la souris ?
– Distribuer la parole, synthétiser, reformuler.
– Noter au tableau ou sur une affiche (trace mémoire pour la séance d'écriture de l'après-midi, outil d'aide à l'orthographe, à expliciter aux élèves) quelques mots clés parmi les propositions des élèves. Les élèves doivent être associés à l'encodage de certains mots.
– Organiser cette prise de notes sous forme de colonnes, regroupant les mots selon leur classe grammaticale sans les nommer. Être vigilant à la diversité des classes grammaticales des mots proposés (des noms, des adjectifs, des verbes…).

APRÈS-MIDI

Mise en texte et révision

3. Lancer les élèves dans l'écriture

– Annoncer la tâche : écrire une phrase qui raconte l'image.
– Expliciter le critère de réussite : la phrase doit correspondre à l'image, exprimer l'action générale de l'image ou parler d'un élément précis, une émotion…

	– Afficher le support constitué collectivement le matin, comme outil d'aide. – Faire un rapide tour de table, pour faire dire des exemples de phrases possibles. En proposer d'autres afin d'enrichir les propositions des élèves. – Amener les élèves à être attentifs au lien entre la phrase proposée et ce qu'ils veulent exprimer : faire justifier les choix. **Différenciation possible :** chaque élève encode sa propre phrase, ou le groupe encode la même phrase.
4. Accompagner les élèves dans l'écriture	– Faire des liens avec les intentions d'écriture, encourager l'élève à oraliser ce qu'il écrit (ou le faire pour lui) pour faire constater les écarts : De quoi voulais-tu parler ? Quelle phrase avais-tu choisi d'écrire ? Qu'as-tu écrit ? – Observer les élèves, mobiliser les modalités d'étayage en fonction des besoins (aide de l'adulte, étayage matériel-outil ressource, aide d'un pair), aider à mobiliser les stratégies d'encodage en fonction des mots, des erreurs et des difficultés rencontrées. – Valoriser les réussites. – Aider à enrichir l'écrit produit (Le chat court. ➜ *Pourquoi le chat court ?* ➜ Le chat court pour attraper la souris). Inciter à écrire une nouvelle phrase du point de vue de la souris (La souris a peur). – Encourager l'entraide pour encoder, pour enrichir ses idées. – Faire aboutir chaque élève à une forme écrite complète.
5. Clôturer la séance	Revenir sur les textes produits, valoriser ce que l'on est en train d'apprendre en écrivant des textes (partager les procédures, les outils pour y parvenir).

8. Compréhension : *La cachette de Rita et Machin* – 2e partie

Modalités	**Tous les jours.** En classe entière avec des moments de mise en groupes ou binômes.
Durée	8 séances de 20 min sur deux semaines
Matériel enseignant	– *Guide pédagogique* (*cf.* Partie III) – Manuel numérique de *Mon carnet d'apprenti lecteur* – Texte de l'histoire (*cf.* Partie V) – Les 3 « marguerites » de mots sur la banquise, l'espace, la mer complétées lors de la première séquence – Carte mentale (cf. Manuel numérique) *Sur le site Ressources :* – Affiche des pictos-stratégies
Matériel élève	– *Mon carnet d'apprenti lecteur* – surligneurs – Marottes des personnages / masques / maquette

JOUR 1 SÉANCE 5

1. Présenter l'objectif principal	**Objectif :** raconter ou jouer à deux l'épisode de la banquise ou l'un des autres épisodes que la classe aura préféré. **Critères de réussite élèves :** réinvestir le lexique de la banquise et les états mentaux des personnages étudiés lors de la Séance 4.
2. Se préparer à jouer (brouillon d'oral)	– Mettre les élèves en binômes affinitaires. – Rassurer les élèves timides qui ne souhaitent pas jouer l'épisode devant la classe, en leur donnant la possibilité de le raconter à leur binôme ou à l'enseignant. – Les laisser se répartir les rôles en choisissant le personnage qu'ils vont jouer. – Afficher la « marguerite » sur le lexique de la banquise élaborée en Séance 2. – Mettre à disposition des élèves des masques de Rita et de Machin, éventuellement des marottes, une maquette de la banquise ou un tapis à conter.

3. Jouer l'épisode devant la classe

– Faire passer les binômes volontaires pour jouer la scène devant la classe.
– Faire jouer ceux qui manquent d'assurance uniquement devant le professeur pendant un moment où les élèves travaillent en atelier.
– Inviter les élèves qui auraient trop d'appréhension à simplement raconter la scène.

JOUR 2 SÉANCE 6

Travailler les stratégies de réponse aux questions de compréhension dans le cadre d'un questionnaire

Objectif : rendre explicites les **trois stratégies de réponse aux questions**.

Trace écrite collective à réaliser au cours de la séance : **affiche des picto-stratégies (affiche reprenant les pictogrammes symbolisant les stratégies de compréhension).**
– Regrouper les élèves par petits groupes d'environ 6 élèves (Un atelier dirigé avec l'enseignant doit être privilégié).

1. Présenter l'objectif

Objectif : apprendre à répondre à des questions de compréhension.
Expliquer que souvent à l'école, les professeurs vont chercher à comprendre s'ils ont bien compris des textes en utilisant des questions. Il faut donc apprendre à y répondre.

2. Expliquer les stratégies

Il s'agit d'engager les élèves dans un travail explicite sur les stratégies à adopter pour répondre à des questions de compréhension. Au niveau CP, chaque question est identifiée par l'enseignant pour que, progressivement au cours du cycle, l'élève apprécie de façon autonome le type de question auquel il est confronté.
– Faire percevoir aux élèves qu'il y a **trois types de questions**, et donc trois façons de réfléchir pour y répondre.
– Mettre en place des habitudes de travail concernant les types de questions et la manière particulière d'y répondre.
– Coder (à l'aide des pictogrammes présentés ci-dessous) les questions en fonction du type de stratégies à utiliser.
– Projeter le texte au tableau.
– Au fur et à mesure, entourer les mots qui permettent de répondre à la question.
– Afficher les picto-stratégies et les montrer en parallèle de la recherche d'indices.

1. Question 🔍

1. Une question **loupe** appelle une **réponse extractive** : Quand vous voyez une loupe, vous devez aller chercher la réponse dans le texte.

Questions : Quelle est la cachette de Rita et Machin ? Où pouvez-vous trouver l'information ? *Avec l'illustration de la première de couverture de l'album ou avec la phrase présente au début de l'histoire : « Rita et Machin ont une cachette secrète : une cabane à outils vermoulue tout au fond du jardin ».* Surligner cette phrase au tableau.

2. Question 💡

2. Une question **ampoule** fait appel à une **inférence** : Quand vous voyez une ampoule, vous devez chercher des indices dans le texte, les surligner et faire des hypothèses.

Question : Que ressent papa ? *Papa est très énervé, exaspéré. Rita et Machin ont été punis car ils n'ont pas répondu à papa. Tellement concentrés dans leur jeu, ils n'ont pas entendu donc ils n'ont pas répondu. Ils ont peut-être fait exprès de ne pas entendre. Il est d'autant plus énervé que cela fait plusieurs fois qu'il appelle.*

– Faire repérer les indices en gras ici et les surligner au tableau sur le texte projeté ou affiché. À partir de la récurrence de l'appel de papa et de la montée en puissance de ses menaces, faire raisonner les élèves sur l'état mental de papa.

> « Crac, crac ! font les planches de la cabane.
> – Une attaque de puces géantes ! crie Machin-Machin.
> – Vite ! en plongée dans notre sous-marin de poche ! ordonne Rita-Rita.
> **– Rita ! Machin ! Où êtes-vous ? appelle Papa. Cette fois je vais me fâcher !**
> **Pauvres Rita et Machin,** perdus sous la mer ! Jamais ils ne vont pouvoir remonter à temps pour le dîner !
> **– Rita ! Machin ! Je vous cherche partout ! Puisque vous ne répondez pas quand on vous appelle, filez au lit, et sans manger ! »**

3. Question

3. Une question **engrenage** demande le **recours aux connaissances encyclopédiques** : Quand vous voyez un engrenage, vous devez chercher dans vos connaissances et votre mémoire.

Question : Pourquoi est-ce difficile de retrouver quelqu'un sur la banquise ? *C'est difficile de se déplacer (ça glisse, c'est gelé), et l'espace est immense.*

Pauvres Rita et Machin perdus sur la banquise ! Jamais personne ne pourra les retrouver !

– À la fin de la séance, afficher les picto-stratégies et bien demander aux élèves de s'y référer quand ils en ont besoin. Les rassurer sur le fait qu'ils les réutiliseront à l'occasion d'une autre histoire.

JOUR 3 SÉANCE 7

Faire le bilan de l'étude

Il ne s'agit pas d'évaluer les élèves par écrit et surtout pas par des questions de compréhension, mais de prendre connaissance d'observables : quels sont les élèves capables de restituer l'histoire en respectant les critères de réussite ?

Objectif : raconter le récit en groupe.

Critères de réussites :

- réinvestir le lexique étudié,
- rétablir les liens de causalité,
- faire allusion aux états mentaux des personnages.

1. Présenter l'objectif principal

Vérifier que tout le monde a bien compris l'histoire et la raconter une dernière fois afin de la conserver dans sa mémoire.

2. Faire raconter l'histoire en entier

– Mettre les élèves en groupes affinitaires.

– Mettre à disposition des élèves l'enregistrement audio, les marottes ou la maquette de l'histoire. Laisser le matériel à disposition dans la classe pour permettre une activité de restitution du récit en autonomie. De la même façon, constituer des sacs à histoires mobiles pouvant être apportés à tour de rôle à la maison. L'élève pourra ainsi rejouer, et s'entraîner à raconter l'histoire à ses parents.

– Demander à chaque groupe de raconter ou de jouer l'histoire en entier. Ce dispositif permet aux élèves de se lancer à l'oral, de s'entraîner à raconter en petits groupes sécuritaires, sans subir la pression du groupe classe.

3. Réaliser l'activité de compréhension sur *Mon carnet d'apprenti lecteur*, p. 17.

Activité 3 : Développer son esprit critique. La stratégie bulle de pensée fait appel à une représentation mentale ou à la mémorisation de situations.

– Lire les résumés et aider les élèves et à choisir le bon texte en leur donnant la méthodologie : *on lit, on surligne l'anomalie et on corrige oralement.* Certains élèves peuvent lire les résumés alors que d'autres les écouteront. Les bons lecteurs réalisent l'activité en autonomie. Ajouter le picto sur l'affiche des pictos stratégies..

JOUR 4 SÉANCE 8

Étendre la culture littéraire, créer des liens entre les livres

Objectifs : – repérer les analogies et différences avec un autre récit,
– débattre en classe,
– réaliser un affichage.

1. Présenter l'objectif principal

Comprendre que les histoires peuvent présenter des similitudes et qu'on peut les comparer. Détecter ces similitudes permet de mieux comprendre une histoire.

2. Enrichir sa culture littéraire

– Mettre le texte en lien avec une autre histoire que les enfants connaissent parce qu'elle a été lue en classe ou à la maison : Cette histoire vous fait-elle penser à un autre livre ?

– Offrir la lecture d'un album comme *Max et les Maximonstres* de Maurice Sendak. Max, parce qu'il est puni dans sa chambre, va jouer à faire semblant de naviguer sur un bateau qui va le conduire au pays des Maximonstres.

3. Débattre des similitudes et différences

– Proposer ensuite un débat dans la classe sur les similitudes et les différences entre les deux récits.

Similitudes : *un enfant est puni, il joue à faire semblant de voyager sur les mers.*

Différence : *c'est parce qu'il est puni dans sa chambre que Max joue à faire semblant alors que Rita et Machin jouent à faire semblant et sont punis parce qu'ils n'ont pas répondu à Papa.*

– Demander aux élèves d'expliquer leur point de vue en donnant des exemples précis. La conduite discursive de l'explication est une compétence de l'oral à travailler depuis la maternelle. Exiger des connecteurs de causalité comme « parce que, car », ainsi que des connecteurs d'opposition « alors que » ou d'analogie.

– Afin de valider les réponses des élèves ou leurs hypothèses, il est essentiel de ramener au texte ; il s'agit en effet d'ancrer comme réflexe stratégique chez les élèves de vérifier si leur interprétation ne trahit pas les textes. C'est une procédure de contrôle du lecteur expert qui fait des retours en arrière pour affiner la représentation mentale de ce qu'il lit.

– Dresser un tableau des ressemblances et des différences.

9. Lecture autonome

Modalités	Travail en autonomie et en groupe de besoins ☀ ★ ☾ – Bilan en classe entière
Durée	**JOUR 1 :** 2 ou 3 min en fin de séance de découverte des graphèmes (matin) **JOURS 2, 3 :** 2 séances de 10 min **JOUR 4 :** 1 séance guidée de manipulation d'étiquettes de 10 min, + 1 séance en autonomie sur les questions de 10 min, + 1 séance bilan en groupe classe de 20 min
Matériel élève	– *Fiche de lecture autonome* ☀ ★ ou ☾ – Fiche autocorrective

Planning

	JOUR 1	JOUR 2	JOUR 3	JOUR 4
Groupe classe	Narration de l'enseignant et lecture du titre			Bilan
Ateliers en autonomie		Lecture	Lecture et activités	Lecture et activités / autocorrection
Ateliers guidés avec l'enseignant				Lecture / Manipulation d'étiquettes

Narration de l'enseignant pour présenter l'épisode

Le mercredi, Noé et Nina vont passer la journée chez leur mamie qui habite dans la ville de Lyon. Pour la première fois depuis la rentrée, ils ont décidé d'inviter leur nouvel ami Chouchou. Mamie a dit oui ! Elle est ravie d'accueillir leur nouvel ami. Pour l'occasion, Mamie a cuisiné sa spécialité ! Les enfants se réjouissent d'avance de passer cette journée ensemble.

Caractéristiques des textes par groupe de besoins

	Nombre de mots	%	Une journée en ville
☀	35	96 %	*Cf. Fichier de lecture autonome* p. 25
★	41	96 %	*Cf. Fichier de lecture autonome* p. 26 et *Manuel de code* p. 49
☾	53	94 %	*Cf. Fichier de lecture autonome* p. 27

Compétences travaillées (stratégies de compréhension *cf.* partie III)

	Activité 1	Activité 2	Activité 3 à l'oral
☀	Identifier les personnages.	Réaliser une inférence.	Établir des liens pour inclure le lecteur comme personnage de l'histoire.
★		Réaliser une inférence pour déterminer les circonstances (temps).	
☾	Identifier un attribut d'un personnage.	Établir l'ordre chronologique.	

Bilan du JOUR 4

– Demander aux élèves de restituer l'histoire en veillant à l'identification des différents personnages, au repas de midi, et à la chronologie des événements.
– Lire le texte à voix haute aux élèves.
– Traiter collectivement à l'oral l'activité 1 des fiches ★ et ☾.
– Expliciter collectivement à l'oral l'activité 2 de la fiche ★.
– Traiter l'activité 3 (Les différentes propositions des élèves doivent être cohérentes avec le contexte du récit).

Période 2 ■ Semaine 3

1. Proposition d'emploi du temps (*cf.* Période 1, Semaine 4)

2. Code : graphèmes p et t

Modalités

JOUR 1 – Oral – Classe entière – 40 min

Matériel

– *Manuel de code* p. 50
– Vidéos du *Manuel de code* à vidéoprojeter
– Cartes graphèmes P, T + voyelles (*cf.* site Ressources)

Étape 1

– Faire entendre, l'un après l'autre, le son prononcé pour chaque graphème, tout en visionnant la capsule vidéo. Commenter la position de la bouche, de la langue, le passage du souffle.
– Le faire expérimenter par les élèves.

Étape 2

Faire prononcer le **vire-langue** du jour. Le faire répéter plusieurs fois, à vitesse variable : « Patrick et Teddy trouvent des pierres près de la tablette et du plateau. »

Étape 3

– Activités avec les cartes graphèmes (*cf.* Partie III)

Étape 4

Lecture des syllabes et des **mots outils**.

3. Activités d'encodage/décodage

Modalités	**JOURS 2, 3 et 4** – Par groupe de besoins, ☀ ★ ☾, en rotation : – Oral avec l'enseignant à partir du *Manuel* – Écrit en autonomie sur les *Fiches d'exercices* 40 min
Matériel enseignant	*Manuel de code* p. 50 à 53
Matériel élève	– *Manuel de code* pour le travail avec l'enseignant – Cahier du jour pour la dictée avec l'enseignant – *Fiche d'exercices de code* ☀ ★ ou ☾ pour le travail en autonomie – Tablette (ou duo d'élèves) pour le travail en autonomie

Planning

	JOUR 2	JOUR 3	JOUR 4
Ateliers guidés avec l'enseignant	*Manuel* : – lecture syllabes et mots – exercices 2, 3, 4, 5, 6, 7	*Manuel* : – lecture mots et phrases	*Manuel* : – texte *Lisons ensemble !* – exercices 8, 10
Ateliers en autonomie	*Fiches* : exercices 2, 3	*Fiches* : exercices 4, 5, 6, 7	*Fiches* : exercices 8, 10

Exercices 2, 3, 4, 5, 6 • **manuel, p. 51**	*Cf.* Période 1.
Exercice 7 • **manuel, p. 52**	Syllabes dictées par l'enseignant sur le cahier du jour : ☀ pou – op – ta – ut – tri ★ pa – ut – tir – par – flap – top ☾ tu – poul – tri – flap – prou – tram
Exercice 8 • **manuel, p. 52**	Donner arbitrairement une syllabe parmi celles proposées, dans le désordre. Les élèves doivent essayer les assemblages jusqu'à trouver le bon appariement.
Exercice 10 • **manuel, p. 53**	Expliquer aux élèves que tous les mots sur une même ligne correspondent à la même phrase. Les élèves doivent, ligne par ligne, reconstituer les phrases dans le bon ordre des mots, en s'appuyant sur les indices utiles (majuscules, ponctuation et sens). Bien insister sur le fait que les indices (majuscule et point) ne suffisent pas à assurer la bonne composition de la phrase, il faut que le sens y soit aussi.
Consignes pour les groupes en autonomie sur les *Fiches d'exercices de code*	*Cf.* Période 1.

4. Dictée : le quart d'heure quotidien

Modalités	Classe entière. Procédé « Lamartinière » sur ardoise.
Durée	**Tous les jours.** 15 min
Matériel élève	Ardoise

Planning et textes

JOUR 1	pi – pou – ap – té – tu – toup
JOUR 2	rap – prat – un trou – une partie – un tapis
JOUR 3	une poutre – un pirate – une tulipe – un parapluie
JOUR 4	La marmotte a peur. Le renard a attrapé une poule.

5. Geste d'écriture

Modalités	Classe entière. **Tous les jours.** 20 min
Matériel enseignant	– Vidéo *échauffement des doigts* (*cf.* Partie III) – Vidéos du *Manuel de code* à vidéoprojeter – Outils de différenciation en usage, en fonction des besoins (*cf.* Partie III) – Tableau d'observation des élèves (*cf.* site Ressources)
Matériel élève	– Ardoise + feutre – Cahier de l'élève avec modèles d'écriture préparés par l'enseignant – Outil scripteur de l'élève

La lettre p

C'est un trait d'attaque, un jambage bâtonné et un pont. Le tracé de la lettre se fait sans rupture dans le geste (sans levé de crayon) : on remonte sur le jambage bâtonné pour enchaîner le pont. Le jambage bâtonné descend jusqu'au niveau du deuxième interligne.

Point de difficulté : cette lettre amène les élèves à devoir gérer des niveaux d'interlignes.

JOURS 1, 2

		Exemples*
☀ ★ ☾	Lettre isolée	p
	Enchaînement de lettres	pe, up, pi, op**, pru
	Mots	la pluie, une jupe, une prune
	Mots avec rupture dans le geste (levé de crayon)	papa, pour, par, la poule, une peluche
	Enchaînement de deux p	app
★ ☾	Courte phrase (espacement entre les mots)	Il appelle.

* Exemples au choix : proposer au moins les éléments surlignés.
** Montrer aux élèves la particularité de cette liaison horizontale en traçant le modèle devant eux.

La lettre t

C'est une grande étrécie et une barre horizontale.

Points de difficulté :

– Cette lettre amène les élèves à devoir gérer des niveaux d'interlignes : la grande étrécie monte jusqu'au deuxième interligne.

– La barre horizontale du t se fait une fois que l'élève a fini d'écrire le mot afin de ne pas créer de rupture dans le geste d'écriture.

JOURS 3, 4

		Exemples*
☀ ★ ☾	Lettre isolée	t
	Enchaînement de lettres	te, ti, ot**, tru
	Mots	et
	Rupture dans le geste (levé de crayon)	to
	Mots avec rupture dans le geste (levé de crayon)	une tour, trop, une poutre
	Courte phrase	Je porte.
	Enchaînement de deux t	une marmotte
★ ☾	Courte phrase (espacement entre les mots)	Je porte une poutre. J'apporte une tortue à papi.

* Exemples au choix : proposer au moins les éléments surlignés.
** Montrer aux élèves la particularité de cette liaison horizontale en traçant le modèle devant eux.

6. Copie

Modalités	**JOURS 1, 2** – Par groupe de besoins ☀ ★ ☾ avec l'enseignant, en rotation avec des activités en autonomie

Matériel enseignant	*Manuel de code* p. 51
Matériel élève	– Cahier du jour pour le travail avec l'enseignant – *Fiche d'exercices de code* ☀ ★ ou ☾ pour le travail en autonomie

JOUR 1	JOUR 2
Manuel : exercice 1	*Fiche en autonomie* : exercice 1

Exercice 1 • manuel, p. 51	On peut reprendre le principe de cache par binôme proposé en Période 2 semaine 2.
Consignes pour les groupes en autonomie sur les *Fiches d'exercices de code*	*cf.* Période 1.

7. Production d'écrit

Modalités	**JOUR 3** – Par groupe de besoins ☀ ★ ☾ avec l'enseignant, en rotation avec des activités en autonomie
Durée	**Matin** : ☀ 20 min ★ 10 min ☾ 10 min **Après-midi** : ☀ 30 min ★ 20 min ☾ 20 min
Matériel enseignant	– *Manuel de code* p. 53 – *Guide pédagogique* (*cf.* Partie III)
Matériel élève	– *Manuel de code* p. 53 – *Fiche d'exercices de code* ☀ ★ ☾ ou cahier du jour/d'écrivain – Fiche ressources « Pour une recette de sorcière » (*cf.* site Ressources) – Fiches d'identité réalisées en production d'écrit en période 2 semaine 4

Exercice 9 • manuel, p. 53	**Objectifs :** – s'entraîner à encoder des mots dans une situation d'écrit court fonctionnel : la liste, – continuer à s'approprier une démarche de production d'écrit.
MATIN	**Préparation à l'écriture**
1. Expliciter le type d'écrit	Il est important d'expliciter le type d'écrit qui est travaillé aujourd'hui : la liste (un écrit court et fonctionnel). – Qu'est-ce qu'une liste ? – À quelles occasions fait-on des listes ? – Où en trouve-t-on ?
2. Faire du lien avec des lectures en réseau	Pour amener les élèves à mieux comprendre la situation d'écriture, vous pouvez leur lire des poésies telles que *La soupe de la sorcière*, de Jacques Charpentreau ou *La cuisine des sorcières* de Yann Walker qui proposent des recettes de sorcières. Ces lectures en réseau peuvent être réalisées en amont de la séance, les jours précédents, afin de consacrer la séance à la phase d'anticipation.
3. Recueillir les propositions des élèves	De quels ingrédients la sorcière peut-elle avoir besoin dans sa potion ? – Encourager les élèves à produire des groupes nominaux avec des adjectifs, des compléments du nom. – Enrichir les propositions des élèves, en faisant du lien avec les poésies. Utiliser l'image support dans le manuel p. 53.
APRÈS-MIDI	**Mise en texte et révision**
4. Lancer les élèves dans l'écriture	– Indiquer un nombre d'ingrédients à écrire (rappel des ingrédients énoncés le matin, possibilité d'en inventer de nouveaux). – Pour aider à l'encodage, mettre à disposition les deux Fiches.
5. Accompagner les élèves dans l'écriture	– Faire des liens avec les intentions d'écriture, encourager l'élève à oraliser ce qu'il écrit (ou le faire pour lui) pour faire constater les écarts.

	– Observer, aider à mobiliser les stratégies d'encodage en fonction des mots, des erreurs et des difficultés rencontrées. – Valoriser les réussites. – Aider à enrichir l'écrit produit : compléter ou réécrire certains GN en demandant à l'élève de donner des précisions sur les ingrédients (nombre, couleur, texture…). – Encourager l'entraide pour encoder, pour enrichir ses idées (possibilité d'écrire une liste en binôme).
6. Clôturer la séance	Revenir sur les textes produits, valoriser ce que l'on est en train d'apprendre en écrivant des textes (partager les procédures, les outils pour y parvenir).
Différenciation	Nombre d'ingrédients de la liste, complexité des GN.

8. Compréhension : dessin animé *Rita et Machin vont pêcher* – 1re partie

Modalités	**Tous les jours.** En classe entière avec des moments de mise en groupes ou binômes
Durée	8 séances de 20 min sur 2 semaines 1 séance anticipée (éventuellement)
Matériel enseignant	– Manuel numérique de *Mon carnet d'apprenti lecteur* pour la vidéoprojection du dessin animé – Imagier du champ lexical de la pêche : photos et étiquettes (*cf.* site Ressources) – Boîte à mots – Carte mentale (*cf.* Manuel numérique) – Flashcards de Rita et Machin (à créer) – Flashcard de la rivière (*cf.* site Ressources)
Matériel élève	– *Mon carnet d'apprenti lecteur* – Cahier du jour préparé avec le début de phrase *Rita et Machin se sentent…*

SÉANCE 0

	Objectif : anticiper l'histoire Cette phase peut être supprimée ou anticipée la veille de la séance, en fin de journée par exemple (*cf.* Période 2, semaine 1).
1. Introduire la séance	– Préciser qu'apprendre à comprendre un dessin animé nécessite les mêmes savoir-faire que pour un récit écrit. – Projeter l'image d'ouverture du dessin animé. – Écrire le titre au tableau.
2. Recueillir les premières impressions et formuler des hypothèses	Que voit-on sur l'image d'ouverture ? *Rita et Machin s'amusent. On peut supposer qu'ils vont réaliser une activité qui va les remplir de joie. C'est une nouvelle aventure.* Pouvez-vous lire le titre ? (Laisser les élèves le déchiffrer) Que nous apprend-il ? Quelle pourrait être l'histoire ? – On attend que l'élève s'engage sur une production orale cohérente et syntaxiquement construite. – Être attentif à la formulation des phrases et encourager la prise de parole longue. – Reformuler si besoin en apportant les corrections nécessaires, sans pointer les erreurs de langage et après avoir laissé l'élève terminer sa prise de parole. Schéma narratif • Situation initiale : Rita et Machin pêchent. • Épisode 1 : Rita ramène une algue. • Épisode 2 : C'est long, Machin s'endort. • Épisode 3 : Rita réveille Machin en lui promettant un bon repas. • Épisode 4 : Machin ferre un poisson. Rita l'aide. • Situation finale : Rita aide Machin à ramener un poisson. Le poisson retourne à la rivière.

JOUR 1 SÉANCE 1

1. Présenter les objectifs	**Objectifs :** – faire repérer les éléments essentiels du récit, – faire raconter l'histoire. **Critères de réussite élèves :** quelques élèves doivent formuler une ou deux phrases orales sur l'histoire. **But de la tâche :** constituer la carte mentale de l'histoire **Consigne :** Vous allez apprendre à raconter l'histoire pour bien la comprendre.
2. Raconter l'histoire (avant de projeter le dessin animé) **3. Projeter le dessin animé en entier une fois.**	L'enseignant doit pouvoir raconter avec ses propres mots l'histoire avant de la projeter. Il se donne à voir en train de raconter ; c'est un geste professionnel qui montre à l'élève la tâche à réaliser : Je vais d'abord vous raconter l'histoire.
4. Faire repérer les éléments essentiels du récit	Comprendre, pour un élève, va nécessairement passer par la restitution du récit. – Attirer l'attention des élèves sur les éléments constitutifs de l'histoire (les personnages, les lieux) à l'aide du guidage : Vous allez apprendre à raconter l'histoire tout seuls. – **Faire identifier les personnages** : Quels sont les personnages de l'histoire ? *Rita, Machin.* – Accrocher les flashcards correspondantes. – **Faire reconnaître le lieu** : Quel est le lieu où se passe l'histoire ? *Un bord de rivière.* Accrocher la flashcard correspondante. – La compréhension du schéma narratif par les élèves est ici capitale. Les liens de causalité sont difficiles à repérer par les élèves et pourtant ils sont centraux à la compréhension. – Verbaliser explicitement : C'est parce Machin a faim qu'il accepte de reprendre la partie de pêche. C'est parce que Rita veut battre un record qu'elle aide Machin à ramener le poisson.
5. Restituer et enchaîner les épisodes	– Il s'agit de faire restituer collectivement les quatre épisodes par les élèves. Encourager une prise de parole longue par les élèves volontaires. Il faut tendre à ce que l'élève qui prend la suite complète et ne répète pas ce qui vient d'être dit. Néanmoins, certains petits parleurs en début d'année peuvent être rassurés dans leur prise de parole par la répétition. Il convient de les repérer pour les faire progresser. – Au fur et à mesure des propositions de récit des élèves, placer les images correspondantes de manière à reconstruire la carte mentale. Exiger la phase initiale et la phrase finale ou compléter le récit en formulant à la place des élèves le cas échéant.

JOUR 2 SÉANCE 2

1. Présenter l'objectif principal	**Objectif :** apprendre de nouveaux mots (champ lexical de la pêche). **But de la tâche :** réaliser une trace écrite sous forme de réseau de mots pour la classe. Vous allez tous ouvrir une boîte dans votre mémoire pour que l'on puisse y ranger les mots de Rita et Machin qui se rapportent à la pêche.
2. Recueillir les mots connus des élèves	– Faire raconter l'épisode de la pêche par les élèves. – Projeter le dessin animé. Quels sont les mots relatifs à la pêche ? *Canne à pêche, bouchon…* Connaissez-vous d'autres mots liés à cet univers ? – Au fur et à mesure que les élèves citent les mots, les noter sur une « marguerite » que l'on confectionne soit sur une grande feuille pour pouvoir la conserver, soit sur le tableau que l'on photographiera pour pouvoir ensuite projeter l'image. – Positionner avec des aimants l'image correspondante à côté de chaque mot.
3. Enrichir le lexique des élèves	Quels sont les autres mots que vous pouvez trouver ? Montrer des nouvelles images dont les mots n'auront pas été cités par les élèves, et en expliquer la signification à l'aide des images. Puis compléter la « marguerite ». – À la fin de la séance, placer toutes les étiquettes mots dans la boîte à mots « Rita et Machin ». Un carton à chaussures ou une boîte dédiée au recueil des mots de l'histoire facilite la mise en mémoire que l'élève doit effectuer.

Exemple de marguerite de la pêche

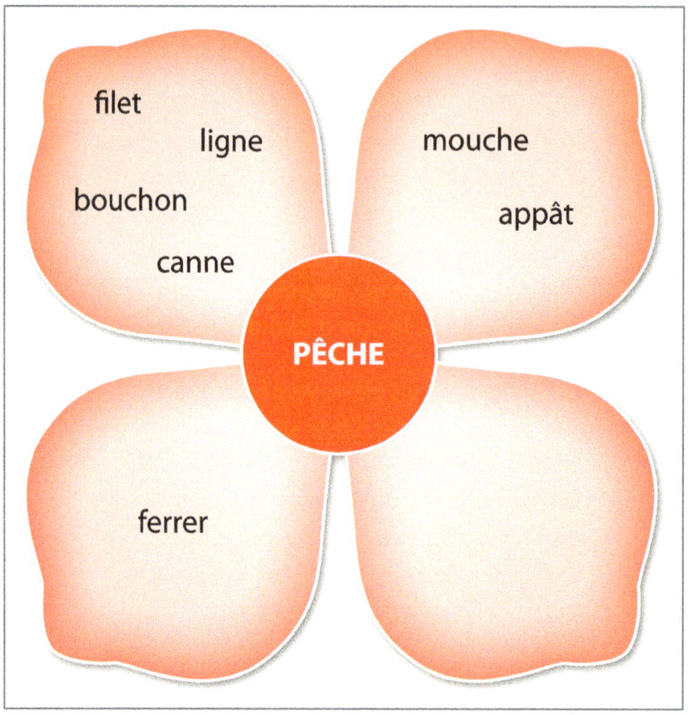

JOUR 3 SÉANCE 3

1. Présenter l'objectif principal

Objectif : faire des liens avec son vécu personnel, comprendre ce que les personnages ressentent.

2. Prendre du recul sur sa propre expérience – Faire des liens avec soi

– Inviter les élèves à restituer le récit.

– Afficher ou projeter la carte mentale.

– Si les élèves ne le font pas spontanément, insister sur les liens de causalité établis dans les séances précédentes.

– Pour comprendre les états mentaux des personnages, les élèves doivent essayer de se souvenir d'un épisode de leur vie où ils ont été découragés par le fait de ne pas réussir quelque chose.

As-tu déjà vécu une telle situation ? Raconte.

Il est question ici d'aider les élèves à effleurer l'idée que, pour comprendre un récit, il faut nourrir sa réflexion par son propre vécu.

Les inciter à raconter une expérience d'échec provisoire.

3. Réaliser l'activité de compréhension *Mon carnet d'apprenti lecteur* p. 18

Activité 1. Stratégie ♡. Les élèves s'approprient l'histoire par la copie du titre.

JOUR 4 SÉANCE 4

1. Présenter l'objectif

Objectif : s'intéresser aux états mentaux des personnages. Comprendre ce que les personnages pensent dans leur tête.

2. Se mettre à la place de Rita et Machin

Il s'agit de travailler la **théorie de l'esprit** des personnages. Pour y accéder, l'élève doit être questionné sur ce que pensent, croient et ressentent les personnages. Le cadre de questionnement proposé ci-dessous est récurrent dans la méthode. Il devra être adapté à l'histoire étudiée. Que ressentent Rita et Machin lorsqu'ils sont sur le bord de la rivière ?

Les questions suivantes visent à les aider à faire une synthèse sur ce que veulent les personnages, ce qu'ils ressentent, ce qu'ils savent et croient.

Intentions : Pourquoi Rita et Machin choisissent-ils de jouer au bord de la rivière ?
Ils n'ont jamais pêché, veulent tenter cette aventure tous les deux.

Émotions : Que ressentent Rita et Machin quand ils sont en pleine partie de pêche ?
Plaisir, détente, ennui, découragement, motivation, joie, fierté, jalousie par rapport aux autres pêcheurs.

	Savoirs, croyances : Que savent-ils de la pêche ? *Ils n'ont pas pensé au temps long de l'attente.* – Si les élèves ne parviennent pas à s'accorder, ne pas hésiter à donner les bonnes réponses. Il ne faut pas laisser croire aux élèves que toutes les réponses ou toutes les interprétations se valent[2].
3. Produire une trace écrite	– **Phase orale :** recenser au tableau les adjectifs qui correspondent aux sentiments éprouvés par les personnages : *découragés, s'ennuient, déçus, joyeux, motivés.* – Faire compléter en oral collectif l'amorce de phrase : *Rita et Machin se sentent…* – **Phase écrite :** sur le cahier du jour, les élèves sont invités à écrire comment se sentent Rita et Machin quand ils attendent que le poisson morde. Écrire le début de la phrase « *Rita et Machin se sentent…* » au tableau, pour tous. Écrire le début de la phrase directement sur certains cahiers.

Exemple de carte mentale finalisée (à l'issue des 8 séances)

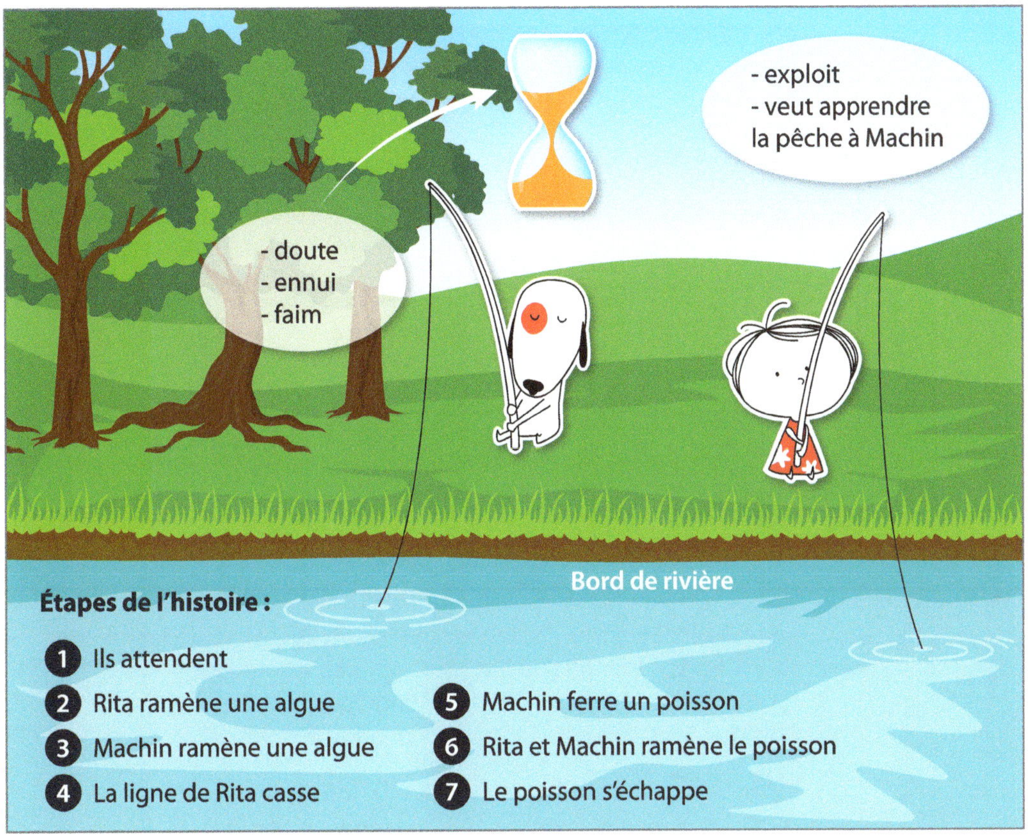

9. Lecture autonome

Modalités	Travail individuel, en autonomie et en groupe de besoins – Bilan en classe entière
Durée	**JOUR 1 :** 2 ou 3 min en fin de séance de découverte des graphèmes (matin) **JOURS 2, 3 :** 2 séances de 10 min **JOUR 4 :** 1 séance guidée manipulation étiquettes de 10 min + 1 séance autonomie/questions de 10 min + 1 séance bilan de 20 min
Matériel élève	– *Fiche de lecture autonome* ou – Fiche autocorrective

2. C. Tauveron, *Comprendre et interpréter le littéraire à l'école : du texte réticent au texte proliférant*, 1999.

Planning

	JOUR 1	JOUR 2	JOUR 3	JOUR 4
Groupe classe	Narration de l'enseignant et lecture du titre			Bilan
Ateliers en autonomie		Lecture	Lecture et activités	Lecture et activités / autocorrection
Ateliers guidés avec l'enseignant				Manipulation d'étiquettes pour travail sur l'ordre et la chronologie

Narration de l'enseignant pour présenter l'épisode

Chez la famille ours, on aime bien manger. On peut même dire qu'on est gourmet de père en fils. D'ailleurs ce soir, c'est papa ours et Chouchou qui sont aux commandes. Ils ont enfilé leur tablier et préparent la recette familiale de la soupe. C'est une recette un peu spéciale qu'ils se transmettent de génération en génération. Mais avec Chouchou, on n'est pas à l'abri d'une bêtise… À ton avis, comment va se finir cette séance de cuisine ?

Caractéristiques des textes par groupe de besoins

	Nombre de mots	%	Miam !
☀	31	95 %	*Cf. Fiche de lecture autonome* p. 29
★	39	95 %	*Cf. Fiche de lecture autonome* p. 30 et *Manuel* p. 53
☾	53	93 %	*Cf. Fiche de lecture autonome* p. 31

Compétences travaillées (stratégies de compréhension *cf.* partie III)

	Activité 1	Activité 2	Activité 3 ♡
☀	Identifier le but.	Reconnaître les ingrédients et en déduire le nombre.	Exprimer une préférence en lien avec son propre vécu.
★	Établir l'ordre chronologique.	♡ Inférer pour donner un titre à la recette.	
☾	Identifier les ingrédients.	♡ Inférer pour modifier le titre de l'histoire.	

Bilan du JOUR 4

– Demander aux élèves de restituer l'histoire. Lors de la restitution, mettre l'accent sur le but des personnages, les ingrédients et la chronologie des actions.
– Lire le texte à voix haute aux élèves.
– Traiter collectivement à l'oral l'activité 2 ★, ☾ en faisant expliciter aux élèves ce qui permet de faire leur proposition (cohérence avec la situation).
– Traiter collectivement l'activité 3 à l'oral.

Prolongement possible

Faire un recueil des recettes préférées des élèves, avec les fiches recettes et/ou une photo, une illustration réalisée par les élèves. Pour cela, il est possible de mobiliser les parents.

Période 2 • Semaine 4

1. Proposition d'emploi du temps (*cf.* Période 1 Semaine 4)

2. Code : graphèmes b et d

Modalités	**JOUR 1** – Oral – Classe entière – 40 min
Matériel	– *Manuel de code* p. 54 – Vidéos du *Manuel de code* à vidéoprojeter – Cartes graphèmes b d + voyelles (*cf.* site Ressources)

Étape 1	– Faire entendre le son prononcé pour chaque graphème tout en visionnant la capsule vidéo. – Commenter la position de la bouche, de la langue, le passage du souffle.
Étape 2	– Faire prononcer **le vire-langue** du jour. Le faire répéter plusieurs fois, à vitesse variable : « Benjamin bondit avec un ballon et son doudou dans les dunes ». – Activités avec les cartes graphèmes (*cf.* Partie III).
Étape 3	**Boîte de mots à mémoriser** À compter de cette semaine, la *boîte de mots outils* est remplacée par une *boîte de mots à mémoriser*. Ces mots sont en principe déchiffrables et mettent en scène les graphèmes de la semaine. Ce sont des mots très courants qui doivent être mémorisés en perception directe. Pour ce faire, on les découvre en groupe classe le premier jour, et ils sont remobilisés très fréquemment au cours de la semaine, en production et en réception. Ils peuvent être donnés pour apprentissage et mémorisation à la maison.

3. Activités d'encodage/décodage

Modalités	**JOURS 2, 3 et 4** – Par groupe de besoins ☀ ★ ou ☾, en rotation : – Oral avec l'enseignant à partir du *Manuel* – Écrit en autonomie sur les *Fiches d'exercices de code* 40 min
Matériel enseignant	*Manuel de code* p. 54 à 57
Matériel élève	– *Manuel de code* pour le travail avec l'enseignant – Cahier du jour pour la dictée avec l'enseignant – *Fiche d'exercices de code* ☀ ★ ou ☾ pour le travail en autonomie – Tablette (ou duo d'élèves) pour le travail en autonomie

Planning

	JOUR 2	JOUR 3	JOUR 4
Ateliers guidés avec l'enseignant	*Manuel* : – lecture syllabes et mots – exercices 2, 3, 4, 5, 6	*Manuel* : – lecture mots et phrases	*Manuel* : – texte *Lisons ensemble !* – exercices 7, 10
Ateliers en autonomie	*Fiches* : exercices 2, 3	*Fiches* : exercices 4, 5, 6	*Fiches* : exercices 7, 10

Exercices 2, 3 • manuel, p. 55	*Cf.* Période 1.
Exercices 4, 5 • manuel, p. 55-56	Persévérer dans la mobilisation des frappés de mains sur les syllabes pour appuyer le repérage.

Exercice 6 • manuel, p. 56	Syllabes dictées par l'enseignant sur le cahier du jour : ☀ dou – ab – dé – bu – dir ★ du – ba – bi – dir – rob – drop ☾ do – bop – brou – douch – brid – prod
Exercice 7 • manuel, p. 56	Les syllabes manquantes ne sont pas proposées dans cet exercice. – Prononcer plusieurs fois chaque mot afin de permettre aux élèves de bien les identifier. – Utiliser le frappé de syllabes pour aider à cette identification. – Demander aux élèves de proposer la syllabe manquante à l'oral, puis avec son écriture.
Exercice 10 • manuel, p. 57	– Faire remarquer aux élèves que le déterminant est souligné avec le nom. – Demander aux élèves de proposer un ensemble déterminant / nom pour remplacer celui qui est souligné.
Consignes pour les groupes en autonomie sur les *Fiches d'exercices de code*	*cf.* Période 1.

4. Dictée : le quart d'heure quotidien

Modalités	Classe entière. Procédé « Lamartinière » sur ardoise.
Durée	**Tous les jours.** 15 min
Matériel enseignant	– Cartes graphèmes (*cf.* site Ressources) – Utilisation des cartes graphèmes (*cf.* Partie III)
Matériel élève	Ardoise

Planning et textes

JOUR 1	bi – dou – ab – bu – dé – od
JOUR 2	dab – bra – boud – début – barbe – abri
JOUR 3	la bouche – un bolide – une balade – le pédalo
JOUR 4	Bob a un vélo bleu. David part pour une balade.

5. Geste d'écriture

Modalités	Classe entière. **Tous les jours.** 20 min
Matériel enseignant	– Vidéo *échauffement des doigts* (*cf.* Partie III) – Vidéos du *Manuel de code* à vidéoprojeter – Outils de différenciation en usage, en fonction des besoins (*cf.* Partie III) – Tableau d'observation des élèves (*cf.* site Ressources)
Matériel élève	– Ardoise + feutre – Cahier de l'élève avec modèles d'écriture préparés par l'enseignant – Outil scripteur de l'élève

La lettre b	Elle commence par une grande boucle comme un l et finit comme un v (un début d'étrécie et un trait d'attaque ou « bec »). **Points de difficulté** : – Cette lettre amène les élèves à devoir gérer des niveaux d'interlignes. La grande boucle monte jusqu'au troisième interligne. – Elle amène un enchaînement avec la lettre suivante dit « haut ». Cette liaison difficile doit retenir l'attention de l'enseignant.

JOURS 1, 2

	Exemples*	
	☀	★☾
Lettre isolée	b	
Enchaînement de lettres	bu – be – ob	bri
Rupture dans le geste (levé de crayon)	bou	
Mots avec rupture dans le geste (levé de crayon)	une bouche – un bébé	un abri – un arbre
Espacement entre les mots	La barbe à papa	

* Exemples au choix : proposer au moins les éléments surlignés.

La lettre d

C'est un rond fermé par une grande étrécie.

Points de difficulté :

– Le geste est continu, il n'y a pas de levé de crayon.

– Cette lettre amène les élèves à devoir gérer des niveaux d'interlignes. La grande étrécie monte jusqu'au deuxième interligne.

		Exemples*	
		☀	★☾
JOUR 3	Lettre isolée	d	
	Enchaînement de lettres	de, dru	
JOUR 4	Mots	une dune	
	Rupture dans le geste : levé de crayon	id	ad
	Mots avec rupture dans le geste (levé de crayon)	le départ – un bolide – mardi – mercredi	adorable
	Espacement entre les mots	Le bébé dort.	un drôle de doudou une balade à pédalo

* Exemples au choix : proposer au moins les éléments surlignés.

6. Copie

Modalités

JOURS 1, 2 – Par groupe de besoins ☀ ★ ☾ avec l'enseignant, en rotation avec des activités en autonomie

Matériel enseignant

Manuel de code p. 55

Matériel élève

– Cahier du jour pour le travail avec l'enseignant

– *Fiche d'exercices de code* ☀ ★ ou ☾ pour le travail en autonomie

Planning

JOUR 1	JOUR 2
Manuel : exercice 1	*Fiche en autonomie* : exercice 1

Exercice 1 • manuel, p. 55

Doser la quantité de syllabes proposées à l'écriture. Elles sont plus nombreuses et progressives en complexité pour permettre cet ajustement *in situ*.

Consignes pour les groupes en autonomie sur les *Fiches d'exercices de code*

cf. Période 1.

7. Production d'écrit

Modalités	**JOUR 3** – Par groupe de besoins ☀ ★ ☾ avec l'enseignant, en rotation avec des activités en autonomie
Durée	**Matin :** ☀ 20 min ★ 10 min ☾ 10 min **Après-midi :** ☀ 30 min ★ 20 min ☾ 20 min
Matériel enseignant	– *Manuel de code* p. 56-57 – *Guide pédagogique* (*cf.* Partie III)
Matériel élève	– *Manuel de code* – *Fiche d'exercices de code* ☀ ★ ou ☾ ou cahier du jour/d'écrivain (selon le choix de l'enseignant)

Exercices 8 et 9 • manuel, p. 56-57

Objectifs : – développer la capacité à encoder une phrase,
– compléter une phrase,
– s'entraîner à encoder des mots simples en ayant recours aux stratégies connues.

Les deux exercices visent l'enrichissement lexical par champs sémantiques : celui des cadeaux de Noël (exercice 8) et celui du matériel scolaire (exercice 9). Choisir l'exercice le plus adapté à chaque goupe. Leur déroulé est similaire.

MATIN

Préparation à l'écriture : déroulé de l'exercice 9

1. Introduire la séance, présenter la situation et expliciter l'objectif

Nous allons continuer à apprendre à écrire des phrases. Ce matin, nous allons travailler à l'oral pour imaginer les objets que vous aimeriez trouver au fond de votre cartable. Cet après-midi, vous écrirez en complétant cette phrase : « Tout au fond de mon cartable, il y a… ».

2. Constituer un corpus

– Après un court temps de réflexion, recueillir les propositions des élèves.
– Noter au tableau ou sur une affiche (trace mémoire pour la séance d'écriture de l'après-midi, outil d'aide à l'orthographe : à expliciter aux élèves) quelques mots clés parmi les propositions des élèves. Les élèves doivent être associés à l'encodage de certains mots.
– Organiser cette prise de notes, sous forme de colonnes : des objets liés au temps scolaire, des objets insolites, des objets imaginaires.
– Encourager les élèves à enrichir leurs propositions par des groupes nominaux étendus (adjectifs, compléments du nom), et différents déterminants.
– Distribuer la parole, synthétiser, reformuler.

APRÈS-MIDI

Mise en texte et révision

3. Lancer les élèves dans l'écriture

– Afficher les corpus constitués collectivement le matin.
– Annoncer la tâche : compléter la phrase « Tout au fond de mon cartable, il y a… ».
– Faire un rapide tour de table, pour faire dire des exemples de phrases possibles. En proposer d'autres afin d'enrichir les propositions des élèves.

Différenciation possible : nombre d'objets, nombre de phrases.

4. Accompagner les élèves dans l'écriture

– Faire des liens avec les intentions d'écriture, encourager l'élève à oraliser ce qu'il écrit (ou le faire pour lui) pour faire constater les écarts : Quels objets as-tu choisis ? Qu'as-tu écrit ?
– Observer les élèves, mobiliser les modalités d'étayage en fonction des besoins (aide de l'adulte, étayage matériel-outil ressource, aide d'un pair), aider à mobiliser les stratégies d'encodage en fonction des mots, des erreurs et des difficultés rencontrées.
– Valoriser les réussites.
– Aider à enrichir l'écrit produit (GN étendus, nature des objets choisis).
– Encourager l'entraide pour encoder, pour enrichir ses idées.
– Faire aboutir chaque élève à une forme écrite complète.

5. Clôturer la séance	Revenir sur les textes produits, valoriser ce que l'on est en train d'apprendre en écrivant des textes (partager les procédures, les outils pour y parvenir).

8. Compréhension : Dessin animé *Rita et Machin vont pêcher* – 2e partie

Modalités	**Tous les jours.** En classe entière avec des moments de mise en groupes ou binômes.
Durée	8 séances de 20 min sur deux semaines
Matériel enseignant	**– Version numérique de *Mon carnet d'apprenti lecteur* pour la projection du dessin animé** – « Marguerite » sur le lexique de la pêche (*cf.* semaine précédente) – Masques avec tige de Rita et Machin / Marottes et maquette de l'histoire – Affiche des picto-stratégies (*cf.* site Ressources)
Matériel élève	– *Mon carnet d'apprenti lecteur*

JOUR 1 SÉANCE 5

1. Présenter les objectifs	**Objectifs :** se remémorer l'histoire, s'entraîner à raconter l'histoire. **Critères de réussite** : réinvestir le lexique de la pêche et les états mentaux des personnages étudiés lors de la Séance 4.
2. Brouillon d'oral	Inviter les élèves à raconter l'épisode pour mieux le comprendre. – Mettre les élèves en binômes affinitaires. – Rassurer les élèves timides qui ne souhaitent pas raconter l'histoire devant la classe, en leur donnant la possibilité de le raconter à leur binôme ou à l'enseignant. – Afficher la « marguerite » sur le lexique de la pêche élaborée en séance 2. – Mettre à disposition des masques de Rita et de Machin, éventuellement des marottes et une maquette du bord de rivière.
3. Raconter l'histoire devant la classe	– Faire passer les binômes volontaires pour raconter l'histoire devant la classe. Pour ne pas décourager ceux qui manquent d'assurance, les faire raconter uniquement devant le professeur pendant un moment où les autres élèves travaillent en atelier.

JOUR 2 SÉANCE 6

Travailler les stratégies de réponse aux questions de compréhension	**Objectif :** rendre explicites les **trois stratégies de réponse aux questions**. – Regrouper les élèves par petits groupes d'environ 6 élèves (un atelier dirigé avec l'enseignant doit être privilégié). – Annoncer l'objectif principal de la séance : apprendre à répondre à des questionnaires de compréhension. Le questionnaire est une activité de compréhension parmi d'autres. L'objectif de cet atelier est avant tout de faire percevoir aux élèves qu'il y a **trois types de questions, et donc trois façons de réfléchir pour y répondre**. – Mettre en place des habitudes de travail concernant les types de questions et la manière particulière d'y répondre. – Coder à l'aide des pictogrammes ci-dessous les questions en fonction du type de stratégie à utiliser. – Projeter le dessin animé. Au fur et à mesure des questions, et guidé par les élèves, chercher, par des avances ou des retours rapides, la séquence du dessin animé ciblée. Mettre en pause et faire pointer du doigt les indices par les élèves. – Afficher les pictogrammes des stratégies pour les montrer en parallèle de la recherche d'indices.

1. Question	**1.** Une question **loupe** appelle une **réponse extractive.** Quand vous voyez une loupe, vous devez aller chercher la réponse dans le dessin animé. **Question : Où se trouvent Rita et Machin ? Où pouvez-vous trouver l'information ?**
2. Question	**2.** Une question **ampoule** fait appel à une **inférence.** Quand vous voyez une ampoule, vous devez chercher des indices dans l'image ou les paroles des personnages. **Question : Que ressent Machin ?** *Machin s'ennuie, c'est trop long. Il avait imaginé que c'était facile de pêcher.*
3. Question	**3.** Une question **engrenage** demande le **recours aux connaissances encyclopédiques.** Quand vous voyez un engrenage, vous devez chercher dans vos connaissances et votre mémoire. **Question : Pourquoi est-ce difficile de pêcher ?** *Il faut placer le bon appât au bout de son hameçon, faire preuve de patience et rester silencieux.*

JOUR 3 SÉANCE 7

Faire le bilan de l'étude	Il ne s'agit pas d'évaluer les élèves par écrit et surtout pas par des questions de compréhension, mais de prendre connaissance d'observables : Quels sont les élèves capables de restituer l'histoire en respectant les critères de réussite ? **Objectif :** raconter le récit en groupes. **Critères de réussites :** – réinvestir le lexique étudié, – rétablir les liens de causalité, – faire allusion aux états mentaux des personnages.
1. Présenter l'objectif principal	Vérifier que tout le monde a bien compris l'histoire et la raconter une dernière fois afin de la conserver dans sa mémoire.
2. Raconter l'histoire en entier	– Mettre les élèves en groupes affinitaires en ateliers autonomes. Activité de brouillon d'oral. – Mettre à disposition l'enregistrement audio, les marottes ou la maquette de l'histoire. – Demander à chaque groupe de raconter ou de jouer l'histoire en entier. Ce dispositif permet aux élèves de se lancer à l'oral, de s'entraîner à raconter en petits groupes sécuritaires, sans subir la pression du groupe classe.
3. Réaliser l'activité de compréhension sur *Mon carnet d'apprenti lecteur*, p. 19.	**Activité 2 :** développer son esprit critique. La stratégie **bulle de pensée** fait appel à une représentation mentale ou à la mémorisation de situations. Cette activité doit faire l'objet d'un rappel de procédure : – Se raconter l'histoire dans sa tête. – Écouter les phrases lues ( ), se concentrer sur la représentation de l'histoire. – Numéroter les phrases. – Les élèves lisent seuls (l'illustration les soutiendra) et numérotent. Passer vérifier la lecture de quelques élèves pour entretenir la rigueur de la technique de lecture et ne pas laisser penser que lire, c'est deviner.

JOUR 4 SÉANCE 8

Étendre la culture littéraire, créer des liens entre les livres	**Objectifs :** – repérer les analogies et différences avec un autre récit, – débattre en classe, – réaliser un affichage.
1. Présenter l'objectif principal	Comprendre que les histoires peuvent présenter des similitudes et qu'on peut les comparer. Détecter ces similitudes permet de mieux comprendre un texte.

2. Enrichir sa culture littéraire	Mettre en lien avec une autre histoire que les enfants connaissent parce qu'elle a été lue en classe ou à la maison : Cette histoire vous fait-elle penser à un autre livre ? Par exemple : *Drôle de pêche* (Rocard ; Maestri) ; *Pêche à pied* (Dumas ; Philippe) ; *Bonne pêche* (Dedieu ; Thierry).
3. Débattre des similitudes et différences	– Proposer un débat dans la classe sur les similitudes et les différences entre les deux récits. – Demander aux élèves d'expliquer leur point de vue en donnant des exemples précis. – Dresser un tableau des ressemblances et des différences.

9. Lecture autonome

Modalités	Travail en autonomie et en groupe de besoins ☀ ★ ☾ – Bilan en classe entière
Durée	**JOUR 1 :** 2 ou 3 min en fin de séance de découverte des graphèmes (matin) **JOURS 2, 3 :** 2 séances de 10 min **JOUR 4 :** 1 séance guidée de manipulation d'étiquettes de 10 min, + 1 séance en autonomie sur les questions de 10 min, + 1 séance bilan en groupe classe de 20 min
Matériel élève	– *Fiche de lecture autonome* ☀ ★ ou ☾ – Fiche autocorrective

Planning

	JOUR 1	JOUR 2	JOUR 3	JOUR 4
Groupe classe	Narration de l'enseignant et lecture du titre			Bilan
Ateliers en autonomie		Lecture	Lecture et activités	Lecture et activités / autocorrection
Ateliers guidés avec l'enseignant				Lecture / Manipulation d'étiquettes

Narration de l'enseignant pour présenter l'épisode

Le papa de Noé et Nina a organisé une sortie en famille dans les Alpes ! Les enfants sont surexcités et pressés d'arriver mais il faudra faire preuve de patience car il y a deux heures de route. Les parents ont tout prévu : balade à vélo autour d'un lac, pique-nique. Mais tout ne va pas se dérouler comme prévu. À ton avis, que va-t-il se passer ?

Caractéristiques des textes par groupe de besoins

	Nombre de mots	%	Balade à vélo
☀	40	96 %	*Cf. Fichier de lecture autonome* p. 33
★	55	95 %	*Cf. Fichier de lecture autonome* p. 34 et *Manuel de code* p. 57
☾	69	92 %	*Cf. Fichier de lecture autonome* p. 35

Compétences travaillées (stratégies de compréhension *cf.* partie III)

	Activité 1	Activité 2 à l'oral
☀ ★ ☾	Manifester sa compréhension : identifier les propositions correctes/erronées.	Établir des liens pour inférer les émotions du personnage principal en cohérence avec le déroulement du récit.

Bilan du JOUR 4	– Demander aux élèves de restituer l'histoire. – Lire le texte à voix haute aux élèves. – Expliciter collectivement les inférences à réaliser pour traiter l'activité 1 des *Fiches* ★ (toutes les propositions) et ☾ (uniquement : *Ils se baladent à la mer. / Le vélo de Nina est bleu.*) – Traiter collectivement l'activité 2. Porter l'attention des élèves sur la cohérence des propositions par rapport à l'histoire.
Prolongement	En dictée à l'adulte, insérer une ou plusieurs phrases à la suite du texte.

Période 2 • Semaine 5

1. Proposition d'emploi du temps (*cf.* Période 1 Semaine 4)

2. Code : graphèmes ai • ei • et • ê • ë • è

Modalités	**JOUR 1** – Oral – Classe entière – 40 min
Matériel	– *Manuel de code* p. 58 – Vidéos du *Manuel de code* à vidéoprojeter

Étape 1	– Demander aux élèves de proposer des mots dans lesquels on entend le son [è]. – Écrire les mots des élèves sur le tableau au fur et à mesure. – Effectuer ce recueil pour avoir des mots comportant les 6 graphies du son. Si au bout d'une dizaine de mots, toutes les graphies ne sont pas représentées, proposer une variante : Vous me proposez un mot, et ensuite moi j'en propose un, et ainsi de suite. – Quand le recueil est terminé, inviter un élève au tableau. Lire un mot, deux ou trois fois, en demandant à l'élève d'entourer la syllabe dans laquelle il entend ce son [è]. Procéder de même pour tous les mots du corpus. – Faire classer les mots dans un tableau à 6 colonnes, correspondant aux 6 graphies.
Étape 2	Faire entendre le son [è] tout en visionnant la capsule vidéo. Commenter la position de la bouche, de la langue, le passage du souffle. Le faire expérimenter par les élèves. **Pas de vire-langue** du jour pour ces graphèmes.
Étape 3	**Boîte de mots à mémoriser** (*cf.* semaine 4).

3. Activités d'encodage/décodage

Modalités	**JOURS 2, 3 et 4** – Par groupe de besoins ☀ ★ ou ☾, en rotation : – Oral avec l'enseignant à partir du *Manuel* – Écrit en autonomie sur les *Fiches d'exercices de code* 40 min
Matériel enseignant	*Manuel de code* p. 58 à 61
Matériel élève	– *Manuel de code* pour le travail avec l'enseignant – Cahier du jour pour la dictée avec l'enseignant – *Fiche d'exercices de code* ☀ ★ ou ☾ pour le travail en autonomie – Tablette (ou duo d'élèves) pour le travail en autonomie

Planning

	JOUR 2	JOUR 3	JOUR 4
Ateliers guidés avec l'enseignant	*Manuel* : – lecture syllabes et mots – exercices 2, 3, 4, 5, 6, 7, 8, 9	*Manuel* : – lecture mots et phrases	*Manuel* : – texte *Lisons ensemble !* – exercices 11, 12
Ateliers en autonomie	*Fiches* : exercices 2, 3, 4, 5, 6, 7	*Fiches* : exercices 8, 9	*Fiches* : exercices 11, 12

Exercices 2, 3, 4, 5, 6, 7 • manuel, p. 59	Les exercices de discrimination visuelle **2, 3, 4,** puis **5, 6, 7** se pratiquent sur le même corpus de mots.
Exercice 8 • manuel, p. 60	Recourir au frappé de syllabes pour les élèves encore hésitants.
Exercice 9 • manuel, p. 60	Syllabes dictées par l'enseignant sur le cahier du jour : ☼ du lait – la fête – une reine – un poulet ★ du lait – la fête – une reine – un poulet – une chèvre ☾ du lait – la fête – une reine – un poulet – une chèvre – une chaîne
Exercice 11 • manuel, p. 61	– L'exercice porte sur les déterminants définis. On ne caractérise pas cette différence avec les élèves : c'est une imprégnation par voie directe. – Évoquer les marques du pluriel par la présence du **s** en fin de mot.
Exercice 12 • manuel, p. 61	Contrairement à l'exercice 10 de la semaine précédente (semaine 4) où les élèves remplaçaient le bloc *déterminant/nom*, les élèves ne remplacent ici que le nom. Les noms de substitution proposés doivent donc rester cohérents avec le genre et le nombre du déterminant d'origine.
Consignes pour les groupes en autonomie sur les *Fiches d'exercices de code*	*cf.* Période 1.

4. Dictée : le quart d'heure quotidien

Modalités	Classe entière. Procédé « Lamartinière » sur ardoise.
Durée	**Tous les jours**. 15 min
Matériel enseignant	– Cartes graphèmes (*cf.* site Ressources) – Utilisation des cartes graphèmes (*cf.* partie III)
Matériel élève	Ardoise

Planning et textes

Pour cette série de graphèmes, la dictée de syllabes est problématique car rien ne permet de privilégier un graphème plus qu'un autre dans des syllabes isolées. Nous ne proposons donc que des mots en dictée cette semaine. En informer les élèves en début de semaine.

JOUR 1 du lait – une bête – Noël – un jouet

JOUR 2 un balai – une reine – la forêt – un rêve

JOUR 3 la plaine – une baleine – un poulet – des flèches

JOUR 4 Irène est une reine. Adèle ouvre les volets.

5. Geste d'écriture

Modalités	Classe entière. **Tous les jours**. 20 min
Matériel enseignant	– Vidéo *échauffement des doigts* (*cf.* Partie III) – Vidéo du *Manuel de code* à vidéoprojeter – Outils de différenciation en usage, en fonction des besoins (*cf.* Partie III) – Tableau d'observation des élèves (*cf.* site Ressources)
Matériel élève	– Ardoise + feutre – Cahier de l'élève avec modèles d'écriture préparés par l'enseignant – Outil scripteur de l'élève

Travail sur la semaine

JOUR 1 : organiser un travail collectif sur les accents.

JOUR 2 : débuter la séance par un échauffement des doigts. Proposer un travail différencié sur les mots selon l'aisance, la fluidité du geste et la vitesse d'écriture des élèves.

Mots à copier : une forêt – une bête – une chaîne – noël – le poêle – un lièvre – la chèvre – une flèche.

JOURS 3 et 4 :

– Retravailler des lettres / enchaînements de lettres qui posent des difficultés aux élèves (cf. observations réalisées au fur et à mesure des séances), par exemple l'enchaînement des lettres v et r (tout comme b et r), à retravailler en copie de syllabes (vre, vri, vrai, bru…).

– Se reporter aux tableaux des semaines précédentes pour proposer des mots, ou des courtes phrases que les élèves n'auraient pas copiés.

– Proposer des frises ou des exercices complémentaires (*cf.* site Ressources).

6. Copie

Modalités	**JOURS 1, 2** – Par groupe de besoins ☀ ★ ☾ avec l'enseignant, en rotation avec des activités en autonomie
Matériel enseignant	*Manuel de code* p. 59
Matériel élève	– Cahier du jour pour le travail avec l'enseignant – *Fiche d'exercices de code* ☀ ★ ou ☾ pour le travail en autonomie

Planning

JOUR 1	JOUR 2
Manuel : exercice 1	*Fiche en autonomie* : exercice 1

Exercice 1 • manuel, p. 59

– Placer les élèves en binômes.

– Demander à l'élève 1 de tenir le manuel **en position verticale** devant l'élève 2, de lui laisser quelques secondes pour la prise d'information sur le modèle, puis de fermer le livre pendant que l'élève 2 écrit la syllabe mémorisée.

– Permuter les rôles à la fin de la série.

Consignes pour les groupes en autonomie sur les *Fiches d'exercices de code*

cf. Période 1.

7. Production d'écrit

Modalités	**JOUR 3** – Par groupe de besoins ☀ ★ ☾ avec l'enseignant, en rotation avec des activités en autonomie
Durée	**Matin :** ☀ 20 min ★ 10 min ☾ 10 min **Après-midi :** ☀ 30 min ★ 20 min ☾ 20 min
Matériel enseignant	– *Manuel de code* p. 60 – *Guide pédagogique* (*cf.* Partie III) – 3 boîtes, des objets
Matériel élève	– *Manuel de code* – *Fiche d'exercices de code* ☀ ★ ou ☾ ou cahier du jour/d'écrivain (selon le choix de l'enseignant)

Exercice 10 • manuel, p. 60

Objectifs : – exprimer une sensation par écrit,
– encoder des mots simples ou une courte phrase.

Préparer les boîtes en amont de la séance. Varier le nombre d'objets, et le nombre de sens à faire mobiliser aux élèves. En raison de possibles allergies alimentaires, exclure le goût.

Quelques exemples d'objets :

– Boîte odorat : poivre, menthe…

– Boîte toucher : tissu velours, coton, papier de verre, papier ondulé…

– Boîte ouïe : billes dans une boîte métallique, pièces dans un sac, grelots dans un sac…

Les élèves vont s'exprimer sur les sensations et essayer de deviner les objets à l'intérieur des boîtes (émission d'hypothèses). Le mystère ne sera levé qu'en fin de journée, après la séance de l'après-midi.

MATIN

Préparation à l'écriture

1. Introduire la séance, présenter la situation et expliciter l'objectif

– Montrer les boîtes : Cette semaine, nous allons continuer à nous entraîner à écrire. Nous allons écrire des phrases pour dire ce qu'il y a dans les boîtes mystères.

– Expliquer le déroulement : Ce matin, nous allons utiliser nos sens pour essayer de deviner les objets cachés dans les boîtes. Nous allons exprimer nos sensations à l'oral. Cet après-midi, vous écrirez des phrases. Je vous révèlerai le contenu des boîtes en fin de journée.

2. Mobiliser le vocabulaire des sensations

– Présenter la première boîte en précisant le sens à mobiliser (ouïe, odorat ou toucher). Il peut y avoir plusieurs boîtes pour un même sens.

– Faire circuler la boîte et recueillir les propositions des élèves sur leurs sensations, puis les hypothèses sur l'objet mystère (ne pas révéler l'objet).

– Noter au tableau ou sur une affiche (trace mémoire pour la séance d'écriture de l'après-midi, outil d'aide à l'orthographe, à expliciter aux élèves) quelques mots clés parmi les propositions. Les élèves peuvent être associés à l'encodage de certains mots.

– Distribuer la parole, synthétiser, reformuler. Encourager les élèves à mobiliser des structures syntaxiques du type : « C'est… », « J'ai l'impression que ça sent… », « Je pense que c'est… » (les faire figurer sur l'affiche collective).

– Recommencer avec une autre boîte.

APRÈS-MIDI

Mise en texte et révision

3. Lancer les élèves dans l'écriture

– Afficher le corpus constitué collectivement le matin.

– Annoncer la tâche : écrire les mots correspondant aux sensations ressenties en touchant les objets de chaque boîte, ainsi que les noms des objets devinés.

– Faire un rapide tour de table, pour faire dire des exemples de phrases possibles. En proposer d'autres afin d'enrichir les propositions des élèves.

	Différenciation possible : nombre d'objets, nombre de phrases.
4. Accompagner les élèves dans l'écriture	– Faire des liens avec les intentions d'écritures, encourager l'élève à oraliser ce qu'il écrit (ou le faire pour lui) pour faire constater les écarts : Que voulais-tu écrire ? Quelle phrase avais-tu choisi d'écrire ? Qu'as-tu écrit ? – Observer les élèves, mobiliser les modalités d'étayage en fonction des besoins (aide de l'adulte, étayage matériel-outil ressource, aide d'un pair), aider à mobiliser les stratégies d'encodage en fonction des mots, des erreurs et des difficultés rencontrées. – Valoriser les réussites. – Aider à enrichir l'écrit produit. – Encourager l'entraide pour encoder, pour enrichir ses idées. – Faire aboutir chaque élève à une forme écrite complète.
5. Clôturer la séance	Revenir sur les textes produits, valoriser ce que l'on est en train d'apprendre en écrivant des textes (partager les procédures, les outils pour y parvenir).

8. Compréhension : *Plus grands que le ventre*

Modalités	**Tous les jours.** En classe entière avec des moments de mise en groupes ou binômes.
Durée	4 séances de 20 min
Matériel enseignant	– Manuel numérique de *Mon carnet d'apprenti lecteur* – Texte de la poésie (*cf.* Partie V) – Flashcards des mots et des images (*cf.* site Ressources) – Carte mentale (*cf.* Manuel numérique)
Matériel élève	– *Mon carnet d'apprenti lecteur* – Cahier de poésie – Accessoires de mise en scène

JOUR 1 SÉANCE 1

1. Présenter les objectifs	**Objectifs :** – comprendre la structure du texte, – réaliser la carte mentale de l'histoire du poème.
2. Réciter aux élèves	Réciter la poésie aux élèves.
3. Questionner	– Interroger les élèves sur la compréhension du texte : De quoi parle ce texte ? Qui ? Où ? Quand ? – Réaliser la carte mentale sur le TBI ou sur une affiche (à l'aide des affichettes mots et images) en même temps que les élèves répondent de façon pertinente sur les personnages, actions, mots ou dessins clés. – Prévoir pour cela des flashcards de mots (*manger ; point d'interrogation ; grands yeux, gros ventre*), des images (carottes râpées, plat de spaghettis, tartine, assiette de frites, tarte aux fraises, cornet de glace).
4. Travailler le vocabulaire	– Expliquer par exemple : *ouvrir l'appétit ; cerises confites.* – Donner des synonymes, réaliser un affichage pour la classe. Bien préciser qu'un seul mot n'empêche pas la compréhension globale du texte.
5. Faire raconter	Demander aux élèves de raconter l'histoire du poème sans relire le texte.
6. Réaliser l'activité de compréhension sur *Mon carnet d'apprenti lecteur* p. 20	– Distribuer le texte aux élèves, le faire coller dans le cahier de poésie. – Relire le poème aux élèves pendant qu'ils réalisent l'activité 1. **Activité 1** Stratégie Les élèves prennent les indices dans le texte pour colorier les éléments dans le dessin.

JOUR 2 SÉANCE 2

1. Présenter l'objectif	**Objectif** : apprendre à réciter la poésie pour bien la comprendre. **Critères de réussite élèves** : redire de mémoire plusieurs vers du poème. **But de la tâche** : préparer la mémorisation par la reconstitution de la structure de la poésie.
2. Faire raconter	– Faire raconter l'histoire du poème par les élèves en appui sur la carte mentale et les images de la séance 1. – Réciter le poème aux élèves.
3. Mimer et apprendre	– Phase d'apprentissage systématique avec les élèves : réciter un vers et le mimer. – Faire répéter par les élèves.
4. Repérer les rimes	Faire repérer les rimes : les colorier au tableau ou sur l'affiche.
5. Échanger	Demander aux élèves si le vécu de cet enfant est similaire au leur. Les aider à exprimer **ce qu'ils ressentent** ou à établir des correspondances avec leur propre expérience (*cf.* transactions évoquées partie III, liens avec soi).

JOUR 3 SÉANCE 3

	Objectif : mise en mémoire du poème.
1. Mettre en mémoire	Recommencer le déroulé de la séance 2 pour mieux mémoriser.
2. Réaliser les activités de compréhension sur *Mon carnet d'apprenti lecteur* p. 21	**Activité 2.** Stratégie ♡ : la phrase à recopier constitue la conclusion « morale » du poème. **Activité 3.** Stratégie ⚙ : l'élève doit faire appel à ses connaissances externes pour identifier les erreurs en regard du texte du poème. Une fois les erreurs identifiées, il doit recopier les expressions correctes.

JOUR 4 SÉANCE 4

1. Présenter l'objectif	**Objectif** : mettre en scène et interpréter le poème. **Critères de réussite** : oser se produire devant le regard des autres. Produire une interprétation conforme au texte et compréhensible par les spectateurs (auditeurs).
2. Interpréter et mettre en scène	La place du corps dans les apprentissages est centrale. Comment pourrait-on mettre en scène le poème, raconter l'histoire comme si on voulait la présenter sur une scène ? Les élèves font des propositions : matériel, attitudes, gestes, déplacements… (prévoir une dînette, des petites images figurant les aliments du poème ou tout objet utile).
3. Réciter et jouer	– Demander à un ou plusieurs élèves volontaires de venir jouer la scène. Les élèves les plus timides doivent pouvoir bénéficier d'espaces de récitations jeu plus protégés (APC, fin de cours, dans un coin de la classe avec l'enseignant ou face à un élève très dégourdi, en binôme). Ne pas négliger la prise de risque par l'élève lors de cet exercice. Il importe de conserver l'idée de plaisir pour tous. La poésie est un support de choix dans cette perspective (jeux du corps, des sonorités ; images amusantes, émouvantes…)

Exemple de carte mentale finalisée (à l'issue des 4 séances)

9. Lecture autonome

Modalités	Travail en autonomie et en groupe de besoins ☀ ★ ☾ – Bilan en classe entière
Durée	**JOUR 1 :** 2 ou 3 min en fin de séance de découverte des graphèmes (matin) **JOURS 2, 3 :** 2 séances de 10 min **JOUR 4 :** 1 séance guidée de manipulation d'étiquettes de 10 min, + 1 séance en autonomie sur les questions de 10 min, + 1 séance bilan en groupe classe de 20 min
Matériel élève	– *Fiche de lecture autonome* ☀ ★ ou ☾ – Fiche autocorrective

Planning

	JOUR 1	JOUR 2	JOUR 3	JOUR 4
Groupe classe	Narration de l'enseignant et lecture du titre			Bilan
Ateliers en autonomie		Lecture	Lecture et activités	Lecture et activités / autocorrection
Ateliers guidés avec l'enseignant				Lecture / Manipulation d'étiquettes

Narration de l'enseignant pour présenter l'épisode

Une fête foraine s'est installée dans le village. Tous les amis s'y retrouvent pour passer l'après-midi. Au programme : jeux et goûter sucré… Un super moment entre amis ! Et toi, es-tu déjà allé(e) à la fête foraine ? À ton avis, que vont-ils pouvoir faire ?

Caractéristiques des textes par groupes de besoins

	Nombre de mots	%	À la fête foraine
☀	50	96 %	*Cf. Fichier de lecture autonome* p. 37
★	56	96 %	*Cf. Fichier de lecture autonome* p. 38 et *Manuel de code* p. 61
☾	76	95 %	*Cf. Fichier de lecture autonome* p. 39

Compétences travaillées (stratégies de compréhension *cf.* partie III)

	Activité 1	Activité 2
☀ ★	Associer chaque personnage à son activité.	Établir des liens avec sa connaissance du monde.
☾	Associer chaque personnage à son activité en résolvant les reprises pronominales.	

Bilan du JOUR 4	– Demander aux élèves de restituer l'histoire en veillant à l'identification des personnages et de l'activité qu'ils pratiquent à la fête foraine. – Lire le texte à voix haute aux élèves. – Expliciter collectivement à l'oral l'activité 1 de la fiche ☾. – Traiter collectivement l'activité 2. – Porter l'attention des élèves sur les explications apportées : justifier en nommant les éléments caractéristiques qui ont permis de nommer chaque lieu.
Prolongement	En dictée à l'adulte, écrire une phrase du type : « c'est … car j'ai reconnu … ».

Période 2 • Semaine 6

1. Proposition d'emploi du temps (*cf.* Période 1 Semaine 4)

2. Code : graphèmes gn et z

Modalités	**JOUR 1** – Oral – Classe entière – 40 min
Matériel	– *Manuel de code* p. 62 – Vidéos du *Manuel de code* à vidéoprojeter – Cartes graphèmes : gn z a o (*cf.* site Ressources)
Étape 1	– Faire entendre le son prononcé pour le graphème **z** tout en visionnant la capsule vidéo. – Commenter la position de la bouche, de la langue, le passage du souffle. Le faire expérimenter par les élèves.
Étape 2	Faire prononcer le **vire-langue** du jour. Le faire répéter plusieurs fois, à vitesse variable : « Hier au zoo, il y avait onze zébus et treize zèbres ».
Étape 3	– Introduire ensuite le graphème **gn** en expliquant qu'il est une combinaison. Sa prononciation commence comme un graphème déjà connu : le **n**, tenu jusqu'à l'explosion par relâchement de la langue. Celle-ci glisse très vite pendant sa descente sur la prononciation, enchaînée d'un **i** suivi d'un **e**. – Commenter les mouvements successifs de la langue et faire expérimenter par les élèves.
Étape 4	Activité avec les **cartes graphèmes** (*cf.* Partie III).
Étape 5	**Boîte de mots à mémoriser** (*cf.* semaine 4).

3. Activités d'encodage/décodage

Modalités	**JOURS 2, 3 et 4** – Par groupe de besoins ☀ ★ ou ☾, en rotation : – Oral avec l'enseignant à partir du *Manuel* – Écrit en autonomie sur les *Fiches d'exercices de code* 40 min
Matériel enseignant	*Manuel de code* p. 62 à 65
Matériel élève	– *Manuel de code* pour le travail avec l'enseignant – Cahier du jour pour la dictée avec l'enseignant – *Fiche d'exercices de code* ☀ ★ ou ☾ pour le travail en autonomie – Tablette (ou duo d'élèves) pour le travail en autonomie

Planning

	JOUR 2	JOUR 3	JOUR 4
Ateliers guidés avec l'enseignant	*Manuel* : – lecture syllabes et mots – exercices 2, 3, 4, 5, 6	*Manuel* : – lecture mots et phrases	*Manuel* : – texte *Lisons ensemble !* – exercices 7, 8, 10
Ateliers en autonomie	*Fiches* : exercices 2, 3	*Fiches* : exercices 4, 5, 6	*Fiches* : exercices 7, 8, 10

Exercice 2 • manuel, p. 63	Prononcer distinctement les mots afin de bien accompagner la perception auditive de la différence de son entre **gn** et **n**.
Exercices 3, 4, 5 • manuel, p. 63-64	*Cf.* semaines précédentes.
Exercice 6 • manuel, p. 64	Syllabes dictées par l'enseignant sur le cahier du jour : ☀ du gaz – une ligne – un zèbre – douze ★ la vigne – du gaz – un zèbre – treize – un signe ☾ du gaz – une ligne – un zèbre – treize – un signe – une araignée
Exercice 7 • manuel, p. 64	Faire précéder l'exercice d'un jeu de remise en ordre ou en désordre de graphèmes dans des mots (deux graphèmes permutés) : – Trouver le mot ordonné à partir d'une proposition en désordre (mourfi ➜ fourmi ; aubotus ➜ autobus ; padaris ➜ paradis). – Proposer une mise en désordre à partir de mots ordonnés. – Effectuer ensuite l'exercice 7.
Exercice 8 • manuel, p. 64	Expliquer aux élèves que les mots à retrouver peuvent figurer verticalement (comme l'exemple) ou horizontalement dans la grille.
Exercice 10 • manuel, p. 65	– Faire opérer par les élèves tous les appariements possibles pour chaque mot. – À chaque proposition erronée, faire argumenter les élèves à partir des indices morphographiques qui marquent notamment les pluriels.
Consignes pour les groupes en autonomie sur les *Fiches d'exercices de code*	*cf.* Période 1.

4. Dictée : le quart d'heure quotidien

Modalités	Classe entière. Procédé « Lamartinière » sur ardoise.
Durée	**Tous les jours**. 15 min
Matériel enseignant	– Cartes graphèmes (*cf.* site Ressources) – Utilisation des cartes graphèmes (*cf.* Partie III)
Matériel élève	Ardoise

Planning et textes

JOUR 1	gni – agn – zou – zé – azu – gnaf
JOUR 2	gnol – zour – pign – treize – ligne – zéro
JOUR 3	peigne – douze – zèbre – lézard – beignet – dizaine
JOUR 4	Zoé a peur des araignées. Le zèbre a des lignes dans le dos.

5. Geste d'écriture

Modalités	Classe entière. **Tous les jours**. 20 min
Matériel enseignant	– Vidéo *échauffement des doigts* (*cf.* Partie III) – Vidéos du *Manuel de code* à vidéoprojeter – Outils de différenciation en usage, en fonction des besoins (*cf.* Partie III) – Tableau d'observation des élèves (*cf.* site Ressources)
Matériel élève	– Ardoise + feutre – Cahier de l'élève avec modèles d'écriture préparés par l'enseignant – Outil scripteur de l'élève

La lettre g

C'est un rond fermé par un jambage bouclé. On commence comme un **a** (rond fermé par une petite étrécie), on continue par un jambage bouclé.

Points de difficulté : attirer l'attention de l'élève sur la partie descendante. Celle-ci suit un trait vertical, bien droit. Cette lettre amène les élèves à devoir gérer des niveaux d'interlignes. Le jambage bouclé descend jusqu'au deuxième interligne.

JOURS 1, 2

	Exemples* ☀	Exemples* ★☾
Lettre isolée	g	
Enchaînement de lettres	gn – gni – gne	
Rupture dans le geste (levé de crayon)	ugn	ogne
Mots avec rupture dans le geste (levé de crayon)	une bugne – la vigne – un peigne	une araignée – un beignet au chocolat
Courte phrase (espacement entre les mots)	Je me baigne.	Je me baigne et je me peigne.

* Exemples au choix : proposer au moins les éléments surlignés.

La lettre z

Le tracé de la lettre **z** amène à combiner plusieurs gestes. Elle commence comme un **r** et finit par une boucle descendante (à la différence du jambage bouclé, elle ne suit pas un mouvement rectiligne). Elle descend jusqu'au troisième interligne.

JOURS 3, 4

	Exemples* ☀	Exemples* ★☾
Lettre isolée	z	
Enchaînement de lettres	ze – oz** – az	
Mots	treize	zèbre
Rupture dans le geste (levé de crayon)	zou	zap
Mots avec rupture dans le geste (levé de crayon)	douze – zéro – le zoo	une dizaine – le zoo bizarre – une pizza
Courte phrase (espacement entre les mots)	Il y a zéro dizaine.	Zoé se baigne avec un lézard.

* Exemples au choix : proposer au moins les éléments surlignés.
** Montrer la particularité de cette liaison en la réalisant devant les élèves.

6. Copie

Modalités	**JOURS 1, 2** – Par groupe de besoins avec l'enseignant, en rotation avec des activités en autonomie
Matériel enseignant	*Manuel de code* p. 63
Matériel élève	– Cahier du jour pour le travail avec l'enseignant – *Fiche d'exercices de code* ou pour le travail en autonomie

Planning

JOUR 1	JOUR 2
Manuel : exercice 1	*Fiche en autonomie* : exercice 1

Exercice 1 • manuel, p. 63	– Continuer les évolutions du rapport support modèle / support de copie / temps d'observation. – Avec le groupe , faire observer et mémoriser 2 syllabes à recopier de mémoire, sans retour au modèle.
Consignes pour les groupes en autonomie sur les *Fiches d'exercices de code*	*cf.* Période 1.

7. Production d'écrit

Modalités	**JOUR 3** – Par groupe de besoins avec l'enseignant, en rotation avec des activités en autonomie
Durée	**Matin** : 20 min 10 min 10 min **Après-midi** : 30 min 20 min 20 min
Matériel enseignant	– *Manuel de code* p. 65 – *Guide pédagogique* (*cf.* Partie III) – Dé à construire (*cf.* site Ressources)
Matériel élève	– *Manuel de code* – *Fiche d'exercices de code* ou ou cahier du jour/d'écrivain (selon le choix de l'enseignant)
Exercice 9 • manuel, p. 65	*Cf.* Période 1 semaine 6. Selon les groupes, chaque élève peut encoder sa propre phrase.

8. Compréhension : Le moulin à vent – 1re partie

Modalités	**Tous les jours.** En classe entière avec des moments de mise en groupes ou binômes.
Durée	8 séances de 20 min sur 2 semaines
Matériel enseignant	– Version numérique de *Mon carnet d'apprenti lecteur* – Notice « Le moulin à vent » (*cf.* Partie V)
Matériel élève	– Notice « Le moulin à vent » (*cf.* site Ressources) – *Mon carnet d'apprenti lecteur* – Épingle, bouchon, perle, feuille de papier (21 x 21 cm), feutres, gommettes, ciseaux.

JOUR 1 SÉANCE 1

1. Présenter l'objectif	**Objectif** : découvrir le type d'écrit « notice de montage ».
2. Faire découvrir	– Distribuer une notice de montage à chaque élève. – Amener les élèves à repérer le titre. Les élèves ne savent pas forcément ce qu'est un moulin à vent. Il va falloir distinguer l'objet (celui de la notice) du bâtiment servant à produire de la farine. Il est intéressant de s'attarder un peu sur le lien entre les deux. Les élèves doivent apprendre à faire des liens pour comprendre.
3. Réaliser l'activité de compréhension sur *Mon carnet d'apprenti lecteur* p. 22	**Activité 1** Stratégie ♡ Laisser les élèves recopier les mots « un moulin » en faisant référence à leur notice. L'élève doit faire appel à son **vécu personnel** pour comprendre l'objet de la fabrication proposé par la notice. La notion de moulin à vent ne sera comprise que par référence soit au vécu en manipulation directe, soit à la rencontre dans des histoires ou vidéos liées aux moulins.

JOUR 2 SÉANCE 2

Travail en demi classe

Objectifs : – s'approprier le protocole de construction,
– identifier et illustrer les étapes de fabrication,
– décorer la feuille de papier (les ailes).

Groupe 1 :
Les consignes sont déchiffrées en collectif à partir de la notice projetée :
– Insister sur les verbes et les entourer sur le support projeté.
– Traiter les 6 actions les unes après les autres.
– Accrocher dans la classe une affiche avec les verbes et les dessins.

Groupe 2 : chaque élève décore son carré de papier qui va servir à la construction du moulin.

JOUR 3 SÉANCE 3

Travail en demi classe : inverser les groupes.

Objectifs : identiques au JOUR 2.

JOUR 4 SÉANCE 4

Travail en classe entière

1. Présenter les objectifs	**Objectifs :** – se remémorer le protocole de construction, – réaliser l'objet technique en suivant le protocole. Cette séquence est l'occasion de mettre en évidence le rôle du corps dans les apprentissages, comme déjà abordé dans ce guide. La réalisation de l'objet technique va renforcer la compréhension de la notice par les élèves.
2. Fabriquer le moulin	– Les consignes sont relues en collectif à partir de l'affiche des verbes réalisée la veille. – L'objectif n'est pas le déchiffrage (les élèves capables de décoder peuvent lire pour leurs camarades) mais la compréhension par chaque élève de la consigne donnée. – Faire réaliser les 6 actions les unes après les autres.

9. Lecture autonome

Modalités

Travail en autonomie et en groupe de besoins ☀ ★ ☾ – Bilan en classe entière

Durée

JOUR 1 : 2 ou 3 min en fin de séance de découverte des graphèmes (matin)
JOURS 2, 3 : 2 séances de 10 min
JOUR 4 : 1 séance guidée de manipulation d'étiquettes de 10 min,
+ 1 séance en autonomie sur les questions de 10 min,
+ 1 séance bilan en groupe classe de 20 min

Matériel élève

– *Fiche de lecture autonome* ☀ ★ ou ☾
– Fiche autocorrective

Planning

	JOUR 1	JOUR 2	JOUR 3	JOUR 4
Groupe classe	Narration de l'enseignant et lecture du titre			Bilan
Ateliers en autonomie		Lecture	Lecture et activités	Lecture et activités / autocorrection
Ateliers guidés avec l'enseignant				Lecture / Manipulation d'étiquettes

Narration de l'enseignant pour présenter l'épisode

À l'école de Noé, Nina et Chouchou, il y a une drôle de tradition. Les maîtres et les maîtresses organisent tous les ans, une journée un peu bizarre… Il faut être le plus étrange possible ! Surprenant ? Non ? Tout le monde adore cette fête et se prépare pendant des jours… À ton avis, quelle surprise ont-ils bien pu prévoir pour étonner leur maîtresse et leurs camarades ?

Caractéristiques des textes par groupe de besoins

	Nombre de mots	%	Drôles de bizarreries
☀	47	96 %	*Cf. Fichier de lecture autonome* p. 41
★	60	96 %	*Cf. Fichier de lecture autonome* p. 42 et *Manuel de code* p. 65
☾	77	95 %	*Cf. Fichier de lecture autonome p.* 43

Compétences travaillées (stratégies de compréhension *cf.* partie III)

	Activité 1	Activité 2 ♡ à l'oral
☀	Manifester sa compréhension par une représentation imagée.	Donner son opinion sur un texte.
★ ☾	Manifester sa compréhension par une représentation imagée et identifier les incohérences avec le texte.	

Bilan du JOUR 4

– Demander aux élèves de restituer l'histoire.
– Lire le texte à voix haute aux élèves.
– Expliciter collectivement à l'oral l'activité 1 de la fiche ☾.
– Traiter collectivement l'activité 2. Inciter les élèves à produire une réponse justifiée.

Période 2 • Semaine 7 : Révisions

1. Proposition d'emploi du temps (*cf.* Période 1 Semaine 4)

2. Code

Modalités	**JOUR 1** – Oral – Classe entière – 40 min
Matériel	– *Manuel de code* p. 66
Travail sur les syllabes	Pendant cette semaine de révisions, les exercices sur les *Fiches d'exercices de code* sont remplacés par des plans de travail personnalisés en fonction des besoins individuels d'approfondissement ou de remédiation. – Faire lire les syllabes dans le sens normal, puis en sens inverse. – Utiliser des jeux type *furet* (un élève lit une syllabe, le voisin, la suivante, et ainsi de suite). – Utiliser un chronomètre et engager les élèves sur un challenge : Combien lis-tu de syllabes en 30 secondes ?. – Procéder de même avec les mots.

3. Activités d'encodage/décodage

Modalités	**JOURS 2, 3 et 4** – Par groupe de besoins ☀ ★ ou ☾ à l'oral avec l'enseignant. 40 min
Matériel enseignant	*Manuel de code* p. 66 à 69
Matériel élève	– *Manuel de code* pour le travail avec l'enseignant – Cahier du jour pour la dictée avec l'enseignant – Plans de travail personnalisés. Tiroirs d'autonomie

Planning

	JOUR 2	JOUR 3	JOUR 4
Ateliers guidés avec l'enseignant	*Manuel* : – lecture syllabes et mots – exercices 2, 3, 4, 5	*Manuel* : – lecture mots et phrases	*Manuel* : – texte *Lisons ensemble !* – exercices 6, 7, 9, 10

Exercice 2 • **manuel, p. 67**	*Cf.* Période 1.
Exercices 3, 4 • **manuel, p. 67**	Oraliser les mots correspondant aux images, en détachant les syllabes orales, pour aider les élèves à bien identifier celle qui contient le son cible.
Exercice 5 • **manuel, p. 68**	Syllabes dictées par l'enseignant sur le cahier du jour : ☀ tou – bu – pi – bop – chèvre ★ val – zé – balai – livre – robinet – douze ☾ trap – mouv – reine – forêt – banane – parapluie
Exercice 6 • **manuel, p. 68**	Pour chaque dessin, faire lire les deux mots à haute voix, puis faire choisir le bon mot.
Exercice 7 • **manuel, p. 68**	– Lire chaque mot 2 à 3 fois pour bien faire identifier la syllabe manquante. – Demander aux élèves de proposer une syllabe, puis la manière de l'écrire.
Exercice 9 • **manuel, p. 69**	Faire effectuer tous les appariements possibles déterminant/nom.
Exercice 10 • **manuel, p. 69**	– Indiquer aux élèves que chaque ligne de mots correspond à une même phrase. – Faire utiliser les indices morphographiques et le sens pour reconstituer chaque phrase.

4. Dictée : le quart d'heure quotidien

Modalités	Classe entière. Procédé « Lamartinière » sur ardoise.
Durée	**Tous les jours.** 15 min
Matériel élève	Ardoise

Planning et textes

JOUR 1	pa – id – tu – vo – cher – ado
JOUR 2	bave – rêve – douche – proche – vélo
JOUR 3	cheminée – boulet – tortue – parapluie
JOUR 4	Le lézard est vert. L'araignée a douze pattes.

5. Geste d'écriture

Modalités	Classe entière. **Tous les jours.** 20 min
Matériel enseignant	– Vidéo *échauffement des doigts* (*cf.* Partie III) – Outils de différenciation en usage, en fonction des besoins (*cf.* Partie III) – Tableau d'observation des élèves (*cf.* site Ressources)
Matériel élève	– Ardoise + feutre – Cahier de l'élève avec modèles d'écriture préparés par l'enseignant – Outil scripteur de l'élève

Pour cette semaine de révision :
– Revenir sur les lettres et enchaînements de lettres qui posent des difficultés aux élèves.
– Proposer un entraînement à partir des tableaux des semaines précédentes.
– Compléter par un entraînement de frises (*cf.* site Ressources).

6. Copie

Modalités	**JOURS 1, 2** – Par groupe de besoins ☀ ★ ☾ avec l'enseignant, en rotation avec des activités en autonomie
Matériel enseignant	*Manuel de code* p. 67
Matériel élève	Cahier du jour

Planning

JOUR 1	JOUR 2
Manuel : exercice 1	Plan individuel

Exercice 1 • manuel, p. 67

Varier les dispositifs selon la progression adoptée pendant la période (éloignement, changement de plans, cache, mémorisation d'empans plus larges…).

7. Production d'écrit

Modalités	**JOUR 3** – Par groupe de besoins ☀ ★ ☾ avec l'enseignant, en rotation avec des activités en autonomie
Durée	**Matin** : ☀ 20 min ★ 10 min ☾ 10 min **Après-midi** : ☀ 30 min ★ 20 min ☾ 20 min

Matériel enseignant	– *Manuel de code* p. 68 – *Guide pédagogique* (*cf.* Partie III) – Exemples de cartes de voeux
Matériel élève	– Feuilles Séyès, papier cartonné / Matériel pour décorer une carte de vœux – *Fiche d'exercices de code* ☀ ★ ou ☾ ou cahier du jour/d'écrivain (selon le choix de l'enseignant)

Exercice 8 • manuel, p. 68

Objectif : s'entraîner à encoder des mots dans une situation d'écrit court fonctionnel : la carte de vœux ; mettre en œuvre une démarche de production d'écrit.

But : chaque élève réalise une carte de vœux.

MATIN — **Préparation à l'écriture**

1. Introduire la séance, la situation et expliciter l'objectif

Nous allons continuer à apprendre à écrire en réalisant une carte de vœux. Ce matin, vous allez organiser votre carte de vœux, choisir à qui vous allez écrire, ce que vous voulez souhaiter pour la nouvelle année. Nous écrirons les cartes de vœux cet après-midi.

2. Expliciter le type d'écrit

– Dégager les caractéristiques de ce type d'écrit : partir des connaissances des élèves, compléter en observant des cartes de vœux apportées par l'enseignant et/ou les élèves.

– Découvrir différentes formulations possibles.

3. Élaborer le contenu de la carte de voeux

– Chaque élève choisit le destinataire de sa carte et détermine ce qu'il souhaite lui dire. Prendre des notes pour chaque élève (trace mémoire).
– Noter au tableau ou sur une affiche (trace mémoire pour la séance d'écriture de l'après-midi, outil d'aide à l'orthographe, à expliciter aux élèves) quelques mots clés parmi les propositions. Les élèves peuvent être associés à l'encodage de certains mots récurrents : *je te souhaite, cher/chère…* (Explicitation des stratégies : recours au corpus mémoire, encodage par voie directe de lecture, par décomposition syllabique…).

APRÈS-MIDI — **Mise en texte et révision**

4. Lancer les élèves dans l'écriture

– Afficher le corpus constitué collectivement le matin.
– Annoncer la tâche : écrire une carte de vœux (rappel des intentions d'écrire élaborées le matin).
– Faire un rapide tour de table, pour faire dire des exemples de phrases possibles. En proposer d'autres afin d'enrichir les propositions des élèves.

5. Accompagner les élèves dans l'écriture

– Faire des liens avec les intentions d'écriture, encourager l'élève à oraliser ce qu'il écrit (ou le faire pour lui) pour faire constater les écarts : Que voulais-tu écrire ? Quelle phrase avais-tu choisi d'écrire ? Qu'as-tu écrit ?
– Observer les élèves, mobiliser les modalités d'étayage en fonction des besoins (aide de l'adulte, étayage matériel-outil ressource, aide d'un pair), aider à mobiliser les stratégies d'encodage en fonction des mots, des erreurs et des difficultés rencontrées.
– Valoriser les réussites.
– Aider à enrichir l'écrit produit.
– Encourager l'entraide pour encoder, pour enrichir ses idées.
– Faire aboutir chaque élève à une forme écrite complète.

6. Clôturer la séance

Revenir sur les textes produits, valoriser ce que l'on est en train d'apprendre en écrivant des textes (partager les procédures, les outils pour y parvenir).

Prolongement

Décorer les cartes des vœux.

8. Compréhension : Le moulin à vent – 2e partie

Modalités	**Tous les jours.** En classe entière avec des moments de mise en groupes ou binômes.
Durée	8 séances de 20 min sur 2 semaines
Matériel enseignant	– Manuel numérique de *Mon carnet d'apprenti lecteur* – Notice « Le moulin à vent » (*cf.* Partie V) – 5 textes courts : article de journal, reproduction de pages d'album, recettes, notices.
Matériel élève	– *Mon carnet d'apprenti lecteur*

JOUR 1 SÉANCE 5

1. Présenter les objectifs	**Objectifs :** – se remémorer le protocole de fabrication suivi, – restituer la chronologie des étapes.
2. Se remémorer	– Rappeler les tâches réalisées : Nous avons lu une notice et fabriqué un objet. – Relire collectivement l'affiche des consignes. – Faire rappeler par les élèves chacune des étapes pour retrouver l'ordre de réalisation en collectif. Veiller à solliciter l'intervention des élèves ✺.

JOUR 2 SÉANCE 6

1. Présenter l'objectif	**Objectif** : manifester sa compréhension par restitution de sa représentation mentale.
2. Réaliser l'activité de compréhension sur *Mon carnet d'apprenti lecteur* p. 23	**Activité 2.** Stratégie 💭 : les élèves doivent faire appel à leur mémorisation du protocole, des étapes et des actions réalisées. Les élèves les plus autonomes travaillent individuellement. Intervenir auprès des élèves ✺ : lire chacune des consignes de la colonne de droite et les laisser relier. Ainsi de suite jusqu'à épuisement des consignes.

JOUR 3 SÉANCE 7

1. Présenter les objectifs	**Objectifs** : – identifier des types d'écrits prescriptifs, – analyser leurs caractéristiques.
2. Trier les textes	**Par binômes :** – Donner aux élèves différents types de texte afin d'identifier les écrits prescriptifs par leur forme. Leur demander de mettre ensemble les écrits qui ressemblent à leur notice du moulin.
3. Mettre en commun	**En classe entière** : – Projeter les textes au tableau pour en conduire l'analyse collective. – Dégager les caractéristiques des textes : verbes en début de phrase, étapes numérotées, illustrations typiques.

JOUR 4 SÉANCE 8

Bilan de la séquence	**Objectif** : formaliser l'utilité de ce type d'écrit. – Orner la classe avec les moulins fabriqués : valoriser ainsi le travail réalisé. – Centrer le bilan sur les usages de cette lecture : lire et comprendre pour fabriquer.

9. Lecture autonome

Modalités	Travail en autonomie et en groupe de besoins ☀ ★ ☾ – Bilan en classe entière
Durée	**JOURS 2, 3** : 2 séances de 10 min **JOUR 4 :** 1 séance guidée de manipulation d'étiquettes de 10 min + 1 séance de lecture de 10 min + 1 séance Bilan de 20 min
Matériel	– *Manuel de code* p. 69 – *Fiches de lecture autonome* de la période

– Lors de la semaine de révision, le texte de lecture autonome est une synthèse des aventures de la période. Les phrases sont issues des textes précédents. Il n'y a pas de fiche question. Ce texte est l'occasion d'effectuer un rappel de récit des différentes aventures, ce que nous avons appris des personnages, de leur personnalité, des personnages secondaires rencontrés…

– C'est l'occasion de permettre à des élèves de relire certains épisodes de leur choix, d'essayer des lectures du niveau supérieur sur un texte déjà lu, de faire une fiche de lecture autonome qu'ils n'auraient pas pu faire pendant la période…

Période 3 • Semaine 1

1. Proposition d'emploi du temps (valable pour toute la période)

En classe entière — En autonomie, individuellement ou en binômes — En groupe de besoins avec l'enseignant

	Domaine	JOUR 1 ☀	JOUR 1 ★	JOUR 1 ☾	JOUR 2 ☀	JOUR 2 ★
9 h 00	Code Encodage/décodage	Découverte des graphèmes			*Manuel :* – Lecture syllabes, mots – Ex. discrimination visuelle et auditive à l'oral	*Fiche d'exercices de code :* Ex. copie
9 h 20					*Fiche d'exercices de code :* Ex. copie	*Manuel :* – Lecture syllabes, mots – Ex. discrimination visuelle et auditive à l'oral
9 h 30					*Fiche LA*	*Fiche LA*
9 h 40 10 h 55	Autres domaines	Autres domaines			Autres domaines	
10 h 55 11 h 10	Dictée *Le quart d'heure quotidien*	Dictée de syllabes (ardoise)			Dictée de syllabes et mots (ardoise)	
11 h 10 11 h 30	Geste d'écriture	Découverte de la lettre (phases 1 à 3) + phase 4 (lettre isolée, enchaînement de lettres simples)			Enchaînement de lettres, mots + frise (exercice complémentaire)	
13 h 30 13 h 50	Compréhension	Séance 1			Séance 2	
13 h 50	– Copie – Production d'écrit liée au code – Entraînement encodage/décodage	*Manuel* : Ex. copie	*Fiche LA*	*Fiche LA*	*Manuel :* Ex. dictée de mots Ex. fluence de syllabes	*Fiche exercices :* Ex. discrim. visuelle
14 h 20		*Fiche LA*	*Manuel* : Ex. copie	TA	*Fiche exercices :* Ex. discrim. visuelle	*Manuel :* Ex. dictée de mots Ex. fluence de syllabes
14 h 40		TA	TA	*Manuel* : Ex. copie	TA	TA
15 h 00	Autres domaines	Autres domaines			Autres domaines	
15 h 20 16 h 30						

Ex. : exercice – TA : tiroirs d'autonomie – discrim. : discrimination – Fiche exercices = *Fiche d'exercices de code* – Fiche LA = *Fiche de lecture autonome* –

	JOUR 3			JOUR 4		
☾	☀	★	☾	☀	★	☾
Fiche d'exercices de code : Ex. copie	*Manuel :* – Lecture mots, phrases – Ex. prod. d'écrit à l'oral	*Fiche exercices :* Ex. discrim. auditive	*Fiche exercices :* Ex. discrim. auditive	*Manuel :* Ex. EDL à l'oral *Fiches de LA :* fluence sur le texte	*Fiche exercices :* Ex. encodage/ décodage	*Fiche exercices :* Ex. encodage/ décodage
Fiche LA	*Fiche exercices :* Ex. discrim. auditive	*Manuel :* – Lecture mots, phrases – Ex. prod. d'écrit à l'oral	*Fiche LA*	*Fiche exercices :* Ex. encodage/ décodage	*Manuel :* Ex. EDL à l'oral *Fiches de LA :* fluence sur le texte	*Fiche LA ou TA*
Manuel : – Lecture syllabes, mots – Ex. discrimination visuelle et auditive à l'oral	*Fiche LA*	*Fiche LA*	*Manuel :* – Lecture mots, phrases – Ex. prod. d'écrit à l'oral	*Fiche LA ou TA*	*Fiche LA ou TA*	*Manuel :* Ex. EDL à l'oral *Fiches de LA :* fluence sur le texte
	Autres domaines			Autres domaines		
	Dictée de mots (ardoise)			Dictée de phrases		
	Découverte de la lettre (phase 1 à 3) + phase 4 (lettre isolée, enchaînement de lettres simples)			Enchaînement de lettres, mots + frise (exercice complémentaire)		
	Séance 3			Séance 4		
Fiche exercices : Ex. discrim. visuelle	*Fiche exercices :* Ex. prod. d'écrit	*Fiche exercices :* Ex. dictée syllabes ou mots	*Fiche exercices :* Ex. dictée syllabes ou mots	*Manuel :* Ex. encodage/ décodage	*Fiche exercices :* – Ex. EDL – Ex. fluence de syllabes	*Fiche exercices :* – Ex. EDL – Ex. fluence de syllabes
TA	*Fiche exercices :* Ex. dictée syllabes ou mots	*Fiche exercices :* Ex. prod. d'écrit	TA	*Fiche exercices :* – Ex. EDL – Ex. fluence de syllabes	*Manuel :* Ex. encodage/ décodage	TA
Manuel : Ex. dictée de mots Ex. fluence de syllabes	TA	TA	*Fiche exercices :* Ex. prod. d'écrit	TA	TA	*Manuel :* Ex. encodage/ décodage
	Autres domaines			*Fiche de lecture autonome :* Bilan du texte et des questions de la semaine		
				Autres domaines		

rod. d'écrit = *production d'écrit*

2. Code : graphèmes s, ss [s] et s [z]

Modalités	**JOUR 1** – Oral – Classe entière – 40 min
Matériel	– *Manuel de code* p. 70 – Vidéos du *Manuel de code* à vidéoprojeter – Cartes graphèmes **s ss a o i u ou** (*cf.* site Ressources)
Étape 1	– Faire entendre le son prononcé pour le graphème **s** tout en visionnant la capsule vidéo. – Commenter la position de la bouche, de la langue, le passage du souffle.
Étape 2	– Faire prononcer le **vire-langue** du jour. Le faire répéter plusieurs fois, à vitesse variable : « Suzie et sa sœur Zoé susurrent des secrets à quatorze zèbres polissons ».
Étape 3	– Activité avec les **cartes graphèmes** (*cf.* Partie III). – Faire lire les syllabes et les **mots à mémoriser** (*cf.* *Manuel* p. 70).

3. Activités d'encodage/décodage

Modalités	**JOURS 2, 3 et 4** – Par groupe de besoins, ☀ ★ ☾, en rotation : – Oral avec l'enseignant à partir du *Manuel* – Écrit en autonomie sur les *Fiches d'exercices de code* 40 min
Matériel enseignant	*Manuel de code* p. 70 à 73
Matériel élève	– *Manuel de code* pour le travail avec l'enseignant – Cahier du jour pour la dictée avec l'enseignant – *Fiche d'exercices de code* ☀ ★ ou ☾ pour le travail en autonomie – Tablette (ou duo d'élèves) pour le travail en autonomie

Planning

	JOUR 2	JOUR 3	JOUR 4
Ateliers guidés avec l'enseignant	*Manuel* : – lecture syllabes, mots – exercices 2, 3, 4, 5, 6, 7	*Manuel* : – lecture phrases	*Manuel* : – exercices 8, 11
Ateliers en autonomie	*Fiches* : exercices 2, 3, 4	*Fiches* : exercices 5, 6, 7	*Fiches* : exercices 8, 11

Exercices 2, 3, 4, 5, 6 • manuel, p. 71-72	Les exercices de discrimination visuelle et auditive sont indépendants et peuvent être traités dans un ordre chronologique ou modifié au choix de l'enseignant. Pour les exercices de discrimination auditive (5 et 6), les frappés de syllabes peuvent aider les élèves encore incertains.
Exercice 7 • manuel, p. 72	Mots dictés par l'enseignant sur le cahier du jour : ☀ une buse – la chasse – le sport – ma trousse ★ une buse – la chasse – le sport – ma trousse – une valise ☾ ma trousse – une salissure – une valise – une chaise – une tapisserie
Exercice 8 • manuel, p. 72	– Rappeler ce qui a été observé au cours de la semaine : en début de mot, le **s** se prononce [s] ; entre deux voyelles, **ss** se prononcent [s], mais un seul **s** se prononce [z]. – Prononcer chaque mot à compléter. Faire choisir aux élèves le graphème manquant.
Exercice 11 • manuel, p. 73	Premier exercice portant sur les **types de phrases**. – Lire les phrases avec l'intonation correspondante. – Faire commenter les élèves sur ce qu'ils ont remarqué ou entendu (les points, l'intonation). – Introduire les types de phrases : Certaines posent des questions, d'autres donnent des ordres, d'autres racontent simplement quelque chose. – Demander aux élèves d'identifier les phrases de chaque type suite à une seconde lecture.

Consignes pour les groupes en autonomie sur les *Fiches d'exercices de code*	*Cf.* Période 1.

4. Dictée : le quart d'heure quotidien

Modalités	Classe entière. Procédé « Lamartinière » sur ardoise
Durée	**Tous les jours**. 15 min.
Matériel enseignant	– Cartes graphèmes (*cf.* site Ressources) – Utilisation des cartes graphèmes (*cf.* Partie III)
Matériel élève	Ardoise

Planning et textes

JOUR 1	su – os – spo – mes chemises – rose
JOUR 2	le sol – du sable – une bosse – une bise – tes souvenirs
JOUR 3	une tasse – la sirène – une usine – ma trousse – Elle est assise.
JOUR 4	Samuel fait du sport. – Sabine s'est fait des tresses.

5. Geste d'écriture

Modalités	Classe entière. **Tous les jours**. 20 min
Matériel enseignant	– Vidéo *échauffement des doigts* (*cf.* Partie III) – Vidéo du *Manuel de code* à vidéoprojeter – Outils de différenciation en usage, en fonction des besoins (*cf.* Partie III) – Tableau d'observation des élèves (*cf.* site Ressources)
Matériel élève	– Ardoise + feutre – Cahier de l'élève avec modèles d'écriture préparés par l'enseignant – Outil scripteur de l'élève

La lettre s	C'est un trait d'attaque et un rouleau. **Points de vigilance :** – Veiller à ce que les élèves ferment correctement le rouleau du **s** pour éviter les déformations. Les élèves doivent bien fermer le rouleau et ressortir sans lever le crayon pour réaliser l'attache. – Ne pas enseigner le tracé avec œilleton car les élèves ont tendance à faire une boucle trop grosse.

JOURS 1, 2, 3

	Exemples*
Lettre isolée	s
Enchaînement de lettres	se – os – si
Mots	une frise – un tissu
Rupture dans le geste (levé de crayon)	sa – nous – vous
Mots avec rupture dans le geste (levé de crayon)	ses sabots – mars – samedi – tes valises
Courte phrase (espacement entre les mots)	Elle est assise. Elle est assise sur la valise.

*au moins un exemple surligné dans chaque catégorie

JOUR 4

> **Mots de la famille de *chasser* :**
> chasse – chasser – chasseur – chasseuse
> Il va chasser. Le chasseur part à la chasse.
> Avant de faire écrire les mots et les phrases, faire observer par les élèves la construction morphologique dans une même famille de mots :
> – radical qui ne change pas et qui conserve la même orthographe,
> – ajout d'un morphème qui fait varier la catégorie grammaticale,
> – ajout d'un morphème porteur de sens (celui qui pratique) et grammatical (masculin/féminin).
> Il n'est pas attendu l'usage des mots *radical, morphème*. On reste dans l'observation de phénomènes de langue.

Exercice complémentaire « Des frises pour toute l'année » (*cf.* site Ressources).

6. Copie

Modalités	**JOURS 1, 2** – Par groupe de besoins ☀ ★ ☾ avec l'enseignant, en rotation avec des activités en autonomie
Matériel enseignant	*Manuel de code* p. 71
Matériel élève	– Cahier du jour pour le travail avec l'enseignant – *Fiche d'exercices de code* ☀ ★ ou ☾ pour le travail en autonomie

Planning

JOUR 1	JOUR 2
Manuel : exercice 1	*Fiche en autonomie* : exercice 1

Exercice 1 • manuel, p. 71

À partir de cette semaine, les exercices de copie se font sur les **mots**. Les graphèmes de la semaine sont repris dans ces mots et combinés de la manière la plus variée possible avec les autres graphèmes étudiés jusque-là.

Limiter la liste si elle est trop importante pour certains élèves, afin de se concentrer plutôt sur la bonne posture et la bonne calligraphie. Des rappels aux vidéos « geste graphique » peuvent être opérés le cas échéant.

Consignes pour les groupes en autonomie sur les *Fiches d'exercices de code* *cf.* Période 1.

7. Production d'écrit

Modalités	**JOUR 3** – Par groupe de besoins ☀ ★ ☾ avec l'enseignant, en rotation avec des activités en autonomie
Durée	**Matin** : ☀ 20 min ★ 10 min ☾ 10 min **Après-midi** : ☀ 30 min ★ 20 min ☾ 20 min
Matériel enseignant	– *Manuel de code* p. 73 – *Guide Pédagogique* (*cf.* Partie III)
Matériel élève	– *Fiche d'exercices de code* ☀ ★ ou ☾ ou cahier du jour/d'écrivain (selon le choix de l'enseignant)

Exercice 10 • manuel, p. 73

Objectifs : – s'entraîner à produire de l'écrit, encoder des mots, des phrases,
– mettre en œuvre une démarche de production d'écrit.

MATIN	Préparation à l'écriture
1. Introduire la séance, présenter la situation et expliciter l'objectif	Nous allons continuer à apprendre à écrire des phrases. Ce matin, nous allons choisir des mots avec la lettre a et des mots avec la lettre s. Cet après-midi, vous inventerez et écrirez des phrases en utilisant ces mots. **À NOTER :** la consigne est différenciée dans les *Fiches d'exercices de code* selon chaque groupe (p. 78-80-82).
2. Recueillir des mots	– Après un court temps de recherche individuelle, recueillir les propositions des élèves, valider collectivement les mots proposés correspondant aux critères (contenir la lettre **s/a**). – Noter au tableau ou sur une affiche (trace mémoire pour la séance d'écriture de l'après-midi, outil d'aide à l'orthographe, à expliciter aux élèves) quelques mots parmi les propositions. Les élèves sont associés à l'encodage de ces mots. – Organiser cette prise de notes sous forme de colonnes, en regroupant les mots selon leur classe grammaticale. – Être vigilant sur la diversité de ces classes grammaticales : noms, adjectifs, verbes…
APRÈS-MIDI	**Mise en texte et révision**
3. Lancer les élèves dans l'écriture	– Annoncer la tâche : écrire une phrase avec les mots trouvés le matin. – Expliciter le critère de réussite : la phrase doit contenir au moins deux mots de la liste. Cela peut donner lieu à des phrases drôles, insolites. – Afficher le support constitué collectivement le matin, comme outil d'aide. – Faire un rapide tour de table, pour obtenir quelques phrases. En proposer d'autres afin d'enrichir les propositions des élèves.
4. Accompagner les élèves	– Faire des liens avec les intentions d'écriture, encourager l'élève à oraliser ce qu'il écrit (ou le faire pour lui) pour faire constater les écarts : Quelle phrase avais-tu choisi d'écrire ? Qu'as-tu écrit ? – Observer les élèves, mobiliser les modalités d'étayage en fonction des besoins (aide de l'adulte, étayage matériel-outil ressource, aide d'un pair), aider à mobiliser les stratégies d'encodage en fonction des mots, des erreurs et des difficultés rencontrées. – Valoriser les réussites. – Aider à **enrichir l'écrit produit** (questionner l'élève pour l'amener à formuler un complément d'information et étendre ainsi la phrase initialement écrite ; réécrire en faisant varier le sujet (genre et nombre) ; réécrire en changeant le verbe, en inversant le sujet et le complément afin de rendre la phrase encore plus insolite…). – Encourager l'entraide pour encoder, pour enrichir ses idées. – Faire aboutir chaque élève à une forme écrite complète.
5. Clôturer la séance	– Revenir sur les textes produits, valoriser ce que l'on est en train d'apprendre en écrivant des textes (partager les procédures, les outils pour y parvenir).
Différenciation	– Faire varier la longueur de la phrase à encoder. – Faire encoder une phrase commune à plusieurs élèves. – Demander au groupe ☾ d'écrire une phrase la plus longue possible.
Prolongement	Illustrer sa phrase par un dessin.

8. Compréhension: *Le Gentil Facteur* – 1re partie

Modalités	**Tous les jours.** Classe entière avec moments de travaux de groupes ou de binômes
Durée	8 séances de 20 min sur deux semaines
Matériel enseignant	– Version numérique de *Mon carnet d'apprenti lecteur* – Texte de l'album (*cf.* Partie V) – Carte mentale (*cf.* Manuel numérique) – Des albums de tous les contes repris dans *Le Gentil Facteur* (*Boucle d'Or et les trois ours, Cendrillon, Jack et le haricot magique, Hansel et Gretel, Le Petit Chaperon Rouge*)

Matériel élève	– *Mon carnet d'apprenti lecteur* – Masques de tous les personnages (Cendrillon, les trois ours, la sorcière, la grand-mère, le géant, le facteur)

Schéma narratif
- Épisode 1 : visite aux trois ours (*Boucle d'or et les trois ours*)
- Épisode 2 : visite à la sorcière (*Hansel et Gretel*)
- Épisode 3 : visite au géant (*Jack et le haricot magique*)
- Épisode 4 : visite à Cendrillon (conte éponyme)
- Épisode 5 : visite à la grand-mère (*Le Petit Chaperon rouge*)
- Épisode 6 : visite à Boucle d'or

Cette œuvre va permettre de travailler en particulier la **stratégie**, qui **fait faire des liens avec les connaissances encyclopédiques des élèves**, avec leur **culture littéraire**. Cette mise en réseau permet aux élèves de se familiariser avec l'intertextualité qui affine les compétences des élèves en compréhension. Pour préparer cette étude, lire (en lecture offerte) ou raconter, lors des deux périodes précédentes, les contes patrimoniaux qui émaillent ce récit : *Boucle d'or et les trois ours, Cendrillon, Le Petit Chaperon rouge, Jack et le haricot magique, Hansel et Gretel*. Nous attirons l'attention de l'enseignant sur le fait que tous les élèves ne connaissent pas forcément ces classiques ou qu'ils s'en sont fait des représentations à partir d'adaptations. Le scénario original n'est donc pas toujours partagé.

JOUR 1 SÉANCE 1

Objectif : découvrir l'histoire et bien la comprendre

1. Étudier le titre complet

Le Gentil Facteur ou Lettres à des gens célèbres : demander aux élèves ce qu'ils comprennent de ce titre.

2. Lire l'histoire

– Lire l'histoire en entier de manière expressive (avec les courriers si possible), sans montrer les images, dans un premier temps, pour laisser aux élèves l'effort de les fabriquer eux-mêmes.

3. Identifier les contes

– Recueillir les dires des élèves sur ce qu'ils ont compris.
– Demander des précisions sur les lieux, les personnages. S'assurer de l'identification des contes. Ignorer pour l'instant les contes non identifiés.
Critères de réussite élèves : faire produire une ou deux phrases orales à propos de l'histoire par chaque élève.
– Tracer la carte mentale au fur et à mesure de la séance avec seulement les contes identifiés.

JOUR 2 SÉANCE 2

Objectifs : – faire mémoriser pour mieux comprendre,
– identifier le texte relié à l'épisode 1 : *Boucle d'or et les trois ours.*

1. Rappeler le récit en entier

– Faire rappeler l'histoire en entier par les élèves, en appui sur la carte mentale ou les masques des personnages.
– Laisser les élèves s'entraîner auparavant par petits groupes de brouillon d'oral.
– Relire l'épisode 1 sans la signature de Boucle d'or.

2. Travailler les liens texte à texte
Stratégie

– Expliquer aux élèves : Nous allons étudier les liens de cet album avec d'autres textes. Je vais vous poser une question dont la réponse n'est pas dans le texte entendu.
Question : Qui a écrit la lettre pour les trois ours ?
– Transcrire les hypothèses des élèves au tableau.
– Valider par rapport au texte entendu (indices), aux connaissances culturelles des élèves ou apports culturels ajoutés par l'enseignant.

JOUR 3 SÉANCE 3

	Objectif : identifier les contes reliés.
1. Rappeler le récit en entier	– Faire rappeler l'histoire entière en collectif. – Compléter la carte mentale en identifiant chacun des contes précisément (montrer les albums, les relire éventuellement à la classe).
2. Faire jouer	Jeu de rôles : par petits groupes, les élèves jouent la rencontre entre le facteur et les autres personnages, à l'aide de masques.
3. Faire découvrir	Lire aux élèves un des contes le moins connu (*Jack et le haricot magique* ou *Hansel et Gretel*, par exemple).

JOUR 4 SÉANCE 4

	Objectif : exercer son ressenti de lecteur.
1. Rappeler le récit en entier	– Faire rappeler l'histoire du *Gentil Facteur* en entier par les élèves volontaires. – Numéroter les épisodes sur la carte mentale en explicitant aux élèves le nécessaire respect de l'ordre chronologique.
2. Réaliser les activités de compréhension sur *Mon carnet d'apprenti lecteur* p. 24	**Activité 1.** Stratégie ♡ : l'élève exerce un choix personnel. **Activité 2.** Stratégie (bulle) : l'élève doit faire appel à sa représentation mentale de l'histoire pour reconstituer la chronologie des étapes.
3. S'approprier les états mentaux des personnages	Interroger les élèves sur les états mentaux du facteur : – Que ressent le facteur quand il rencontre les différents personnages ? – Et vous, quel personnage voudriez-vous rencontrer ?

Exemple de carte mentale finalisée

9. Lecture autonome

Modalités

Travail en autonomie et en groupe de besoins ☀ ★ ☾ – Bilan en classe entière

Durée

JOUR 1 : 2 ou 3 min (matin) + 1 séance lecture ☀ 20 min ★ ☾ 30 min
JOURS 2, 3 : 2 séances de 10 min
JOUR 4 :
– 1 séance guidée de lecture ☀ 20 min ★ ☾ 10 min
– 1 séance en autonomie sur les questions de 10 min
– 1 séance bilan de 20 min

Matériel élève

– *Fiche de lecture autonome* ☀ ★ ou ☾
– Fiche autocorrective

Planning

	JOUR 1	JOUR 2	JOUR 3	JOUR 4
Groupe classe	Narration de l'enseignant et lecture du titre			Bilan
Ateliers en autonomie	Lecture	Lecture	Lecture et activités	Lecture et activités / autocorrection
Ateliers guidés avec l'enseignant				Lecture fluence

Narration de l'enseignant pour présenter l'épisode

Décidément, nos trois héros ne cesseront pas de nous surprendre ! À ton avis, quelles nouvelles aventures peuvent les attendre ? Eh bien, aujourd'hui, c'est un défi de la maîtresse Aurélie qui va mettre nos héros dans tous leurs états…

Caractéristiques des textes par groupe de besoins

	Nombre de mots	%	Le défi du S
☀	60	97 %	*Cf. Fichier de lecture autonome* p. 47
★	68	97 %	*Cf. Fichier de lecture autonome* p. 48 et *Manuel de code* p. 73
☾	78	97 %	*Cf. Fichier de lecture autonome* p. 49

Compétences travaillées (stratégies de compréhension cf. Partie III)

	Activité 1	Activité 2	Activité 3
☀	Identifier les personnages en résolvant une anaphore.	Identifier les personnages en résolvant une anaphore.	Émettre un avis sur les réactions d'un personnage. Justifier sa réponse.
★		Établir une relation de causalité.	
☾		Déterminer le gagnant en réalisant une déduction.	

Bilan du JOUR 4

– Demander aux élèves de restituer l'histoire.
– Lire le texte à voix haute aux élèves.
– Traiter collectivement à l'oral l'activité 2 des fiches ☀ ★ ☾.
– Expliciter les inférences à réaliser.
– Traiter collectivement l'activité 3. Inciter les élèves à produire une réponse justifiée : c'est une situation de débat. Il n'est pas attendu des élèves qu'ils parviennent à un consensus. Leur opinion peut évoluer au cours des échanges.

10. Fluence

Modalités	**JOURS 2, 4** – Par groupe de besoins avec l'enseignant et en autonomie
Durée	– Avec l'enseignant sur les syllabes du Manuel : 15 min – En autonomie sur les syllabes du Manuel: 30 min 20 min – Avec l'enseignant sur les textes des Fiches de lecture autonome : 20 min 30 min
Matériel enseignant	– *Manuel de code* p. 72 – Fiches de lecture autonome – *Guide pédagogique* (*cf.* Partie III) – Chronomètre
Matériel élève	– *Manuel de code* – Fiches de lecture autonome – Chronomètre

	JOUR 2	JOUR 4
Ateliers guidés avec l'enseignant	Sur les syllabes du *Manuel*	Sur les textes *des Fiches de lecture autonome*
Ateliers en autonomie		sur les syllabes du *Manuel*

Fluence sur les syllabes
Exercice 9 • manuel, p. 72

C'est la première apparition d'un exercice de **fluence sur les syllabes**. L'objectif est de préparer la **fluence de texte**, notamment par l'automatisation de la lecture par voie directe (reconnaissance orthographique des mots ou des syllabes).

Option 1

– Lire les syllabes, en demandant aux élèves de suivre avec leur doigt sur le *Manuel*.
– Déclencher le chronomètre pour une minute. Faire lire les syllabes à tous les élèves du groupe en même temps, chaque élève les pointant successivement. À la fin du temps, chacun garde le doigt pointé sur la dernière syllabe lue.
– Recueillir le score (nombre de syllabes lues) de chaque élève.

Option 2

– Lire les syllabes, en demandant aux élèves de suivre avec leur doigt sur le *Manuel*.
– Faire lire un seul élève pendant une minute. Demander aux autres élèves de suivre et de repérer les éventuelles erreurs de déchiffrage du lecteur.
– Relever le score de l'élève à la fin de la minute et les remarques des observateurs.

Option 3

– Lire les syllabes, en demandant aux élèves de suivre avec leur doigt sur le *Manuel*.
– Faire lire toutes les syllabes à chaque élève individuellement, en chronométrant le temps mis pour cette lecture intégrale.

Fluence sur texte

À partir de cette semaine, les groupes guidés par l'enseignant pratiquent la **fluence de texte** comme définie, Partie III. Cette activité de fluence est effectuée à partir du *Fichier de lecture autonome* pour chaque groupe. **Le nombre de mots est indiqué en bout de chaque ligne** du texte pour aider l'enseignant à gérer et rendre lisible la progression des élèves.

Période 3 • semaine 2

1. Proposition d'emploi du temps (*cf.* Semaine 1)

2. Code : graphèmes k, q, qu, c / g, gu

Modalités	**JOUR 1** – Oral – Classe entière – 40 min
Matériel	– *Manuel de code* p. 74 – Vidéos du *Manuel de code* à vidéoprojeter – Cartes graphèmes **c qu k g i a o e** (*cf.* site Ressources)
Étape 1	– Faire entendre le son prononcé pour le graphème **k** tout en visionnant la capsule vidéo. – Commenter la position de la bouche, de la langue, le passage du souffle.
Étape 2	– Faire prononcer le **vire-langue** du jour. Le faire répéter plusieurs fois, à vitesse variable : « Les kangourous kaki ont gagné la coupe contre les grandes gazelles grecques ».
Étape 3	– Activité avec les **cartes graphèmes** (*cf.* Partie III). Les phonèmes [k] et [g] n'étant pas des sons filés, on privilégie l'amorce par la voyelle, combinée ensuite avec les graphèmes du jour. Avant de faire l'inverse, mais en apparition simultanée de la combinaison, sans glissement.
Étape 4	– Faire lire les syllabes et les **mots à mémoriser** (*cf. Manuel* p. 74)

3. Activités d'encodage/décodage

Modalités	**JOURS 2, 3 et 4** – Par groupe de besoins, ☀ ★ ☾, en rotation : – Oral avec l'enseignant à partir du *Manuel* – Écrit en autonomie sur les *Fiches d'exercices de code* 40 min
Matériel enseignant	*Manuel de code* p. 74 à 77
Matériel élève	– *Manuel de code* pour le travail avec l'enseignant – Cahier du jour pour la dictée avec l'enseignant – *Fiche d'exercices de code* ☀ ★ ou ☾ pour le travail en autonomie – Tablette (ou duo d'élèves) pour le travail en autonomie

Planning

	JOUR 2	JOUR 3	JOUR 4
Ateliers guidés avec l'enseignant	*Manuel* : – lecture syllabes, mots – exercices 2, 3, 4, 5, 6, 7, 8	*Manuel* : – lecture phrases	*Manuel* : – exercice 11
Ateliers en autonomie	*Fiches* : exercices 2, 3, 4, 5	*Fiches* : exercices 6, 7, 8	*Fiches* : exercice 11

Exercices 2, 3, 4, 5 • manuel, p. 75	Les exercices de discrimination visuelle 2, 3 et 4 s'effectuent sur le même corpus de mots.
Exercices 6 et 7 • manuel, p. 76	Exercices de discrimination auditive (*cf.* Période 1).
Exercice 8 • manuel, p. 76	Mots dictés par l'enseignant sur le cahier du jour : ☀ gare – musique – colis – bague – ski ★ gare – colis – bague – qui – ski – élastique – kilomètre ☾ musique – colis – bague – ski – élastique – kilomètre – crocodile – règle

Exercice 11 • manuel, p. 77	– Lire les phrases deux fois avec l'intonation avant que les élèves proposent le point à placer en fin de phrase. – Entretenir le débat entre les élèves ayant des propositions divergentes. – Leur faire exprimer les éléments les ayant poussés à faire leur proposition.
Consignes pour les groupes en autonomie sur les *Fiches d'exercices de code*	*Cf.* Période 1.

4. Dictée : le quart d'heure quotidien

Modalités	Classe entière. Procédé « Lamartinière » sur ardoise
Durée	**Tous les jours**. 15 min.
Matériel enseignant	– Cartes graphèmes (*cf.* site Ressources) – Utilisation des cartes graphèmes (*cf.* Partie III)
Matériel élève	Ardoise

Planning et textes

JOUR 1	qui – ski – roc – ogre – bague
JOUR 2	kilo – sac – gare – équipe – guitare
JOUR 3	kimono – barque – carottes – guêpe – la kermesse de l'école
JOUR 4	Claire joue de la guitare. – Je suis sur le quai de la gare.

5. Geste d'écriture

Modalités	Classe entière. **Tous les jours**. 20 min
Matériel enseignant	– Vidéo *échauffement des doigts* (*cf.* Partie III) – Vidéos du *Manuel de code* à vidéoprojeter – Outils de différenciation en usage, en fonction des besoins (*cf.* Partie III) – Tableau d'observation des élèves (*cf.* site Ressources)
Matériel élève	– Ardoise + feutre – Cahier de l'élève avec modèles d'écriture préparés par l'enseignant – Outil scripteur de l'élève

La lettre k	C'est une grande boucle, un rouleau et un pont. **Points de difficulté :** attirer l'attention de l'élève sur la partie descendante. Celle-ci suit un trait vertical, bien droit. Cette lettre amène les élèves à devoir gérer des niveaux d'interlignes. La boucle monte jusqu'au troisième interligne.
La lettre q	C'est un rond fermé par un jambage bâtonné. Cette lettre amène les élèves à devoir gérer des niveaux d'interlignes. Le jambage bâtonné descend jusqu'au niveau du deuxième interligne.

JOURS 1, 2

	Exemples*
Lettre isolée	k
Mots	un képi – des skis – la kermesse
Rupture dans le geste (levé de crayon)	un anorak – un kimono – un koala
Phrase (espacement entre les mots)	Le koala a mis son anorak. À la kermesse, je fais du ski en kimono.

*au moins un exemple surligné dans chaque catégorie

JOURS 3, 4

	Exemples*
Lettre isolée	q
Mots	que – qui – quitter
Rupture dans le geste (levé de crayon)	jusqu'à – un coq – quatre une coque – une barque – chaque
Phrase (espacement entre les mots)	Quatre coqs quittent la barque. Chaque équipe marque quatre buts.

*au moins un exemple surligné dans chaque catégorie

Exercice complémentaire « Des frises pour toute l'année » (*cf.* site Ressources).

6. Copie

Modalités
JOURS 1, 2 – Par groupe de besoins ☀ ★ ☾ avec l'enseignant, en rotation avec des activités en autonomie

Matériel enseignant
Manuel de code p. 75

Matériel élève
– Cahier du jour pour le travail avec l'enseignant
– *Fiche d'exercices de code* ☀ ★ ou ☾ pour le travail en autonomie

Planning

JOUR 1	JOUR 2
Manuel : exercice 1	*Fiche en autonomie* : exercice 1

Exercice 1 • manuel, p. 75
Veiller surtout à la bonne graphie des graphèmes de la semaine qui sont nombreux et à leur enchaînement avec les autres graphèmes.

Consignes pour les groupes en autonomie sur les *Fiches d'exercices de code*
cf. Période 1.

7. Production d'écrit

Modalités
JOUR 3 – Par groupe de besoins ☀ ★ ☾ avec l'enseignant, en rotation avec des activités en autonomie

Durée
Matin : ☀ 20 min ★ 10 min ☾ 10 min
Après-midi : ☀ 30 min ★ 20 min ☾ 20 min

Matériel enseignant
– *Manuel de code* p. 76
– *Guide pédagogique* (*cf.* Partie III)

Matériel élève
– *Fiche d'exercices de code* ☀ ★ ou ☾ ou cahier du jour/d'écrivain (selon le choix de l'enseignant)

Exercice 10 • Manuel p. 76
Objectifs : – s'entraîner à produire de l'écrit, encoder des mots, des phrases,
– mettre en œuvre une démarche de production d'écrits.

Cf. semaine 1.

8. Compréhension : *Le Gentil Facteur* – 2e partie

Modalités	**Tous les jours.** Classe entière avec moments de travaux de groupes ou de binômes
Durée	8 séances de 20 min sur deux semaines
Matériel enseignant	– Version numérique de *Mon carnet d'apprenti lecteur* – Texte de l'album (*cf.* Partie III) – Carte mentale (*cf.* site Ressources) – Smartphone ou autre moyen d'enregistrement
Matériel élève	– *Mon carnet d'apprenti lecteur* – Affiche des pictos-stratégies

JOUR 1 SÉANCE 5

	Objectifs : – apprendre à répondre à un questionnaire, – manifester sa compréhension en identifiant les réponses correctes/erronées.
1. Rappel des stratégies de réponse à une question de compréhension	Stratégie : la réponse est dans le texte. Stratégie : la réponse doit être déduite des indices présents dans le texte. Stratégie : la réponse peut être trouvée grâce à des connaissances extérieures au texte.
2. Réaliser les activités de compréhension sur *Mon carnet d'apprenti lecteur* p. 25	**Activité 3**. Stratégie : l'élève doit faire appel à ses connaissances personnelles, extérieures à l'histoire, pour répondre. **Activité 4**. Stratégie : l'élève doit résoudre des inférences pour trouver les bonnes réponses. Le groupe travaille tout seul. L'enseignant prend en charge les deux autres groupes . Revenir sur la question bleue de l'activité 3. Ici, les élèves doivent connaître et rétablir la relation de causalité entre la consommation d'alcool et l'état d'ivresse.

JOUR 2 SÉANCE 6

	Objectif : faire restituer le récit aux élèves (l'histoire du *Gentil Facteur* en entier).
1. Faire restituer le récit.	– Désigner des élèves pour restituer le récit. **Critère de réussite :** indiquer précisément qui envoie la lettre au personnage que le facteur visite. – Enregistrer les élèves volontaires.
2. Chasse aux écarts	Les élèves doivent rétablir à l'oral les éléments manquants en appui sur leur mémoire.

JOUR 3 SÉANCE 7

	Objectif : identifier les personnages de chaque conte évoqué.
Réaliser les activités de compréhension sur *Mon carnet d'apprenti lecteur* p. 26-27	**Activité 5* (coloriage).** Stratégie . L'élève doit faire appel à ses connaissances extérieures. **Activité 6* (De qui s'agit-il ?).** Stratégie : elle requiert d'inférer le nom du personnage à partir d'indices présents dans le texte. – Lire et expliciter collectivement les consignes. – Laisser les élèves des groupes en autonomie. – Étayer l'activité du groupe . – Réaliser un bilan collectif pour adresser un retour aux élèves . Il s'agit de faire expliciter les procédures utilisées par les élèves de ces groupes.

* Erreur de numérotation dans la première édition de *Mon carnet d'apprenti lecteur*.

JOUR 4 SÉANCE 8

	Objectif : résumer une histoire. **Critères de réussite** : – donner une ou deux phrases brèves à l'oral, – donner des précisions sur les personnages principaux, – établir la situation initiale, – conclure par la situation finale.
Bilan	– Demander aux élèves un rapide résumé de chacun des contes rencontrés au cours de l'étude du *gentil facteur.* Le groupe ☾ prend en charge les contes les moins connus (à déterminer par l'enseignant, en lien avec la culture de la classe). Le groupe ☀ travaille sur les contes plus connus, avec les albums à disposition. **Point de vigilance :** le résumé est un exercice difficile pour des élèves de cycle 2. Il se différencie des règles de la restitution de récit. Il s'agit d'être bienveillant et de bien énoncer les critères de réussite. Une personne qui ne connaît pas l'histoire doit en retenir au moins les personnages principaux, la situation initiale et la situation finale. – Compléter la carte mentale avec la photographie des premières de couverture des albums présents en classe. – Faire le lien entre le livre du *gentil facteur* et les contes patrimoniaux.

9. Lecture autonome

Modalités	Travail en autonomie et en groupe de besoins ☀ ★ ☾ – Bilan en classe entière
Durée	**JOUR 1 :** 2 ou 3 min (matin) + 1 séance lecture ☀ 20 min ★ ☾ 30 min **JOURS 2, 3 :** 2 séances de 10 min **JOUR 4 :** – 1 séance guidée de lecture fluence : ☀ 20 min ★ ☾ 10 min – 1 séance en autonomie sur les questions de 10 min – 1 séance bilan de 20 min
Matériel élève	– *Fiche de lecture autonome* ☀ ★ ou ☾ – Fiche autocorrective

Planning

	JOUR 1	JOUR 2	JOUR 3	JOUR 4
Groupe classe	Narration de l'enseignant et lecture du titre			Bilan
Ateliers en autonomie	Lecture	Lecture	Lecture et activités	Lecture et activités / autocorrection
Ateliers guidés avec l'enseignant				Lecture fluence

Narration de l'enseignant pour présenter l'épisode

Nos trois amis n'ont pas fini de nous surprendre. Un grand événement se prépare : un défilé costumé pour le carnaval. Ils sont impatients et ont déjà des idées de déguisement. Mais tout ne va se passer comme prévu…

Caractéristiques des textes par groupe de besoins

	Nombre de mots	%	Le carnaval : 1. Préparatifs
☀	57	95 %	*Cf. Fichier de lecture autonome* p. 51
★	65	96 %	*Cf. Fichier de lecture autonome* p. 52 et *Manuel de code* p. 77
☾	86	96 %	*Cf. Fichier de lecture autonome* p. 53

Compétences travaillées (stratégies de compréhension *cf.* Partie III)

	Activité 1	Activité 2	Activité 3
☀	Identifier les objets principaux de l'histoire.	Manifester sa compréhension en choisissant le bon résumé.	Exprimer ses préférences personnelles.
★	Associer le personnage et son objet.		
☾	Identifier un intrus.		

Bilan du JOUR 4

– Demander aux élèves de restituer l'histoire en veillant à bien identifier les personnages, leur déguisement, et le problème qui se pose à la fin de l'épisode.
– Lire le texte à voix haute aux élèves.
– Traiter collectivement l'activité 3.

10. Fluence

Modalités	**JOURS 2, 4** – Par groupe de besoins ☀ ★ ☾ avec l'enseignant et en autonomie
Durée	– Avec l'enseignant sur les syllabes du Manuel : ☀ ★ ☾ 15 min – En autonomie sur les syllabes du Manuel: ☀ ★ 30 min ☾ 20 min – Avec l'enseignant sur les textes des Fiches de lecture autonome : ☀ ★ 20 min ☾ 30 min
Matériel enseignant	– *Manuel de code* p. 76 – Fiches de lecture autonome ☀ ★ ☾ – *Guide pédagogique* (*cf.* Partie III) – Chronomètre
Matériel élève	– *Manuel de code* – Fiches de lecture autonome ☀ ★ ☾ – Chronomètre

	JOUR 2	JOUR 4
Ateliers guidés avec l'enseignant	Sur les syllabes du *Manuel*	Sur les textes *des Fiches de lecture autonome*
Ateliers en autonomie		Sur les syllabes du *Manuel*

Fluence sur les syllabes — **Exercice 9 • manuel, p. 76** (*cf.* semaine 1).

Fluence sur texte — *cf.* semaine 1.

Période 3 • Semaine 3

1. Proposition d'emploi du temps (*cf.* Semaine 1)

2. Code : graphèmes an, am / en, em

Modalités	**JOUR 1** – Oral – Classe entière – 40 min
Matériel	– *Manuel de code* p. 78 – Vidéos du *Manuel de code* à vidéoprojeter – Cartes graphèmes t r g d v an am en em (*cf.* site Ressources)
Étape 1	– Faire entendre le son prononcé pour le graphème an ; am ; en ; em tout en visionnant la capsule vidéo. – Commenter la position de la bouche, de la langue, le passage du souffle.
Étape 2	– Faire prononcer le **vire-langue** du jour. Le faire répéter plusieurs fois, à vitesse variable : « Dans un an, Andréa aura cent ans et chantera pour Sultan, son orang outan orange ».
Étape 3	– Activité avec les **cartes graphèmes** (*cf.* Partie III). – Faire lire les syllabes et les **mots à mémoriser** (*cf. Manuel* p. 78).

3. Activités d'encodage/décodage

Modalités	**JOURS 2, 3 et 4** – Par groupe de besoins, ☀ ★ ☾, en rotation : – Oral avec l'enseignant à partir du *Manuel* – Écrit en autonomie sur les *Fiches d'exercices de code.* 40 min
Matériel enseignant	*Manuel de code* p. 78 à 81
Matériel élève	– *Manuel de code* pour le travail avec l'enseignant – Cahier du jour pour la dictée avec l'enseignant – *Fiche d'exercices de code* ☀ ★ ou ☾ pour le travail en autonomie – Tablette (ou duo d'élèves) pour le travail en autonomie

Planning

	JOUR 2	JOUR 3	JOUR 4
Ateliers guidés avec l'enseignant	*Manuel* : – lecture syllabes, mots – exercices 2, 3, 4, 5, 6 – dictée	*Manuel* : – lecture phrases – exercices 7, 8	*Manuel* : – exercice 11
Ateliers en autonomie	*Fiches* : – exercices 2, 3, 4, 5 – dictée	*Fiches* : exercices 6, 7, 8	*Fiches* : exercice 11

Exercices 2, 3, 4, 5 • manuel, p. 79	Les exercices de discrimination visuelle **2 et 3, puis 4 et 5**, s'effectuent sur le même corpus de mots.
Exercice 6 • manuel, p. 80	Exercice de discrimination auditive (*cf.* Période 1).
Exercices 7 et 8 • manuel, p. 80	La consigne doit être bien expliquée aux élèves. C'est la première fois qu'on rencontre un exercice de ce type, où **le graphème peut avoir deux équivalents sonores.** Il s'agit d'identifier les cas où l'on voit le graphème mais où l'on n'entend pas le phonème attendu. Après avoir effectué ces deux exercices, si le groupe d'élèves a montré qu'il était en questionnement, introduire un temps de réflexion sur ce qui peut produire ces deux cas phonologiques *(le graphème suivi d'une voyelle, ou la dernière consonne du graphème doublée).*

Exercice 11 • manuel, p. 81	Faire percevoir aux élèves que l'identification d'une phrase s'opère par des éléments graphiques (majuscule, ponctuation) mais aussi et surtout par le sens émergeant de la suite de mots ordonnés.
Dictée *Non indiquée sur le manuel*	Mots dictés par l'enseignant sur le cahier du jour : ☀ une dent – un enfant – un champ – Il est rempli. ★ un enfant – un champ – il est rempli – un tambour – ensemble ☾ un enfant – Il est rempli. – un tambour – ensemble – la température – une avalanche *La règle du m devant p ou b pourra être évoquée si les élèves font des observations dans ce sens ou si on les sent mûrs pour opérer ces observations mais il n'y aura en aucun cas de formalisation de cette règle.* Sur les *Fiches d'exercice de code* en autonomie, la dictée est remplacée cette semaine par les exercices 7 et 8 d'encodage/décodage.
Consignes pour les groupes en autonomie sur les *Fiches d'exercices de code*	*Cf.* Période 1.

4. Dictée : le quart d'heure quotidien

Modalités	Classe entière. Procédé « Lamartinière » sur ardoise
Durée	**Tous les jours.** 15 min.
Matériel enseignant	– Cartes graphèmes (*cf.* site Ressources) – Utilisation des cartes graphèmes (*cf.* Partie III)
Matériel élève	Ardoise

Planning et textes

JOUR 1	une dent – trente – maman – un champ
JOUR 2	dimanche – une jambe – une manche – Je tremble.
JOUR 3	ensemble – une ampoule – la température – les parents
JOUR 4	Le vent secoue les enfants. – Les canards cancanent dans la mare.

5. Geste d'écriture

Modalités	Classe entière. **Tous les jours.** 20 min
Matériel enseignant	– Vidéo *échauffement des doigts* (*cf.* Partie III) – Vidéos du *Manuel de code* à vidéoprojeter – Outils de différenciation en usage, en fonction des besoins (*cf.* Partie III) – Tableau d'observation des élèves (*cf.* site Ressources)
Matériel élève	– Ardoise + feutre – Cahier de l'élève avec modèles d'écriture préparés par l'enseignant – Outil scripteur de l'élève

	Toutes les lettres composant les graphèmes de la semaine ont déjà été travaillées antérieurement. Nous abordons cette semaine les lettres **w** et **x** pour l'activité du geste d'écriture.
La lettre w	Comme son nom l'indique, on enchaîne deux v.
La lettre x	C'est un rouleau et un rond qui reste ouvert. **Point de difficulté :** on commence par le rouleau. L'élève doit se repérer au niveau du premier interligne pour démarrer le rouleau. La rotation se fait vers la droite puis l'élève lève le crayon et va prendre un deuxième point de repère pour démarrer le rond ouvert (comme un c). L'élève va devoir gérer l'espace pour que les deux formes se touchent sans se croiser.

		Exemples*
JOUR 1	Lettre isolée	w
	Mots	le kiwi
	Rupture dans le geste (levé de crayon)	un wagon
	Courte phrase (espacement entre les mots)	Il achète un kiwi.
JOUR 2	Lettre isolée	x
	Mots	dix - deux - six
	Rupture dans le geste (levé de crayon)	roux - doux
	Courte phrase (espacement entre les mots)	J'ai un renard roux. Il y a deux chats doux.
JOURS 3, 4	**Mots de la même famille** (*cf.* semaine 1). **Mots de la famille de *chant* :** chant – chanter – chanteur – chanteuse – chanson – chantonner Une chanson douce. Elle chante. Le chanteur chantonne une jolie mélodie.	

* Tous les exemples surlignés sont à prendre en compte

Exercice complémentaire	« Des frises pour toute l'année » (*cf.* site Ressources).

6. Copie

Modalités	**JOURS 1, 2 –** Par groupe de besoins ☀ ★ ☾ avec l'enseignant, en rotation avec des activités en autonomie
Matériel enseignant	*Manuel de code* p. 79
Matériel élève	– Cahier du jour pour le travail avec l'enseignant – *Fiche d'exercices de code* ☀ ★ ou ☾ pour le travail en autonomie

Planning

JOUR 1	JOUR 2
Manuel : exercice 1	*Fiche en autonomie* : exercice 1

Exercice 1 • manuel, p. 79	Porter plus particulièrement son attention sur la fluidité de l'enchaînement des nombreux ponts liés aux graphèmes du jour et à leur enchaînement avec les autres graphèmes.
Consignes pour les groupes en autonomie sur les *Fiches d'exercices de code*	*cf.* Période 1.

7. Production d'écrit

Modalités	**JOUR 3** – Par groupe de besoins ☀ ★ ☾ avec l'enseignant, en rotation avec des activités en autonomie
Durée	**Matin :** ☀ 20 min ★ 10 min ☾ 10 min **Après-midi :** ☀ 30 min ★ 20 min ☾ 20 min
Matériel enseignant	– *Manuel de code* p. 81 – *Guide Pédagogique* (*cf.* Partie III)
Matériel élève	– *Manuel de code* – *Fiche d'exercices de code* ☀ ★ ou ☾ ou cahier du jour/d'écrivain (selon le choix de l'enseignant) – Fiche ressources « Pour parler du carnaval » (*cf.* site Ressources)

Exercice 10 • manuel, p. 81

Objectifs : – s'entraîner à produire de l'écrit à partir d'un thème,
– mettre en œuvre une démarche de production d'écrit : se préparer à écrire, encoder une ou plusieurs phrases avec régulation de l'enseignant.

MATIN

Préparation à l'écriture

1. Introduire la séance, présenter la situation et expliciter l'objectif

Nous allons continuer à apprendre à écrire des phrases à partir du thème du carnaval. Ce matin, nous allons travailler à l'oral. Cet après-midi, vous inventerez et écrirez des phrases.

2. Recueillir des mots

– Rechercher les mots qui appartiennent au champ lexical du carnaval. Après un court temps de recherche individuelle, recueillir les propositions des élèves (utiliser l'illustration, page 81 du *Manuel*, comme support).
– Organiser les échanges à partir de questions ouvertes de préférence.
– Distribuer la parole, synthétiser, reformuler.
– Noter au tableau ou sur une affiche (trace mémoire pour la séance d'écriture de l'après-midi, outil d'aide à l'orthographe à expliciter aux élèves) quelques mots parmi les propositions des élèves. Les élèves sont associés à l'encodage de ces mots.
– Organiser cette prise de notes sous forme de colonnes, regroupant les mots selon leur classe grammaticale.
– Être vigilant à la diversité de ces classes grammaticales : noms, adjectifs, verbes…

APRÈS-MIDI

Mise en texte et révision

3. Lancer les élèves dans l'écriture

– Annoncer la tâche : écrire une phrase avec les mots trouvés le matin pour parler du carnaval (ce que l'on y fait, ce que l'on aime, l'ambiance…).
– Afficher le support constitué collectivement le matin, comme outil d'aide.
– Mobiliser la *Fiche ressources* « Pour parler du carnaval » comme support du lexique orthographique des mots.
– Faire un rapide tour de table, pour obtenir des phrases. En proposer d'autres afin d'enrichir les propositions des élèves.

4. Accompagner les élèves

– Faire des liens avec les intentions d'écritures, encourager l'élève à oraliser ce qu'il écrit (ou le faire pour lui) pour faire constater les écarts : Quelle phrase avais-tu choisi d'écrire ? Qu'as-tu écrit ?
– Observer les élèves, mobiliser les modalités d'étayage en fonction des besoins (aide de l'adulte, étayage matériel-outil ressource, aide d'un pair), aider à mobiliser les stratégies d'encodage en fonction des mots, des erreurs et des difficultés rencontrées.
– Valoriser les réussites.
– Aider à **enrichir l'écrit produit** (questionner l'élève pour l'amener à formuler un complément d'information et étendre ainsi la phrase initialement écrite ; réécrire en faisant varier le sujet (genre et nombre) ; réécrire en changeant le verbe, en inversant le sujet et le complément afin de rendre la phrase encore plus insolite…)
– Encourager l'entraide pour encoder, pour enrichir ses idées.
– Faire aboutir chaque élève à une forme écrite complète.

5. Clôturer la séance

Revenir sur les textes produits, valoriser ce que l'on est en train d'apprendre en écrivant des textes (partager les procédures, les outils pour y parvenir).

Différenciation

– Faire varier la longueur de la phrase à encoder.
– Faire encoder une phrase commune à plusieurs élèves.
– Demander au groupe ☾ d'écrire une phrase la plus longue possible.

Prolongement

– Illustrer sa phrase par un dessin.
– En arts visuels, présenter la figure d'Arlequin dans son contexte culturel, les carnavals dans le monde. Présenter *le Carnaval d'Arlequin* de Juan Miro, œuvre non figurative.

8. Compréhension : *Le cirque* (Seurat) – 1re partie

Modalités	**Tous les jours.** Classe entière avec moments de travaux de groupes ou de binômes
Durée	8 séances de 20 min sur deux semaines
Matériel enseignant	– Version numérique de *Mon carnet d'apprenti lecteur* pour la projection du tableau – Imagier du cirque (*cf.* site Ressources)
Matériel élève	*Mon carnet d'apprenti lecteur*

Le support proposé ici est une œuvre picturale. Le travail envisagé pour sa compréhension porte sur les mêmes éléments que pour les textes : identification du thème général, des lieux, des personnages, des actions (où, qui, quoi, quand ?), des états mentaux des personnages. Les stratégies de compréhension mobilisables sont, elles aussi, identiques. La composition plastique pourra être étudiée en parallèle lors de séances d'arts visuels. C'est l'histoire suscitée par le tableau qui nous intéresse ici.

JOUR 1 SÉANCE 1

Objectifs : découvrir le tableau, analyser ses composantes (lieux, personnages, actions).

1. Faire découvrir le tableau

Projeter le tableau et laisser réagir les élèves. Les inciter à faire des liens avec leur vécu personnel : expérience culturelle d'un spectacle de cirque.

2. Questionner

Questionner sur la compréhension de la scène représentée (personnages, actions, mots ou dessins clés) : Quel est le thème du tableau ? Qui ? Où ? Quand ?

– Prévoir des affichettes mots spécifiques : *écuyère, gradins, piste, équilibriste.*

JOUR 2 SÉANCE 2

Objectifs : – restituer la scène,
– développer le champ lexical du cirque,
– interpréter la scène.

1. Faire raconter

Faire raconter la scène par les élèves.

2. Enrichir le lexique

– Expliquer des termes inconnus comme *écuyère, gradins, piste, équilibriste, jongleur, clown, chapiteau, dompteur.* Le rôle de quelques figures clés peut être explicité : M. Loyal, le Clown Blanc…

– Réaliser un affichage pour la classe. L'outil « marguerite » peut être réinvesti ici.

3. Préparer la mise en scène

– Demander aux élèves de mettre en scène le tableau : organiser une discussion collective sur le sujet ou placer les élèves en binômes ou en groupes de 4. La place du corps dans les apprentissages est essentielle.

– Les faire réfléchir à la manière de jouer la scène du *Cirque* sous forme de tableau vivant. Leur demander les accessoires dont ils ont besoin, et les rassembler en amont de la séance suivante.

4. Réaliser les activités de compréhension sur *Mon carnet d'apprenti lecteur* p. 28

Activité 1. Stratégie ♡ :

– Annoncer la tâche : chercher un titre.

– Préciser le critère de réussite : la cohérence du titre proposé par les élèves avec la situation exposée dans le tableau ou les émotions suscitées.

– L'activité est précédée d'un temps de recherche individuelle avant l'intervention de l'enseignant. Puis chaque élève écrit un titre sur son ardoise. L'enseignant le valide, l'élève le recopie sur son carnet.

Différenciation : proposer au tableau aux élèves des titres cohérents et d'autres qui ne le sont pas. Les élèves doivent choisir un titre cohérent et le recopier.

Activité 2. Stratégie : les élèves doivent faire appel à leurs connaissances personnelles externes pour associer chaque élément du tableau à son nom. Faire nommer les images et lire les mots aux élèves. Utiliser des périphrases pour aider les élèves (Ex. image 1 = la personne debout sur le cheval).

JOUR 3 SÉANCE 3

Objectif : restituer l'histoire du tableau.

1. Faire raconter

Faire raconter l'histoire du tableau par les élèves, en appui avec les images (imagier ou « marguerite ») de la séance 2 mais **sans la projection du tableau**. Les élèves sont ainsi conduits à utiliser le langage pour évoquer et non décrire. Demander aux élèves de préciser les émotions ressenties par les personnages.

2. Faire jouer

– Si le choix de l'interprétation sous forme de tableau vivant a été retenue, faire jouer ce tableau par les élèves.
– Projeter le tableau à la fin de la séance. Revenir sur ce qui a été joué ou dit sur les points suivants : Manque-t-il des éléments ? Les émotions ont-elles été correctement traduites ? Auriez-vous d'autres propositions ?

Ou 3. Réaliser des activités de compréhension sur *Mon carnet d'apprenti lecteur* p. 29

Activités 3 et 4.
Les émotions des spectateurs peuvent, en effet, être traitées par les choix de mise en scène ou par la discussion autour des affirmations de l'exercice 3. Le coloriage sera donné en devoir à la maison ou sur un temps faible de la semaine.

JOUR 4 SÉANCE 4

Objectif : faire le lien entre le tableau et une expérience vécue.

1. Raconter le tableau aux élèves

– S'attacher à réinvestir le lexique nouveau et d'insérer le point de vue émotionnel des personnages présents dans la scène : par exemple, jouer à haute voix les pensées de l'écuyère.

2. Dictée à l'adulte

– Élaborer collectivement un récit (réinvestir la démarche de dictée à l'adulte). Reprendre le lexique, les émotions listées, les postures, les ressentis qui auront été échangés avec les élèves. Utiliser pour cela tous les apports des trois séances précédentes.

3. Faire des liens

Et vous, êtes-vous déjà allés au cirque ?
Aider les élèves à partager leur expérience, à exprimer **ce qu'ils ressentent** (*cf.* Partie III, transactions, liens avec soi).

9. Lecture autonome

Modalités	Travail en autonomie et en groupe de besoins ☀ ★ ☾ – Bilan en classe entière
Durée	**JOUR 1 :** 2 ou 3 min (matin) + 1 séance lecture ☀ 20 min ★ ☾ 30 min **JOURS 2, 3 :** 2 séances de 10 min **JOUR 4 :** – 1 séance guidée de lecture fluence : ☀ 20 min ★ ☾ 10 min – 1 séance en autonomie sur les questions de 10 min – 1 séance bilan de 20 min
Matériel élève	– *Fiche de lecture autonome* ☀ ★ ou ☾ – Fiche autocorrective

Planning

	JOUR 1	JOUR 2	JOUR 3	JOUR 4
Groupe classe	Narration de l'enseignant et lecture du titre			Bilan
Ateliers en autonomie	Lecture	Lecture	Lecture et activités	Lecture et activités / autocorrection
Ateliers guidés avec l'enseignant				Lecture fluence

Narration de l'enseignant pour présenter l'épisode
Réaliser un rappel collectif de l'épisode précédent. Émettre quelques hypothèses sur la suite.

Caractéristiques des textes par groupe de besoins

	Nombre de mots	%	Le carnaval : 2. L'affaire du déguisement
☼	58	99 %	*Cf. Fichier de lecture autonome* p. 55
★	73	98 %	*Cf. Fichier de lecture autonome* p. 56 et *Manuel de code* p. 81
☾	85	98 %	*Cf. Fichier de lecture autonome* p. 57

Compétences travaillées (stratégies de compréhension *cf.* Partie III)

	Activité 1	Activité 2	Activité 3
☼	Identifier la situation finale.	Identifier les adjuvants.	Émettre un avis sur les émotions du personnage principal.
★	Identifier la situation finale.	Établir une relation de causalité.	Émettre un avis sur les émotions du personnage principal.
☾	Établir une relation de causalité.	Établir une relation de causalité.	Émettre un avis sur les émotions du personnage principal.

Bilan du JOUR 4

– Demander aux élèves de restituer l'histoire en veillant à l'identification de la situation finale et du personnage qui aide Chouchou.
– Lire le texte à voix haute aux élèves.
– Expliciter collectivement à l'oral les activités 2 de la fiche ★; 1 et 2 de la fiche ☾, afin d'expliciter les inférences à réaliser pour comprendre les relations de causalité.
– Traiter collectivement l'activité 3. Plusieurs réponses sont possibles. Elles doivent être cohérentes avec le contexte du récit. Expliciter l'évolution des émotions du héros au fur et à mesure des événements.

10. Fluence

Modalités

JOURS 2, 4 – Par groupe de besoins ☼ ★ ☾ avec l'enseignant et en autonomie

Durée

– Avec l'enseignant sur les syllabes du Manuel : ☼ ★ ☾ 15 min
– En autonomie sur les syllabes du Manuel : ☼ ★ 30 min ☾ 20 min
– Avec l'enseignant sur les textes des Fiches de lecture autonome : ☼ ★ 20 min ☾ 30 min

Matériel enseignant

– *Manuel de code* p. 80
– Fiches de lecture autonome ☼ ★ ☾
– *Guide pédagogique* (*cf.* Partie III)
– Chronomètre

Matériel élève

– *Manuel de code*
– Fiches de lecture autonome ☼ ★ ☾
– Chronomètre

	JOUR 2	JOUR 4
Ateliers guidés avec l'enseignant	Sur les syllabes du *Manuel*	Sur les textes *des Fiches de lecture autonome*
Ateliers en autonomie		Sur les syllabes du *Manuel*

Fluence sur les syllabes

Exercice 9 • manuel, p. 80 (*cf.* semaine 1).

Fluence sur texte

cf. semaine 1.

Période 3 • Semaine 4

1. Proposition d'emploi du temps (*cf.* Semaine 1)

2. Code : graphèmes on/om et in/im

Modalités	**JOUR 1** – Oral – Classe entière – 40 min
Matériel	– *Manuel de code* p. 82 – Vidéos du manuel de code à vidéoprojeter – Cartes graphèmes s f b p on om in im (*cf.* site Ressources)

Étape 1	– Faire entendre les sons [on] et [in] associés aux graphèmes **on** ; **om** ; **in** ; **im** ; tout en visionnant la capsule vidéo. – Commenter la position de la bouche, de la langue, la mobilisation de la gorge et la nasalisation, le passage du souffle. – Faire expérimenter aux élèves le passage d'un phonème à l'autre et ressentir que seul le recul ou l'avancement des lèvres permet ce passage.
Étape 2	– Faire prononcer le **vire-langue** du jour. – Le faire répéter plusieurs fois, à vitesse variable : « Mon oncle le lion fait des câlins avec un singe blond au Japon ».
Étape 3	– Activité avec les **cartes graphèmes** (*cf.* Partie III). – Faire lire les syllabes et les mots à mémoriser (*cf. Manuel*, p. 82)

3. Activités d'encodage/décodage

Modalités	**JOURS 2, 3 et 4** – Par groupe de besoins, ☀ ★ ☾, en rotation : – Oral avec l'enseignant à partir du *Manuel*. – Écrit en autonomie sur les *Fiches d'exercices*. 40 min
Matériel enseignant	*Manuel de code* p. 82 à 85
Matériel élève	– *Manuel de code* pour le travail avec l'enseignant – Cahier du jour pour la dictée avec l'enseignant – *Fiche d'exercices de code* ☀ ★ ou ☾ pour le travail en autonomie – Tablette (ou duo d'élèves) pour le travail en autonomie

Planning

	JOUR 2	JOUR 3	JOUR 4
Ateliers guidés avec l'enseignant	*Manuel* : – lecture syllabes et mots – exercices 2, 3, 4, 5, 6, 7 – dictée de mots	*Manuel* : lecture mots phrases	*Manuel* : – exercices 8, 9, 13
Ateliers en autonomie	*Fiches* : – exercices 2, 3, 4, 5 – dictée de mots	*Fiches* : exercices 6, 7	*Fiches* : exercices 8, 9, 13

Exercices 2, 3, 4, 5 • **manuel, p. 83**	Les exercices de discrimination visuelle **2 et 3, puis 4 et 5,** s'effectuent sur le même corpus de mots.
Exercices 6 et 7 • **manuel, p. 84**	*cf.* Période 1.

Dictée de mots (non indiquée sur le manuel)

Dictée de mots par l'enseignant sur le cahier du jour :

☀ un moulin – un timbre – une pompe – un pont

★ un timbre – une pompe – un pont – un compagnon – mon jardin

☾ une pompe – un pont – un compagnon – mon jardin – C'est important. – la montagne

La règle du m devant p ou b pourra être évoquée si les élèves font des observations dans ce sens ou si on les sent mûrs pour opérer ces observations mais il n'y aura en aucun cas de formalisation de cette règle.

Exercices 8 et 9
• manuel, p. 84

Ces deux exercices lient le décodage de l'écrit à la discrimination auditive.

Chaque exercice peut se faire en deux temps :

1) Faire identifier dans chaque mot les digrammes « in » ou « im » (exercice 8) et « on » ou « om » (exercice 9).

2) – Prononcer les mots deux fois chacun, lentement en détachant bien les syllabes.

– Faire déterminer par les élèves si ils entendent ou non le son [in] (exercice 8) ou [on] (exercice 9).

Avec les groupes ★ ☾, prolonger l'exercice en leur demandant de proposer d'autres mots avec les digrammes qui génèrent ou non les sons [in] et [on]. Quand le corpus de mots est suffisamment étoffé, proposer aux élèves d'observer attentivement les mots du corpus et de comprendre dans quels cas le digramme génère le son [in] ou [on] (*quand il est suivi d'une consonne autre que le second digramme (**n** ou **m**)*) et dans quels cas ils ne le génèrent pas (*quand il est suivi d'une voyelle ou de la même consonne que celle du digramme (**n** ou **m**)*).

Exercice 13
• manuel, p. 85

Cet exercice d'étude de la langue est le premier concernant les pronoms personnels dans la conjugaison des verbes au présent.

Nous avons choisi « je » et « nous » pour lesquels la terminaison du verbe ne laisse pas d'équivoque sur la personne concernée.

Faire compléter l'exercice en demandant aux élèves le pronom qu'ils proposent devant chacun des verbes.

Prolongement

– Proposer d'autres verbes et demander aux élèves de déterminer le pronom personnel qui convient ;

– Proposer des pronoms personnels et demander aux élèves de proposer librement des verbes conjugués avec ces pronoms ;

– Proposer des pronoms et un verbe à l'infinitif et demander aux élèves de donner le verbe conjugué avec ce pronom.

Consignes pour les groupes en autonomie sur les *Fiches d'exercices de code*

cf. Période 1.

4. Dictée : le quart d'heure quotidien

Modalités	Classe entière. Procédé « Lamartinière » sur ardoise.
Durée	**Tous les jours.** 15 min
Matériel enseignant	Cartes graphèmes
Matériel élève	Ardoise

Planning et textes

JOUR 1	mon nom – un moulin – le pont – un timbre
JOUR 2	le monde – un poussin – une ombre – simplement
JOUR 3	la trompe de l'éléphant – une imprimerie – une colombe
JOUR 4	Marion grimpe sur le pont. le jardin de mon oncle

5. Geste d'écriture et copie

Modalités	Classe entière. **Tous les jours.** 20 min
Matériel enseignant	– Vidéo *échauffement des doigts* (*cf.* Partie III) – Outils de différenciation en usage, en fonction des besoins (*cf.* Partie III) – Tableau d'observation des élèves (*cf.* site Ressources)
Matériel élève	– Ardoise + feutre – Cahier de l'élève avec modèles d'écriture préparés par l'enseignant – Outil scripteur de l'élève

Copier de mieux en mieux	Comme indiqué dans le GP Partie III, les activités liées à l'entraînement du geste d'écriture évoluent au cours de la période 3. Nous vous proposons ici des activités visant à développer la capacité des élèves à **mémoriser l'orthographe d'un mot entier** car copier un mot que l'on connaît est plus facile. Cela permettra aux élèves de gagner en fluidité. Déroulement à réaliser sur deux jours (*cf.* Partie III) :
JOURS 1, 3	Découvrir des mots, entraîner leur mémorisation, copier une fois chaque mot de la liste dans le cahier (copie directe, modèle préparé par l'enseignant).
JOURS 2, 4	Phase d'entraînement à la copie (variables à intégrer progressivement).

JOUR 1

Travailler à partir d'une liste de mots	Exemple de liste : mon, ton, comme, ongle, lapin.

JOUR 2

Copier des unités de plus en plus longues	Exemples : mon lapin – Mon lapin bondit. – Ton lapin bondit comme un kangourou.

JOURS 3-4

Travailler à partir de variations de formes verbales.	Faire observer par les élèves la construction morphologique. Il n'est pas attendu la formalisation de règles. On reste dans l'observation de phénomènes de langue réguliers. *Ils sont, ils font, ils vont, ils iront, ils danseront* *Nous rentrons, nous demandons, nous venons, nous fermons, nous passons…*
Exercices complémentaires	– Choisir une frise sur le document « Des frises pour toute l'année » (*cf.* site « Ressources »). – Exercices complémentaires types faisant intervenir les mots cibles : *compléter une phrase, écrire une phrase à partir d'une image, inventer une phrase avec un ou plusieurs mots cibles, remettre les mots des phrases dans l'ordre.*

6. Copie

Modalités	**JOURS 1, 2** – Par groupe ✹ ★ ☾ avec l'enseignant en rotation avec des activités en autonomie.
Matériel enseignant	*Manuel de code* p. 83
Matériel élève	– *Manuel de code* pour le travail avec l'enseignant – *Fiche d'exercices de code* ✹ ★ ou ☾ pour le travail en autonomie

JOUR 1	JOUR 2
Manuel : exercice 1	*Fiche en autonomie* : exercice 1

Exercice 1 • manuel, p. 83	Porter plus particulièrement l'attention sur la fluidité de l'enchaînement des nombreux ponts liés aux graphèmes du jour et à leur enchaînement avec les autres graphèmes.
Consignes pour les groupes en autonomie sur les *Fiches d'exercices de code*	*cf.* Période 1.

7. Production d'écrit

Modalités	**JOUR 3 –** Par groupe de besoins ☀ ★ ☾ avec l'enseignant, en rotation avec des activités en autonomie.
Durée	**Matin :** ☀ 20 min ★ 10 min ☾ 10 min **Après-midi :** ☀ 30 min ★ 20 min ☾ 20 min
Matériel enseignant	– *Manuel de code* p. 84-85 – Version numérique du Manuel de code pour la vidéoprojection de l'illustration – *Guide pédagogique* (*cf.* Partie III) – Dés à construire (*cf.* site Ressources)
Matériel élève	– *Manuel de code* – *Fiche d'exercices de code* ☀ ★ ☾ ou cahier d'écrivain/du jour

Exercice 11 • manuel, p. 84

cf. Période 2, semaine 6. À faire en autonomie sur la *Fiche d'exercices de code* ou le cahier d'écrivain.

Exercice 12 • manuel, p. 85

Objectifs : – s'entraîner à produire de l'écrit à partir d'une image,
– mettre en œuvre une démarche de production d'écrit : se préparer à écrire,
– encoder une ou plusieurs phrases avec régulation de l'enseignant.

MATIN

Préparation à l'écriture

1. Introduire la séance

– Présenter le but et engager les élèves : Nous allons continuer à apprendre à écrire des phrases pour décrire ce que l'on voit sur une image.

– Présenter le travail du matin (observer l'image, décrire le lieu – les personnages – les actions – les sensations) pour être prêts à écrire cet après-midi.

2. Décrire l'image

Après un court temps d'observation, l'enseignant amène les élèves à décrire l'image :

– Le lieu de la scène : le décor ; les personnages (où sont-ils ? que font-ils ? avec qui ?) ; les couleurs…

– Ce que l'image leur évoque (impressions, émotions…).

3. Échanger collectivement

L'enseignant organise les échanges à partir de questions ouvertes :

– Que voyez-vous sur cette image ?
– Que peut-on dire des couleurs/de la lumière ?
– À quoi ce dessin vous fait-il penser ? Que ressentez-vous ?
– À votre avis, que ressentent les personnages ? Pourquoi ?

Il distribue la parole, synthétise, reformule.

4. Travailler l'encodage

L'enseignant peut amener les élèves à identifier quelques mots dont ils auront besoin pour écrire et travailler collectivement leur encodage (*cf.* stratégies).

APRÈS-MIDI

Mise en texte et révision

5. Lancer les élèves dans l'écriture

– Demander aux élèves de choisir un des trois personnages et de préparer des phrases pour le décrire (ce qu'il fait ? où ? avec qui ? quelles peuvent être ses sensations ?).

– Faire le lien avec le travail effectué le matin à l'oral. Chaque élève énonce la première phrase qu'il souhaite écrire.

6. Accompagner les élèves dans l'écriture

– Faire des liens avec les intentions d'écriture, encourager l'élève à oraliser ce qu'il écrit (ou le faire pour lui) pour faire constater les écarts.

– Observer, aider à mobiliser les stratégies d'encodage en fonction des mots, des erreurs et des difficultés rencontrées.

– Valoriser les réussites.

– Aider à enrichir l'écrit produit : changer de personnage, compléter sa phrase en ajoutant un élément (ex. : Nina marche → Sous la neige, Nina marche vers le bonhomme de neige. → Sous la neige, Nina marche vers le bonhomme de neige. Noé la suit. → Sous la neige, Nina marche vers le petit bonhomme de neige. Noé la suit à ski.) Ceci peut être réalisé en binôme.

– Encourager l'entraide pour encoder, pour enrichir ses idées.

7. Clôturer la séance	Revenir sur les textes produits, valoriser ce que l'on est en train d'apprendre en écrivant des textes (partager les procédures et les outils pour y parvenir).
Différenciation	Nombre et longueur des phrases à encoder ou encoder une phrase commune à plusieurs élèves.

8. Compréhension : *Le cirque* (Seurat) – 2e partie

Modalités	**Tous les jours.** Classe entière avec moments de travaux de groupes ou de binômes
Durée	8 séances de 20 min sur deux semaines
Matériel enseignant	– Version numérique de *Mon carnet d'apprenti lecteur* pour la projection du tableau – Carte mentale (*cf.* sites Ressources) – Maquette représentant la scène – Figurines de type playmobil®
Matériel élève	*Mon carnet d'apprenti lecteur*

JOUR 1 SÉANCE 5

	Objectif : manifester sa compréhension du tableau.
1. Rappeler l'histoire	– Lire l'histoire (élaborée en collectif Jour 4 séance 4) du tableau aux élèves.
2. Réaliser les activités de compréhension sur *Mon carnet d'apprenti lecteur* p. 29	**Activités 3 et 4.** Ces deux activités consistent en une réactivation de tout le travail de la première semaine sur le tableau de Seurat. Après la lecture de l'histoire du tableau faite en introduction de séance, l'activité 3 requiert une stratégie de résolution d'inférences (vrai ou faux), et l'activité 4 à une recherche d'informations dans le support pour trouver la bonne réponse (coloriage des personnages du tableau).

JOUR 2 SÉANCE 6

Mettre en scène et interpréter	**Objectif :** s'approprier le tableau. La place du corps dans les apprentissages est centrale. – Faire interpréter et mettre en scène à l'aide d'une maquette représentant le tableau et de figurines de type playmobil® : Comment pourrait-on mettre le tableau en scène ? Comment pourrait-on raconter l'histoire du tableau comme si on voulait le présenter sur une scène ? – Les élèves font des propositions : matériel, attitudes et paroles des personnages. – Faire jouer la scène par des élèves volontaires. Les élèves qui écoutent veillent au respect des critères suivants : – Les personnages doivent exprimer leurs émotions, – L'histoire jouée correspond à l'histoire racontée dans les séances précédentes : personnages, actions, cadre.

JOUR 3 SÉANCE 7

Suite de la séance 6	**Objectif :** s'approprier le tableau. Faire rejouer la scène avec d'autres élèves.

JOUR 4 SÉANCE 8

	Objectif : faire des liens avec une autre œuvre.
Enrichir les connaissances culturelles	– Montrer aux élèves *Le cheval de cirque* de Chagall ou toute œuvre picturale représentant une scène de cirque. – Comparer le tableau choisi à celui de Seurat selon les angles suivants : – Présence des personnages du cirque : similitudes (*cheval, piste, écuyère, spectateurs*), différence (*acrobates*). – Expression des émotions : les élèves doivent réinvestir les notions explicitées pour l'œuvre de Seurat.

9. Lecture autonome

Modalités	Travail individuel, en autonomie – Bilan en classe entière
Durée	**JOUR 1 :** 2 ou 3 min (matin) + 1 séance lecture ☀ 20 min ★ ☾ 30 min **JOURS 2, 3 :** 2 séances de 10 min **JOUR 4 :** 1 séance de lecture en autonomie de 10 min + 1 séance de lecture fluence : : ☀ 20 min ☾ ★ 10 min + 1 séance bilan de 20 min
Matériel élève	– *Fiche de lecture autonome* ☀ ★ ou ☾ – Fiche autocorrective

Planning

	JOUR 1	JOUR 2	JOUR 3	JOUR 4
Groupe classe	Narration de l'enseignant et lecture du titre			Bilan
Ateliers en autonomie	Lecture	Lecture	Lecture et activités	Lecture et activités / autocorrection
Ateliers guidés avec l'enseignant				Lecture fluence

Narration de l'enseignant pour raconter l'épisode

Réaliser un rappel collectif de l'épisode précédent. Émettre quelques hypothèses sur la suite

Caractéristiques des textes par groupe de besoins

	Nombre de mots	%	Le carnaval : 3. Un défilé catastrophe !
☀	63	98 %	*Cf. Fiche de lecture autonome* p. 59
★	72	97 %	*Cf. Fiche de lecture autonome* p. 60 et *Manuel* p. 85
☾	87	96 %	*Cf. Fiche de lecture autonome* p. 61

Compétences travaillées (stratégies de compréhension *cf.* Partie III)

	Activité 1	Activité 2	Activité 3
☀	Identifier le parcours des personnages (lieux de l'histoire).	Réaliser une déduction pour déterminer les circonstances (lieu).	Se représenter l'histoire pour comprendre le choix du titre. Justifier.
★		Identifier les personnages pour chaque événement.	
☾		Émettre des hypothèses cohérentes avec la situation pour expliquer l'origine d'un événement.	

Bilan du JOUR 4

– Demander aux élèves de restituer l'histoire en appui sur l'exercice 1 de la fiche ☾.
– Identifier le trajet des personnages et les actions qui s'y déroulent.
– Lire le texte à voix haute aux élèves.
– Traiter collectivement à l'oral l'action 2 de la fiche ☾ (plusieurs hypothèses sont possibles : orage, animal...).
– Traiter collectivement l'activité 3 (veiller à l'identification des différentes péripéties).

10. Fluence

Modalités	**JOURS 2, 4** – Par groupe de besoins ☀ ★ ☾ avec l'enseignant et en autonomie
Durée	– Avec l'enseignant sur les syllabes du Manuel : ☀ ★ ☾ 15 min – En autonomie sur les syllabes du Manuel : ☀ ★ 30 min ☾ 20 min – Avec l'enseignant sur les textes des Fiches de lecture autonome : ☀ ★ 20 min ☾ 30 min
Matériel enseignant	– *Manuel de code* p. 84 – Fiches de lecture autonome ☀ ★ ☾ – *Guide pédagogique* (*cf.* Partie III) – Chronomètre
Matériel élève	– *Manuel de code* – Fiches de lecture autonome ☀ ★ ☾ – Chronomètre

	JOUR 2	JOUR 4
Ateliers guidés avec l'enseignant	Sur les syllabes du *Manuel*	Sur les textes *des Fiches de lecture autonome*
Ateliers en autonomie		Sur les syllabes du *Manuel*

Fluence sur les mots	**Exercice 10 • manuel, p. 84,** *cf.* semaine 1.
Fluence sur texte	*cf.* semaine 1.

Période 3 • Semaine 5

1. Proposition d'emploi du temps (*cf.* Semaine 1)

2. Code : graphèmes oi et oin

Modalités	**JOUR 1** – Oral – Classe entière – 40 min
Matériel	– *Manuel de code* p. 86 – Cartes graphèmes **s l f m oi oin** (*cf.* site Ressources)

Étape 1	– Présenter et faire expérimenter par les élèves que les phonèmes liés aux graphèmes du jour sont en fait la combinaison opérée rapidement de deux phonèmes déjà connus : [ou] + [a] pour « oi » et [ou] + [in] pour « oin ».
Étape 2	– Activité avec les **cartes graphèmes** (*cf.* Partie III). – Faire lire les syllabes et les **mots à mémoriser** (*cf. Manuel* p. 86).

3. Activités d'encodage/décodage

Modalités	**JOURS 2, 3 et 4** – Par groupe de besoins, ☀ ★ ☾, en rotation : – Oral avec l'enseignant à partir du *Manuel* – Écrit en autonomie sur les *Fiches d'exercices*. 40 min
Matériel enseignant	*Manuel de code* p. 86 à 89

Matériel élève	– *Manuel de code* pour le travail avec l'enseignant – Cahier du jour pour la dictée avec l'enseignant – *Fiche d'exercices de code* ☀ ★ ou ☾ pour le travail en autonomie – Tablette (ou duo d'élèves) pour le travail en autonomie

Planning

	JOUR 2	JOUR 3	JOUR 4
Ateliers guidés avec l'enseignant	*Manuel* : – lecture syllabes, mots – exercices 2, 3, 4, 5	*Manuel* : – lecture phrases	*Manuel* : – *exercices* 6, 9, 10
Ateliers en autonomie	*Fiches* : exercices 2, 3	*Fiches* : exercices 4, 5	*Fiches* : exercices 6, 9, 10

Exercices 2, 3 et 4 • manuel, p. 87 **Exercice 5 • manuel, p. 88**	Les exercices 2 et 3 se font sur le même corpus. Mots dictés par l'enseignant sur le cahier du jour : ☀ moins – quoi – une poire – la voiture ★ moins – quoi – un toit – le besoin – une toile ☾ moins – quoi – une voile – du foin – une coiffure – un témoin
Exercice 6 • manuel, p. 88	Associer les syllabes de début avec une syllabe de fin cohérente pour donner du sens au mot construit.
Exercices 9 et 10 • manuel, p. 88-89	Premier travail formel sur les **auxiliaires *être* et *avoir*.** – Faire l'exercice à l'oral, sans voir l'écrit, dans un premier temps. Proposer plusieurs variantes pour chaque phrase afin que les élèves choisissent la bonne forme du verbe à utiliser. Par exemple : – Noé est un garçon. – Noé et Paul … – Noé et toi, vous … – Toi et moi, nous … – Faire ensuite l'exercice tel que proposé, à l'oral, mais avec des étiquettes sous les yeux.
Consignes pour les groupes en autonomie sur les *Fiches d'exercices de code*	*Cf.* Période 1.

4. Dictée : le quart d'heure quotidien

Modalités	Classe entière. Procédé « Lamartinière » sur ardoise
Durée	**Tous les jours.** 15 min.
Matériel enseignant	– Cartes graphèmes (*cf.* site Ressources) – Utilisation des cartes graphèmes (*cf.* Partie III)
Matériel élève	Ardoise

Planning et textes

JOUR 1	loi – moi – soin – foin – loin
JOUR 2	un toit – une pointe – un coin – une oie
JOUR 3	ma voix – la voiture – une victoire – trois fois moins
JOUR 4	la pointe du bois – Le toit de la voiture est noir.

5. Geste d'écriture et copie

Modalités	Classe entière. **Tous les jours**. 20 min
Matériel enseignant	– Vidéo *échauffement des doigts* (*cf.* Partie III) – Outils de différenciation en usage, en fonction des besoins (*cf.* Partie III) – Tableau d'observation des élèves (*cf.* site Ressources) – *Guide pédagogique* Partie III
Matériel élève	– Ardoise + feutre – Cahier de l'élève avec modèles d'écriture préparés par l'enseignant – Outil scripteur de l'élève
JOURS 1, 2	roi – poing – quoi – pourquoi – moins
JOURS 3, 4	**Mots de la famille de *coiffer* :** coiffure – coiffeur – coiffage – coiffe – coiffer – décoiffer Je coiffe mes cheveux. Nos coiffons nos cheveux. Tu te décoiffes. Mon coiffeur a réalisé une superbe coiffure. Elle porte une coiffe sur la tête.
Exercices complémentaires	« Des frises pour toute l'année » (*cf.* site Ressources).

6. Copie

Modalités	**JOURS 1, 2** – Par groupe de besoins ☼ ★ ☾ avec l'enseignant, en rotation avec des activités en autonomie
Matériel enseignant	*Manuel de code* p. 87
Matériel élève	– Cahier du jour pour le travail avec l'enseignant – *Fiche d'exercices de code* ☼ ★ ou ☾ pour le travail en autonomie

Planning

JOUR 1	JOUR 2
Manuel : exercice 1	*Fiche en autonomie* : exercice 1

Exercice 1 • manuel, p. 87	Il est possible d'organiser ici des duos d'élèves : – Donner un signal : tous les élèves regardent le modèle pendant quelques secondes. – Donner un second signal : l'élève opérateur cache le modèle, l'élève scripteur écrit le mot. – Procéder ainsi pour toute la ligne. Permuter ensuite les rôles.
Consignes pour les groupes en autonomie sur les *Fiches d'exercices de code*	*cf.* Période 1.

7. Production d'écrit

Modalités	**JOUR 3** – Par groupe de besoins ☼ ★ ☾ avec l'enseignant, en rotation avec des activités en autonomie
Durée	**Matin** : ☼ 20 min ★ 10 min ☾ 10 min **Après-midi** : ☼ 30 min ★ 20 min ☾ 20 min
Matériel enseignant	– *Manuel de code* p. 88 – Version numérique du *Manuel de code* pour la vidéoprojection de l'illustration p.88 – *Guide Pédagogique* (*cf.* Partie III) – Fiche ressources « Passer un après-midi au parc » (*cf.* site Ressources)

Matériel élève	– *Manuel de code* – *Fiche d'exercices de code* ☀ ★ ou ☾ ou cahier du jour/d'écrivain (selon les choix de l'enseignant)
Exercice 8 • manuel, p. 88	*Cf.* semaine 4.
Prolongement	En arts visuels, présenter *Un dimanche après-midi à l'île de la Grande Jatte*, de Seurat.

8. Compréhension : *Paysage avec des oiseaux jaunes* (Klee)

Modalités	**Tous les jours.** Classe entière avec moments de travaux de groupes ou de binômes
Durée	4 séances de 20 min
Matériel enseignant	– Version numérique de *Mon carnet d'apprenti lecteur* pour la projection du tableau – Affichettes de mots (*cf.* site Ressources)
Matériel élève	– *Mon carnet d'apprenti lecteur* – Maquette, figurines

Pour renforcer le travail d'analyse de tableau et tout le travail de compréhension qui y est associé, nous reprenons cette semaine un second tableau de peintre de référence.

– Expliquer aux élèves qu'ils vont découvrir un nouveau tableau nommé *Paysage avec des oiseaux jaunes* et utiliser le même type de démarche que pour *Le Cirque* de Seurat.

– Prévenir que ce tableau risque de les surprendre et qu'ils vont devoir faire appel à leur imagination.

– Nous rappelons que pour comprendre, l'élève doit être capable d'interpréter. Cette séquence participe activement à la culture de la sensibilité et du jugement. (*Cf.* BO du 30/07/2020).

JOUR 1

Objectifs : – découvrir le tableau,
– analyser les composantes du tableau (lieux, personnages, actions).

1. Faire découvrir le tableau

– Avant de projeter le tableau, rappeler que les élèves peuvent exprimer leurs ressentis en respectant les règles de prise de parole et les différentes opinions qui vont être exprimées, pour participer avec pertinence à l'échange.

– Projeter le tableau et laisser réagir les élèves.

Les élèves vont exprimer diverses remarques.

– « C'est bizarre ». ➜ Faire compléter la remarque en interrogeant l'élève sur ce qui le conduit à cet adjectif. D'autres élèves peuvent compléter la demande de justification de l'enseignant.

– « C'est moche ». ➜ Tu as le droit de ne pas aimer cela mais explique-moi pourquoi.

– *Rires des élèves.* ➜ Accueillir ces rires avec bienveillance mais en étant exigeant sur les justifications que les élèves devront produire.

– « C'est beau, c'est comme un rêve ». ➜ Guider les élèves sur les images fantastiques présentes, l'ambiguïté du monde de la forêt et celui de la mer, les oiseaux à l'endroit et les oiseaux à l'envers.

L'important ici est d'éviter les jugements du type *j'aime, je n'aime pas* et de faire entrer les élèves en justification, qui est une conduite langagière préparatoire à celle de l'argumentation. « Au cycle 2, on articule le concret et l'abstrait. Observer et agir, manipuler, expérimenter, toutes ces activités mènent à la représentation, qu'elle soit analogique (dessins, images, schématisations) ou symbolique, abstraite. » (*Cf.* BO du 30/07/2020).

2. Questionner les élèves

– Questionner sur la compréhension de la scène représentée : personnages, actions, mots ou dessins clés.

– Quel est le thème du tableau ? Qui ? Où ? Quand ?

	– Prévoir des affichettes mots spécifiques : *étrange, algues, profondeur, transparence.* Avec ce tableau, l'expression des élèves portera davantage sur le sensible et sur les interprétations émotionnelles.

JOUR 2

	Objectifs : – restituer la scène, – développer le champ lexical de l'imaginaire et du sensible, – interpréter la scène représentée par le tableau.
1. Faire raconter	– Faire raconter la scène par les élèves. Les élèves vont décrire ce qu'ils voient, exprimer ce qu'ils ressentent et expliciter ce à quoi le tableau les fait penser. Leur expliquer que pour cela, les mots nécessaires vont être collectés tout au long des séances. **Lexique de l'imaginaire :** *illusion, irréel fantastique, invention, rêve, fabuleux, merveilleux, imaginaire, surnaturel, fantaisie, créativité…* **Lexique du sensible, des émotions, des sensations :** *bizarre, étrange, impressionnant, effrayant, dérangeant, inhabituel…*
2. Travailler le lexique	– Enrichir le vocabulaire avec des termes inconnus : *étrange, algues, profondeur, transparence, orientation, couleurs pastel, nuances, imaginaire, réel.* – Réaliser un affichage des mots pour la classe.
3. Produire de l'oral	– Demander aux élèves de formuler des phrases qui rendent compte de leurs perceptions : *Il y a des oiseaux sous la mer. La lune est tombée dans la mer. Les oiseaux jouent à cache-cache dans la forêt.* – Collecter ces phrases, les noter au tableau ou sur son cahier journal.. Il ne s'agira pas ici comme la semaine précédente de proposer une mise en scène, mais de rechercher une interprétation sensorielle et sensible de la perception de ce tableau (notions de ciel, de mer, d'ambiance colorée, de haut, bas, transparences, nuances…).
4. Réaliser les activités de compréhension sur *Mon carnet d'apprenti lecteur* p. 30	**Activités 1 et 2**. Stratégie ♡ : les deux activités font appel à l'implication personnelle des élèves. **Activité 2 :** si le tableau est regardé à l'envers, une nouvelle scène apparaît. Les élèves doivent pouvoir écrire ce constat avec leurs propres mots : *Lorsque je tourne le tableau, je vois un oiseau dans une flaque ; Lorsque je tourne le tableau, je peux raconter une autre histoire ; Lorsque je tourne le tableau, il n'est pas à l'envers !*

JOUR 3

	Objectif : restituer l'histoire du tableau
1. Faire raconter	– Faire raconter la scène du tableau telle que perçue sensoriellement par les élèves, en visant la remobilisation du lexique enrichi et des phrases élaborées au cours des deux premières séances. – Veiller à préserver la multiplicité des interprétations : dans la mer ou dans la forêt, le caractère imaginaire presque fantastique de la scène.
2. Réaliser les activités de compréhension sur *Mon carnet d'apprenti lecteur* p. 31	**Activité 3.** Stratégie 💭 : elle fait appel à la représentation mentale que l'élève s'est faite du tableau. **Activité 4.** Stratégie ♡ : elle fait encore appel au sensible et à l'interprétation émotionnelle des élèves.

JOUR 4

	Objectif : travailler une scénographie à partir des éléments extraits des analyses sensorielles du tableau, à l'aide d'une maquette représentant la scène et de figurines.
Faire jouer	La place du corps dans les apprentissages est centrale. Comment pourrait-on mettre en scène, raconter l'histoire du tableau comme si on voulait le présenter sur une scène ?

Les élèves doivent choisir s'ils sont sur terre, dans une forêt, sur une autre planète ou dans la mer et ce que se disent et font les oiseaux.

– Par groupes de trois, en brouillon d'oral, laisser les élèves faire des propositions : matériel, attitudes (oiseaux posés sur le sol, sur des branches, suspendus tête en bas, cachés derrière des éléments de décor, perchés) et paroles des oiseaux.

– Demander à un ou plusieurs groupes volontaires de venir jouer la scène.

9. Lecture autonome

Modalités	Travail en autonomie et en groupe de besoins ☀ ★ ☾ – Bilan en classe entière
Durée	**JOUR 1 :** 2 ou 3 min (matin) + 1 séance lecture ☀ 20 min ★ ☾ 30 min **JOURS 2, 3 :** 2 séances de 10 min **JOUR 4 :** – 1 séance guidée de lecture fluence : ☀ 20 min ★ ☾ 10 min – 1 séance en autonomie sur les questions de 10 min – 1 séance bilan de 20 min
Matériel élève	– *Fiche de lecture autonome* ☀ ★ ou ☾ – Fiche autocorrective

Planning

	JOUR 1	JOUR 2	JOUR 3	JOUR 4
Groupe classe	Narration de l'enseignant et lecture du titre			Bilan
Ateliers en autonomie	Lecture	Lecture	Lecture et activités	Lecture et activités / autocorrection
Ateliers guidés avec l'enseignant				Lecture fluence

Narration de l'enseignant pour présenter l'épisode

Noé, muni d'accessoires, entre dans la cuisine et crie : « Je suis le roi des petits pois ! ». Voilà une phrase bien rigolote ! Mais, que lui arrive-t-il ?

Caractéristiques des textes par groupe de besoins

	Nombre de mots	%	Le roi des petits pois
☀	64	97 %	*Cf. Fichier de lecture autonome* p. 63
★	74	97 %	*Cf. Fichier de lecture autonome* p. 64 et *Manuel de code* p. 89
☾	95	97 %	*Cf. Fichier de lecture autonome* p. 65

Compétences travaillées (stratégies de compréhension *cf.* Partie III)

	Activité 1	Activité 2	Activité 3
☀	Reconstituer une phrase issue du texte.	Identifier le lieu où se déroule la scène.	Émettre un avis sur les intentions et réactions des personnages. Justifier sa réponse.
★		Manifester sa compréhension. Identifier les propositions correctes/erronées.	
☾	Repérer une répétition dans le texte.	Manifester sa compréhension : choisir l'image qui correspond au texte.	

Bilan du JOUR 4	– Demander aux élèves de restituer l'histoire. – Lire le texte à voix haute aux élèves. – Expliciter collectivement à l'oral l'activité 2 des fiches ★ ☾. – Traiter collectivement l'activité 3. Inciter les élèves à produire une réponse justifiée.

10. Fluence

Modalités	**JOURS 2, 4** – Par groupe de besoins ☀ ★ ☾ avec l'enseignant et en autonomie
Durée	– Avec l'enseignant sur les syllabes du Manuel : ☀ ★ ☾ 15 min – En autonomie sur les syllabes du Manuel : ☀ ★ 30 min ☾ 20 min – Avec l'enseignant sur les textes des Fiches de lecture autonome : ☀ ★ 20 min ☾ 30 min
Matériel enseignant	– *Manuel de code* p. 84 – Fiches de lecture autonome ☀ ★ ☾ – *Guide pédagogique* (*cf.* Partie III) – Chronomètre
Matériel élève	– *Manuel de code* – Fiches de lecture autonome ☀ ★ ☾ – Chronomètre

	JOUR 2	JOUR 4
Ateliers guidés avec l'enseignant	Sur les syllabes du *Manuel*	Sur les textes *des Fiches de lecture autonome*
Ateliers en autonomie		Sur les syllabes du *Manuel*

Fluence sur les syllabes	**Exercice 10 • manuel, p. 84** (*cf.* semaine 1).
Fluence sur texte	*cf.* semaine 1.

Période 3 • semaine 6 Révisions

1. Proposition d'emploi du temps (*cf.* Semaine 1)

2. Code

Modalités	**JOUR 1 –** Oral – Classe entière – 40 min
Matériel	– *Manuel de code*
Travailler sur les syllabes	Pendant cette semaine de révisions, les exercices sur les *Fiches d'exercices de code* sont remplacés par des plans de travail personnalisés, en fonction des besoins individuels d'approfondissement ou de remédiations. – Faire lire les syllabes dans le sens normal, puis en sens inverse. – Utiliser des jeux type *furet* (un élève lit une syllabe, le voisin, la suivante, et ainsi de suite). – Utiliser un chronomètre et engager les élèves sur des challenges : Combien lis-tu de syllabes/mots en 30 secondes ?.

3. Activités d'encodage/décodage

Modalités	**JOURS 2, 3 et 4 –** Par groupes de besoins, ☼ ★ ☾, à l'oral avec l'enseignant, en rotation avec d'autres activités 40 min
Matériel enseignant	*Manuel de code* p. 90 à 93
Matériel élève	– *Manuel de code* pour le travail avec l'enseignant – Cahier du jour pour la dictée avec l'enseignant – Plans de travail personnalisés. Tiroirs d'autonomie

Planning

	JOUR 2	JOUR 3	JOUR 4
Ateliers guidés avec l'enseignant	*Manuel* : – lecture syllabes, mots – exercices 2, 3, 4, 5	*Manuel* : – lecture phrases	*Manuel* : – *exercices 6, 9, 10*

Exercices 3, 4 • manuel, p. 91	Pour les exercices de discrimination auditive, oraliser les mots correspondant aux images en détachant bien les syllabes orales pour aider les élèves à identifier la syllabe contenant le son cible.
Exercice 5 • manuel, p. 92	Mots dictés par l'enseignant sur le cahier du jour : ☼ tasse – jambe – usine – moulin – moins ★ poussin – anorak – enfants – bague – tambour – quand ☾ kimono – ensemble – jongleur – important – attaque – jusqu'à
Exercice 6 • manuel, p. 92	Préciser aux élèves qu'une même syllabe peut correspondre à plusieurs mots.
Exercice 9 • manuel, p. 92	Reprendre le sens des diverses ponctuations de phrases.
Exercice 10 • manuel, p. 93	Prolonger par des substitutions de sujets dans chaque phrase proposée qui modifiera la personne donc la forme du verbe à placer. On peut faire également l'inverse : proposer la forme du verbe, les élèves proposent un sujet adapté.

4. Dictée : le quart d'heure quotidien

Modalités	Classe entière. Procédé « Lamartinière » sur ardoise
Durée	**Tous les jours**. 15 min.
Matériel enseignant	– Cartes graphèmes (*cf.* site Ressources) – Utilisation des cartes graphèmes (*cf.* Partie III)
Matériel élève	Ardoise

Planning et textes

JOUR 1	un clou – une équipe – un koala – une jambe
JOUR 2	un tambourin – trente-quatre – une guêpe – ensemble
JOUR 3	quand le moulin tourne – La farine tombe dans les sacs.
JOUR 4	Les enfants crient dans la cour. Il me semble fatigué.

5. Geste d'écriture et copie

Modalités	Classe entière. **Tous les jours**. 20 min
Matériel enseignant	– Vidéo *échauffement des doigts* (*cf.* Partie III) – Outils de différenciation en usage, en fonction des besoins (*cf.* Partie III) – Tableau d'observation des élèves (*cf.* site Ressources) – *Guide pédagogique* Partie III
Matériel élève	– Ardoise + feutre – Cahier de l'élève avec modèles d'écriture préparés par l'enseignant – Outil scripteur de l'élève
	– Proposer des frises et reprendre les enchaînements de lettres qui posent problème aux élèves (*cf.* site Ressources). – Poursuivre les activités des semaines 4 et 5. Il s'agit de développer la capacité des élèves à copier des mots et des phrases.

6. Copie

Modalités	**JOURS 1, 2** – Par groupe de besoins ☀ ★ ☾ avec l'enseignant, en rotation avec des activités en autonomie
Matériel enseignant	*Manuel de code* p. 91
Matériel élève	Cahier du jour pour le travail avec l'enseignant

Planning

JOUR 1	JOUR 2
Manuel : exercice 1	Activités en autonomie (rattrapage, LA, tiroir d'autonomie)

Exercice 1 • manuel, p. 91	Observer la bonne calligraphie de tous les graphèmes de la période et la fluidité de leur enchaînement avec les autres graphèmes.

7. Production d'écrit

Modalités	**JOUR 3** – Par groupe de besoins ☀ ★ ☾ avec l'enseignant, en rotation avec des activités en autonomie
Durée	**Matin** : ☀ 20 min ★ 10 min ☾ 10 min **Après-midi** : ☀ 30 min ★ 20 min ☾ 20 min
Matériel enseignant	– *Manuel de code* p. 92 – *Guide Pédagogique* (*cf.* Partie III)
Matériel élève	– *Manuel de code* – Cahier du jour/d'écrivain (selon le choix de l'enseignant)

Exercice 8 • manuel, p. 92

Objectifs : – s'entraîner à produire de l'écrit à partir de trois images séquentielles,
– entrer dans une démarche de production d'écrit,
– se préparer à écrire, encoder une ou plusieurs phrases avec régulation de l'enseignant.

MATIN

Préparation à l'écriture

1. Introduire la séance, présenter la situation et expliciter l'objectif

Nous allons continuer à apprendre à écrire un court texte à partir de plusieurs images. Ce matin, nous allons travailler à l'oral : observer et décrire les images, le personnage, les actions, les sensations… Cet après-midi, vous écrirez les phrases pour raconter ce qui arrive à Chouchou.

2. Décrire l'image

– Après un court temps d'observation, l'enseignant amène les élèves à décrire l'image : le lieu de la scène, le personnage (où est-il ? que fait-il ? pourquoi ?), la chronologie des événements (attention à l'usage de connecteurs temporels), ce que peut ressentir/penser le personnage.
– Organiser les échanges à partir de questions ouvertes de préférence.
– Distribuer la parole, synthétiser, reformuler.
– Noter au tableau ou sur une affiche (trace mémoire pour la séance d'écriture de l'après-midi, outil d'aide à l'orthographe à expliciter aux élèves) quelques mots clés parmi les propositions. Les élèves sont associés à l'encodage de certains mots.
– Organiser cette prise de notes sous forme de colonnes, regroupant les mots selon leur classe grammaticale.
– Être vigilant à la diversité de ces classes grammaticales : noms, adjectifs, verbes…

APRÈS-MIDI

Mise en texte et révision

3. Lancer les élèves dans l'écriture

– Annoncer la tâche : écrire une phrase pour chaque image et raconter ce qui arrive à Chouchou.
– Afficher le support constitué collectivement le matin, comme outil d'aide.
– Faire un rapide tour de table, pour obtenir des phrases. En proposer d'autres afin d'enrichir les propositions des élèves.

4. Accompagner les élèves

– Faire des liens avec les intentions d'écriture, encourager l'élève à oraliser ce qu'il écrit (ou le faire pour lui) pour faire constater les écarts : Quelle phrase avais-tu choisi d'écrire ? Qu'as-tu écrit ?
– Observer les élèves, mobiliser les modalités d'étayage en fonction des besoins (aide de l'adulte, étayage matériel-outil ressource, aide d'un pair), aider à mobiliser les stratégies d'encodage en fonction des mots, des erreurs et des difficultés rencontrées.
– Valoriser les réussites.
– Aider à **enrichir l'écrit produit**.
– Encourager l'entraide pour encoder, pour enrichir ses idées.
– Faire aboutir chaque élève à une forme écrite complète.

5. Clôturer la séance

Revenir sur les textes produits, valoriser ce que l'on est en train d'apprendre en écrivant des textes (partager les procédures, les outils pour y parvenir).

8. Compréhension : *Où il est le loup ?*

Modalités	**Tous les jours.** Classe entière avec moments de travaux de groupes ou de binômes
Durée	4 séances de 20 min
Matériel enseignant	– Manuel numérique de *Mon carnet d'apprenti lecteur* – Texte du poème (*cf.* Partie V) – Carte mentale (*cf.* site Ressources) – Flashcard pour le mot « tanière »
Matériel élève	*Mon carnet d'apprenti lecteur*

JOUR 1

	Objectifs : – découvrir et comprendre le texte, – apprendre à raconter l'histoire du poème pour bien la comprendre, – repérer les éléments essentiels du récit.
1. Réciter	Réciter la poésie aux élèves de manière expressive. Bien accentuer l'émotion de l'enfant inquiet qui questionne sa maman.
2. Questionner	– Questionner les élèves sur leur **compréhension du texte**, les personnages, actions, mots : Quel est le thème de la poésie ? Qui ? Où ? Quand ? – Réaliser la carte mentale sur le TBI ou sur une affiche au fur et à mesure.
3. Enrichir le lexique	– Travailler le vocabulaire difficile : *tanière* (flashcard), *râler, gronder, approcher.* – Donner des synonymes.
4. Faire raconter	– Demander aux élèves de raconter l'histoire du poème sans relire le texte. – Distribuer le texte aux élèves, le faire coller dans le cahier de poésie. – Lire le poème à la classe ou le faire lire par un élève bon lecteur si cela est possible.
5. Réaliser les activités de compréhension sur *Mon carnet d'apprenti lecteur* p. 32	**Activité 1.** Stratégie ♡ : il s'agit de copier la phrase de conclusion. Dessin : Laisser du temps aux élèves afin de colorier le dessin. Il constitue une appropriation **affective personnelle** du texte.

JOUR 2

	Objectifs : – identifier la structure poétique : rimes, – apprendre par cœur les deux premières strophes.
1. Réciter et mimer. Faire mimer. Faire apprendre	– Réciter tout le poème ou les deux premières strophes aux élèves. – Phase d'apprentissage systématique avec les élèves : réciter un vers et le mimer. Faire répéter les élèves. – Faire repérer les rimes (les colorier au tableau ou sur l'affiche).
2. Interroger les élèves	Et vous, avez-vous peur du loup ? Demander aux élèves si le vécu de cet enfant est similaire au leur. Les aider à exprimer **ce qu'ils ressentent** ou à établir des correspondances avec leur propre expérience des peurs du soir (*cf.* Partie III, transactions, liens avec soi).
3. Enrichir la culture	Faire le lien avec la comptine *Promenons-nous dans les bois* pour travailler le lien de texte à texte (la fredonner).

JOUR 3

	Objectif : apprendre la troisième strophe.
1. Réciter et mimer. Faire mimer	– Réciter tout le poème. – Mimer et faire mimer et répéter la 3e strophe (idem jour 2).
2. Réaliser les activités de compréhension sur *Mon carnet d'apprenti lecteur* p. 33	**Activité 2.** Stratégie 💭 : l'élève doit faire appel à sa représentation mentale de l'histoire pour trouver les bonnes réponses.

JOUR 4

	Objectifs : – mettre en scène le poème, – interpréter, réciter et jouer.
1. Mettre en scène	La place du corps dans les apprentissages est centrale. Comment pourrait-on mettre en scène et raconter l'histoire du poème comme si on voulait le présenter sur une scène ? Laisser les élèves faire des propositions en binôme : matériel, attitudes, gestes, déplacements…
2. Interpréter	– Demander à un ou plusieurs binômes volontaires de venir jouer la scène. **Rappel :** les élèves les plus timides doivent pouvoir bénéficier d'espaces de récitations un peu plus protégés (APC, fin de cours, dans un coin de la classe avec le PE ou face à un élève très dégourdi, en binôme). Ne pas négliger la prise de risque par l'élève lors de cet exercice. Il importe de conserver l'idée de plaisir pour tous. La poésie est un support de choix dans cette perspective (jeux du corps, des sonorités, images amusantes, émouvantes…).

Exemple de carte mentale finalisée

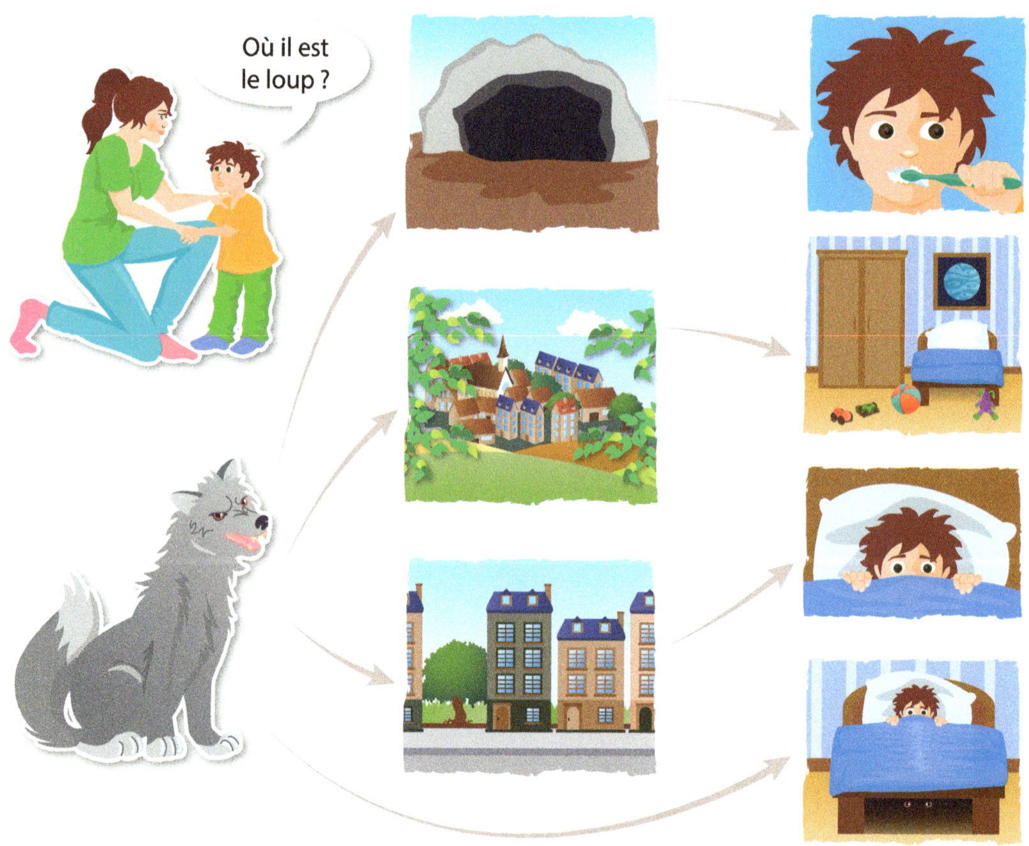

9. Lecture autonome

Modalités	Travail en autonomie et en groupe de besoins ☀ ★ ☾ – Bilan en classe entière
Durée	**JOURS 2, 3 :** 2 séances de 10 min **JOUR 4 :** 3 séances de 10 min
Matériel élève	– *Fiches de lecture autonome* de la période – *Manuel de code* p. 93

– **Rappel :** le texte *Lisons ensemble !* du ***Manuel de code*** est une synthèse des aventures de la période. Les phrases sont issues des textes précédents. Il n'y a pas de *Fiche* spécifique avec des questions.

– Ce texte est l'occasion d'effectuer un rappel des aventures passées, du caractère des personnages, de leur personnalité, des nouveaux personnages rencontrés…

– C'est aussi la possibilité pour les élèves de lire une fiche non lue pendant la période, de relire certains épisodes de leur choix, ou d'essayer des lectures du niveau supérieur.

10. Fluence

Modalités	**JOURS 2, 4** – Par groupe de besoins ☼ ★ ☾ avec l'enseignant et en autonomie
Durée	– Avec l'enseignant sur les syllabes du Manuel : ☼ ★ ☾ 15 min – En autonomie sur les syllabes du Manuel : ☼ ★ 30 min ☾ 20 min – Avec l'enseignant sur les textes des Fiches de lecture autonome : ☼ ★ 20 min ☾ 30 min
Matériel enseignant	– *Manuel de code* p. 88 – Fiches de lecture autonome ☼ ★ ☾ – *Guide pédagogique* (*cf.* Partie III) – Chronomètre
Matériel élève	– *Manuel de code* – Fiches de lecture autonome ☼ ★ ☾ – Chronomètre

	JOUR 2	JOUR 4
Ateliers guidés avec l'enseignant	Sur les syllabes du *Manuel*	Sur les textes *des Fiches de lecture autonome*
Ateliers en autonomie		sur les syllabes du *Manuel*

Fluence sur les syllabes	**Exercice 7 • manuel, p. 88** (*cf.* semaine 1).
Fluence sur texte	*cf.* semaine 1. Reprendre les textes de la période.

Période 4 • Semaine 1

1. Proposition d'emploi du temps (valable pour toute la période)

En classe entière En autonomie, individuellement ou en binômes En groupe de besoins avec l'enseignant

	Domaine	JOUR 1			JOUR 2	
		☀	★	☾	☀	★
9 h 00	Code Encodage/décodage	Découverte des graphèmes Lecture des mots			*Manuel :* – Lecture mots – Ex. discrimination visuelle et auditive à l'oral	*Fiche d'exercices de code :* Ex. copie
9 h 20					*Fiche d'exercices de code :* Ex. copie	*Manuel :* – Lecture mots – Ex. discrimination visuelle et auditive à l'oral
9 h 30 **9 h 40**					*Fiche LA*	*Fiche LA*
10 h 00 **10 h 55**	Autres domaines	Autres domaines			Autres domaines	
10 h 55 **11 h 10**	Dictée *Le quart d'heure quotidien*	Dictée de mots (ardoise)			Dictée de mots (ardoise)	
11 h 10 **11 h 30**	Geste d'écriture	Mémoriser l'orthographe des mots (liste) + copie directe			Situation de copie retournée et/ou copie chrono (développer l'empan de copie)	
13 h 30 **13 h 50**	Compréhension	Séance 1			Séance 2	
13 h 50	– Copie – Production d'écrit liée au code – Entraînement encodage/décodage	*Manuel :* Ex. copie	*Fiche LA*	*Fiche LA*	*Manuel :* Ex. dictée de mots Ex. fluence de mots	*Fiche exercices :* Ex. discrim. visuelle
14 h 20		*Fiche LA*	*Manuel :* Ex. copie	TA	*Fiche exercices :* Ex. discrim. visuelle	*Manuel :* Ex. dictée de mots Ex. fluence de mots
14 h 40		TA	TA	*Manuel :* Ex. copie	TA	TA
15 h 00 **15 h 20** **16 h 30**	Autres domaines	Autres domaines			Autres domaines	

Ex. : exercice – TA : tiroirs d'autonomie – discrim. : discrimination – Fiche exercices = *Fiche d'exercices de code* – Fiche LA = *Fiche de lecture autonome* –

	JOUR 3			JOUR 4		
☾	☀	★	☾	☀	★	☾
Fiche d'exercices de code : Ex. copie	*Manuel :* – Lecture phrases – Ex. prod. d'écrit à l'oral	*Fiche exercices :* Ex. discrim. auditive	*Fiche exercices :* Ex. discrim. auditive	*Manuel :* Ex. EDL à l'oral *Fiche LA :* fluence sur le texte	*Fiche exercices :* Ex. encodage/ décodage	*Fiche exercices :* Ex. encodage/ décodage
Fiche LA	*Fiche exercices :* Ex. discrim. auditive	*Manuel :* – Lecture phrases – Ex. prod. d'écrit à l'oral	*Fiche LA*	*Fiche exercices :* Ex. encodage/ décodage	*Manuel :* Ex. EDL à l'oral *Fiche LA :* fluence sur le texte	*Fiche LA ou TA*
Manuel : – Lecture mots – Ex. discrimination visuelle et auditive à l'oral	*Fiche LA*	*Fiche LA*	*Manuel :* – Lecture phrases – Ex. prod. d'écrit à l'oral	*Fiche LA ou TA*	*Fiche LA ou TA*	*Manuel :* Ex. EDL à l'oral *Fiche LA :* fluence sur le texte
	Autres domaines			Autres domaines		
	Dictée de mots et phrases (ardoise)			Dictée de phrases		
	Mémoriser l'orthographe des mots (famille mots) + copie directe			Situation de copie retournée et/ou copie chrono		
	Séance 3			Séance 4		
Fiche exercices : Ex. discrim. visuelle	*Fiche exercices :* Ex. prod. d'écrit	*Fiche exercices :* Ex. dictée mots	*Fiche exercices :* Ex. dictée mots	*Manuel :* Ex. encodage/ décodage	*Fiche exercices :* Ex. EDL Ex. fluence de mots	*Fiche exercices :* Ex. EDL Ex. fluence de mots
TA	*Fiche exercices :* Ex. dictée mots	*Fiche exercices :* Ex. prod. d'écrit	TA	*Fiche exercices :* Ex. EDL Ex. fluence de mots	*Manuel :* Ex. encodage/ décodage	TA
Manuel : Ex. dictée de mots Ex. fluence de mots	TA	TA	*Fiche exercices :* Ex. prod. d'écrit	TA	TA	*Manuel :* Ex. encodage/ décodage
	Autres domaines			*Fiche de lecture autonome :* Bilan du texte et des questions de la semaine		
				Autres domaines		

od. d'écrit = *production d'écrit*

2. Code : graphèmes au et eau

Modalités

JOUR 1 – Oral – Classe entière – 40 min

Matériel

– *Manuel de code* p. 94
– Cartes graphèmes **ch au s eau** (*cf.* site Ressources)

Étape 1

Chaque lettre composant les graphèmes est connue, de même que le phonème **[o]** associé à ces deux graphèmes. Le faire constater aux élèves.

Étape 2

Activité avec les **cartes graphèmes** : on peut jouer les associations des cartes graphèmes par glissement comme en P1 et P2.

Étape 3

Lecture des mots de la leçon :
– Faire déchiffrer les mots par les élèves de chaque groupe de besoins, les autres élèves suivant la lecture en repérant les erreurs éventuelles.
– Demander aux autres élèves si le déchiffrage a été correct ou s'il y avait des erreurs et lesquelles. Faire rectifier si besoin par le lecteur du mot. Changer de lecteur à chaque mot.

Étape 4

Faire lire les **mots à mémoriser**.

3. Activités d'encodage/décodage

Modalités

JOURS 2, 3 et 4 – Par groupe de besoins, ☀ ★ ☾, en rotation :
– Oral avec l'enseignant à partir du *Manuel*
– Écrit en autonomie sur les *Fiches d'exercices*.
40 min

Matériel enseignant

Manuel de code p. 94 à 97

Matériel élève

– *Manuel de code* pour le travail avec l'enseignant
– Cahier du jour pour la dictée avec l'enseignant
– *Fiche d'exercices de code* ☀ ★ ou ☾ pour le travail en autonomie
– Tablette (ou duo d'élèves) pour le travail en autonomie

Planning

	JOUR 2	JOUR 3	JOUR 4
Ateliers guidés avec l'enseignant	*Manuel* : – lecture mots – exercices 2, 3, 4, 5	*Manuel* : – lecture phrases	*Manuel* : – exercices 6, 10, 11
Ateliers en autonomie	*Fiches* : exercices 2, 3	*Fiches* : exercices 4, 5	*Fiches* : exercices 6, 10, 11

Exercices 2 et 3 • manuel, p. 95

Les exercices de discrimination visuelle et auditive sont indépendants et peuvent être traités dans un ordre chronologique ou modifié au choix de l'enseignant.

Exercice 4 • manuel, p. 95

Les frappés de syllabes peuvent aider les élèves encore incertains.

Exercice 5 • manuel, p. 96

Mots dictés par l'enseignant sur le cahier du jour.

☀ beau – autour – bureau – chaussure

★ bureau – chaussure – tableau – beaucoup – autrefois

☾ chaussure – tableau – beaucoup – autrefois – niveau – aussitôt

Exercice 6 • manuel, p. 96

Encodage réalisé en autonomie sur les *Fiches* le matin. Reprise en groupes guidés sur le manuel l'après-midi pour échanger sur les stratégies qui permettent de trouver les bonnes réponses (importance de la production sonore pour identifier les liens phonographiques).

Exercice 10 • manuel, p. 96

Effectuer l'exercice tel que proposé, en choisissant le bon déterminant selon le nombre. Proposer ensuite aux élèves du groupe de transformer les noms pluriels en singulier et réciproquement.

Exercice 11 • manuel, p. 96	Accompagner la réflexion des élèves en commentant les éléments repères utilisés pour reconstituer la chronologie du texte. Faire ensuite pratiquer les élèves.
Consignes pour les groupes en autonomie sur les *fiches d'exercices de code*	*Cf.* Période 1.

4. Dictée : le quart d'heure quotidien

Modalités	Classe entière. Procédé « Lamartinière » sur ardoise.
Durée	**Tous les jours.** 15 min.
Matériel enseignant	Cartes graphèmes
Matériel élève	Ardoise

Planning et textes

JOUR 1	eau – chaud – beau – haut
JOUR 2	bureau – autobus – animaux – tableau
JOUR 3	autoroute – chaussure – un beau château d'autrefois
JOUR 4	Au bord de l'eau, un oiseau est posé sur mon chapeau.

5. Geste d'écriture et copie

Modalités	Classe entière. **Tous les jours.** 20 min
Matériel enseignant	– Vidéo *échauffement des doigts* (*cf.* Partie III) – Outils de différenciation en usage, en fonction des besoins (*cf.* Partie III) – Tableau d'observation des élèves (*cf.* site Ressources) – *Guide pédagogique* (*cf.* Partie III)
Matériel élève	**Jours 1 et 3** – Ardoise / Cahier de l'élève avec modèles d'écriture préparés par l'enseignant **Jours 2 et 4** – Cahier de l'élève – Pour la **copie retournée** : modèles à copier sur support type carte ou bande de papier (différenciation selon les binômes) – Pour la **copie chrono** : modèles à copier sur support type carte ou bande de papier (différenciation selon les binômes) + chronomètre **En amont, préparer les cartes pour le jour 2 et le jour 4.**

Rappel des variables pour réaliser les modèles à copier : les mots pour construire les groupes de mots ou courtes phrases à copier sont d'abord les mots cibles de la semaine/jour.
– Introduire des mots mémorisés les semaines précédentes pour faire copier des groupes de mots ou phrases de plus en plus longues ou deux phrases à la suite.
– Puis, introduire des mots non travaillés.
– Proposer également un modèle de groupe nominal au masculin singulier puis le modèle au pluriel et/ou au féminin (variations en genre et nombre) ; même remarque pour les phrases (variation de personne).

Objectifs des séances sur une semaine	**Chaque semaine, 2 séries de mots sont proposées (jours 1 et 2, puis jours 3 et 4) :**
JOUR 1 SÉRIE 1	Développer la capacité et s'entraîner à **mémoriser l'orthographe d'un mot entier.**
JOUR 2 SÉRIE 1	Développer la capacité et s'entraîner à copier en **développant un empan de plus en plus long.**
JOUR 3 SÉRIE 2	Développer la capacité et s'entraîner à mémoriser l'orthographe d'un mot entier.
JOUR 4 SÉRIE 2	Développer la capacité et s'entraîner à copier en développant un empan de plus en plus long.

Planning et textes

JOUR 1	**Mémoriser l'orthographe des mots (liste) :** Exemple : *chaussure – chaud – peau – bateau.*
JOUR 2	**S'entraîner à copier pour développer un empan de copie de plus en plus long :** – Utiliser les mots travaillés la veille. – Faire travailler les élèves en binôme soit sur la copie retournée soit sur la copie chrono.
JOUR 3	**Mémoriser l'orthographe à partir d'une famille de mots :** Petits animaux en « eau » : chèvre/chevreaux ; éléphant/éléphanteau ; souris/souriceau ; baleine/baleineau ; renard/renardeau ; dindon/dindonneau…
JOUR 4	**S'entraîner à copier pour développer un empan de copie de plus en plus long :** – Utiliser les mots travaillés la veille. – Faire travailler les élèves en binôme soit sur la copie retournée soit sur la copie chrono.

6. Copie

Modalités	**JOURS 1, 2** – Par groupe de besoins ☀ ★ ☾ avec l'enseignant, en rotation avec des activités en autonomie
Matériel enseignant	*Manuel de code* p. 95
Matériel élève	– Cahier du jour pour le travail avec l'enseignant – *Fiche d'exercices de code* ☀ ★ ou ☾ pour le travail en autonomie

Planning

JOUR 1	JOUR 2
Manuel : exercice 1	*Fiche en autonomie* : exercice 1

Exercice 1 • **manuel, p. 95**	– Les exercices de copie se font sur les mots. Les graphèmes de la semaine sont repris dans ces mots et combinés de la manière la plus variée possible avec les autres graphèmes étudiés jusque-là. – Limiter la liste si elle est trop importante pour certains élèves, afin de se concentrer plutôt sur la bonne posture et la bonne calligraphie. Des rappels aux vidéos « geste graphique » peuvent être opérés le cas échéant.
Consignes pour les groupes en autonomie sur les *fiches d'exercices de code*	*Cf.* Période 1.

7. Production d'écrit

Modalités	**JOUR 3** – Par groupe de besoins ☀ ★ ☾ avec l'enseignant, en rotation avec des activités en autonomie.
Durée	**Matin** : ☀ 20 min ★ 10 min ☾ 10 min **Après-midi** : ☀ 30 min ★ 20 min ☾ 20 min
Matériel enseignant	– *Manuel de code* p. 96 – *Guide pédagogique* Partie III
Matériel élève	– *Manuel de code* – Dés à construire (*cf.* site Ressources) – *Fiche d'exercices de code* ☀ ★ ou ☾ ou cahier du jour/d'écrivain (selon le choix de l'enseignant)
Exercice 8 • **manuel p. 96**	À réaliser en autonomie. Utiliser les dés des périodes 1 à 3.

Exercice 9 • manuel p. 96	
MATIN	**Préparation à l'écriture**
1. Introduire la séance	– Présenter le but et engager les élèves : Aujourd'hui, nous allons écrire des devinettes. – Lire la consigne d'écriture du Manuel et faire observer l'illustration : Ce matin, nous allons travailler à l'oral pour créer des devinettes que nous écrirons cet après-midi.
2. Expliciter le type d'écrit	– À partir de ce que les élèves connaissent déjà sur les formes de la devinette et l'exemple p. 96 du manuel, identifier les caractéristiques de la devinette : utiliser un pronom personnel, donner une information par phrase, finir par une phrase interrogative, ne pas donner le nom de l'objet à deviner.
3. Réaliser des devinettes à l'oral	– Proposer une nouvelle devinette : indiquer un élève, un objet ou un animal à faire deviner au groupe. – Un élève propose sa devinette. Les autres y répondent. Reprendre avec le groupe la structure langagière. – Prendre en note quelques devinettes.
APRÈS-MIDI	**Mise en texte et révision**
3. Lancer les élèves dans l'écriture	– Rappeler les devinettes réalisées le matin, possibilité d'en inventer de nouvelles.
4. Accompagner les élèves dans l'écriture	– Faire des liens avec les intentions d'écritures, encourager l'élève à oraliser ce qu'il écrit (ou le faire pour lui) pour faire constater les écarts. – Faire le lien avec les critères de réussite et vérifier avec l'élève si les indices donnés permettent bien de faire identifier l'objet ou le sujet à faire deviner. – Observer, aider à mobiliser les stratégies d'encodage en fonction des mots, des erreurs et des difficultés rencontrées. – Valoriser les réussites. – Aider à enrichir l'écrit produit sur le nombre d'indices et leur précision. – Encourager l'entraide pour encoder, pour enrichir ses idées (possibilité d'écrire une devinette en binôme).
5. Clôturer la séance	Revenir sur les textes produits, valoriser ce que l'on est en train d'apprendre en écrivant des textes (partager les procédures, les outils pour y parvenir).
Différenciation	– Aide à l'écriture (phrases à compléter) Construire les devinettes à partir d'une image inductrice, puis sans image inductrice pour les élèves ☾ et ★. Les élèves écrivent leurs devinettes, l'enseignant régule l'activité des élèves.
Prolongement possible	Créer un recueil des devinettes de la classe à partager avec d'autres classes.

8. Compréhension : *L'autruche*[1]

Modalités	**Tous les jours.** Classe entière avec moments de travaux de groupes ou de binômes
Durée	4 séances de 20 min
Matériel enseignant	– Fiche documentaire « L'autruche » (*cf.* Partie V) – Version numérique de *Mon carnet d'apprenti lecteur* – Carte mentale vierge (spécifique documentaire) à projeter (*cf.* site Ressources) – Affiche des pictos stratégies
Matériel élève	*Mon carnet d'apprenti lecteur*
	L'étude d'un écrit documentaire nécessite des gestes d'enseignant particuliers et des habiletés spécifiques à déployer pour les élèves. Il faut aider l'élève à catégoriser les informations. Pour l'accompagner dans ce processus, nous proposons de réaliser une

1. http://boutdegomme.fr/wp-content/uploads/2016/04/L_autruche_bis_2016_BDG.pdf

trace écrite spécifique à ce type d'écrit. La représentation de type « carte mentale » peut être réinvestie[2].

Les textes documentaires obligent à appréhender la page comme un ensemble qu'il faut décomposer en blocs d'informations. La lecture de bout en bout n'est pas la plus efficace. L'élève doit apprendre à **changer son mode de lecture** en fonction des textes (lecture sélective, lecture de survol), à lire des images, des croquis et des schémas, et à repérer et utiliser les aides (tables des matières, glossaire et index).

Pour lire un texte documentaire, il est nécessaire :
– d'établir des liens entre les informations présentes sous des formes diverses : le titre d'un paragraphe reprend chacune des explications données ensuite, les explications s'organisent autour de mots clés ou groupes de mots clés.
– de lire en parallèle textes, schémas et illustrations…, savoir qu'il est important de passer de l'un à l'autre pour se construire une représentation la plus précise possible.
Ces textes comportent des mots scientifiques ou techniques le plus souvent accompagnés de leur définition qu'il faut trouver dans les lignes qui précèdent ou dans celles qui suivent, ou encore en bas de page, dans un schéma, une légende. Il faut également utiliser des articulateurs qui permettent d'établir des liens logiques ou chronologiques entre des éléments d'information, reconnaître les multiples façons de reprendre une information connue…
– de s'adapter à une mise en page particulière : repérer les blocs d'information, les images et faire le lien entre ces documents et les textes.
– de connaître des éléments linguistiques caractéristiques : ponctuation, temps verbaux, connecteurs logiques.

JOUR 1 SÉANCE 1

1. Découvrir un nouveau type d'écrit

Objectif : établir des liens entre les divers types d'informations.
– Distribuer ou projeter l'écrit documentaire.
– Échanger avec les élèves sur les objectifs de la lecture.
– Faire remarquer aux élèves qu'il s'agit d'un type d'écrit particulier.
– Formuler ou faire formuler les usages : l'écrit ne raconte pas une histoire, il donne des informations. À la fin de la lecture, il s'agit de posséder des connaissances supplémentaires sur le sujet.
– Expliciter aux élèves les quatre catégories d'informations à prélever dans le document : « identité » – « mode de reproduction » – « alimentation » – « habitat ».
– Lire ou faire écouter les phrases.
– Activité à réaliser à l'oral : demander aux élèves de repérer les informations concernant le mode de reproduction de l'autruche ; les élèves reformulent ou citent le passage du texte adéquat. Montrer la case dans laquelle il faut écrire l'information sur la carte mentale puis écrire l'information que les élèves ont prélevée.

JOUR 2 SÉANCE 2

1. Présenter l'objectif

2. Repérer

3. Réaliser l'activité de compréhension sur *Mon carnet d'apprenti lecteur* p. 34

Objectif : lire et repérer des informations (activité de catégorisation).

La séance est consacrée à la stratégie de repérage des informations.

Activité 1 : il s'agit pour les élèves de comprendre qu'en fonction des informations recherchées, il va falloir déchiffrer ou repérer les étiquettes.
– Lecture recherche : donner une catégorie (exemple « alimentation ») et demander aux élèves de repérer dans l'écrit les informations correspondantes.
– Laisser les élèves ★ ☾ poursuivre sur une autre catégorie.
– Accompagner les élèves ✺ en prenant en charge la lecture pour les aider à se concentrer sur l'objectif de catégorisation.

2. Jocelyne GIASSON, *La compréhension en lecture*

JOUR 3 SÉANCE 3

1. Présenter l'objectif	**Objectif** : lecture, repérage et catégorisation sur les catégories restantes.
2. Repérer	Idem que jour 2 sur les catégories restantes, pour réinvestir la stratégie utilisée et s'entraîner.
3. Réaliser l'activité de compréhension sur *Mon carnet d'apprenti lecteur* p. 35	**Activité 2** en collectif avec toute la classe. – Expliciter les termes *omnivore* et *mammifère*. – Faire verbaliser la stratégie utilisée par les élèves : ou .

JOUR 4 SÉANCE 4

1. Présenter l'objectif	**Objectif** : faire le point sur ses connaissances et les enrichir en faisant des liens avec d'autres écrits.
2. Réaliser les activités de compréhension sur *Mon carnet d'apprenti lecteur* p. 35	**Activité 3.** Stratégie en individuel : assister la production des élèves . **Activité 4.** Stratégie : le texte du documentaire ne va pas permettre aux élèves de réaliser cette activité. Il faut donc aller chercher dans d'autres supports ou faire appel à des connaissances personnelles. C'est donc la stratégie qui est mobilisée. L'activité est réalisée en groupe classe entier. L'enseignant projette plusieurs photos de la savane africaine afin d'enrichir ou corriger les propositions spontanées des élèves.
3. Bilan	– Bilan sur la stratégie utilisée à formuler par les élèves. – Recenser les informations collectées sur la carte mentale de la classe.

Exemple de carte mentale vierge à faire remplir par les élèves

9. Lecture autonome

Modalités

Travail individuel, en autonomie – Bilan en classe entière

Durée

JOUR 1 : 2 ou 3 min le matin + lecture autonome ☀ 20 min ★ ☾ 30 min
JOURS 2, 3 : 2 séances de 10 min
JOUR 4 : 1 séance de lecture autonome de 10 min
+ 1 séance de lecture fluence guidée : ☀ 15 min ★ ☾ 10 min
+ 1 séance bilan de 20 min

Matériel élève

– *Fiche de lecture autonome* ☀ ★ ou ☾
– Fiche autocorrective

Planning

	JOUR 1	JOUR 2	JOUR 3	JOUR 4
Groupe classe	Narration de l'enseignant et lecture du titre			Bilan
Ateliers en autonomie	Lecture	Lecture	Lecture et activités	Lecture et activités / autocorrection
Ateliers guidés avec l'enseignant				Lecture fluence

Narration de l'enseignant pour présenter l'épisode

Une nouvelle aventure commence pour nos trois héros. Ils partent en sortie scolaire. Ils ne partent pas n'importe où, ils vont visiter un château-fort. Avez-vous déjà vu ou visité un château-fort ? (L'enseignant peut montrer/projeter des photos). Ils vont préparer leurs affaires, prendre le bus…

Caractéristiques des textes par groupe de besoins

	Nombre de mots	%	Sortie au château : 1. Le départ
☀	62	98 %	*Cf. Fiche de lecture autonome* p. 69
★	79	97 %	*Cf. Fiche de lecture autonome* p. 70 et *Manuel* p. 97
☾	91	97 %	*Cf. Fiche de lecture autonome* p. 71

Compétences travaillées

	Activité 1	Activité 2	Activité 3
☀	Identifier les personnages.	Effectuer une inférence : déterminer les circonstances de l'action (le temps).	Établir des liens avec son vécu.
★	Mettre en relation les informations du texte pour déduire l'ensemble des accessoires d'un personnage	Effectuer une inférence : déterminer les circonstances de l'action (la météo).	
☾		Effectuer une inférence : déterminer les circonstances de l'action.	

Bilan du JOUR 4

– Demander aux élèves de restituer l'épisode en veillant à l'identification des personnages, lieux, temps.
– Lire le texte à voix haute aux élèves.

	– Traiter collectivement à l'oral les activités 1 et 2 ★ puis 1 et 2 ☾ (expliciter les inférences à réaliser). – Traiter collectivement l'activité 3 à l'oral.

10. Fluence

Modalités	**JOURS 2, 4** Par groupe de besoins ☼ ★ ☾ avec l'enseignant puis en autonomie
Durée	– Avec l'enseignant sur les mots du *Manuel* : ☼ ★ ☾ 15 min – En autonomie sur les mots du *Manuel* : ☼ ★ 20 min ☾ 15 min – Avec l'enseignant sur les textes des *Fiches de lecture autonome* : ☼ ★ ☾ 30 min
Matériel enseignant	– *Manuel de code* p. 96 – *Guide pédagogique* Partie III – Chronomètre
Matériel élève	– *Manuel de code* – Chronomètre

	JOUR 2	JOUR 4
Ateliers guidés avec l'enseignant	Sur les mots du *Manuel*	Sur les textes *des Fiches de lecture autonome*
Ateliers en autonomie		Sur les *mots du Manuel*

Fluence sur les mots **Exercice 7 • manuel, p. 96**	L'objectif de cet exercice est de préparer la fluence de texte, notamment l'automatisation de la lecture par **voie directe** (reconnaissance orthographique des mots). Plusieurs options sont possibles : 1. Déclencher le chronomètre (ou *timer*) pour une minute. Tous les élèves du groupe lisent en même temps les syllabes en les pointant successivement. Au top de fin, ils gardent le doigt pointé sur la dernière syllabe lue. Recueillir le score de chaque élève. 2. Faire lire un seul élève pendant la minute. Les autres suivent et repèrent les éventuelles erreurs de déchiffrage du lecteur. À la fin de la minute, le score de l'élève est relevé, les observateurs font part de leurs remarques. 3. Faire lire les élèves individuellement comme dans l'option 2, mais sur l'ensemble des syllabes, en chronométrant le temps mis pour cette lecture intégrale.
Fluence sur le texte	*cf.* Période 3, semaine 1.

Période 4 • Semaine 2

1. Proposition d'emploi du temps (*cf.* Semaine 1)

2. Code : graphèmes œ et ail/aill

Modalités	**JOUR 1** – Oral – Classe entière – 40 min
Matériel	– *Manuel de code* p. 98 – Vidéo du *Manuel de code* à vidéoprojeter – Cartes graphèmes **œu f r ail** (*cf.* site Ressources)
Étape 1	Faire découvrir aux élèves que les graphèmes **œi** et **œ** sont associés au même phonème que le **e**. Le graphème **ail** est, lui, associé à la combinaison des deux phonèmes [a] et [i] diphtongués rapidement.
Étape 2	Faire lire les mots de la leçon et les **mots à mémoriser**.

3. Activités d'encodage/décodage

Modalités	**JOURS 2, 3 et 4** – Par groupe de besoins ☀ ★ ☾, en rotation : – Oral avec l'enseignant à partir du *Manuel* – Écrit en autonomie sur les *Fiches d'exercices* – 40 min
Matériel enseignant	*Manuel de code* p. 98 à 101
Matériel élève	– *Manuel de code* pour le travail avec l'enseignant – Cahier du jour pour la dictée avec l'enseignant – *Fiches d'exercices de code* ☀ ★ ou ☾ pour le travail en autonomie – Tablette (ou duos d'élèves) pour le travail en autonomie

Planning

	JOUR 2	JOUR 3	JOUR 4
Ateliers guidés avec l'enseignant	*Manuel* : – lecture mots – exercices 2, 3, 4, 5	*Manuel* : – lecture phrases	*Manuel* : – exercices 6, 9, 10
Ateliers en autonomie	*Fiches* : exercices 2, 3	*Fiches* : exercices 4, 5	*Fiches* : exercices 6, 9, 10

Exercices 2, 3, 4 • manuel, p. 99	*cf.* semaine 1.
Exercice 5 • manuel, p. 100	Mots dictés par l'enseignant sur le cahier du jour : ☀ cœur – œil – travail – bataille ★ travail – j'ai eu – bataille – nœud – entaille ☾ J'ai eu. – bataille – nœud – entaille – détail – œuf
Exercice 6 • manuel, p. 100	*cf.* semaine 1.
Exercice 9 • manuel, p. 100	Cet exercice vise un double objectif : sensibiliser les élèves à la reprise anaphorique par pronominalisation et au genre des pronoms personnels.
Exercice 10 • manuel, p. 101	Cet exercice amorce l'approche des familles de mots. Ne pas introduire de termes techniques tels que *radical*, *dérivés*, *préfixes* ou *suffixes* mais observer leur présence et leur rapport.
Consignes pour les groupes en autonomie sur les *Fiches d'exercices de code*	*cf.* Période 1.

4. Dictée : le quart d'heure quotidien

Modalités	Classe entière. Procédé « Lamartinière » sur ardoise.
Durée	**Tous les jours.** 15 min.
Matériel enseignant	– Cartes graphèmes (*cf.* site Ressources) – Utilisation des cartes graphèmes (*cf.* Partie III)
Matériel élève	Ardoise

Planning et textes

JOUR 1	œuf – œil – rail – paille – nœud
JOUR 2	un bœuf – le travail – une œuvre – ma sœur – un œillet
JOUR 3	une médaille – un cœur – un œuf sous la paille
JOUR 4	J'ai un maillot couleur corail. – une médaille pour ma sœur

5. Geste d'écriture et copie

Modalités	Classe entière. **Tous les jours.** 20 min
Matériel enseignant	– Vidéo *échauffement des doigts* (*cf.* Partie III) – Outils de différenciation en usage, en fonction des besoins (*cf.* Partie III) – Tableau d'observation des élèves (*cf.* site Ressources) – *Guide pédagogique* (*cf.* Partie III)
Matériel élève	*cf.* semaine 1

Planning et textes

JOUR 1 **Mémoriser l'orthographe des mots (liste) :**
Exemple : *J'ai eu. – œil – maillot – cœur – portail.*

JOUR 2 **S'entraîner à copier pour développer un empan de copie de plus en plus long :**
– Utiliser les mots travaillés la veille.
– Faire travailler les élèves en binôme soit sur la copie retournée soit sur la copie chrono.

JOUR 3 **Mémoriser l'orthographe à partir d'une famille de mots :**
Mots de la famille de *paille* : *paillasson – rempailler – rempailleur – rempailleuse – paillage – paillette (une petite paille).*

JOUR 4 **S'entraîner à copier pour développer un empan de copie de plus en plus long :**
– Utiliser les mots travaillés la veille.
– Faire travailler les élèves en binôme soit sur la copie retournée soit sur la copie chrono.

6. Copie

Modalités	**JOURS 1, 2** – Par groupe de besoins ☀ ★ ☾ avec l'enseignant, en rotation avec des activités en autonomie.
Matériel enseignant	– *Manuel de code* p. 99
Matériel élève	– Cahier du jour pour le travail avec l'enseignant – *Fiches d'exercices de code* ☀ ★ ou ☾ pour le travail en autonomie

Planning

JOUR 1	JOUR 2
Manuel : exercice 1	*Fiche* en autonomie : exercice 1

Exercice 1 • manuel, p. 99	*cf.* semaine 1.
Consignes pour les groupes en autonomie sur les *Fiches d'exercices de code*	*cf.* Période 1.

7. Production d'écrit

Modalités	**JOUR 3** – Par groupe hétérogène avec l'enseignant, en rotation avec des activités en autonomie.
Durée	**Matin** : 10 à 15 min par groupe **Après-midi** : 20 à 25 min par groupe
Matériel enseignant	– *Manuel de code* p. 100 – *Guide pédagogique* Partie III – Version numérique du *Manuel de code* pour la vidéoprojection de l'illustration
Matériel élève	– Une bande de papier pour 4 élèves – Un stylo de couleur – *Fiche d'exercices de code* ou cahier du jour/d'écrivain (selon le choix de l'enseignant)

Exercice 8 • manuel, p. 100

Objectif : s'entraîner à produire de l'écrit, encoder des mots, des phrases.

MATIN

Préparation à l'écriture

1. Introduire la séance, présenter la situation et expliciter l'objectif

– Présenter la règle du jeu du **cadavre exquis** à partir de l'illustration page 100 du *Manuel*.
Pour écrire la phrase (du *Manuel*), 4 élèves ont joué au jeu du cadavre exquis. Ce jeu permet d'écrire collectivement une phrase.

– Faire lire la phrase. Recueillir les impressions des élèves.

– Expliquer le déroulement d'une partie, réaliser la démonstration avec quatre élèves devant la classe.

Le premier joueur écrit le début d'une phrase sur une bande de papier. Par exemple, le nom d'un personnage : « le roi ». Il plie la bande pour cacher le premier mot (« le ») et la passe au second joueur.

Le deuxième joueur reçoit la bande de papier. Il n'a pas le droit de la déplier ! Il voit seulement « roi ». Il doit inventer et écrire la suite, par exemple, ce que fait le roi : « chante ». Il plie la bande pour cacher « roi ». Il laisse le dernier mot écrit visible « chante » et passe la bande au 3e joueur.

Le 3e joueur lit « chante » et continue d'inventer la suite : « sous la pluie ». Il plie la bande pour tout cacher sauf le dernier mot « pluie ».

C'est au tour du quatrième joueur qui ajoute « à Noël ». Quand il a fini d'écrire, il déplie la bande et on peut lire la phrase en entier « Le roi chante sous la pluie à Noël ».

2. Organiser une première partie

– Mettre les élèves en groupe de 4 (constituer des groupes hétérogènes). Distribuer une bande de papier par équipe et un stylo de couleur différente par élève. Indiquer qui est le premier joueur et le sens de jeu. Guider le déroulement de la partie.

Les joueurs 1 : vous prenez un stylo et la bande de papier. Vous choisissez un personnage, par exemple « le lion », « le maître de CP », « le petit chien ». Les autres joueurs, vous fermez les yeux (vous n'avez pas le droit de regarder ce qu'écrit le joueur 1).

– Laisser un temps de réflexion et donner le départ pour écrire.

– Indiquer le pliage : Maintenant, vous pliez la bande en ne laissant qu'un seul mot visible. Et vous passez la bande au joueur 2.

Les joueurs 2 : vous prenez la bande de papier sans la déplier. Vous lisez le mot dans votre tête. Vous inventez une suite, par exemple ce que fait le personnage.

– Laisser un temps de réflexion et donner le départ pour écrire. Rappeler aux autres joueurs qu'ils n'ont pas le droit de regarder.

– Indiquer le pliage : Vous pliez la bande et ne laissez que le dernier mot visible.

Vous passez la bande au joueur 3. Les joueurs 3 : vous prenez la bande de papier sans la déplier. Vous lisez le mot. Vous inventez une suite : pourquoi, avec qui ou avec quoi l'action est faite (ne citer que quelques exemples aux élèves).

– Laisser un temps de réflexion et donner le départ pour écrire. Rappeler aux autres joueurs qu'ils n'ont pas le droit de regarder.

	– Indiquer le pliage : vous pliez la bande et ne laissez que le dernier mot visible. Les joueurs 4, vous prenez la bande sans la déplier. Vous lisez le mot. Vous inventez une suite pour dire où se passe l'action, quand, comment… – Laisser un temps de réflexion et donner le départ pour écrire. Rappeler aux autres joueurs qu'ils n'ont pas le droit de regarder. Nous avons fini la première partie, nous allons lire les phrases que vous avez écrites. Vous pouvez déplier la bande de papier. – Conserver les phrases pour les afficher.
APRÈS-MIDI	**Mise en texte et révision**
3. Lancer les élèves dans l'écriture	– Annoncer la tâche : écrire une phrase en jouant au cadavre exquis comme ce matin. – Faire rappeler la règle du jeu par les élèves. Synthétiser. – À partir d'une phrase exemple, expliquer aux élèves qu'ils peuvent s'aider du seul mot visible pour écrire une idée en lien avec ce mot. Amener les élèves à diversifier les éléments inventés. – Organiser les groupes et distribuer le matériel.
4. Organiser une seconde partie de *cadavre exquis*.	– Laisser davantage d'autonomie aux élèves pour le déroulement du jeu : observer et se rendre disponible pour aider les élèves si besoin – Faire déplier la bande de papier une fois le texte écrit. – Faire lire la phrase inscrite. – Faire observer le fonctionnement de celle-ci sur le sens, puis sur la forme.
Clôturer la séance	– Revenir sur les textes produits, valoriser ce que l'on est en train d'apprendre en écrivant des textes (partager les procédures, les outils pour y parvenir). Pour garder une trace individuelle de cette activité, l'enseignant a deux possibilités : – photocopier les phrases réalisées par les élèves et les faire coller dans le cahier d'écrivain ou du jour comme trace mémoire de cette activité réalisée en groupes. – demander aux élèves de choisir une ou plusieurs phrases (selon les groupes ☀ ★ ☾) et de la copier sur la *Fiche d'exercices de code*. Cette activité de copie sera réalisée en différé.
Prolongements	– Illustrer sa phrase par un dessin. – Afficher les productions.

8. Compréhension : *Bébés des pôles* – 1re partie

Modalités	**Tous les jours.** Classe entière avec moments de travaux de groupes ou de binômes
Durée	8 séances de 20 min sur 2 semaines
Matériel enseignant	– Texte du documentaire (*cf.* Partie V) – Version numérique de *Mon carnet d'apprenti lecteur* – Affiche des pictos stratégies – Carte mentale vierge (spécifique documentaire) (*cf.* Manuel numérique)
Matériel élève	– *Mon carnet d'apprenti lecteur* – Cartes mentales vierges pour différents animaux (*cf.* site Ressources)

JOUR 1 SÉANCE 1

1. Découvrir le support de lecture	**Objectif** : identifier le type « écrit documentaire ». – Projeter et lire l'album documentaire aux élèves. – Échanger avec les élèves sur les objectifs de cette lecture : - identifier le type d'écrit documentaire (comme le texte sur l'autruche), - posséder des connaissances supplémentaires sur le sujet du documentaire à la fin de la lecture. – Choisir un animal dans l'album, par exemple l'albatros (non traité dans *Mon carnet d'apprenti lecteur*) et en faire la cible de cette séance.

2. Connaitre les catégories d'informations	– Faire rappeler par les élèves les quatre catégories d'informations à collecter : **identité, mode de reproduction, alimentation, habitat.** – Projeter la carte mentale vierge de l'albatros. – Lire les phrases ou faire écouter l'enregistrement, puis demander aux élèves de venir compléter la carte mentale au tableau.

JOUR 2 SÉANCE 2

1. Présenter l'objectif **Travailler la stratégie de résolution d'inférences**	**Objectif :** apprendre à résoudre une devinette. – Expliquer aux élèves que, lorsqu'on répond à une devinette, on réalise une inférence. Il s'agit donc de : - Prélever des informations dans le texte, - Faire appel à ses connaissances encyclopédiques et donner une réponse correspondant aux indices. – Appliquer la stratégie sur deux pages différentes de l'album documentaire en grand groupe. Exemple de déroulé sur les pages 10 à 13 de l'album : – Projeter les pages 10-11 : Nous allons lire le texte ensemble. – Lire le texte. Faire repérer les indices dans le texte : – *bec* : laisser les élèves inférer qu'il s'agit donc d'un oiseau (confirmation donnée par la photographie p. 11). – *calmar ou poisson* : les élèves doivent pouvoir déduire que l'oiseau est carnivore ou omnivore. – Regarder la photographie, faire décrire l'animal par les élèves : *il a un corps blanc, duveteux.* – Lire la phrase ritournelle : *Devine qui est ma maman et qui je suis.* – Laisser les élèves émettre des hypothèses et les noter au tableau. Invalider directement celles qui ne sont pas cohérentes avec l'espèce des oiseaux. – Passer sur la double page suivante pour valider la réponse correcte avec texte et photographie. – Laisser les élèves poursuivre en autonomie sur deux autres doubles pages. Accompagner le raisonnement des élèves.

JOUR 3 SÉANCE 3

1. Présenter l'objectif	**Objectif :** réactiver la stratégie de résolution d'inférences. – Relire l'album documentaire aux élèves. – Rappeler la stratégie de l'inférence : il s'agit de prélever des indices dans le texte, de faire appel à ses connaissances extérieures et d'élaborer des hypothèses plausibles puis de déduire une réponse.
2. Réaliser l'activité de compréhension sur *Mon carnet d'apprenti lecteur* p. 37	**Activité 3.** Stratégie . Il s'agit de résoudre des devinettes et donc d'utiliser la stratégie des inférences. Les élèves travaillent de façon autonome. L'enseignant accompagne les dans le déchiffrage et la mise en œuvre de la stratégie.

JOUR 4 SÉANCE 4

Travailler la stratégie de repérage des types d'information	**Objectif :** lire de façon sélective. – La séance est consacrée à la stratégie de repérage des informations. Il s'agit pour les élèves de comprendre qu'en fonction des informations recherchées, il va falloir déchiffrer les mots clés. – Lecture recherche : donner une carte mentale vierge par binôme d'élèves et affecter un animal à chaque binôme. Laisser les élèves remplir leur carte. Accompagner les élèves en prenant en charge la lecture pour les aider à se concentrer sur l'objectif de catégorisation.

Exemple de carte mentale vierge à faire remplir par les élèves

9. Lecture autonome

Modalités	Travail individuel en autonomie – Bilan en classe entière
Durée	**JOUR 1 :** 2 ou 3 min (le matin) + 1 séance de lecture autonome ✹ 20 min ★ ☾ 30 min **JOURS 2, 3 :** 2 séances de 10 min **JOUR 4 :** 1 séance de lecture autonome de 10 min + 1 séance de fluence guidée : ✹ 15 min ★ ☾ 10 min + 1 séance bilan de 20 min
Matériel élève	– *Fiche de lecture autonome* ✹ ★ ou ☾ – Fiche autocorrective

Planning

	JOUR 1	JOUR 2	JOUR 3	JOUR 4
Groupe classe	Narration de l'enseignant et lecture du titre			Bilan
Ateliers en autonomie	Lecture	Lecture	Lecture et activités	Lecture et activités / autocorrection
Ateliers guidés avec l'enseignant				Lecture fluence

Narration de l'enseignant pour présenter l'épisode

Réaliser un rappel collectif de l'épisode précédent. Émettre quelques hypothèses sur la suite à partir du titre…

Caractéristiques des textes par groupe de besoins

	Nombre de mots	%	Sortie au château 2. La découverte
☀	65	95 %	*Cf. Fiche de lecture autonome* p. 73
★	80	95 %	*Cf. Fiche de lecture autonome* p. 74 et *Manuel* p. 101
☾	97	94 %	*Cf. Fiche de lecture autonome* p. 75

Compétences travaillées

<table>
<tr><th></th><th>Activité 1</th><th>Activité 2</th><th>Activité 3</th></tr>
<tr><td>☀</td><td rowspan="2">Identifier les circonstances de l'action : le lieu.</td><td>Effectuer une inférence pour caractériser/qualifier le lieu : taille du château.</td><td rowspan="3">Interpréter un événement du texte en lien avec les connaissances du lecteur (univers fantastique).</td></tr>
<tr><td>★</td><td>Effectuer une inférence pour se représenter le changement d'état du lieu (autrefois-présent).</td></tr>
<tr><td>☾</td><td>Identifier les personnages.</td><td>Établir des relations cause-effets, résoudre une anaphore.</td></tr>
</table>

Bilan du JOUR 4

– Demander aux élèves de restituer l'épisode en veillant à l'identification des lieux et des émotions des personnages ainsi qu'à l'intervention du fantastique dans le récit.
– Lire le texte à voix haute aux élèves.
– Expliciter collectivement à l'oral les inférences à réaliser (activité 2 ☀ et ★).
– Traiter collectivement l'activité 3 à l'oral.

10. Fluence

Modalités	**JOURS 2, 4** Par groupe de besoins ☀ ★ ☾ avec l'enseignant puis en autonomie
Durée	– Avec l'enseignant sur les mots du *Manuel* : ☀ 20 min ★ ☾ 15 min – En autonomie sur les mots du *Manuel* : ☀ ★ 20 min ☾ 15 min – Avec l'enseignant sur les textes *des Fiches de lecture autonome* : ☀ ★ ☾ 10 min
Matériel enseignant	– *Manuel de code* p. 100 – *Guide pédagogique* Partie III – Chronomètre
Matériel élève	– *Manuel de code* – *Fiche d'exercices de code* ☀ ★ ou ☾ – Chronomètre

	JOUR 2	JOUR 4
Ateliers guidés avec l'enseignant	Sur les mots du *Manuel*	Sur les textes *des Fiches de lecture autonome*
Ateliers en autonomie		Sur les *mots du Manuel* (avec la *Fiche d'exercices de code*)

Fluence sur les mots	*cf.* semaine 1.
Exercice 7 • manuel, p. 100 **Fluence sur texte**	*cf.* Période 3 semaine 2.

Période 4 • Semaine 3

1. Proposition d'emploi du temps (*cf.* Semaine 1)

2. Code : graphèmes enn err ell ess ett

Modalités	**JOUR 1** – Oral – Classe entière – 40 min
Matériel enseignant	– *Manuel de code* p. 102
Matériel élève	– *Manuel de code* – Une enveloppe contenant les mots du corpus

Étape 1	– Proposer le corpus de mots suivant, mot par mot : *brouette – hirondelle – terrasse – promesse – essoreuse – cannelle – sonnette – belle – camionnette – ombrelle – violoncelle – caresse – raclette – parterre – tresse – erreur.* – Écrire le premier mot (sur TNI, tableau ou paper-board) et le lire deux fois. – Demander à un élève de le répéter et de déterminer dans quelle syllabe il entend le son [è], puis d'entourer cette syllabe. – Procéder de même avec chaque mot en changeant d'élève acteur. – Demander aux élèves de proposer d'autres mots qui auraient les mêmes caractéristiques.
Étape 2	– Donner à chaque élève une enveloppe contenant les mots du corpus sur étiquettes. La syllabe contenant le son [è] est entourée. – Pendant 10 min, individuellement puis en binôme, faire trier les étiquettes selon les diverses manières dont le son [è] est écrit. – Pour la phase en binôme, proposer un classement des mots dans différentes colonnes, et écrire en haut de la colonne la graphie du son. – Prolonger par la lecture des mots du *Manuel* (et les **mots à mémoriser**), ou les lire le lendemain matin.

3. Activités d'encodage/décodage

Modalités	**JOURS 2, 3 et 4** – Par groupe de besoins ☀ ★ ☾, en rotation : – Oral avec l'enseignant à partir du *Manuel* – Écrit en autonomie sur les *Fiches d'exercices de code* – 40 min
Matériel enseignant	*Manuel de code* p. 102 à 105
Matériel élève	– *Manuel de code* pour le travail avec l'enseignant – Cahier du jour pour la dictée avec l'enseignant – *Fiches d'exercices de code* ☀ ★ ou ☾ pour le travail en autonomie – Tablette (ou duos d'élèves) pour le travail en autonomie

Planning

	JOUR 2	JOUR 3	JOUR 4
Ateliers guidés avec l'enseignant	*Manuel* : – lecture mots – exercices 2, 3, 4, 5, 6, 8	*Manuel* : – lecture phrases	*Manuel* : – exercices 7, 9, 12
Ateliers en autonomie	*Fiches* : exercices 2, 3, 4, 5, 6	*Fiches* : exercice 8	*Fiches* : exercices 7, 9, 12

Exercices 2, 3, 4, 5, 6 • manuel, p. 103

cf. semaine 1.

Exercice 7 • manuel, p. 104

Après cet exercice d'encodage, si besoin de prolongation, proposer de trouver d'autres mots contenant tel ou tel graphème et essayer de les écrire. Commenter les éventuelles erreurs d'écriture et rectifier.

Exercice 8 • manuel, p. 104

Mots dictés par l'enseignant sur le cahier du jour :

☀ belle – verre – galette – caresse – antenne

★ belle – verre – galette – caresse – antenne – chouette – princesse

☾ belle – verre – galette – caresse – antenne – chouette – princesse – ennemi – adresse

Exercice 9 • manuel, p. 104

Approche intuitive du suffixe « ette » comme agent de réduction.

Exercice 12 • manuel, p. 105

Extension de l'approche des pronoms personnels et de la conjugaison du verbe au présent.

Consignes pour les groupes en autonomie sur les *Fiches d'exercices de code*

cf. Période 1.

4. Dictée : le quart d'heure quotidien

Modalités	Classe entière. Procédé « Lamartinière » sur ardoise.
Durée	**Tous les jours.** 15 min.
Matériel enseignant	– Cartes graphèmes (*cf.* site Ressources) – Utilisation des cartes graphèmes (*cf.* Partie III)
Matériel élève	Ardoise

Planning et textes

JOUR 1	belle – terre – tresse – benne – tablette
JOUR 2	une nouvelle – un renne – une promesse – un verre
JOUR 3	une adresse – une chouette – La maîtresse a mis ses lunettes.
JOUR 4	La princesse joue à la marelle. – les verres de mes lunettes

5. Geste d'écriture et copie

Modalités	Classe entière. **Tous les jours.** 20 min
Matériel enseignant	– Vidéo *échauffement des doigts* (*cf.* Partie III) – Outils de différenciation en usage, en fonction des besoins (*cf.* Partie III) – Tableau d'observation des élèves (*cf.* site Ressources) – *Guide pédagogique* (*cf.* Partie III)
Matériel élève	*cf.* semaine 1

Planning et textes

JOUR 1 **Mémoriser l'orthographe des mots (liste) :**
Exemple : *la mienne – terre – adresse – clochette – brouette.*

JOUR 2 **S'entraîner à copier pour développer un empan de copie de plus en plus long :**
– Utiliser les mots travaillés la veille.
– Faire travailler les élèves en binôme soit sur la copie retournée soit sur la copie chrono.

JOUR 3 **Mémoriser l'orthographe à partir d'une famille de mots :**
Mots de la famille de *terre* : *terrien – terrestre – enterrer – déterrer – par terre – terreux – extra-terrestre – terrarium – terre-plein – terrassement – sous-terrain – terrain.*
À noter : on n'attend pas que les élèves mémorisent tous les mots.

JOUR 4 **S'entraîner à copier pour développer un empan de copie de plus en plus long :**
– Utiliser les mots travaillés la veille.
– Faire travailler les élèves en binôme soit sur la copie retournée soit sur la copie chrono.

6. Copie

Modalités	**JOURS 1, 2** – Par groupe de besoins ☀ ★ ☾ avec l'enseignant, en rotation avec des activités en autonomie.
Matériel enseignant	– *Manuel de code* p. 103
Matériel élève	– Cahier du jour pour le travail avec l'enseignant – *Fiches d'exercices de code* ☀ ★ ou ☾ pour le travail en autonomie

Planning

JOUR 1	JOUR 2
Manuel : exercice 1	*Fiche* en autonomie : exercice 1

Exercice 1 • **manuel, p. 103**	*cf.* semaine 1.
Consignes pour les groupes en autonomie sur les *Fiches d'exercices de code*	*cf.* Période 1.

7. Production d'écrit

Modalités	**JOUR 3** – Par groupe de besoins ☀ ★ ☾ avec l'enseignant, en rotation avec des activités en autonomie.
Durée	**Matin :** ☀ 20 min ★ 10 min ☾ 10 min **Après-midi :** ☀ 30 min ★ 20 min ☾ 20 min
Matériel enseignant	– *Manuel de code* p. 104 – Version numérique du *Manuel de code* pour la vidéoprojection de l'illustration – *Guide pédagogique* Partie III
Matériel élève	– *Fiche d'exercices de code* ☀ ★ ou ☾ ou cahier du jour/d'écrivain (selon le choix de l'enseignant) – Fiche ressources « Passer une après-midi au parc » (*cf.* site Ressources)
Exercice 11 • **manuel, p. 104**	**Objectifs :** – s'entraîner à produire de l'écrit à partir d'une image, – mettre en œuvre une démarche de production d'écrit.

MATIN

Déroulement sur le modèle de la séance de la Période 3 semaine 4
Préparation à l'écriture
Les échanges organisés autour de la description de l'image portent essentiellement sur : le lieu de la scène : le décor ; les personnages : Où sont-ils ? Que font-ils ? Avec qui ? ; ce que pensent les personnages ; ce qu'ils peuvent se dire ; les impressions, les sensations, les émotions.

APRÈS-MIDI

Mise en texte et révision

1. Lancer les élèves dans l'écriture	– Placer les élèves en binômes. – Après un rappel des éléments décrits et de quelques mots trouvés le matin, demander aux binômes de choisir un personnage puis d'en parler à l'oral.
2. Accompagner les élèves	– Faire écrire au moins deux phrases par chaque élève. Proposer quelques phrases exemples pour les élèves en manque d'inspiration. – Réguler l'activité de mise en texte des élèves. – Mettre à disposition la *Fiche ressources* « Passer une après-midi au parc » pour le support de lexique orthographique des mots.
Différenciation	– Faire varier le nombre et la longueur de la phrase à encoder. – Faire encoder une phrase commune à plusieurs élèves.
Prolongement	En arts visuels, présenter aux élèves le tableau *Un déjeuner sur l'herbe*, de Manet.

8. Compréhension : *Bébés des pôles* – 2e partie

Modalités	**Tous les jours.** Classe entière avec moments de travaux de groupes ou de binômes
Durée	8 séances de 20 min sur 2 semaines
Matériel enseignant	– Texte du documentaire (*cf.* Partie V) – Version numérique de *Mon carnet d'apprenti lecteur* – Affiche des pictos stratégies – Carte mentale vierge spécifique documentaire (*cf.* Manuel numérique) – Imagier des animaux de la ferme
Matériel élève	– *Mon carnet d'apprenti lecteur* – Cartes mentales vierges spécifiques documentaire pour différents animaux (*cf.* site Ressources)

JOUR 1 SÉANCE 5

1. Présenter l'objectif	**Objectif** : réaliser une inférence pour mieux comprendre. Suite de la séance 2 sur de nouvelles pages du documentaire pour réinvestir la stratégie utilisée et s'entraîner. L'activité est réalisée une fois en grand groupe : les ★ expliquent la démarche. La suite se fait en groupes de besoins.
2. Réaliser les activités de compréhension sur *Mon carnet d'apprenti lecteur* p. 36	**Activité 1.** Stratégie ♡ Il s'agit de faire part, par écrit, d'un choix affectif personnel qui permet à l'élève de s'approprier l'œuvre étudiée. **Activité 2.** Stratégie Les élèves n'ont pas besoin d'avoir mémorisé tous les animaux. L'essentiel est qu'ils puissent retourner au texte (procédure de contrôle), soit pour réaliser la tâche, soit pour valider leurs réponses.

JOUR 2 SÉANCE 6

Transfert de la stratégie travaillée (inférences) sur la production d'écrit **1. Introduire la séance**	**Objectif** : produire un écrit pour mieux comprendre. – Faire un lien avec la production d'écrit de la semaine 1. – Proposer aux élèves d'écrire des devinettes pour réaliser un album documentaire sur les animaux de la ferme (en lien avec le lexique du texte *Avanceras-tu, cochon têtu ?*).

	– Proposer aux élèves d'utiliser les animaux de la ferme comme objets des devinettes qu'ils vont écrire.
2. Faire des liens avec ses connaissances personnelles : se préparer à écrire	– Raviver leur mémoire en projetant un imagier des animaux de la ferme ou une fleur lexicale (ou tout support permettant aux élèves d'établir des liens avec leurs connaissances personnelles ou acquises lors des séances précédentes). Il est préférable de s'appuyer en premier lieu sur ce que les élèves savent déjà. – Demander éventuellement aux élèves, au préalable de la séance, d'apporter une image d'animal de la ferme ou tout autre support de leur choix qui renvoie aux animaux de la ferme.
3. Écrire des devinettes	– En binômes hétérogènes pour ★ ☾, laisser les élèves échanger à l'oral, puis écrire à la manière de *Bébés des pôles*. Mettre à leur disposition un imagier des animaux de la ferme et de leurs petits. – Travailler selon les modalités habituelles de la production d'écrit avec les élèves ☀.

JOUR 3 SÉANCE 7

Objectif : expliciter les apprentissages réalisés.

Suite de la séance 6.

JOUR 4 SÉANCE 8

Bilan et formalisation de la stratégie de résolution d'inférence	Bilan sur la stratégie utilisée ⚙ à faire formuler par les élèves. – Il est essentiel ici de faire dire aux élèves qu'ils se sont servis du texte, de l'image et de connaissances extérieures pour lire cet album documentaire. – Chaque binôme présente sa devinette à la classe en faisant deviner les élèves qui écoutent.

9. Lecture autonome

Modalités	Travail individuel en autonomie – Bilan en classe entière
Durée	**JOUR 1 :** 2 ou 3 min (le matin) + 1 séance de lecture autonome ☀ 20 min ★ ☾ 30 min **JOURS 2, 3 :** 2 séances de 10 min **JOUR 4 :** 1 séance de lecture autonome de 10 min + 1 séance de fluence guidée : ☀ 15 min ★ ☾ 10 min + 1 séance bilan de 20 min
Matériel élève	– *Fiche de lecture autonome* ☀ ★ ou ☾ – Fiche autocorrective

Planning

	JOUR 1	JOUR 2	JOUR 3	JOUR 4
Groupe classe	Narration de l'enseignant et lecture du titre			Bilan
Ateliers en autonomie	Lecture	Lecture	Lecture et activités	Lecture et activités / autocorrection
Ateliers guidés avec l'enseignant				Lecture fluence

Narration de l'enseignant pour présenter l'épisode

Réaliser un rappel collectif de l'épisode précédent. Émettre quelques hypothèses sur la suite à partir du titre…

Caractéristiques des textes par groupe de besoins

	Nombre de mots	%	Sortie au château 3. La visite
☼	71	95 %	*Cf. Fiche de lecture autonome* p. 77
★	83	95 %	*Cf. Fiche de lecture autonome* p. 78 et *Manuel* p. 105
☾	97	95 %	*Cf. Fiche de lecture autonome* p. 79

Compétences travaillées

	Activité 1
☼ ★ ☾	Manifester sa compréhension de l'histoire : identifier les incohérences pour choisir l'image correspondant au texte

Bilan du JOUR 4

– Demander aux élèves de restituer l'épisode en veillant à la description la plus précise possible du décor.
– Lire le texte à voix haute aux élèves.
– Expliciter collectivement les incohérences (activité 1 ★).

10. Fluence

Modalités	**JOURS 2, 4** Par groupe de besoins ☼ ★ ☾ avec l'enseignant puis en autonomie
Durée	– Avec l'enseignant sur les mots du *Manuel* : ☼ 20 min ★ ☾ 15 min – En autonomie sur les mots du *Manuel* : ☼ ★ 20 min ☾ 15 min – Avec l'enseignant sur les textes *des Fiches de lecture autonome* : ☼ ★ ☾ 30 min
Matériel enseignant	– *Manuel de code* p. 104 – *Guide pédagogique* Partie III – Chronomètre
Matériel élève	– *Manuel de code* – *Fiche d'exercices de code* ☼ ★ ou ☾ – Chronomètre

	JOUR 2	JOUR 4
Ateliers guidés avec l'enseignant	Sur les mots du *Manuel*	Sur les textes *des Fiches de lecture autonome*
Ateliers en autonomie		Sur les *mots du Manuel* (avec la *Fiche d'exercices de code*)

Fluence sur les mots **Exercice 10 • manuel, p. 104**	*cf.* semaine 1.
Fluence sur texte	*cf.* Période 3 semaine 1.

Période 4 • Semaine 4

1. Proposition d'emploi du temps (*cf.* Semaine 1)

2. Code : graphèmes ç sc c [s] et g [j]

Modalités	**JOURS 1, 2** – Oral – Classe entière – 40 min
Matériel	– *Manuel de code* p. 106 – Vidéo du *Manuel de code* à vidéoprojeter – Cartes graphèmes **c e g i** (*cf.* site Ressources)

JOUR 1

Étape 1	– Prononcer deux fois les mots *scie*, *leçon*, *piscine*, *cinéma*, livre fermé. Demander aux élèves ce qu'ils ont identifié de commun (*le phonème [s]*). – Leur faire ouvrir le livre et lire les premiers mots en même temps que l'enseignant les répète. Leur demander ce qu'ils ont observé (*le phonème [s], entendu 4 fois, correspond à 3 graphèmes différents*). – Si besoin, repasser la vidéo du [s] (*cf.* p. 70 version numérique du *Manuel*). – Écrire ensuite le mot *garage* au tableau et le lire plusieurs fois. Demander aux élèves ce qu'ils observent (*On voit deux fois la même lettre mais elle ne se prononce pas de la même manière).* – Identifier les deux phonèmes en jeu [g] et [j].
Étape 2	*Cf.* semaine 1.

JOUR 2

Étapes 3 et 4	– Lire les mots du *Manuel* avec le groupe ☾ (éventuellement ★) : faire comprendre dans quels cas le graphème **g** se prononce [g] et dans quels cas il se prononce [j] ([g] *devant une consonne ou les voyelles a, o, u* ; [j] *devant les voyelles e et i*). – Lire les **mots à mémoriser**.

3. Activités d'encodage/décodage

Modalités	**JOURS 2, 3 et 4** – Par groupe de besoins ☼ ★ ☾, en rotation : – Oral avec l'enseignant à partir du *Manuel* – Écrit en autonomie sur les *Fiches d'exercices* – 40 min
Matériel enseignant	*Manuel de code* p. 106 à 109
Matériel élève	– *Manuel de code* pour le travail avec l'enseignant – Cahier du jour pour la dictée avec l'enseignant – *Fiches d'exercices de code* ☼ ★ ou ☾ pour le travail en autonomie – Tablette (ou duos d'élèves) pour le travail en autonomie

Planning

	JOUR 2	JOUR 3	JOUR 4
Ateliers guidés avec l'enseignant	*Manuel* : – lecture mots – exercices 2, 3, 4, 5, 6, 7, 8	*Manuel* : – lecture mots et phrases	*Manuel* : – exercices 9, 12
Ateliers en autonomie	*Fiches* : exercices 2, 3, 4, 5	*Fiches* : exercices 6, 7, 8	*Fiches* : exercices 9, 12

Exercices 2, 3, 4, 5, 6 et 7 • manuel, p. 109	*cf.* semaine 1.
Exercice 8 • manuel, p. 109	Mots dictés par l'enseignant sur le cahier du jour : ☀ scie – glace – garçon – nage – genou ★ scie – glace – garçon – nage – genou – français – orange ☾ scie – glace – garçon – nage – genou – français – orange – général – cirque
Exercice 9 • manuel, p. 109	Compléter l'exercice en faisant proposer aux élèves d'autres mots contenant **c** prononcé [s], ou **ç** et les écrire.
Exercice 12 • manuel, p. 109	Accord en genre de l'adjectif. Lire l'exemple et faire chercher aux élèves ce qui a changé (masculin devenu féminin).
Consignes pour les groupes en autonomie sur les *Fiches d'exercices de code*	*cf.* Période 1.

4. Dictée : le quart d'heure quotidien

Modalités	Classe entière. Procédé « Lamartinière » sur ardoise.
Durée	**Tous les jours.** 15 min.
Matériel enseignant	– Cartes graphèmes (*cf.* site Ressources) – Utilisation des cartes graphèmes (*cf.* Partie III)
Matériel élève	Ardoise

Planning et textes

JOUR 1	scie – leçon – cinéma – singe – genou
JOUR 2	facile – un glaçon – Il descend. – un gymnase
JOUR 3	la science – la gymnastique – J'ai commencé mes exercices.
JOUR 4	une leçon de sport au gymnase – un commerçant courageux

5. Geste d'écriture et copie

Modalités	Classe entière. Tous les jours. 20 min
Matériel enseignant	– Vidéo *échauffement des doigts* (*cf.* Partie III) – Outils de différenciation en usage, en fonction des besoins (*cf.* Partie III) – Tableau d'observation des élèves (*cf.* site Ressources) – *Guide pédagogique* (*cf.* Partie III)
Matériel élève	*cf.* semaine 1

Planning et textes

JOUR 1	**Mémoriser l'orthographe des mots (liste) :** Exemple : *leçon – science – glace – image – cerise – girafe.*
JOUR 2	**S'entraîner à copier pour développer un empan de copie de plus en plus long :** – Utiliser les mots travaillés la veille. – Faire travailler les élèves en binôme soit sur la copie retournée soit sur la copie chrono.
JOUR 3	**Mémoriser l'orthographe à partir d'une famille de mots :** **Mots de la famille de *glace* :** *glacier – glacière – glaçon – déglacer – glaçage.*
JOUR 4	**S'entraîner à copier pour développer un empan de copie de plus en plus long :** – Utiliser les mots travaillés la veille. – Faire travailler les élèves en binôme soit sur la copie retournée soit sur la copie chrono.

6. Copie

Modalités	**JOURS 1, 2** – Par groupe de besoins ☀ ★ ☾ avec l'enseignant, en rotation avec des activités en autonomie.
Matériel enseignant	– *Manuel de code* p. 107
Matériel élève	– Cahier du jour pour le travail avec l'enseignant – *Fiches d'exercices de code* ☀ ★ ou ☾ pour le travail en autonomie

Planning

JOUR 1	JOUR 2
Manuel : exercice 1	*Fiche* en autonomie : exercice 1

Exercice 1 • manuel, p. 107	*cf.* semaine 1.
Consignes pour les groupes en autonomie sur les *Fiches d'exercices de code*	*cf.* Période 1.

7. Production d'écrit

Modalités	**JOUR 3** – Par groupe de besoins ☀ ★ ☾ avec l'enseignant, en rotation avec des activités en autonomie.
Durée	**Matin :** ☀ 20 min ★ 10 min ☾ 10 min **Après-midi :** ☀ 30 min ★ 20 min ☾ 20 min
Matériel enseignant	– *Manuel de code* p. 108 – Version numérique du *Manuel de code* pour la vidéoprojection de l'illustration – *Guide pédagogique* Partie III
Matériel élève	– *Fiche d'exercices de code* ☀ ★ ou ☾ ou cahier du jour/d'écrivain (selon le choix de l'enseignant)

Exercice 11 • manuel, p. 108

Objectifs : – s'entraîner à produire de l'écrit à partir d'une image : le hors-cadre,
– mettre en œuvre une démarche de production d'écrit (*cf.* Période 3 semaine 4).

MATIN

Préparation à l'écriture

Dans cet exercice, les échanges organisés à partir de l'image portent essentiellement sur :

- la description de la scène,
- l'émission des hypothèses sur ce qu'il y a derrière la fenêtre (lieu, personnes, ce qu'ils font, ce que pensent Noé et Nina en observant…).

– Après un court temps d'observation, amener les élèves à décrire l'image.

– Organiser les échanges à partir de questions : Que voyez-vous sur cette image ? Est-ce la fenêtre d'une maison/appartement, d'une classe, d'un autre lieu ? Que peut-il se passer derrière la fenêtre ? Qui est présent ? Que pensent Noé et Nina ? À quoi ce dessin vous fait-il penser ? Que ressentez-vous ?

APRÈS-MIDI

Mise en texte et révision

Lancer et accompagner les élèves dans l'écriture

– Demander aux élèves de choisir ce qu'il y a derrière la fenêtre puis de dire à l'oral (en binôme) ce qu'ils souhaitent écrire.

– Faire écrire au moins deux phrases par élève.

8. Compréhension : *Les Tchouks* – 1re partie

Modalités	**Tous les jours.** Classe entière avec moments de travaux de groupes ou de binômes
Durée	8 séances de 20 min sur 2 semaines
Matériel enseignant	– Texte de l'album (*cf.* Partie V) – Version numérique de *Mon carnet d'apprenti lecteur* – Affiche des pictos stratégies – Outil d'enregistrement (smartphone ou autre) – Carte mentale (*cf.* Manuel numérique)
Matériel élève	– *Mon carnet d'apprenti lecteur* – Figurines, masques

Schéma narratif :
Épisode 1 : Le grenier
Épisode 2 : Les tickets
Épisode 3 : Les jardins
Épisode 4 : Le labyrinthe
Épisode 5 : La visite
Épisode 6 : La capture

JOUR 1 SÉANCE 1

Objectifs : – s'approprier un nouveau récit,
– remarquer les caractéristiques de la bande dessinée.

1. Découvrir l'album bande dessinée

– Lire de manière expressive le récit en entier à toute la classe en projetant les images.
– Recueillir les remarques des élèves sur la structure de la page : bulle (paroles des personnages), vignettes…
– Recueillir les dires des élèves sur ce qu'ils ont compris. Demander des précisions sur les lieux, les personnages et la causalité des faits.
– Enregistrer le récit entier d'un ou deux élèves.
– Tracer la carte mentale sur une affiche ou au TBI au fur et à mesure de la séance. Prendre soin de faire apparaître chacun des épisodes.

2. Jouer l'histoire

Jeu de scène par petits groupes :
– Équiper les élèves (par 3) de figurines ou de masques représentant les personnages : les faire jouer la scène du grenier entre eux. Les élèves vont devoir se mettre à la place des personnages (intention, croyances, paroles) qui se projettent dans cette aventure d'attaque de château.
– Passer dans les groupes et repérer si les élèves ont bien perçu le décalage entre cet épisode du grenier et la suite de l'histoire, c'est-à-dire une classique visite de château..
– Laisser les figurines dans un coin de la classe pour que les élèves puissent s'entraîner en autonomie lors de temps calmes.

JOUR 2 SÉANCE 2

Objectif : mettre le récit en mémoire pour mieux le comprendre.

1. Mémoriser le récit

– Faire rappeler le récit en entier par les élèves, en appui sur la carte mentale ou une maquette des lieux et les figurines. Laisser les élèves s'entraîner par petits groupes de brouillon d'oral.
– Relire la bande dessinée aux élèves sans la dernière phrase.

2. Résoudre des inférences

Inférences : expliciter aux élèves que les réponses à certaines questions ne sont pas dans le texte mais que l'on peut y répondre grâce à des indices donnés dans le texte ou grâce à des connaissances extérieures.
Pourquoi faut-il acheter des tickets d'entrée ?
Pourquoi plantent-ils une baguette magique en haut d'une tour ?

	– Transcrire les hypothèses des élèves au tableau. – Valider les réponses par rapport au texte entendu (indices), aux connaissances culturelles des élèves ou apports culturels de l'enseignant sur le Moyen Âge, les châteaux forts.

JOUR 3 SÉANCE 3

	Objectif : connaître l'histoire
1. Chasser les écarts	– Faire rappeler le récit par des élèves à l'aide de la carte mentale. – Écouter un enregistrement fait en séance 1. Prendre des notes au tableau sur les manques perçus par les élèves. – Enregistrer un nouveau récit par d'autres élèves volontaires. Les écarts vont résider sur les informations ou les étapes manquantes : faire référence à la carte mentale.
2. Réaliser l'activité de compréhension sur *Mon carnet d'apprenti lecteur* p. 38 et 40	**Activité 1.** Stratégie ♡ **Activité 2.** Stratégie 🔍 – Lire les consignes aux élèves. – Laisser les groupes ★☾ travailler tout seuls. Prendre en charge les ☀. Pour la deuxième activité, les élèves doivent justifier leur réponse (Tchougrak et Tchouki dont on étudie les états mentaux ; Tchoukadou chez qui les Tchouks se réunissent au début de l'histoire.). – Proposer aux élèves de terminer la séance par **l'activité 5** (Stratégie ♡) afin de maintenir leur motivation. Ce travail peut aussi être donnée en devoir à la maison.

JOUR 4 SÉANCE 4

	Objectif : se mettre à la place des personnages pour mieux les comprendre.
1. Résoudre des inférences liées aux états mentaux	– Relire toute l'histoire aux élèves. – Les questionner sur les états mentaux de Tchougrak : Pourquoi Tchougrak veut-il être le plus fort tout le temps ? A-t-il peur ? de quoi ? Qui veut-il impressionner ? – Compléter la carte mentale.
2. Réaliser l'activité de compréhension sur *Mon carnet d'apprenti lecteur* p. 39	**Activité 3.** Stratégie 💡 Cette activité est en lien direct avec ce qui vient d'être exploré à l'oral. – Relire le passage concernant Tchouki et laisser les élèves réfléchir seuls. – Accompagner les élèves ☀ dans cette réflexion : l'essentiel n'est pas qu'ils répondent à cette question par écrit.
3. Bilan	Certains élèves ★☾ vont lire leurs réponses. Les ☀ peuvent valider en s'appuyant sur la réflexion conduite avec l'enseignant.

Exemple de carte mentale finalisée à l'issue des 8 séances

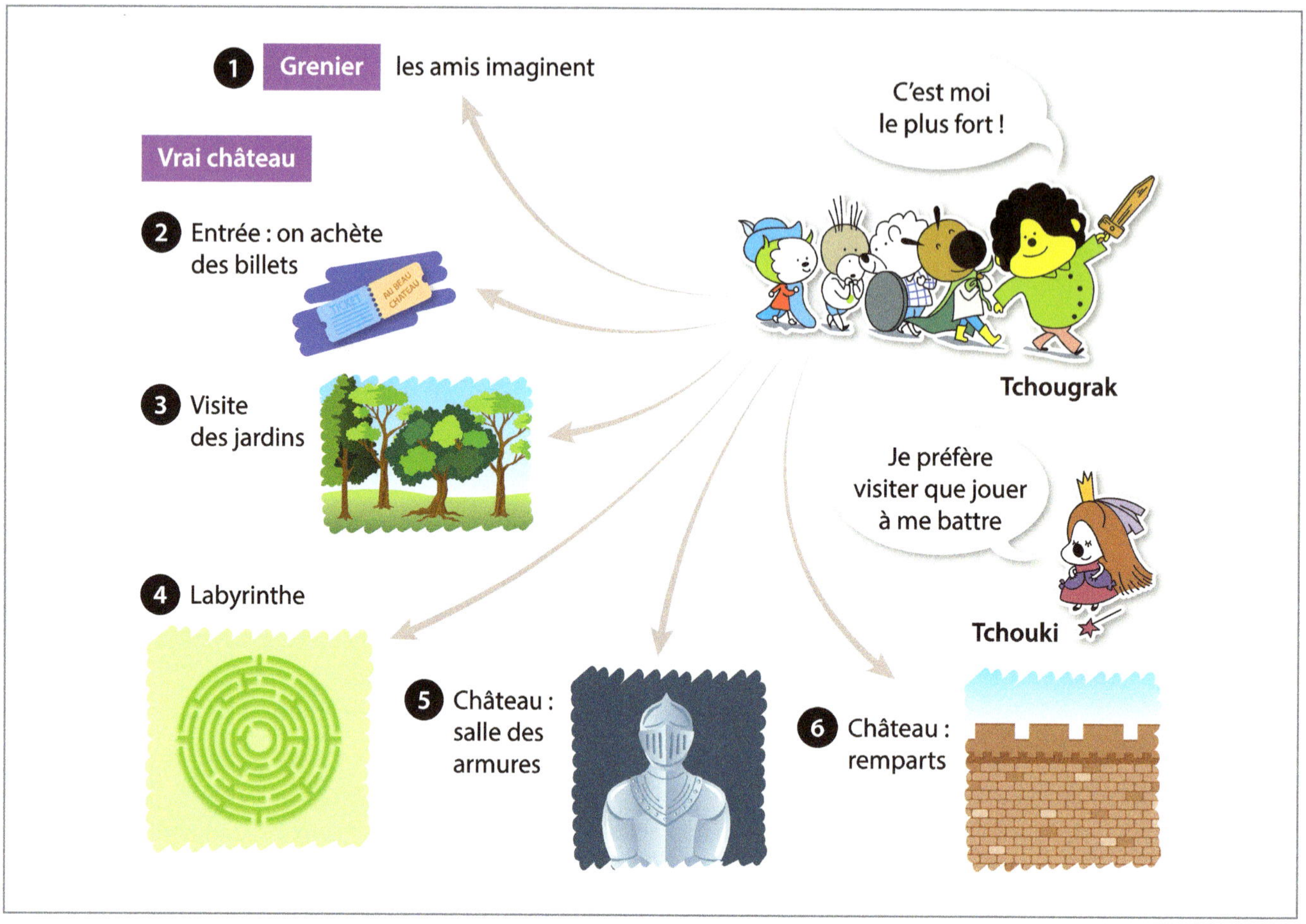

9. Lecture autonome

Modalités	Travail individuel en autonomie – Bilan en classe entière
Durée	**JOUR 1 :** 2 ou 3 min (le matin) + 1 séance de lecture autonome ☀ 20 min ★ ☾ 30 min **JOURS 2, 3 :** 2 séances de 10 min **JOUR 4 :** 1 séance de lecture autonome de 10 min + 1 séance de fluence guidée : ☀ 15 min ★ ☾ 10 min + 1 séance bilan de 20 min
Matériel élève	– *Fiche de lecture autonome* ☀ ★ ou ☾ – Fiche autocorrective

Planning

	JOUR 1	JOUR 2	JOUR 3	JOUR 4
Groupe classe	Narration de l'enseignant et lecture du titre			Bilan
Ateliers en autonomie	Lecture	Lecture	Lecture et activités	Lecture et activités / autocorrection
Ateliers guidés avec l'enseignant				Lecture fluence

Narration de l'enseignant pour présenter l'épisode

Réaliser un rappel collectif de l'épisode précédent. Émettre quelques hypothèses sur la suite à partir du titre…

Caractéristiques des textes par groupe de besoins

	Nombre de mots	%	Sortie au château Épisode 4 : L'attaque du dragon
☀	74	97 %	*Cf. Fiche de lecture autonome* p. 81
★	90	97 %	*Cf. Fiche de lecture autonome* p. 82 et *Manuel* p. 109
☾	104	97 %	*Cf. Fiche de lecture autonome* p. 83

Compétences travaillées

	Activité 1	Activité 2	Activité 3
☀	Manifester sa compréhension en reconstituant l'ordre chronologique.	Résoudre des anaphores pour suivre le personnage.	Émettre un avis en établissant des liens entre le début et la fin de l'épisode.
★	Identifier des incohérences entre textes et illustration.		
☾	Manifester sa compréhension en choisissant les réponses correctes/erronées.		

Bilan du JOUR 4

– Demander aux élèves de restituer l'épisode en veillant à l'identification des différentes étapes.
– Lire le texte à voix haute aux élèves.
– Faire expliciter collectivement l'activité 2 ★ ☾ (faire remarquer les différentes désignations du dragon).
– Traiter collectivement à l'oral l'activité 3. Amener les élèves à justifier leur réponse.

10. Fluence

Modalités

JOURS 2, 4
Par groupe de besoins ☀ ★ ☾ avec l'enseignant puis en autonomie

Durée

– Avec l'enseignant sur les mots du *Manuel* : ☀ 20 min ★ ☾ 15 min
– En autonomie sur les mots du *Manuel* : ☀ ★ 30 min ☾ 20 min
– Avec l'enseignant sur les textes *des Fiches de lecture autonome* : ☀ ★ ☾ 10 min

Matériel enseignant

– *Manuel de code* p. 108
– *Guide pédagogique* Partie III
– Chronomètre

Matériel élève

– *Manuel de code*
– *Fiche d'exercices de code* ☀ ★ ou ☾
– Chronomètre

	JOUR 2	JOUR 4
Ateliers guidés avec l'enseignant	Sur les mots du *Manuel*	Sur les textes *des Fiches de lecture autonome*
Ateliers en autonomie		Sur les *mots du Manuel* (avec la *Fiche d'exercices de code*)

Fluence sur les mots
Exercice 10 • manuel, p. 108

cf. semaine 1.

Fluence sur texte

cf. Période 3 semaine 1.

Période 4 • Semaine 5

1. Proposition d'emploi du temps (*cf.* Semaine 1)

2. Code : graphèmes es, ez, er é et x = ks / x = gz

Modalités	**JOUR 1** – Oral – Classe entière – 40 min
Matériel	– *Manuel de code* p. 110 – Cartes graphèmes **n ez m es a x** (*cf.* site Ressources)

Étape 1	– Livre fermé, travailler le corpus de mots suivants, mot par mot : *mon nez – mes papiers – chez les boulangers – parler – vous parlez – un berger – un noyer – vous roulez.* Écrire un mot (sur TNI, tableau ou paper-board). Le lire deux fois. – Demander à un élève de le répéter, et de déterminer dans quelles syllabes il entend le son [é], puis d'entourer cette syllabe. – Procéder de même avec chaque mot en changeant d'élève acteur.
Étape 2	Activité avec les **cartes graphèmes** (*cf.* Partie III).
Étape 3	– Écrire les deux mots suivants au tableau : *expliquer* et *examiner.* – Les lire successivement deux ou trois fois en demandant aux élèves de bien écouter les deux prononciations. – Faire répéter ces mots par les élèves. Leur faire exprimer les différences ressenties entre **x** = [ks] et **x** = [gz].
Étape 4	– Faire lire les mots du *Manuel* sous forme de relais (ou *furet*). – Lire les **mots à mémoriser.**

3. Activités d'encodage/décodage

Modalités	**JOURS 2, 3 et 4** – Par groupe de besoins ✹ ★ ☾, en rotation : – Oral avec l'enseignant à partir du *Manuel* – Écrit en autonomie sur les *Fiches d'exercices de code* – 40 min
Matériel enseignant	*Manuel de code* p. 110 à 113
Matériel élève	– *Manuel de code* pour le travail avec l'enseignant – Cahier du jour pour la dictée avec l'enseignant – *Fiches d'exercices de code* ✹ ★ ou ☾ pour le travail en autonomie – Tablette (ou duos d'élèves) pour le travail en autonomie

Planning

	JOUR 2	JOUR 3	JOUR 4
Ateliers guidés avec l'enseignant	*Manuel* : – lecture mots – exercices 2, 3, 4	*Manuel* : – lecture phrases	*Manuel* : – exercices 6, 7, 9, 10
Ateliers en autonomie	*Fiches* : exercices 2, 3	*Fiches* : exercice 4	*Fiches* : exercices 6, 7, 9, 10

Exercices 2, 3 • manuel, p. 111	– Prononcer les mots deux ou trois fois en insistant bien sur l'articulation phonique [ks] ou [gz]. – Identifier les élèves qui ont du mal à faire la différence et les reprendre éventuellement en activités complémentaires pour exercer leur perception auditive.

Exercice 4 • manuel, p. 111	Mots dictés par l'enseignant sur le cahier du jour : ☀ danger – chez – mes – vexé – exemple ★ danger – chez – mes – vexé – exemple – casier – examen ☾ danger – chez – mes – vexé – exemple – casier – examen – toxique – cuisinier
Exercices 6, 7 • manuel, p. 112	**Exercice 6 :** – Avant de commencer, faire observer aux élèves le doublement de la consonne dans l'exemple avec la finale « on » du substantif. Donner des exemples supplémentaires. – Observer également le doublement de la consonne : une vis ➜ visser. – Faire observer le non doublement de la consonne avec la finale « in » : un moulin ➜ mouliner. – Effectuer ensuite les deux exercices en commentant à chaque fois le doublement ou non doublement de la consonne finale du substantif dans l'infinitif du verbe.
Exercices 9, 10 • manuel, p. 112-113	Ces deux exercices portent sur l'observation des verbes. – Exercice 9 : trouver l'infinitif à partir de la forme conjuguée. – Exercice 10 : transformer la conjugaison du verbe de la seconde personne du singulier à la seconde personne du pluriel.
Consignes pour les groupes en autonomie sur les *Fiches d'exercices de code*	*cf.* Période 1.

4. Dictée : le quart d'heure quotidien

Modalités	Classe entière. Procédé « Lamartinière » sur ardoise.
Durée	**Tous les jours.** 15 min.
Matériel enseignant	– Cartes graphèmes (*cf.* site Ressources) – Utilisation des cartes graphèmes (*cf.* Partie III)
Matériel élève	Ardoise

Planning et textes

JOUR 1	mes – nez – papier – texte
JOUR 2	un berger – un exemple – extérieur – mes cahiers
JOUR 3	l'oxygène – les bouchers – Vous collerez les textes dans le cahier.
JOUR 4	Vous explorez cette ville en taxi. – Ouvrez vos cahiers d'exercices.

5. Geste d'écriture et copie

Modalités	Classe entière. Tous les jours. 20 min
Matériel enseignant	– Vidéo *échauffement des doigts* (*cf.* Partie III) – Outils de différenciation en usage, en fonction des besoins (*cf.* Partie III) – Tableau d'observation des élèves (*cf.* site Ressources) – *Guide pédagogique* (*cf.* Partie III)
Matériel élève	*cf.* semaine 1

Planning et textes

JOUR 1	**Mémoriser l'orthographe des mots (liste) :** Exemple : *collier – pied – nez – taxi – xylophone.*
JOUR 2	**S'entraîner à copier pour développer un empan de copie de plus en plus long :** – Utiliser les mots travaillés la veille. – Faire travailler les élèves en binôme soit sur la copie retournée soit sur la copie chrono.

JOUR 3	**Mémoriser l'orthographe à partir d'une régularité verbale :** Vous + *verbe* (terminaison en « ez »). Exemples : *vous parlez – vous mangez – vous prenez – vous rugissez – vous pouvez…*
JOUR 4	**S'entraîner à copier pour développer un empan de copie de plus en plus long :** – Utiliser les mots travaillés la veille. – Faire travailler les élèves en binôme soit sur la copie retournée soit sur la copie chrono.

6. Copie

Modalités	**JOURS 1, 2** – Par groupes de besoins ☼ ★ ☾ avec l'enseignant, en rotation avec des activités en autonomie.
Matériel enseignant	– *Manuel de code* p. 111
Matériel élève	– Cahier du jour pour le travail avec l'enseignant – *Fiches d'exercices de code* ☼ ★ ou ☾ pour le travail en autonomie

Planning

JOUR 1	JOUR 2
Manuel : exercice 1	*Fiche* en autonomie : exercice 1

Exercice 1 • manuel, p. 111	*cf.* semaine 1.
Consignes pour les groupes en autonomie sur les *Fiches d'exercices de code*	*cf.* Période 1.

7. Production d'écrit

Modalités	**JOUR 3** – Par groupe de besoins ☼ ★ ☾ avec l'enseignant, en rotation avec des activités en autonomie.
Durée	**Matin :** ☼ 20 min ★ 10 min ☾ 10 min **Après-midi :** ☼ 30 min ★ 20 min ☾ 20 min
Matériel enseignant	– *Manuel de code* p. 112 – Version numérique du *Manuel de code* pour la vidéoprojection de l'illustration – *Guide pédagogique* (*cf.* Partie III)
Matériel élève	– *Fiche d'exercices de code* ☼ ★ ou ☾ ou cahier du jour/d'écrivain (selon le choix de l'enseignant)

Exercice 8 • manuel, p. 112	**Objectifs :** s'entraîner à produire de l'écrit à partir d'une image : les pensées du personnage ; mettre en œuvre une démarche de production d'écrit.
MATIN-APRÈS MIDI	*cf.* semaine 4. Il s'agit de concentrer les élèves sur les pensées de personnages présents sur l'illustration.

8. Compréhension : *Les Tchouks* – 2e partie

Modalités	**Tous les jours.** Classe entière avec moments de travaux de groupes ou de binômes
Durée	8 séances de 20 min sur 2 semaines
Matériel enseignant	– Texte de l'album (*cf.* Partie V) – Version numérique de *Mon carnet d'apprenti lecteur* – Affiche des pictos stratégies – Outil d'enregistrement (smartphone ou autre) – Carte mentale commencée la semaine précédente (*cf.* Manuel numérique)

Matériel élève	– *Mon carnet d'apprenti lecteur* – Maquette, figurines, masques

JOUR 1 SÉANCE 5

	Objectifs : – mémoriser pour mieux comprendre, – enrichir son vocabulaire pour mieux comprendre.
1. Étude des épisodes 3. (les jardins), 4. le labyrinthe) et 5. (la visite du château)	Mise en mémoire du récit : des élèves volontaires en appui sur la carte mentale ou sur une maquette représentant les lieux et avec des figurines rejouent les épisodes 3, 4 et 5.
2. Réaliser l'activité de compréhension sur *Mon carnet d'apprenti lecteur* p. 42	**Activité 7*.** Stratégie ⚙. Les élèves vont devoir faire des liens entre leurs connaissances enrichies par les apports de l'enseignant (univers des châteaux forts) et les informations données par le texte de la BD. Ce sont les termes *machicoulis* et *remparts* qui sont visés. À partir de l'illustration, du texte et de leurs connaissances, demander aux élèves d'expliquer ce que sont des remparts et des mâchicoulis. À quoi servent-ils ? Noter les réponses au tableau par mots-clés. Ils serviront d'étayage à l'exercice écrit. Il est à noter que c'est dans cette même période que Nina, Noé et Chouchou visitent un château fort avec leur classe et vivent des aventures fantastiques. L'enseignant veillera donc à expliciter le lien entre les différentes activités qui font appel à l'univers de châteaux (*pont levis – basse-cour – haute-cour – seigneur – banquets*).

JOUR 2 SÉANCE 6

	Objectif : manifester sa compréhension en restituant l'ordre chronologique.
Réaliser les activités de compréhension sur *Mon carnet d'apprenti lecteur* p. 40	**Activité 4.** Stratégie 💭 – Faire travailler les élèves des groupes ☾ en autonomie. L'enseignant prend en charge les deux autres groupes. – Veiller à ce que les élèves du groupe ☀ vérifient leurs réponses en se reportant à l'album pour valider leur ordre et/ou restituer le récit au préalable. **Activité 5 :** si elle n'a pas été faite en séance 3 ou à la maison.

JOUR 3 SÉANCE 7

	Objectif : connaître l'histoire.
1. Chasse aux écarts	Suite de la séance 5 sur l'épisode 6. La capture. Faire écouter l'enregistrement réalisé en séance 3. Faire chasser les écarts : les élèves connaissent maintenant l'histoire complète et le travail réalisé en séance 5 va étoffer le récit des élèves.
2. Réaliser l'activité de compréhension sur *Mon carnet d'apprenti lecteur* p. 41	**Activité 6.** Stratégie 💭 Cet exercice a déjà été réalisé sur d'autres supports d'histoire. Il reste difficile. Encourager les élèves à justifier précisément les anomalies détectées : *Ce n'est pas un drapeau que les personnages plantent mais une baguette magique.* Les élèves doivent aller chercher dans le texte la phrase de Tchouki proposant sa baguette magique.

JOUR 4 SÉANCE 8

	Objectifs : – savoir ce qui a été appris, – faire un choix.
1. Synthèse des stratégies de compréhension d'une histoire et formalisation	**Bilan de la séance.** Comprendre une histoire, c'est : – Retenir les étapes principales, – Résoudre les inférences, – Connaître les pensées et les émotions des personnages.

* Erreur de numérotation dans la première édition de *Mon carnet d'apprenti lecteur*.

2. Réaliser les activités de compréhension sur *Mon carnet d'apprenti lecteur* p. 43

Activités 8* et 9*. Stratégie ♡

Il s'agit pour les élèves d'affirmer des choix personnels. Préciser très explicitement l'importance de savoir opérer des choix personnels. Aucun ne prévaut sur un autre. Bien valoriser les productions des élèves en en montrant une sélection à tous.

9. Lecture autonome

Modalités

Travail individuel en autonomie – Bilan en classe entière

Durée

JOUR 1 : 2 ou 3 min (le matin)
+ 1 séance de lecture autonome ☼ 20 min ★ ☾ 30 min
JOURS 2, 3 : 2 séances de 10 min
JOUR 4 : 1 séance de lecture autonome de 10 min
+ 1 séance de fluence guidée : ☼ 15 min ★ ☾ 10 min
+ 1 séance bilan de 20 min

Matériel élève

– *Fiche de lecture autonome* ☼ ★ ou ☾
– Fiche autocorrective

Planning

	JOUR 1	JOUR 2	JOUR 3	JOUR 4
Groupe classe	Narration de l'enseignant et lecture du titre			Bilan
Ateliers en autonomie	Lecture	Lecture	Lecture et activités	Lecture et activités / autocorrection
Ateliers guidés avec l'enseignant				Lecture fluence

Narration de l'enseignant pour présenter l'épisode

Réaliser un rappel collectif de l'épisode précédent. Émettre quelques hypothèses sur la suite à partir du titre…

Caractéristiques des textes par groupe de besoins

	Nombre de mots	%	Sortie au château Épisode 5 : Le retour
☼	75	96 %	*Cf. Fiche de lecture autonome* p. 85
★	94	95 %	*Cf. Fiche de lecture autonome* p. 86 et *Manuel* p. 113
☾	106	96 %	*Cf. Fiche de lecture autonome* p. 87

Compétences travaillées

	Activité 1 🔍	Activité 2	Activité 3 ♡
☼	Identifier les circonstances de l'action : moyen de transport.	Effectuer une inférence pour déterminer la destination.	Donner un avis, argumenter pour exprimer ses préférences.
★		Effectuer une inférence pour identifier les personnages.	
☾		Établir des liens de causalité.	

* Erreur de numérotation dans la première édition de *Mon carnet d'apprenti lecteur*.

Bilan du JOUR 4	– Demander aux élèves de restituer l'épisode en veillant à l'identification de la situation finale (retour à l'école en bus et retour dans le monde réel). – Expliciter les inférences à réaliser pour comprendre la dernière phrase (activité 2 des fiches ★ ☾). – Traiter collectivement la question 3 à l'oral : recenser les préférences des élèves et restituer collectivement l'ensemble des épisodes.

10. Fluence

Modalités	**JOURS 2, 4** Par groupe de besoins ☀ ★ ☾ avec l'enseignant puis en autonomie
Durée	– Avec l'enseignant sur les mots du *Manuel* : ☀ 20 min ★ ☾ 15 min – En autonomie sur les mots du *Manuel* : ☀ ★ 20 min ☾ 15 min – Avec l'enseignant sur les textes *des Fiches de lecture autonome* : ☀ ★ ☾ 30 min
Matériel enseignant	– *Manuel de code* p. 111 – *Guide pédagogique* Partie III – Chronomètre
Matériel élève	– *Manuel de code* – *Fiche d'exercices de code* ☀ ★ ou ☾ – Chronomètre

	JOUR 2	JOUR 4
Ateliers guidés avec l'enseignant	Sur les mots du *Manuel*	Sur les textes *des Fiches de lecture autonome*
Ateliers en autonomie		Sur les *mots du Manuel* (avec la *Fiche d'exercices de code*)

Fluence sur les mots **Exercice 5 • manuel, p. 111**	*cf.* semaine 1.
Fluence sur texte	*cf.* Période 3 semaine 1.

Période 4 • Semaine 6 Révisions

1. Proposition d'emploi du temps (*cf.* Semaine 1)

2. Code

Modalités	**JOUR 1** – Oral – Classe entière – 40 min
Matériel	– *Manuel de code* p. 114 – Étiquettes des mots de la leçon (sans déterminant) de chaque groupe ☀ ★ ☾

Pendant cette semaine de révisions, les exercices sur les *Fiches* sont remplacés par des plans de travail personnalisés en fonction des besoins individuels d'approfondissement ou de remédiation.

Travail sur la dextérité dans la perception visuelle des mots à lire et dans l'élargissement de l'empan visuel utile

– Faire lire chaque ensemble de mots du *Manuel* par des élèves du groupe concerné, tous les autres élèves observant et relevant les éventuelles erreurs.

– Présenter une étiquette-mot aux élèves pendant un temps assez court. La cacher et demander à un élève du groupe correspondant quel mot a été présenté. Après rodage de la situation, raccourcir progressivement le temps d'exposition du mot proposé.

– Reprendre cet exercice les matins des jours 2 et 3 avec chaque groupe.

3. Activités d'encodage/décodage

Modalités	**JOURS 2, 3 et 4** – Par groupe de besoins ☀ ★ ☾ avec l'enseignant, en rotation avec d'autres activités en autonomie – 40 min
Matériel enseignant	*Manuel de code* p. 114 à 117
Matériel élève	– *Manuel de code* pour le travail avec l'enseignant

Planning

	JOUR 2	JOUR 3	JOUR 4
Ateliers guidés avec l'enseignant	*Manuel* : – lecture mots – exercices 2, 3, 4	*Manuel* : – lecture phrases	*Manuel* : – exercices 5, 6, 9

Lecture • manuel, p. 114	**Lecture des mots** : reprendre l'exercice de dextérité proposé le jour 1 matin (*cf.* 2. Code)
Exercices 2, 3, 4 • manuel, p. 115	*cf.* semaine 1.
Exercices 5, 6 • manuel, p. 116	Après exécution des exercices, proposer aux élèves de donner d'autres mots contenant les graphèmes cible et les écrire.
Exercice 9 • manuel, p. 117	Changement de genre de l'adjectif et accord correspondant. – Prolonger l'exercice en proposant d'autres adjectifs masculins à changer en féminin. – Proposer une autre série en transformant du féminin au masculin. – Dans tous les cas, réserver au groupe ☾ les adjectifs appelant un changement de radical en changeant le genre.

4. Dictée : le quart d'heure quotidien

Modalités	Classe entière. Procédé « Lamartinière » sur ardoise.
Durée	**Tous les jours.** 15 min.
Matériel enseignant	– Cartes graphèmes (*cf.* site Ressources) – Utilisation des cartes graphèmes (*cf.* Partie III)
Matériel élève	Ardoise

Planning et textes

JOUR 1	nez – sœur – poireau – maillot – garçon
JOUR 2	le travail – un gilet – un exercice – une scie – une antenne
JOUR 3	un verre – une cerise – La princesse ne porte pas de lunettes.
JOUR 4	Je m'exerce à faire de la balançoire. – Le taxi klaxonne pour éviter le danger.

5. Geste d'écriture et copie

Modalités	Classe entière. Tous les jours. 20 min
Matériel enseignant	– Vidéo *échauffement des doigts* (*cf.* Partie III) – Outils de différenciation en usage, en fonction des besoins (*cf.* Partie III) – Tableau d'observation des élèves (*cf.* site Ressources) – *Guide pédagogique* (*cf.* Partie III)
Matériel élève	– Modèles d'écriture en script et cursif (*cf.* site Ressources) – Outil scripteur de l'élève

Des modèles à copier en situation de copie directe, à répartir sur la semaine sont proposés sur le site Ressources (2 versions : en script, en cursif).
Adapter la quantité de phrases à copier en fonction des possibilités des élèves (différenciation).

6. Copie

Modalités	**JOURS 1, 2** – Par groupes de besoins ☀ ★ ☾ avec l'enseignant, en rotation avec des activités en autonomie.
Matériel enseignant	– *Manuel de code* p. 115
Matériel élève	– Cahier du jour pour le travail avec l'enseignant

Planning

JOUR 1	JOUR 2
Manuel : exercice 1	Activité en autonomie (rattrapage, lecture autonome, tiroirs d'autonomie)

Exercice 1 • manuel, p. 115 — *cf.* semaine 1.

7. Production d'écrit

Modalités	**JOUR 3** – Par groupe de besoins ☀ ★ ☾ avec l'enseignant, en rotation avec des activités en autonomie.
Durée	**Matin :** ☀ 20 min ★ 10 min ☾ 10 min **Après-midi :** ☀ 30 min ★ 20 min ☾ 20 min
Matériel enseignant	– *Manuel de code* p. 116 – Version numérique du *Manuel de code* pour la vidéoprojection de l'illustration – *Guide pédagogique* (*cf.* Partie III)
Matériel élève	– *Fiche d'exercices de code* ☀ ★ ou ☾ ou cahier du jour/d'écrivain (selon le choix de l'enseignant) – Fiche ressources « À la piscine » (*cf.* site Ressources)

Exercice 7 • manuel, p. 116

Objectifs : – s'entraîner à produire de l'écrit à partir d'images séquentielles,
– mettre en œuvre une démarche de production d'écrit (*cf.* Période 3 semaine 6).

MATIN

Préparation à l'écriture

– Les échanges organisés à partir des 4 images portent essentiellement sur : le lieu de la scène (le décor), les personnages : Où sont-ils ? Que font-ils ? Avec qui ? ; ce qu'elles leur évoquent (impressions, émotions…).

– Les élèves ont peut-être déjà eu l'occasion d'aller à la piscine dans le cadre d'un cycle natation. Faire du lien avec les situations vécues et le vocabulaire travaillé à cette occasion.

APRÈS-MIDI

Mise en texte et révision

– Mettre à disposition la Fiche ressources « À la piscine » pour le support de lexique orthographique des mots.

– Cet exercice peut être adapté au cycle EPS de la période : réaliser des photos d'une séance à différents moments. En proposer 4 comme support d'écriture (images séquentielles).

8. Compréhension : *Un poisson d'avril*

Modalités	**Tous les jours.** Classe entière avec moments de travaux de groupes ou de binômes
Durée	4 séances de 20 min
Matériel enseignant	– Texte de la poésie (*cf.* Partie V) – Version numérique de *Mon carnet d'apprenti lecteur* – Affiche des pictos stratégies – Outil d'enregistrement (smartphone ou autre) – Carte mentale (*cf.* site Manuel numérique) – Figurines, masques
Matériel élève	– *Mon carnet d'apprenti lecteur* – Affichettes mots (*cf.* site Ressources) – Fiche « Imagier des mots difficiles » (*cf.* site Ressources)

JOUR 1 SÉANCE 1

Objectif : découvrir un texte poétique.

1. Identifier les composantes du texte

– Réciter la poésie aux élèves.
– Questionner sur la compréhension du texte : Quel est le thème ? Qui ? Où ? quand ?
– Réaliser la carte mentale sur le TBI ou sur une affiche en même temps que les élèves répondent de façon pertinente : personnages, actions, mots ou dessins clés (prévoir des affichettes mots spécifiques au poème étudié).

2. Enrichir le lexique

Travailler sur le vocabulaire difficile le cas échéant (*remorqueur, canal, valser*) : donner des synonymes, montrer la fiche « imagier des mots difficiles », réaliser un affichage pour la classe. Bien préciser qu'un seul mot inconnu n'empêche pas la compréhension globale du texte.

3. Faire raconter

– Demander aux élèves de raconter l'histoire du poème sans relire le texte.
– Distribuer le texte aux élèves, le coller dans le cahier de poésie.

4. Réaliser les activités de compréhension sur *Mon carnet d'apprenti lecteur* p. 44-45

Lire le poème aux élèves.
Activité 1. Stratégie
Activité 2. Stratégie . Attention : 2 intrus ici. Veiller à faire identifier collectivement la présence de la baleine et du mouton.
Ne pas négliger **le dessin** que l'élève doit réaliser dans le *carnet d'apprenti lecteur :* il constitue sa **première traduction personnelle** du texte.

JOUR 2 SÉANCE 2

Objectifs : – comprendre l'histoire du poème,
– apprendre à réciter.

1. Restituer le récit

– Faire raconter l'histoire du poème par les élèves en appui sur la carte mentale.

2. Réciter, faire mimer, faire apprendre

– Réciter tout le poème ou la première strophe aux élèves.
– Phase d'apprentissage systématique avec les élèves : réciter un vers et le mimer, le faire répéter aux élèves. Faire repérer les rimes (les colorier au tableau ou sur l'affiche).

JOUR 3 SÉANCE 3

Objectif : mémoriser le poème.

1. Réciter, faire mimer, faire apprendre

Suite de la séance 2 avec la seconde strophe : réciter, mimer, faire mimer.

2. Réaliser les activités de compréhension sur *Mon carnet d'apprenti lecteur* p. 46-47

Activité 3. Stratégie
Les élèves devraient pouvoir s'appuyer sur leur mémorisation. Accompagner prioritairement les élèves qui auraient besoin de revenir au texte.
Activité 4. Stratégie . À proposer sur un temps d'autonomie ou à la maison.
Activité 5 (relier)*. Stratégie . Accompagner les élèves .

JOUR 4 SÉANCE 4

Objectif : interpréter et mettre en scène pour mieux réciter.

Anticiper la mise en scène

La place du corps dans les apprentissages est centrale.
Comment pourrait-on mettre en scène cette poésie ? Comment raconter l'histoire du poème pour le présenter sur une scène ?
Les élèves font des propositions : matériel, attitudes, gestes, déplacements…
Demander à un ou plusieurs élèves volontaires de venir jouer la scène en récitant le poème.
Pour mémoire : les élèves les plus timides doivent pouvoir bénéficier d'espaces de récitation un peu plus protégés (APC, fin de cours, dans un coin de la classe avec l'enseignant ou face à un élève très dégourdi, en binôme…).

* Erreur de numérotation dans la première édition de *Mon carnet d'apprenti lecteur*.

Ne pas négliger la prise de risque par l'élève lors de cet exercice. Il importe de conserver l'idée de plaisir pour tous. La poésie est un support de choix dans cette perspective (jeux du corps, des sonorités, images amusantes, émouvantes).

Exemple de carte mentale finalisée à l'issue des séances

9. Lecture autonome

Modalités	Travail individuel en autonomie – Bilan en classe entière
Durée	**Tous les jours.** De 10 à 20 min par groupe
Matériel élève	– *Manuel* p. 117 – *Fiches de lecture autonome* ☀ ★ ou ☾ de la période – Fiches autocorrectives de la période

– Lors de la semaine de révision, le texte de lecture autonome est une synthèse des aventures de la période. Les phrases sont issues des textes précédents. Il n'y a pas de fiche d'activité. Ce texte est l'occasion d'effectuer un rappel de récit des différentes aventures, ce que nous avons appris des personnages, de leur personnalité, des personnages secondaires rencontrés…

– C'est l'occasion de permettre à des élèves de relire certains épisodes de leur choix, d'essayer des lectures du niveau supérieur sur un texte déjà lu, de faire une fiche de lecture autonome qu'ils n'auraient pas pu faire pendant la période…

– C'est également l'occasion de retravailler la fluence sur l'un ou l'autre (ou plusieurs) textes de la période.

10. Fluence

Modalités	**JOURS 2, 4** Par groupe de besoins ☀ ★ ☾ avec l'enseignant puis en autonomie
Durée	– Avec l'enseignant sur les mots du *Manuel* : ☀ 20 min ★ ☾ 15 min – En autonomie sur les mots du *Manuel* : ☀ ★ 20 min ☾ 15 min – Avec l'enseignant sur les textes *des Fiches de lecture autonome* : ☀ ★ ☾ 30 min
Matériel enseignant	– *Manuel de code* p. 117 – *Guide pédagogique* Partie III – Chronomètre
Matériel élève	– *Manuel de code* – Chronomètre

	JOUR 2	JOUR 4
Ateliers guidés avec l'enseignant	Sur les mots du *Manuel*	Sur les textes *des Fiches de lecture autonome*
Ateliers en autonomie		Sur les *mots du Manuel*

Fluence sur les mots **Exercice 8 • manuel, p. 117**	*cf.* semaine 1.
Fluence sur texte	*cf.* Période 3 semaine 1.

Période 5 • Semaine 1

1. Proposition d'emploi du temps (valable pour toute la période)

En classe entière   En autonomie, individuellement ou en binômes   En groupe de besoins avec l'enseignant

	Domaine	JOUR 1			JOUR 2	
		☀	★	☾	☀	★
9 h 00	Code Encodage/décodage	Découverte des graphèmes Lecture des mots			*Manuel :* – Lecture mots – Ex. discrimination visuelle et auditive à l'oral	*Fiche d'exercices de code :* Ex. copie
9 h 20					*Fiche d'exercices de code :* Ex. copie	*Manuel :* – Lecture mots – Ex. discrimination visuelle et auditive à l'oral
9 h 30 9 h 40					*Fiche LA*	*Fiche LA*
10 h 00 10 h 55	Autres domaines	Autres domaines			Autres domaines	
10 h 55 11 h 10	Dictée *Le quart d'heure quotidien*	Dictée de mots (ardoise)			Dictée de mots (ardoise)	
11 h 10 11 h 30	Geste d'écriture	Mémoriser l'orthographe des mots (liste) + copie directe			Situation de copie retournée et/ou copie chrono (développer l'empan de copie	
13 h 30 13 h 50	Compréhension	Séance 1			Séance 2	
13 h 50	– Copie – Production d'écrit liée au code – Entraînement encodage/décodage	*Manuel :* Ex. copie	*Fiche LA*	*Fiche LA*	*Manuel :* Ex. dictée de mots Ex. fluence de mots	*Fiche exercices :* Ex. discrim. visuelle et auditive
14 h 20		*Fiche LA*	*Manuel :* Ex. copie	TA	*Fiche exercices :* Ex. discrim. visuelle et auditive	*Manuel :* Ex. dictée de mots Ex. fluence de mots
14 h 40		TA	TA	*Manuel :* Ex. copie	TA	TA
15 h 00	Autres domaines	Autres domaines			Autres domaines	
15 h 20 16 h 30						

Ex. : exercice – TA : tiroirs d'autonomie – discrim. : discrimination – Fiche exercices = *Fiche d'exercices de code* – Fiche LA = *Fiche de lecture autonome* –

	JOUR 3			JOUR 4		
☾	☀	★	☾	☀	★	☾
Fiche d'exercices de code : Ex. copie	*Manuel :* – Lecture phrases – Ex. prod. d'écrit à l'oral	*Fiche exercices :* Ex. dictée de mots	*Fiche exercices :* Ex. dictée de mots	*Manuel :* Ex. EDL à l'oral *Fiche LA :* fluence sur le texte	*Fiche exercices :* Ex. encodage/ décodage	*Fiche exercices :* Ex. encodage/ décodage
Fiche LA	*Fiche exercices :* Ex. dictée de mots	*Manuel :* – Lecture phrases – Ex. prod. d'écrit à l'oral	*Fiche LA*	*Fiche exercices :* Ex. encodage/ décodage	*Manuel :* Ex. EDL à l'oral *Fiche LA :* fluence sur le texte	*Fiche LA ou TA*
Manuel : – Lecture mots – Ex. discrimination visuelle et auditive à l'oral	*Fiche LA*	*Fiche LA*	*Manuel :* – Lecture phrases – Ex. prod. d'écrit à l'oral	*Fiche LA ou TA*	*Fiche LA ou TA*	*Manuel :* Ex. EDL à l'oral *Fiche LA :* fluence sur le texte
	Autres domaines			Autres domaines		
	Dictée de mots et phrases (ardoise)			Dictée de phrases		
	Mémoriser l'orthographe des mots (famille mots) + copie directe			Situation de copie retournée et/ou copie chrono		
	Séance 3			Séance 4		
Fiche exercices : Ex. discrim. visuelle et auditive	*Fiche exercices :* Ex. prod. d'écrit	*Fiche exercices :* Ex. fluence de mots en duo	*Fiche exercices :* Ex. fluence de mots en duo	*Manuel :* Ex. encodage/ décodage	*Fiche exercices :* Ex. EDL	*Fiche exercices :* Ex. EDL
TA	*Fiche exercices :* Ex. fluence de mots en duo	*Fiche exercices :* Ex. prod. d'écrit	TA	*Fiche exercices :* Ex. EDL	*Manuel :* Ex. encodage/ décodage	TA
Manuel : Ex. dictée de mots Ex. fluence de mots	TA	TA	*Fiche exercices :* Ex. prod. d'écrit	TA	TA	*Manuel :* Ex. encodage/ décodage
	Autres domaines			*Fiche de lecture autonome :* Bilan du texte et des questions de la semaine		
				Autres domaines		

rod. d'écrit = *production d'écrit*

2. Code : graphèmes y / yn / ym et ein / aim / ain

Modalités	**JOUR 1** – Oral – Classe entière – 40 min
Matériel enseignant	*Manuel de code* p. 118
Matériel élève	Une enveloppe avec les mots du corpus sur étiquettes

Étape 1

– Proposer le corpus de mots suivant, en bloc : *pyjama – cymbale – tympan – sympathique – thym – lynx – symptôme – il y a – xylophone – stylo – gymnastique – mystère.*

– Demander aux élèves ce qu'ils remarquent : *il y a un « y » dans chaque mot.*

– Leur demander comment se lit la lettre y. Leur faire déchiffrer chaque mot. Donner la bonne prononciation si les élèves ne la trouvent pas. À la fin de la lecture du corpus, leur demander ce qu'ils ont remarqué concernant la prononciation de ce graphème : *on dit tantôt [i] tantôt [in].*

– Tracer deux colonnes au tableau et classer ensemble les mots selon la prononciation du graphème.

Étape 2

– Proposer le corpus de mots suivant, mot à mot : *soudain – peinture – maintenant – faim – empreinte – essaim – demain – éteindre – poulain – daim – frein – écrivain – teinture – prochain.*

– Écrire le premier mot (sur TNI, tableau ou *paperboard*) et le lire deux fois.

– Demander à un élève de le répéter et de déterminer dans quelle syllabe il entend le son [in], puis d'entourer cette syllabe. Procéder de même avec chaque mot en changeant d'élève acteur.

Étape 3

– Distribuer à chaque élève une enveloppe contenant les mots du corpus sur étiquettes, avec la syllabe contenant le son [in] entourée.

– Pendant 10 min, individuellement puis en binôme, faire trier les étiquettes selon les diverses manières dont le son [in] est écrit. Pour la phase en binôme, proposer un classement des mots en trois colonnes, et écrire en haut de la colonne la graphie du son.

– Prolonger par la lecture des **mots** du *Manuel* et des **mots à mémoriser** ou les lire le lendemain matin.

3. Activités d'encodage/décodage

Modalités	**JOURS 2, 3 et 4** – Par groupe de besoins ✺ ★ ☾, en rotation : – Oral avec l'enseignant à partir du *Manuel* – Écrit en autonomie sur les *Fiches d'exercices* – 40 min
Matériel enseignant	*Manuel de code* p. 118 à 121
Matériel élève	– *Manuel de code* pour le travail avec l'enseignant – Cahier du jour pour la dictée avec l'enseignant – *Fiches d'exercices de code* ✺, ★ ou ☾ pour le travail en autonomie – Tablette (ou duos d'élèves) pour le travail en autonomie

Planning

	JOUR 2	JOUR 3	JOUR 4
Ateliers guidés avec l'enseignant	*Manuel* : – lecture mots – exercices 2, 3, 4	*Manuel* : – lecture phrases	*Manuel* : – exercices 5, 8
Ateliers en autonomie	*Fiches* : exercices 2, 3	*Fiches* : exercice 4	*Fiches* : exercices 5, 8

Exercices 2, 3 • manuel, p. 119

cf. Période 4 semaine 1.

Exercice 4 • manuel, p. 119	Mots dictés par l'enseignant sur le cahier du jour : ☀ stylo – main – faim – frein ★ faim – frein – demain – yaourt – ceinture ☾ frein – demain – yaourt – ceinture – mystère – soudain
Exercice 5 • manuel, p. 120	– À l'exception de deux mots, tous les autres ont été vus dans la première partie de la leçon. L'exercice peut être complété par un recueil d'autres mots comportant chaque graphème du jour, pris parmi les mots ou phrases de la leçon. – Constituer un répertoire de classe avec ces mots classés selon les graphèmes de la semaine. Ces répertoires peuvent être affichés, placés dans des chemises organisées par graphèmes, ou encore posés sur des cintres, au format affiche, ce qui permet une facile remobilisation en cas de besoin.
Exercice 8 • manuel, p. 121	– Écrire au tableau un ensemble d'adjectifs (masculins et féminins) : *petite – grand – forte – belle – bon – joyeux – violette – sérieuse – adroit – merveilleux*. Lire ensemble tous les adjectifs. – Proposer ensuite, un à un, les noms suivants : *une ville – un garçon – une fleur – une fille – un jongleur – un gâteau – une fête – un paysage – un bâtiment – une odeur – un ouvrier – une feuille.* – Demander aux élèves d'associer un adjectif et un mot. (Quand l'occasion se présente, faire remarquer que l'adjectif peut être placé avant ou après le nom). – Effectuer ensuite l'**exercice 8 à l'oral.**
Consignes pour les groupes en autonomie sur les *Fiches d'exercices de code*	*Cf.* Période 1.

4. Dictée : le quart d'heure quotidien

Modalités	Classe entière. Procédé « Lamartinière » sur ardoise
Durée	**Tous les jours** – 15 min
Matériel élève	Ardoise

Planning et textes

JOUR 1	stylo – frein – main – faim
JOUR 2	demain – peintre – gymnastique – daim
JOUR 3	mystère – maintenant – une bicyclette peinte en vert
JOUR 4	le stylo dans la main droite – Quand j'ai faim, je mange du pain.

5. Geste d'écriture et copie

Modalités	Classe entière. **Tous les jours**. 20 min
Matériel enseignant	– Vidéo *échauffement des doigts* (*cf.* Partie III) – Outils de différenciation en usage, en fonction des besoins (*cf.* Partie III) – Tableau d'observation des élèves (*cf.* site Ressources)
Matériel élève	**Jours 1 et 3 :** – Ardoise – Cahier de l'élève avec modèles d'écriture préparés par l'enseignant **Jours 2 et 4 :** – Cahier de l'élève – Outil scripteur de l'élève – **pour la copie retournée :** modèles à copier sur support type carte ou bande de papier (différenciation selon les binômes et selon les listes de mots). – **pour la copie chrono :** idem + chronomètre. **En amont, préparer les cartes pour le jour 2 et le jour 4.**

Pour les **semaines 1 à 4**, poursuivre le travail des objectifs abordés en Période 4. Les modalités sont toujours les mêmes. À partir de la semaine 5, le dispositif évolue vers la copie d'unités de plus en plus longues (phrases, textes).

Rappel des variables pour réaliser les modèles à copier :

– Construire les groupes de mots ou courtes phrases à copier à l'aide des mots cibles de la semaine/jour.

– Introduire des mots mémorisés les semaines précédentes pour faire copier des groupes de mots ou phrases de plus en plus longues ou deux phrases à la suite.

– Introduire des mots non travaillés.

– Proposer un modèle de groupe nominal au masculin singulier puis au pluriel et/ou au féminin (variations en genre et nombre ; même remarque pour les phrases, avec des variations de personne).

JOUR 1 **Mémoriser l'orthographe des mots (liste) :**
Exemple : un pyjama – le pain – la faim – ma peinture.

JOUR 2 **S'entraîner à copier pour développer un empan de copie de plus en plus long :**
– Utiliser les mots travaillés la veille.
– Faire travailler les élèves en binôme soit sur la copie retournée soit sur la copie chrono.

JOUR 3 **Mémoriser l'orthographe à partir d'une famille de mots :**
Mots de la famille de *peinture : la peinture – peindre – ce peintre – repeindre.*

JOUR 4 **S'entraîner à copier pour développer un empan de copie de plus en plus long :**
– Utiliser les mots travaillés la veille.
– Faire travailler les élèves en binôme soit sur la copie retournée soit sur la copie chrono.

6. Copie

Modalités	**JOURS 1, 2** – Par groupe de besoins ☼ ★ ☾ avec l'enseignant, en rotation avec des activités en autonomie
Matériel enseignant	– *Manuel de code* p. 119
Matériel élève	– Cahier du jour pour le travail avec l'enseignant – *Fiches d'exercices de code* ☼ ★ ou ☾ pour le travail en autonomie

Planning

JOUR 1	JOUR 2
Manuel : exercice 1	*Fiche* en autonomie : exercice 1

Exercice 1 • manuel, p. 119 *Cf.* Période 1.

Consignes pour les groupes en autonomie sur les *Fiches d'exercices de code* *Cf.* Période 1.

7. Production d'écrit

Modalités	**JOUR 3** – Par groupe de besoins ☼ ★ ☾ avec l'enseignant, en rotation avec des activités en autonomie
Durée	**Matin :** ☼ 20 min ★ 10 min ☾ 10 min **Après-midi :** ☼ 30 min ★ 20 min ☾ 20 min
Matériel enseignant	– *Manuel de code* p. 120 – Version numérique du *Manuel de code* pour la vidéoprojection des cartes – *Guide pédagogique* Partie III
Matériel élève	– *Fiche d'exercices de code* ☼ ★ ou ☾ ou cahier du jour/d'écrivain (selon le choix de l'enseignant) – Fiche ressources « La météo » (*cf.* site Ressources)

Exercice 7 • manuel, p. 120

Objectifs : – s'entraîner à produire de l'écrit à partir du bulletin météo,
– mettre en œuvre une démarche de production d'écrit,
– développer la capacité à améliorer son écrit avec l'aide de l'enseignant.

MATIN

Préparation à l'écriture

1. Introduire la séance

– Présenter la situation et expliciter l'objectif.

2. Expliciter le genre : un bulletin météo

– Écouter un bulletin météo pour découvrir quelques caractéristiques du genre (sélectionner uniquement le passage où le commentateur s'attache à décrire le temps qu'il fait sur l'ensemble du pays puis sur quelques villes).

3. Décrire les cartes

– Guider l'observation et la description par les élèves des cartes météo du *Manuel* en ayant recours à des relances ou des questions.
– Noter sur une affiche (trace mémoire pour la séance d'écriture de l'après-midi, outil d'aide à l'orthographe, à expliciter aux élèves) quelques mots clés parmi les propositions des élèves (veiller à la variété des catégories grammaticales : noms, verbes, adjectifs).
– Organiser cette prise de notes sous la forme d'un tableau ou d'une carte mentale ou toute autre forme de votre choix.
– Catégoriser le vocabulaire : les mots pour parler des conditions météos, les mots pour parler des températures, les mots pour se repérer dans le temps et dans l'espace.
– Porter une attention particulière au lexique à mobiliser, notamment sur les variations possibles sur le plan morphologique.
Ex. : Quand il pleut, la journée est pluvieuse, le temps est pluvieux. Demain, il pleuvra.

APRÈS-MIDI

Mise en texte et révision

4. Lancer les élèves dans l'écriture

– Rappeler le travail effectué le matin.
– Laisser les élèves s'entraîner en binôme pour présenter le bulletin météo à partir du *Manuel*.

5. Accompagner les élèves dans l'écriture

– Annoncer la tâche : écrire une ou plusieurs phrases (selon les possibilités des élèves) pour présenter la météo.
Variations de la consigne :
– Choisir une ville, écrire une première phrase pour le bulletin météo du jour puis une deuxième phrase pour le bulletin météo du lendemain.
– Écrire le bulletin météo du jour ou du lendemain pour plusieurs villes.
– Mettre la Fiche ressource à disposition des élèves.
– Faire des liens avec les intentions d'écriture, encourager l'élève à oraliser ce qu'il écrit (ou le faire pour lui) pour faire constater les écarts.
– Observer les élèves, mobiliser les modalités d'étayage en fonction des besoins et à la demande de l'élève (aide de l'adulte, étayage matériel-outil ressource, aide d'un pair), aider à mobiliser les stratégies d'encodage en fonction des mots, des erreurs et des difficultés rencontrées.
– Valoriser les réussites.

	– Aider à enrichir l'écrit produit. – Encourager l'entraide pour encoder, pour enrichir ses idées. – Faire aboutir chaque élève à une production écrite complète. **En période 5**, lors de la phase d'écriture de l'après-midi, nous recommandons aux enseignants d'être moins guidants auprès des élèves et de les laisser davantage écrire de manière autonome (désétayage). Intervenir plutôt pour étayer l'élève dans l'amélioration de l'écrit produit : – réviser son écrit pour corriger la segmentation des mots, les mots oubliés, les erreurs de CGP, l'usage de la majuscule et du point, l'usage de quelques connecteurs simples ; souligner les erreurs d'orthographe lexicale et grammaticale que l'élève peut tenter de corriger seul ; montrer les autres erreurs à l'élève et écrire la correction en dessous de l'écrit de l'élève. – aider à réécrire pour enrichier son écrit, ajouter une idée, être plus précis sur le plan lexical…
6. Clôturer la séance	Revenir sur les textes produits, valoriser ce que l'on est en train d'apprendre en écrivant des textes (partager les procédures et les outils pour y parvenir).

8. Compréhension : *Le coati à nez blanc* – 1re partie

Modalités	**Tous les jours.** Classe entière avec mise en groupes ou binômes
Durée	8 séances de 20 min sur deux semaines
Matériel enseignant	– Manuel numérique de *Mon carnet d'apprenti lecteur* – Journal *Petit Quotidien* : la Une, article *L'info de la Une* p. 2, article *La fiche découverte ANIMAUX* p. 2 (*cf.* Partie V) – Carte mentale (*cf. Manuel numérique*)
Matériel élève	*Mon carnet d'apprenti lecteur*

JOUR 1 SÉANCE 1

	Objectifs : – découvrir la Une du journal *Petit Quotidien*, – lire et comprendre un article de journal.
1. Introduire la séance	– Insister sur la découverte d'un nouveau type d'écrit et le nommer.
2. Prélever des informations	– Projeter la Une du *Petit Quotidien*. Procéder collectivement à la lecture de l'ensemble de la Une. Faire participer les élèves en commençant par la lecture du titre et la lecture de la photographie (collectif, oral). Laisser les élèves découvrir le nom de l'animal dans l'entrefilet. – Chercher la page de l'article sur le coati dans le pied de page. Le projeter. – Lire l'article *L'info de la Une* p. 2 ou faire lire certains passages par les élèves dont la lecture est la plus fluente.
3. Réaliser une activité de compréhension sur *Mon carnet d'apprenti lecteur* p. 48	**Activité 1.** Stratégie ♡. S'approprier le sujet de l'article.
4. Faire le bilan	Laisser les élèves reformuler ce qui a été appris sur le coati et commencer la carte mentale sur le modèle des écrits documentaires (*cf.* L'autruche, Période 4).
Prolongement sur *Mon carnet d'apprenti lecteur* p. 48-49	Donner en devoir l'article à réécouter (QR code®) et **l'activité 3** (Stratégie ♡) à réaliser : s'approprier le sujet par le dessin.

Carte mentale à compléter en classe

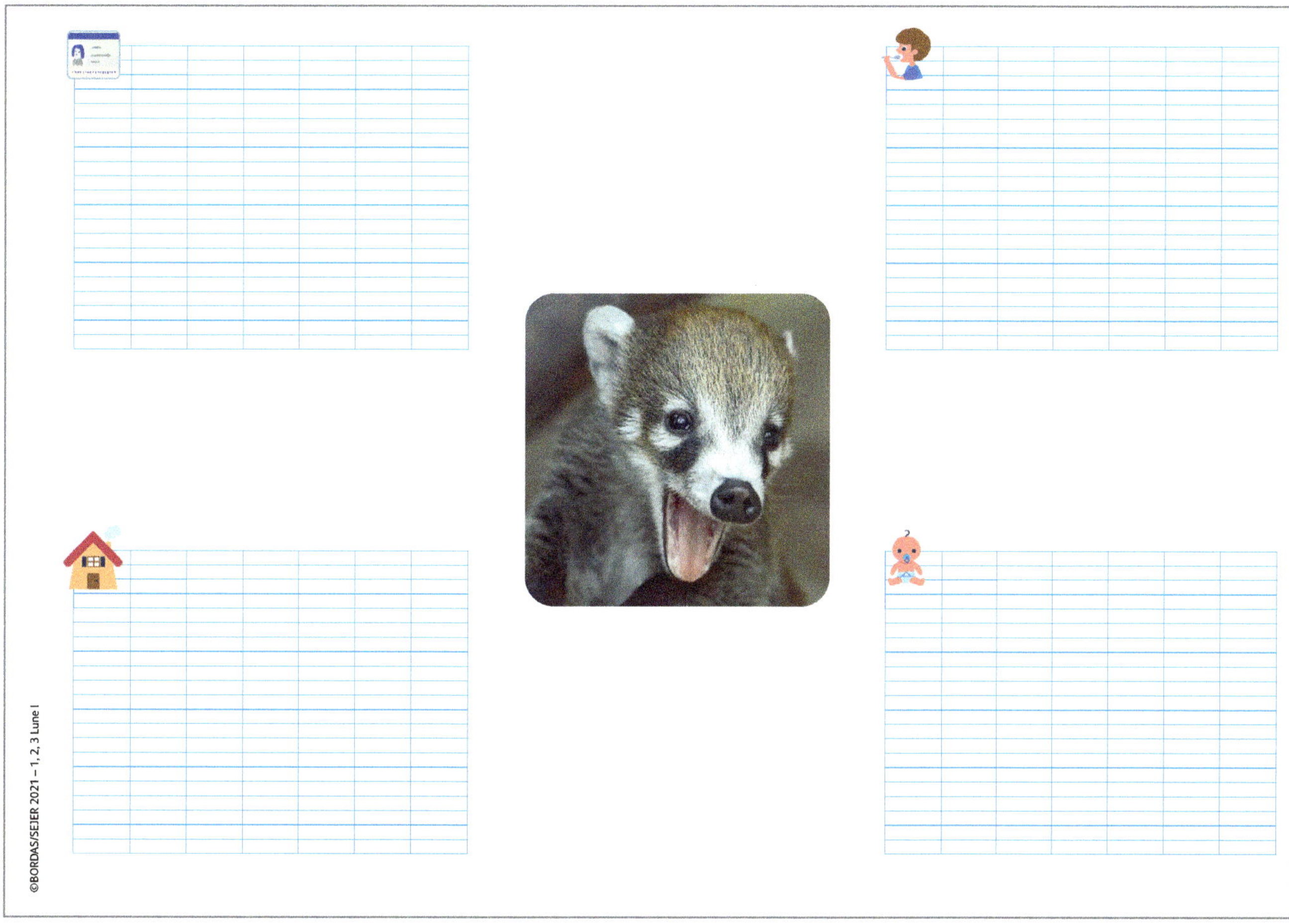

JOUR 2 SÉANCE 2

1. Introduire la séance

2. Travailler sur la maquette

Objectif : découvrir et comprendre comment se structure la Une d'un journal.

Travailler sur la maquette de la Une du *Petit Quotidien*. Expliquer que les Unes sont toujours conçues de la même façon, même pour les journaux des adultes. Cette construction aide à trouver les informations.

À partir de la Une du *Petit Quotidien* projetée, faire repérer aux élèves les différents éléments ; les nommer. Certains sont absents. En fin de séance, projeter la maquette prototypique ci-dessous.

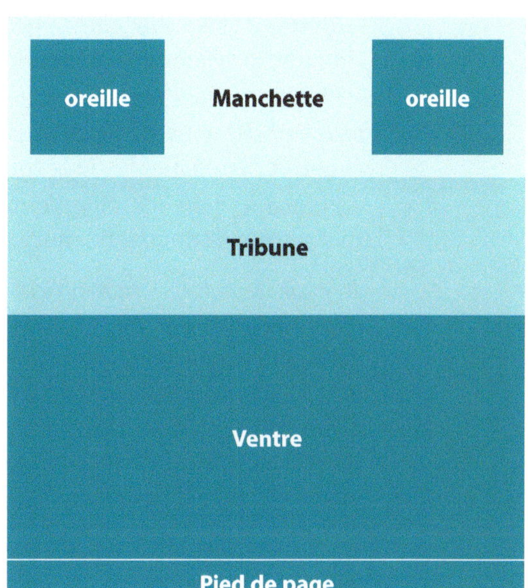

3. Réaliser une activité de compréhension sur *Mon carnet d'apprenti lecteur* p. 50	**Activité 5* (légende).** Stratégie. Il s'agit de réinvestir les connaissances acquises pendant la séance.

JOUR 3 SÉANCE 3

1. Introduire la séance	**Objectif :** poursuivre la compréhension d'un article de journal, identifier les informations essentielles. – Expliquer qu'un article de journal doit répondre aux quatre questions : Qui ? Où ? Quoi ? Quand ?
2. Relire *L'info de la Une* p. 2	Relire l'article sur le coati ou le faire relire par un élève bon lecteur (Montrer la démarche aux élèves : chercher sur la Une la page de l'article, ouvrir ensuite le journal pour accéder à celui-ci en page 2).
3. Faire mémoriser	– Rappeler les informations recueillies par les élèves, en appui sur la carte mentale commencée en séance 1. – Poursuivre l'élaboration de la carte mentale.
4. Réaliser une activité de compréhension sur *Mon carnet d'apprenti lecteur* p. 49	**Activité 2.** Stratégie – Laisser les élèves réaliser l'exercice en autonomie. – Travailler avec les élèves : poser les questions, les laisser formuler la réponse à l'oral, inscrire la réponse au tableau, les laisser recopier.

JOUR 4 SÉANCE 4

1. Introduire la séance	**Objectif :** faire le bilan sur les connaissances acquises à ce jour sur le coati et manifester sa compréhension en validant ou invalidant des affirmations. – Rappeler les informations disponibles sur le coati à partir de la carte mentale. Si besoin relire l'article *L'info de la Une* p. 2.
2. Réaliser une activité de compréhension sur *Mon carnet d'apprenti lecteur* p. 50	**Activité 4* (vrai-faux)** – Stratégie – Présenter la tâche : à partir des informations présentes dans l'article (seulement l'article), répondre aux questions par vrai ou faux. – En binôme, laisser un temps de recherche et de préparation à la justification. Les élèves répondent sur le carnet. Accompagner les élèves. – Traiter en grand groupe chaque affirmation **à l'oral** en repérant ce qui permet de donner la réponse. Amener les élèves à expliciter les raisons de leur choix et ainsi les stratégies mobilisées. Corriger en même temps les réponses dans le carnet. **– Phrase 1 :** identifier la phrase *ils passent encore beaucoup de temps à téter* et mettre en œuvre un raisonnement à partir des connaissances encyclopédiques (*téter, femelles avec des mamelles, animaux mammifères*). **– Phrase 2 :** identifier directement le groupe nominal *coati à nez blanc* dans l'article et résoudre la synonymie *museau-nez.* – **Phrase 3 :** faire mobiliser la représentation globale de l'article pour invalider cette phrase. L'élève ne doit pas se laisser influencer par l'association des mots *animal* et *cirque* et discriminer les lieux *zoo* et *cirque*. **– Phrase 4 :** faire identifier le mot *mignon* dans le titre et travailler la polysémie du mot pour le distinguer du mot *gentil* dans ce contexte (il s'agit d'un animal sauvage). **À noter :** le picto reprend ici la stratégie majoritaire (c'est-à-dire la mise en œuvre des raisonnements de type inférentiel). Néanmoins, les élèves vont justifier leurs réponses. Ainsi pour la question 1, le raisonnement à établir est le suivant : prélever la phrase dans le texte *ils passent beaucoup de temps à téter* (). Puis réaliser une inférence : *si les coatis tètent c'est que leurs mamans possèdent des mamelles. Ce sont donc des mammifères.* Ces deux informations issues des connaissances encyclopédiques des élèves ou apportées par l'enseignant (), permettent de valider la réponse 1.

* Erreur de numérotation dans la première édition de *Mon carnet d'apprenti lecteur.*

9. Lecture autonome

Modalités	Travail individuel en autonomie – Séances guidées – Bilan en classe entière
Durée	**JOUR 1 :** 2 ou 3 min en début de journée + 1 séance de lecture autonome : ☀ 20 min ★ ☾ 30 min **JOURS 2, 3 :** 2 séances de 10 min **JOUR 4 :** 1 séance de lecture autonome de 10 min + 1 séance de lecture fluence guidée de 10 min + 1 séance bilan de 20 min
Matériel élève	– *Fiche de lecture autonome* ☀ ★ ou ☾ – Fiche autocorrective

Planning

	JOUR 1	JOUR 2	JOUR 3	JOUR 4
Groupe classe	Narration et lecture du titre lors de la présentation de la semaine en collectif			Bilan
Ateliers en autonomie	Lecture	Lecture	Lecture et activités	Lecture et activités + autocorrection
Ateliers guidés avec l'enseignant				Lecture fluence

Narration de l'enseignant pour présenter l'épisode

C'est l'anniversaire de Chouchou. Pour l'occasion, ses parents ont organisé une fête d'anniversaire. Notre ours préféré a même invité quelques amis. Nos trois héros ne savent pas encore ce qui les attend pour cette journée spéciale mais nous pouvons nous attendre à ce qu'ils vivent quelques aventures étonnantes et drôles.

Caractéristiques des textes par groupe de besoins

	Nombre de mots	%	L'anniversaire 1. Le gâteau
☀	73	95 %	*Cf. Fiche de lecture autonome* p. 91
★	87	96 %	*Cf. Fiche de lecture autonome* p. 92 et *Manuel* p. 121
☾	109	95 %	*Cf. Fiche de lecture autonome* p. 93

Compétences travaillées

	Activité 1	Activité 2	Activité 3	Activité 4
☀	Identifier le personnage principal.	Identifier le nombre de bougies.	Effectuer des déductions pour déterminer le nombre de cadeaux.	Exprimer une préférence au sujet des personnages en justifiant sa réponse.
★	Identifier le personnage principal et effectuer une déduction pour déterminer son âge.	Identifier les personnages secondaires.	Identifier un élément précis parmi plusieurs.	
☾		Identifier une circonstance de l'action : le lieu.	Effectuer une inférence pour déterminer une circonstance de l'action : le temps.	

Bilan du JOUR 4	– Demander aux élèves de restituer l'histoire, en veillant à l'identification des différents personnages (Chouchou fête son anniversaire avec ses invités), et du programme de la journée (jeux dans le jardin, gâteau, cadeaux et soirée pyjama). – Lire le texte à voix haute aux élèves. – Traiter collectivement à l'oral les activités 3 des fiches ☀ ★ ☾. Expliciter les inférences à réaliser. – Traiter collectivement l'activité 4. Inciter les élèves à produire une réponse justifiée. Les élèves vont produire des réponses personnelles. Il n'y a pas de bonne réponse attendue. Montrer aux élèves que les différentes réponses sont valides et que leur opinion peut évoluer au cours des échanges.

10. Fluence

Modalités	**JOURS 2, 3, 4** Par groupe de besoins ☀ ★ ☾ avec l'enseignant puis en autonomie
Durée	– Avec l'enseignant sur les mots du *Manuel* : ☀ ★ ☾ 15 min – En autonomie sur les mots du *Manuel* : ☀ ★ 30 min ☾ 20 min – Avec l'enseignant sur les textes *des Fiches de lecture autonome* : ☀ ★ ☾ 30 min
Matériel enseignant	– *Manuel de code* p. 100 – *Fiche de Lecture autonome* ☀ ★ ou ☾ – *Guide pédagogique* Partie III – Chronomètre
Matériel élève	– *Manuel de code* et *Fiche d'exercices de code* ☀ ★ ou ☾ – *Fiche de Lecture autonome* ☀ ★ ou ☾ – Chronomètre

Fluence sur les mots **Exercice 6 • manuel, p. 120**	L'enseignant propose diverses manières de lire les mots : en balayage normal de gauche à droite et de haut en bas, verticalement en colonne, horizontalement de bas en haut, verticalement en commençant par le bas à droite.
Fluence sur texte	*Cf.* Période 3 semaine 1.
Consignes pour les groupes en autonomie sur les *Fiches d'exercices de code*	Pour l'exercice de fluence de mots : placer les élèves en duo : l'un gère le temps (chronomètre, timer, sablier), l'autre effectue la lecture des mots en 1 minute. Noter le mot atteint au bout de la minute. Puis permuter les rôles. Renouveler trois ou quatre fois l'opération.

Période 5 • Semaine 2

1. Proposition d'emploi du temps (*cf.* Semaine 1)

2. Code : graphèmes um et ien / en

Modalités	**JOUR 1** – Oral – Classe entière – 40 min
Matériel	*Manuel de code* p. 122
Étape 1	– Proposer le corpus de mots suivant, en bloc : *album – aluminium – forum – maximum – minimum – sérum.* – Lire tous les mots et demander aux élèves ce qu'ils remarquent : *on entend* [om] *à la fin de chaque mot.* – Demander aux élèves comment est écrit ce son dans les mots. Recueillir les propositions des élèves. Lire ensemble chaque mot. – Évoquer le cas particulier de *parfum* qui s'*écrit* « um » mais se prononce [un].

Étape 2	– Proposer le corpus de mots suivant, mot à mot : *ancien – examen – mécanicien – comédien – chien – bientôt – musicien – lycéen – bien.* – Lire les mots les uns après les autres et demander aux élèves quel son se retrouve dans chaque mot. Entourer les syllabes contenant le son. Observer comment ce son est écrit dans chaque mot : « en ». – Prolonger par la lecture des **mots** du *Manuel* et des **mots à mémoriser** ou les lire le lendemain matin.

3. Activités d'encodage/décodage

Modalités	**JOURS 2, 3** et **4** – Par groupe de besoins, en rotation : – Oral avec l'enseignant à partir du *Manuel* – Écrit en autonomie sur les *Fiches d'exercices de code* – 40 min
Matériel enseignant	*Manuel de code* p. 122 à 125
Matériel élève	– *Manuel de code* pour le travail avec l'enseignant – Cahier du jour pour la dictée avec l'enseignant – *Fiches d'exercices de code*, ou pour le travail en autonomie – Tablette (ou duos d'élèves) pour le travail en autonomie

Planning

	JOUR 2	JOUR 3	JOUR 4
Ateliers guidés avec l'enseignant	*Manuel* : – lecture mots – exercices 2, 3, 4	*Manuel* : – lecture phrases	*Manuel* : – exercices 7, 8
Ateliers en autonomie	*Fiches : exercices 2, 3*	*Fiches* : exercices 4	*Fiches* : exercices 7, 8

Exercices 2, 3 • manuel, p. 123	*cf.* Période 4 semaine 1.
Exercice 4 • manuel, p. 123	Mots dictés par l'enseignant sur le cahier du jour : forum – le mien – comédien – minimum comédien – minimum – bientôt – gardien – combien le mien – comédien – minimum – bientôt – gardien – combien
Exercices 7 et 8 • manuel, p. 124-125	– Écrire un à un les groupes de mots suivants au tableau : *une petite maison – un petit arbre – une plante verte – une fête joyeuse – un journal illustré – une eau douce – un train rapide – un oiseau blanc – un parc public.* – Demander aux élèves de les classer dans deux colonnes pré-tracées. – Faire observer les déterminants dans chaque colonne et catégoriser le masculin et le féminin. – Demander aux élèves de transformer les groupes au pluriel, en notant les marques du pluriel proposées par les élèves. – Effectuer ensuite les **exercices 7 et 8 à l'oral.**
Consignes pour les groupes en autonomie sur les *Fiches d'exercices de code*	*cf.* Période 1.

4. Dictée : le quart d'heure quotidien

Modalités	Classe entière. Procédé « Lamartinière » sur ardoise.
Durée	**Tous les jours** – 15 min
Matériel élève	Ardoise

Planning et textes

JOUR 1	mien – chien – album – ancien
JOUR 2	parfum – combien – aluminium – magicien
JOUR 3	maximum – Je passe bientôt un examen.
JOUR 4	Le voyage sera très bien. – un album de mécanicien

5. Geste d'écriture et copie

Modalités	Classe entière. **Tous les jours.** 20 min
Matériel enseignant	– Vidéo *échauffement des doigts* (*cf.* Partie III) – Outils de différenciation en usage, en fonction des besoins (*cf.* Partie III) – Tableau d'observation des élèves (*cf.* site Ressources)
Matériel élève	*cf.* semaine 1

JOUR 1 **Mémoriser l'orthographe des mots (liste) :**
Mots de la famille de *parfum : un parfum – un parfumeur – une parfumeuse – une parfumerie.*

JOUR 2 **S'entraîner à copier pour développer un empan de copie de plus en plus long :**
– Utiliser les mots travaillés la veille.
– Faire travailler les élèves en binôme soit sur la copie retournée soit sur la copie chrono.

JOUR 3 **Mémoriser l'orthographe à partir d'une famille de mots :**
Les féminins en -ienne : un chien/une chienne – un magicien/une magicienne – un gardien/une gardienne – un musicien/une musicienne – le mien/la mienne – le tien/la tienne – le sien/la sienne…

JOUR 4 **S'entraîner à copier pour développer un empan de copie de plus en plus long :**
– Utiliser les mots travaillés la veille.
– Faire travailler les élèves en binôme soit sur la copie retournée soit sur la copie chrono.

6. Copie (*cf.* Semaine 1)

7. Production d'écrit

Modalités	**JOUR 3** – Par groupe de besoins ☼ ★ ☾ avec l'enseignant, en rotation avec des activités en autonomie
Durée	**Matin :** ☼ 20 min ★ 10 min ☾ 10 min **Après-midi :** ☼ 30 min ★ 20 min ☾ 20 min
Matériel enseignant	– *Manuel de code* p. 124 – *Guide pédagogique* Partie III – Menus de cantines, de restaurants
Matériel élève	– *Fiche d'exercices de code* ☼ ★ ou ☾ ou cahier du jour/d'écrivain (selon le choix de l'enseignant)

Exercice 6 • manuel, p. 124	**Objectifs :** – s'entraîner à produire de l'écrit à partir d'un menu de cantine, – mettre en œuvre une démarche de production d'écrit, – développer la capacité à améliorer son écrit avec l'aide de l'enseignant.
MATIN	**Préparation à l'écriture**
1. Introduire la séance	Présenter la situation et expliciter l'objectif.
2. Expliciter le type d'écrit : un menu	Observer l'organisation des menus de cantines, de restaurants, pour en déduire quelques caractéristiques du genre.

3. Imaginer et constituer un corpus	– Imaginer ce que des extra-terrestres pourraient manger d'insolite, d'étrange (ce qui pour nous n'est pas considéré comme des aliments). – Lister collectivement quelques idées, faire participer les élèves à l'encodage des mots. Établir un mémo collectif, en catégorisant par entrées-plats-desserts-boissons. – Noter sur une affiche (trace mémoire pour la séance d'écriture de l'après-midi, outil d'aide à l'orthographe, à expliciter aux élèves) quelques mots clés parmi les propositions des élèves. Veiller à la variété des catégories grammaticales : noms, adjectifs… pour construire des GN étendus avec des compléments du nom. *Ex : éponge croustillante en deux couleurs.* – Organiser cette prise de notes sous la forme d'un tableau ou d'une carte mentale ou toute autre forme de votre choix : catégoriser le vocabulaire.
APRÈS-MIDI	**Mise en texte et révision**
4. Lancer les élèves dans l'écriture	– Rappeler le travail effectué le matin, afficher la trace écrite élaborée collectivement. – Annoncer la tâche : écrire un menu pour des extra-terrestre. – Attribuer à chaque élève un jour de la semaine, ou un repas de la journée (petit-déjeuner, déjeuner, goûter, dîner). – Donner un temps de réflexion individuel ou en binôme, faire un tour de table pour faire présenter les menus. Présenter son propre menu aux élèves afin d'inciter les élèves à produire des GN enrichis.
5. Accompagner les élèves dans l'écriture **6. Clôturer la séance**	*cf.* semaine 1.
Prolongement	– Réaliser une illustration. – Afficher les menus élaborés par les élèves ou réaliser un recueil.

8. Compréhension : *Le coati à nez blanc* – 2e partie

Modalités	**Tous les jours.** Classe entière avec mise en groupes ou binômes
Durée	8 séances de 20 min sur deux semaines
Matériel enseignant	– Manuel numérique de *Mon carnet d'apprenti lecteur* – Journal *Petit Quotidien* (cf. Partie V) – Carte mentale commencée la semaine précédente – Autres documentaires sur le coati
Matériel élève	– *Mon carnet d'apprenti lecteur* – Marque-pages, surligneurs

En amont, recueillir des supports documentaires complémentaires sur le coati issus de la bibliothèque de classe, BCD, bibliothèque municipale de proximité, recherche Internet, ou apportés par les élèves. S'il n'est pas possible de recueillir ces supports, ce numéro du Petit Quotidien comporte une partie documentaire sur le coati en page 2 : *La fiche découverte ANIMAUX.*

JOUR 1 SÉANCE 5

	Objectif : enrichir ses connaissances par la lecture documentaire.
1. Introduire la séance	– Réactiver les connaissances recueillies sur le coati en appui sur la carte mentale présentée comme lacunaire. – Présenter la tâche qui sera réalisée sur deux jours : engager les élèves à compléter les connaissances sur le coati en utilisant des ouvrages documentaires extérieurs à l'article (jour 1 : découvrir et explorer les supports, jour 2 : extraire des informations et les reporter sur la carte mentale pour la compléter).

2. Découvrir des supports, s'approcher d'une démarche de recherche documentaire	– Constituer des groupes hétérogènes de 3 ou 4 élèves. – Répartir les différents ouvrages entre les groupes ou donner des photocopies sur lesquelles les élèves peuvent entourer ou surligner les informations. Fournir aussi des marque-pages pour leur permettre de repérer des informations supplémentaires (photographies, schémas…) – Laisser les élèves explorer ces supports. – Réguler l'activité des groupes et les aider à se repérer dans les écrits documentaires.

JOUR 2 SÉANCE 6

	Objectif : enrichir ses connaissances par la lecture documentaire.
1. Introduire la séance	– Poursuivre l'activité du jour précédent. – Donner à chaque groupe d'élèves une carte mentale complétée lors de la première semaine et imprimée sur feuille A4. – Réguler l'activité des groupes et les aider à compléter la carte mentale. À noter : il ne s'agit pas d'être exhaustif mais bien d'aborder une démarche de recherche documentaire.

JOUR 3 SÉANCE 7

	Objectif : catégoriser des informations.
Réaliser une activité de compréhension sur *Mon carnet d'apprenti lecteur* p. 51	**Activité 6* (recherches supplémentaires).** Stratégie ⚙. À réaliser avec le *Petit Quotidien*. – Laisser les élèves ☾ travailler seuls sur l'exercice 5 p. 51 et le documentaire présent dans le *Petit Quotidien*. Nous reprécisons que, pour cette séquence, il existe trois supports : la *Une*, l'article sur le coati « L'info de la Une » (page 2) et l'écrit documentaire « La fiche découverte ANIMAUX » (page 2). – Travailler avec les élèves ☀★ : projeter et lire l'activité ; guider la recherche sélective des informations en fonction des catégories communes à l'activité et à la carte mentale ; catégoriser les informations.

JOUR 4 SÉANCE 8

	Objectif : expliciter les apprentissages réalisés.
Bilan en classe entière	– Récapituler les apprentissages réalisés sur la Une. – S'assurer que les élèves ont bien fait le lien entre la collecte d'informations dans un article et dans un écrit documentaire (*Bébés des pôles*, L'autruche).

9. Lecture autonome

Modalités	Travail individuel en autonomie – Séances guidées – Bilan en classe entière
Durée	**JOUR 1 :** 2 ou 3 min en début de journée + 1 séance de lecture autonome : ☀ 20 min ★ ☾ 30 min **JOURS 2, 3 :** 2 séances de 10 min **JOUR 4 :** 1 séance de lecture autonome de 10 min + 1 séance de lecture fluence guidée de 10 min + 1 séance bilan de 20 min
Matériel élève	– *Fiche de lecture autonome* ☀ ★ ou ☾ – Fiche autocorrective

* Erreur de numérotation dans la première édition de *Mon carnet d'apprenti lecteur*.

Planning

	JOUR 1	JOUR 2	JOUR 3	JOUR 4
Groupe classe	Narration et lecture du titre lors de la présentation de la semaine en collectif			Bilan
Ateliers en autonomie	Lecture	Lecture	Lecture et activités	Lecture et activités + autocorrection
Ateliers guidés avec l'enseignant				Lecture fluence

Narration de l'enseignant pour présenter l'épisode

Réaliser un rappel collectif de l'épisode précédent. Émettre quelques hypothèses sur la suite à partir du titre…

Caractéristiques des textes par groupe de besoins

	Nombre de mots	%	L'anniversaire Épisode 2 : La dispute
☀	69	98 %	*Cf. Fiche de lecture autonome* p. 95
★	90	96 %	*Cf. Fiche de lecture autonome* p. 96 et *Manuel* p. 125
☾	117	96 %	*Cf. Fiche de lecture autonome* p. 97

Compétences travaillées

	Activité 1	Activité 2	Activité 3
☀ ★ ☾	Effectuer des inférences pour identifier le locuteur.	Identifier un personnage secondaire.	Établir des liens avec son propre vécu.

Bilan du JOUR 4

– Demander aux élèves de restituer l'histoire, en veillant à l'identification des différents personnages et du rôle de chacun (Chouchou tombe et pleure, Nina se moque, Noé prend la défense de Chouchou), puis revenir sur la réconciliation.

– Lire le texte à voix haute aux élèves.

– Traiter collectivement à l'oral les activités 1 des fiches ☀ ★. Expliciter les inférences à réaliser.

– Traiter collectivement l'activité 3. Inciter les élèves à produire une réponse explicative à partir des solutions qu'ils ont personnellement vécues. Il s'agit d'une situation d'échange et de partage d'idées. On n'attend pas qu'une réponse unique soit trouvée, mais plutôt d'en recenser plusieurs.

10. Fluence (*cf.* Semaine 1)

Période 5 • Semaine 3

1. Proposition d'emploi du temps (*cf.* Semaine 1)

2. Code : graphèmes t = [s] et oy / uy / ay

Modalités	**JOUR 1** – Oral – Classe entière – 40 min
Matériel	*Manuel de code* p. 126

Étape 1

– Proposer le corpus de mots suivant, en bloc : *addition – opération – respiration – nation – aspiration – attention – natation – condition.*

– Lire tous les mots et demander aux élèves ce qu'ils remarquent : *on entend [sion] à la fin de chaque mot.* Entourer la dernière syllabe de chaque mot.

– Demander aux élèves comment est écrit ce son dans ces mots et ce qui les surprend : *le « t » se prononce [s].*

Étape 2

– Proposer le corpus de mots suivant, mot à mot : *tuyau – voyelle – pays – crayon – noyau – voyage – essuyer – gruyère – bruyant – balayage.*

– Demander aux élèves ce qu'ils remarquent avant de lire les mots : *ils contiennent tous un « y ».*

– Lire chaque mot deux fois. Après chaque mot, demander à un élève de le répéter et de déterminer quels sons il entend autour du « y ».

– Faire apparaître la scission du « y » en deux « i ». Le premier i est combiné avec la voyelle qui précède pour donner le son [ai], [oi], ou [ui] (selon le mot). Le second i est fusionné avec la suite pour former le son [io], [ié], [i]…

– Sous chaque mot, écrire la décomposition :

crayon	noyau	tuyau
crai – ion	noi – iau	tui – iau

– Procéder de même avec chaque mot en changeant d'élève acteur.

– Prolonger par la lecture des **mots** du *Manuel* et des **mots à mémoriser** ou les lire le lendemain matin.

3. Activités d'encodage/décodage

Modalités	**JOURS 2, 3** et **4** – Par groupe de besoins en rotation : – Oral avec l'enseignant à partir du *Manuel* – Écrit en autonomie sur les *Fiches d'exercices de code* – 40 min
Matériel enseignant	*Manuel de code* p. 126 à 129
Matériel élève	– *Manuel de code* pour le travail avec l'enseignant – Cahier du jour pour la dictée avec l'enseignant – *Fiches d'exercices de code*, ou pour le travail en autonomie – Tablette (ou duos d'élèves) pour le travail en autonomie

Planning

	JOUR 2	JOUR 3	JOUR 4
Ateliers guidés avec l'enseignant	*Manuel* : – lecture mots – exercices 2, 3, 4	*Manuel* : – lecture mots et phrases	*Manuel* : – exercices 7, 8
Ateliers en autonomie	*Fiches* : exercices 2, 3	*Fiches* : exercice 4	*Fiches* : exercices 7, 8

Exercices 2, 3 • manuel, p. 127	*cf.* Période 4 semaine 1.
Exercice 4 • manuel, p. 128	Mots dictés par l'enseignant sur le cahier du jour : ☀ animation – crayon – foyer – tuyau ★ foyer – tuyau – paysage – essentiel – moyenne ☾ paysage – essentiel – moyenne – communication – balayette
Exercice 7, 8 • manuel, p. 128	– Demander aux élèves de proposer une phrase qui commence soit par *hier…*, soit par *aujourd'hui…*, soit par *demain…* – Prolonger cette proposition jusqu'à ce que chaque élève du groupe ait au moins produit deux phrases. Évoquer le fait que la première catégorie de phrases correspond au passé, la seconde au présent et la troisième au futur. – Effectuer ensuite les **exercices 7 et 8 à l'oral**.
Consignes pour les groupes en autonomie sur les *Fiches d'exercices de code*	*cf.* Période 1.

4. Dictée : le quart d'heure quotidien

Modalités	Classe entière. Procédé « Lamartinière » sur ardoise.
Durée	**Tous les jours** – 15 min
Matériel élève	Ardoise

Planning et textes

JOUR 1	opération – foyer – crayon – pays
JOUR 2	addition – tuyau – noyau – rayon
JOUR 3	attention – essuyer – J'ai nettoyé la cour de récréation.
JOUR 4	Je fais une addition avec mon crayon. – La balayette a rayé la vitre.

5. Geste d'écriture et copie

Modalités	Classe entière. **Tous les jours**. 20 min
Matériel enseignant	– Vidéo *échauffement des doigts* (*cf.* Partie III) – Outils de différenciation en usage, en fonction des besoins (*cf.* Partie III) – Tableau d'observation des élèves (*cf.* site Ressources)
Matériel élève	*cf.* semaine 1

JOUR 1	**Mémoriser l'orthographe des mots (liste) :** *natation – crayon – balayer – essuyer – aboyer.*
JOUR 2	**S'entraîner à copier pour développer un empan de copie de plus en plus long :** – Utiliser les mots travaillés la veille. – Faire travailler les élèves en binôme soit sur la copie retournée soit sur la copie chrono.
JOUR 3	**Mémoriser l'orthographe à partir d'une famille de mots :** Variations de formes verbales : *balayer – vous balayez – il a balayé – j'ai balayé – balayant.* Même exercice avec *essuyer et aboyer.*
JOUR 4	**S'entraîner à copier pour développer un empan de copie de plus en plus long :** – Utiliser les mots travaillés la veille. – Faire travailler les élèves en binôme soit sur la copie retournée soit sur la copie chrono.

6. Copie (*cf.* Semaine 1)

7. Production d'écrit

Modalités	**JOUR 3** – Par groupe de besoins ☀ ★ ☾ avec l'enseignant, en rotation avec des activités en autonomie
Durée	**Matin :** ☀ 20 min ★ 10 min ☾ 10 min **Après-midi :** ☀ 30 min ★ 20 min ☾ 20 min
Matériel enseignant	– *Manuel de code* p. 128 – *Guide pédagogique* Partie III
Matériel élève	– *Fiche d'exercices de code* ☀ ★ ou ☾ ou cahier du jour/d'écrivain (selon le choix de l'enseignant)

Exercice 6 • manuel, p. 128	**Objectifs** : s'entraîner à produire de l'écrit à partir d'une image pour exprimer des événements antérieurs et postérieurs au contexte, mettre en œuvre une démarche de production d'écrit ; développer la capacité à améliorer son écrit avec l'aide de l'enseignant.
MATIN	**Préparation à l'écriture**
1. Introduire la séance	Présenter la situation et expliciter l'objectif. On retrouve ici une situation d'écriture à partir d'une image.
2. Observer et décrire l'image	– Après un court temps d'observation, amener les élèves à décrire l'image (le lieu de la scène, les personnages) pour pouvoir faire parler puis écrire sur ce qui a pu se passer avant et après la scène. – Organiser les échanges à partir de relances ou des questions : Parlez-moi du lieu. À votre avis, que s'est-il passé avant ? Parlez-moi des personnages, ce qu'ils pensent. À votre avis, que va-t-il se passer après ? Attirer l'attention des élèves sur les obstacles et les dangers potentiels (bouteille et poubelle sur la route). À votre avis, est-ce que l'un de ces skaters va tomber ? Racontez-moi sa chute. – Noter sur une affiche (trace mémoire pour la séance d'écriture de l'après-midi, outil d'aide à l'orthographe, à expliciter aux élèves) quelques mots clés parmi les propositions des élèves. Veiller à la variété des catégories grammaticales : noms, verbes, adjectifs. – Organiser cette prise de notes sous la forme d'une frise chronologique ou toute autre forme de votre choix : catégoriser les idées selon l'organisation temporelle.
APRÈS-MIDI	**Mise en texte et révision**
3. Lancer les élèves dans l'écriture	– Rappeler le travail effectué le matin. – Écrire collectivement une phrase pour exprimer l'action principale de la scène. *Ex. : Les trois garçons roulent tranquillement sur leur skate.* – Demander aux élèves de choisir un des trois personnages et de préparer des phrases pour raconter ce qu'il a pu faire avant et ce qui va arriver après.
4. Accompagner les élèves dans l'écriture	*cf.* semaine 1. Aider à enrichir l'écrit produit avec les pensées et les émotions des personnages ou un court échange de paroles entre deux personnages.
5. Clôturer la séance	*cf.* semaine 1.

8. Compréhension : *La chèvre de M. Seguin* – 1re partie

Modalités	**Tous les jours.** Classe entière avec mise en groupes ou binômes
Durée	16 séances de 20 min sur 4 semaines
Matériel enseignant	– Manuel numérique de *Mon carnet d'apprenti lecteur* – Texte de l'histoire (cf. Partie V) – Carte mentale (*cf.* Manuel numérique) – Smartphone ou autre moyen d'enregistrement
Matériel élève	– *Mon carnet d'apprenti lecteur* – Vignettes représentant les personnages et Décor 1 de l'histoire (*cf.* site Ressources)

– Pour la première fois de l'année, l'étude d'un texte va s'étaler sur quatre semaines. Il s'agit pour les élèves de réinvestir des compétences abordées dans les autres périodes et de les mettre en œuvre de façon plus autonome mais toujours de manière guidée par l'enseignant.

– On retrouvera donc l'importance du **schéma narratif** dans l'étude par épisodes, le réinvestissement de la **théorie de l'esprit** dans l'analyse des états mentaux des personnages ainsi que la prépondérance du **jeu de rôles** et de la **restitution du récit**. Ce dispositif pédagogique facilite pour l'élève l'intégration de tous les éléments nécessaires à une compréhension fine de l'œuvre étudiée.

– Il est possible pour l'enseignant de réaliser des séances décrochées autour du lexique s'il le souhaite mais le choix a été fait ici de ne pas en présenter si ce n'est autour du champ lexical des émotions afin de privilégier les stratégies de restitution et de compréhension de la psychologie des personnages du récit.

SCHÉMA NARRATIF à reconstituer au fil des épisodes et de la carte mentale
Situation initiale : M. Seguin adopte une septième chèvre (épisode 1).
Élément de perturbation : la chèvre s'ennuie, elle s'enfuit (épisode 2).
Péripéties :
– Vagabondage dans la montagne et découverte de la sensation de liberté (épisode 3).
– La menace du loup et le dilemme de la chèvre (épisode 4).
– Rencontre avec le loup et combat (épisode 5).
Situation finale : La chèvre est morte.

SÉANCE 0

Lecture offerte, découverte du récit	– Lire de manière expressive le récit **en entier** à toute la classe en amont de la séquence (au moins deux fois). – Renouveler cette lecture offerte régulièrement sur des temps « libres » des 4 semaines d'étude de ce texte, entre les séances de compréhension. – Donner au moins une fois par semaine la nouvelle à réécouter (QR code® p. 52 du *carnet d'apprenti lecteur*) en devoir à la maison. Ceci permettra aux élèves de s'imprégner davantage de l'histoire.

JOUR 1 SÉANCE 1

1. Introduire la séance	**Objectif :** connaître le récit et le lire pour le comprendre.
2. Rappeler le récit en collectif	– Recueillir les dires des élèves sur ce qu'ils ont retenu de la lecture offerte. – Demander des précisions sur les lieux, les personnages et la causalité des faits. – Tracer la carte mentale sur une affiche ou au TBI au fur et à mesure. Veiller à ce que les différents épisodes soient identifiés et bien les reporter sur la carte mentale dans l'ordre chronologique si possible. Cet ordre pourra être rétabli au cours des séances suivantes.
3. S'approprier le premier épisode : *M. Seguin adopte une chèvre*	*Par petits groupes :* jeu de scène. – Constituer des groupes de trois élèves (M. Seguin, la chèvre, un élève « chuchoteur »). – Distribuer le matériel : 1 jeu de vignettes par groupe + le décor.

	– Faire jouer la scène dans laquelle M. Seguin fait visiter sa ferme à Blanquette et lui explique comment il va faire pour la garder. – Écouter les élèves, noter les arguments énoncés par les élèves qui jouent le rôle de M. Seguin.
4. Mettre en commun	En groupe classe, organiser une discussion autour des différents arguments de M. Seguin pour convaincre Blanquette de rester avec lui. – Faire répéter les arguments que les élèves ont eux-mêmes mobilisés. – Compléter avec des arguments entendus lors de la phase précédente. – Apporter de nouveaux arguments en appui si les élèves ne les ont pas spontanément identifiés. Arguments à déployer par M. Seguin : – Les dangers de la montagne (garder des propos d'élèves qui expliqueraient à la chèvre les dangers de la montagne dont le loup). – *La chèvre est jeune, elle va mieux s'habituer.* – *Sa corde est longue.* – *M. Seguin va venir lui parler, la caresser pour ne pas qu'elle s'ennuie.* La maquette et les images sont laissées dans un coin de la classe pour que les élèves puissent s'entraîner lors de temps calmes en autonomie.
Prolongement sur *Mon carnet d'apprenti lecteur* p. 52	Donner en devoir le récit à réécouter (QR code®) et faire réaliser le coloriage.

JOUR 2 SÉANCE 2

1. Introduire la séance	**Objectifs :** comprendre l'histoire en s'appuyant sur les états mentaux des personnages.
2. Faire mémoriser	– Faire rappeler le récit **en entier** par les élèves en appui sur la carte mentale ou une maquette des lieux et les petites vignettes. – Laisser les élèves s'entraîner par petits groupes de brouillon d'oral.
3. Résoudre les inférences du récit sur l'épisode 2 : *la chèvre s'ennuie, elle s'enfuit* **= inférences**	– Expliquer aux élèves que certaines questions n'ont pas de réponse dans le texte et qu'il faut donc les résoudre grâce à des indices du texte ou ses connaissances personnelles. – Les élèves sont désormais capables d'entrer dans la tête et le cœur des personnages. Ils sont formés à s'interroger sur ce qu'on peut faire dire aux personnages de leurs intentions, émotions, savoirs et croyances depuis la période 2 (*cf. Rita et Machin*). Pourquoi la chèvre s'enfuit-elle ? **Intentions** : *Elle rêve de liberté, de découvrir les montagnes qu'elle aperçoit au loin.* **Émotions :** *Elle est attirée par ce qu'elle ne connaît pas. Elle est impatiente, curieuse, avide de découvertes. Elle est prête à prendre des risques même si elle connaît l'existence du loup.* **Savoirs, croyances :** *Elle pense que c'est mieux de vivre librement plutôt qu'attachée à un pieu. Elle se dit que si ses camarades chèvres sont parties dans la montagne, c'est parce que cela en valait la peine.* Autres questions possibles : Pourquoi la chèvre s'ennuie-t-elle ? Que ressent et pense M. Seguin ? – Transcrire les hypothèses des élèves au tableau. – Les valider par rapport au texte entendu (indices), aux connaissances culturelles ou de vie des élèves.
3. Restituer le récit (épisodes 1 et 2)	Enregistrer les deux premiers épisodes du récit par un ou deux élèves (enregistreur vocal/smartphone).

JOUR 3 SÉANCE 3

	Objectif : comparer pour mieux comprendre.
Introduire la séance	– Expliciter l'objectif : comparer l'enregistrement de la séance 2 au récit pour mieux le comprendre. – Diviser la classe en deux groupes hétérogènes A et B de façon à ce que les deux groupes réalisent les deux activités. Inverser les groupes à la moitié du temps.
Groupe A : rappel du récit	– Écouter un enregistrement fait en séance 2 (portant sur les épisodes 1 et 2). – Prendre en note au tableau les manques perçus par les élèves (chasse aux écarts). – Relire les deux premiers épisodes de la nouvelle aux élèves. Les écarts vont résider sur les informations ou les étapes manquantes. Il s'agit donc pour le professeur de faire référence à la carte mentale.
Groupe B : en autonomie	Réaliser les activités de compréhension de *Mon carnet d'apprenti lecteur* p. 52. – Les élèves lisent le début de l'histoire en binôme (l'un lit, l'autre écoute puis ils inversent les rôles). Constituer des binômes hétérogènes. – **Activité 1.** Stratégie ♡. S'approprier l'histoire par la copie du titre.

JOUR 4 SÉANCE 4

1. Introduire la séance	**Objectif :** se mettre dans la tête et dans le cœur de la chèvre pour comprendre ce qu'elle ressent quand elle profite enfin de sa liberté.
2. Étudier l'épisode 3 : *Vagabondage dans la montagne et découverte de la sensation de liberté*	– Faire raconter l'épisode par les élèves et les questionner sur les états mentaux de Blanquette selon la méthodologie habituelle (*cf. Rita et Machin*, Période 2). – Guider les élèves dans l'identification de tout ce qui rend la chèvre heureuse dans le texte. Prélever (🔍) des mots du texte (étude du lexique) : *ravissement général, on la reçut comme une petite reine, notre chèvre était heureuse, à moitié saoule.* – Compléter la carte mentale.

Épisodes :

1. La chèvre reste sagement dans son enclos d'aubépines.
2. Elle s'ennuie et s'enfuit.
3. Elle profite de sa liberté.
4. Le loup menace.
5. La chèvre combat le loup.

9. Lecture autonome

Modalités	Travail individuel en autonomie – Séances guidées – Bilan en classe entière
Durée	**JOUR 1 :** 2 ou 3 min en début de journée + 1 séance de lecture autonome : ☀ 20 min ★ ☾ 30 min **JOURS 2, 3 :** 2 séances de 10 min **JOUR 4 :** 1 séance de lecture autonome de 10 min + 1 séance de lecture fluence guidée de 10 min + 1 séance bilan de 20 min
Matériel élève	– *Fiche de lecture autonome* ☀ ★ ou ☾ – Fiche autocorrective

Planning

	JOUR 1	JOUR 2	JOUR 3	JOUR 4
Groupe classe	Narration et lecture du titre lors de la présentation de la semaine en collectif			Bilan
Ateliers en autonomie	Lecture	Lecture	Lecture et activités	Lecture et activités + autocorrection
Ateliers guidés avec l'enseignant				Lecture fluence

Narration de l'enseignant pour présenter l'épisode

Réaliser un rappel collectif de l'épisode précédent. Émettre quelques hypothèses sur la suite à partir du titre…

Caractéristiques des textes par groupe de besoins

	Nombre de mots	%	L'anniversaire Épisode 3 : Une mission pour nos amis
☀	77	96 %	*Cf. Fiche de lecture autonome* p. 99
★	97	95 %	*Cf. Fiche de lecture autonome* p. 100 et *Manuel* p. 129
☾	123	95 %	*Cf. Fiche de lecture autonome* p. 101

Compétences travaillées

	Activité 1	Activité 2	Activité 3
☀	Identifier l'ordre des personnages dans un dialogue.	Identifier l'opposant.	Imaginer la manière dont les héros vont résoudre le problème
★	Effectuer des inférences pour déterminer le lieu de l'action.	Prélever dans le texte la phrase qui exprime l'élément déclencheur.	
☾	Effectuer des inférences pour identifier les personnages.	Identifier les caractéristiques de l'opposant.	

Bilan de JOUR 4	– Demander aux élèves de restituer l'histoire, en veillant à l'identification des différents personnages, du rôle de chacun et notamment de l'élément perturbateur : Lapinou a été enlevé par Goupil. – Lire le texte à voix haute aux élèves. – Traiter collectivement à l'oral les activités 1 des fiches ☼ ★ ☾. Expliciter les inférences à réaliser. Puis traiter l'activité 2 de la fiche ☾. – Traiter collectivement l'activité 3. Inciter les élèves à partager leurs idées. On n'attend pas qu'une réponse unique soit trouvée. Faire remarquer aux élèves que plusieurs réponses sont possibles. On pourra discuter de la cohérence des propositions des élèves avec ce qui est connu de la situation du récit.

10. Fluence (*cf.* Semaine 1)

Période 5 • Semaine 4

1. Proposition d'emploi du temps (*cf.* Semaine 1)

2. Code : graphèmes h muet et ph

Modalités	**JOUR 1** – Oral – Classe entière – 40 min
Matériel	*Manuel de code* p. 130

Étape 1	– Proposer le corpus de mots suivant, en bloc : *haricot – hérisson – humide – hélice – hauteur – habit – hôpital – hélicoptère.* – Lire tous les mots et demander aux élèves ce qu'ils remarquent : *on voit une lettre qu'on n'entend pas au début du mot. Le « h »*. Faire lire les mots par les élèves sous forme de *furet*.
Étape 2	– Proposer le corpus de mots suivant, mot à mot *: photo – éléphant – téléphone – phoque – atmosphère – photographe – pharmacie – phare – saxophone – nénuphar.* – Demander aux élèves quel son ils entendent, commun à tous les mots : *le son [f].* – Leur demander s'ils voient la lettre « f » : *Non.* – Puis, leur demander comment ce son [f] est écrit. Identifier les syllabes contenant le son, les entourer, et discuter des divers avis jusqu'à faire émerger le graphème « ph » pour coder le phonème [f]. – Faire lire les mots à tour de rôle par tous les élèves. – Prolonger par la lecture des **mots** du *Manuel* et des **mots à mémoriser** ou les lire le lendemain matin.

3. Activités d'encodage/décodage

Modalités	**JOURS 2, 3** et **4** – Par groupe de besoins ☼ ★ ☾, en rotation : – Oral avec l'enseignant à partir du *Manuel* – Écrit en autonomie sur les *Fiches d'exercices de code* – 40 min
Matériel enseignant	*Manuel de code* p. 130 à 133
Matériel élève	– *Manuel de code* pour le travail avec l'enseignant – Cahier du jour pour la dictée avec l'enseignant – *Fiches d'exercices de code* ☼, ★ ou ☾ pour le travail en autonomie – Tablette (ou duos d'élèves) pour le travail en autonomie

Planning

	JOUR 2	JOUR 3	JOUR 4
Ateliers guidés avec l'enseignant	*Manuel* : – lecture mots – exercices 2, 3, 4	*Manuel* : – lecture mots et phrases	*Manuel* : – exercices 5, 8, 9
Ateliers en autonomie	*Fiches* : exercices 2, 3	*Fiches* : exercice 4	*Fiches* : exercices 5, 8, 9

Exercices 2, 3 • manuel, p. 131

cf. Période 4 semaine 1.

Exercice 4 • manuel, p. 131

Dictée de mots par l'enseignant sur le cahier du jour :

☀ éléphant – homme – téléphone – herbe

★ hérisson – orthographe – haricot – pharmacie – hiver

☾ hélicoptère – photographe – triomphe – habits – atmosphère

Exercice 5 • manuel, p. 132

Pour chaque mot choisi dans chaque couple de mots, faire argumenter les élèves sur les raisons de leur choix. Faire le lien avec les graphèmes étudiés.

Exercices 8, 9 • manuel, p. 132-133

– Écrire les groupes verbaux suivants au tableau : *marche vite – aiment les pâtes – calcule bien – joue du violon – courent dans la cour – montent l'escalier – lance une boule de neige – écoutent un disque – passe par la fenêtre.*

– Pour chacun, demander aux élèves de choisir un pronom : « elle », « elles », « il », ou « ils ».

– Faire ensuite observer les marques qui permettent de trouver le bon pronom (marques du pluriel). Faire remarquer que le genre n'intervient pas dans cet exercice. Les deux genres sont possibles indifféremment pour chaque item.

– Effectuer ensuite les **exercices 8 et 9 à l'oral.**

Consignes pour les groupes en autonomie sur les *Fiches d'exercices de code*

cf. Période 1.

4. Dictée : le quart d'heure quotidien

Modalités	Classe entière. Procédé « Lamartinière » sur ardoise.
Durée	**Tous les jours** – 15 min
Matériel élève	Ardoise

Planning et textes

JOUR 1	heure – éléphant – photo – dehors
JOUR 2	haricot – téléphone – bonheur – pharmacie
JOUR 3	phare – bibliothèque – J'ai vu un hélicoptère dehors.
JOUR 4	Le photographe s'est mis en hauteur pour prendre la photo.

5. Geste d'écriture et copie

Modalités	Classe entière. **Tous les jours**. 20 min
Matériel enseignant	– Vidéo *échauffement des doigts* (*cf.* Partie III) – Outils de différenciation en usage, en fonction des besoins (*cf.* Partie III) – Tableau d'observation des élèves (*cf.* site Ressources)
Matériel élève	*cf.* semaine 1

JOUR 1 **Mémoriser l'orthographe des mots (liste) :**
hibou – éléphant – homme – téléphone

JOUR 2 **S'entraîner à copier pour développer un empan de copie de plus en plus long :**
– Utiliser les mots travaillés la veille.
– Faire travailler les élèves en binôme soit sur la copie retournée soit sur la copie chrono.

JOUR 3 **Mémoriser l'orthographe à partir d'une famille de mots :**
Mots de la famille de *histoire* : une histoire – la préhistoire – l'historien – l'historienne – préhistorique – historique.

JOUR 4 **S'entraîner à copier pour développer un empan de copie de plus en plus long :**
– Utiliser les mots travaillés la veille.
– Faire travailler les élèves en binôme soit sur la copie retournée soit sur la copie chrono.

6. Copie (*cf.* Semaine 1)

7. Production d'écrit

Modalités	**JOUR 3** – Par groupe de besoins ☀ ★ ☾ avec l'enseignant, en rotation avec des activités en autonomie
Durée	**Matin :** ☀ 20 min ★ 10 min ☾ 10 min **Après-midi :** ☀ 30 min ★ 20 min ☾ 20 min
Matériel enseignant	– *Manuel de code* p. 132 – *Guide pédagogique* Partie III
Matériel élève	– *Fiche d'exercices de code* ☀ ★ ou ☾ ou cahier du jour/d'écrivain (selon le choix de l'enseignant)

Exercice 7 • manuel, p. 132	**Objectifs :** s'entraîner à produire de l'écrit à partir d'une phrase pour exprimer des événements antérieurs et postérieurs au contexte, mettre en œuvre une démarche de production d'écrit ; développer la capacité à améliorer son écrit avec l'aide de l'enseignant.
MATIN	**Préparation à l'écriture**
1. Introduire la séance	– Présenter la situation et expliciter l'objectif. Cette situation d'écriture est proche de celle de la semaine précédente car il s'agit d'inscrire un enchaînement de phrases dans le temps (enchaînement d'actions).
2. Imaginer un scénario à partir d'une phrase inductrice	– Faire lire la phrase aux élèves. Leur demander d'expliquer ce qu'elle leur évoque : *Noé est en train de cuisiner. Il fait une recette de tarte aux pommes.* Dans cette situation d'écriture, s'attacher à : – expliquer la réalisation d'une recette de tarte aux pommes, – faire imaginer le contexte dans lequel se trouve Noé (lieu, autres personnages…), – organiser les échanges à partir de relances ou de questions : Parlez-moi du lieu. Comment est la cuisine ? Parlez-moi des personnages, ce qu'ils ressentent. Noé ne cuisine sûrement pas seul. Comment cette/ces personne(s) aide(nt)-t-elle(s) Noé ? Nous avons dit que Noé cuisine une tarte aux pommes. Listons le matériel et les ingrédients dont il a besoin. Expliquez-moi comment on réalise les différentes étapes. – Faire remarquer aux élèves que plusieurs réponses sont possibles. – Noter sur une affiche (trace mémoire pour la séance d'écriture de l'après-midi, outil d'aide à l'orthographe, à expliciter aux élèves) quelques mots clés parmi les propositions des élèves. Veiller à la variété des catégories grammaticales : noms, verbes adjectifs. Catégoriser le lexique. – Organiser cette prise de notes sous la forme de dessins par exemple pour les différentes étapes de la recette.

APRÈS-MIDI	**Mise en texte et révision**
3. Lancer les élèves dans l'écriture	– Rappeler le travail effectué le matin. Relire la phrase de l'exercice. – Demander aux élèves de préparer des phrases sur ce que Noé a fait avant et après.
4. Accompagner les élèves dans l'écriture	*cf.* semaine 1. Aider à enrichir l'écrit produit sur la description de la cuisine, la description physique d'un personnage, ou un court échange de paroles entre deux personnages.
5. Clôturer la séance	*cf.* semaine 1.

8. Compréhension : *La chèvre de M. Seguin* – 2e partie

Modalités	**Tous les jours.** Classe entière avec mise en groupes ou binômes
Durée	16 séances de 20 min sur 4 semaines
Matériel enseignant	– Manuel numérique de *Mon carnet d'apprenti lecteur* – Texte de l'histoire (cf. Partie V) – Smartphone ou autre moyen d'enregistrement – Carte mentale commencée la semaine précédente
Matériel élève	– *Mon carnet d'apprenti lecteur* – Vignettes des personnages et Décor 2 (*cf.* site Ressources)

JOUR 1 SÉANCE 5

1. Introduire la séance	**Objectif** : comprendre les émotions de la chèvre.
2. Étudier l'épisode 3 : *Vagadondage dans la montagne*	– Lire la nouvelle **intégralement** aux élèves. – Mettre en mémoire le récit : rappeler les différents épisodes à partir de la carte mentale. – Constituer des groupes de trois élèves et annoncer la tâche : un jeu de rôles avec des figurines (la chèvre, M. Seguin). Le 3e élève écoute les deux autres jouer l'histoire et montre sur une maquette les différents lieux au fur et à mesure. Critère de réussite : exprimer le bonheur de la chèvre. – Circuler entre les différents groupes, écouter les saynètes et relever des verbatims d'élèves à interroger lors du bilan collectif. – Bilan collectif : revenir sur la différenciation des lieux où se trouvent chaque personnage et sur la différence de leur état mental.

JOUR 2 SÉANCE 6

1. Introduire la séance	**Objectif** : comprendre les personnages.
2. Rappeler le récit en entier	Désigner deux élèves pour raconter le récit en appui sur la carte mentale. Les élèves s'entraident pour raconter.
3. Réaliser les activités de compréhension sur *Mon carnet d'apprenti lecteur* p. 53-54	**Activité 2** – Stratégie – Laisser le groupe travailler tout seul. Prendre en charge les deux autres groupes. – S'assurer du déchiffrage correct des énoncés et intervenir pour que les élèves explicitent les inférences réalisées. – S'attacher à faire identifier à qui se réfère le pronom personnel surligné en ramenant au contexte. Exemple : *Que feras-tu quand **il** viendra ?* « Il » est masculin. C'est soit *le loup*, soit *M. Seguin* mais ce ne peut être que *le loup* car M. Seguin dialogue avec la chèvre dans l'épisode 1 et la met en garde sur la dangerosité du loup. **Activité 3** – Stratégie : attirer l'attention des élèves sur la justification grammaticale (genre du GN) et sémantique des associations.

JOUR 3 SÉANCE 7

Enregistrer une restitution du récit entier	**Objectif :** raconter pour mettre en mémoire. – Lire la nouvelle **intégralement** aux élèves. – Constituer des groupes homogènes de trois élèves et annoncer la tâche : s'entraîner en brouillon d'oral pour raconter l'histoire en entier, en vue d'un enregistrement. – Encourager les élèves ☀ et étayer leur production par des reformulations. Garder à l'esprit les différents types de guidage : - Éviter les questions qui entraînent des productions de mots et non de phrases. - Privilégier les reformulations qui engagent l'élève sur des productions plus longues et lui offrent des formes syntaxiques modélisantes. – Enregistrer une des productions avec un smartphone.

JOUR 4 SÉANCE 8

Bilan provisoire	– Se remémorer les étapes principales à l'aide de la carte mentale. – Chasser les écarts à partir de la production réalisée en séance 7.

9. Lecture autonome

Modalités	Travail individuel en autonomie – Séances guidées – Bilan en classe entière
Durée	**JOUR 1 :** 2 ou 3 min en début de journée + 1 séance de lecture autonome : ☀ 20 min ★ ☾ 30 min **JOURS 2, 3 :** 2 séances de 10 min **JOUR 4 :** 1 séance de lecture autonome de 10 min + 1 séance de lecture fluence guidée de 10 min + 1 séance bilan de 20 min
Matériel élève	– *Fiche de lecture autonome* ☀ ★ ou ☾ – Fiche autocorrective

Planning

	JOUR 1	JOUR 2	JOUR 3	JOUR 4
Groupe classe	Narration et lecture du titre lors de la présentation de la semaine en collectif			Bilan
Ateliers en autonomie	Lecture	Lecture	Lecture et activités	Lecture et activités + autocorrection
Ateliers guidés avec l'enseignant				Lecture fluence

Narration de l'enseignant pour présenter l'épisode

Réaliser un rappel collectif de l'épisode précédent. Émettre quelques hypothèses sur la suite à partir du titre…

Caractéristiques des textes par groupe de besoins

	Nombre de mots	%	L'anniversaire Épisode 4 : Opération Lapinou
☀	78	97 %	*Cf. Fiche de lecture autonome* p. 103
★	96	97 %	*Cf. Fiche de lecture autonome* p. 104 et *Manuel* p. 133
☾	117	94 %	*Cf. Fiche de lecture autonome* p. 105

Compétences travaillées

	Activité 1	Activité 2	Activité 3
✹★	Identifier les personnages.	Effectuer une inférence pour comprendre le lien entre le but et le moyen.	Établir des liens avec ses connaissances du monde.
☾	Identifier les personnages et leurs caractéristiques.	Effectuer une inférence pour comprendre un lien de cause à effet.	

Bilan du JOUR 4

– Demander aux élèves de restituer l'histoire, en veillant à l'identification des différents personnages, du rôle de chacun.
– Traiter collectivement à l'oral les activités 2 des fiches ✹★. Expliciter les inférences à réaliser. Puis traiter l'activité 2 de la fiche ☾.
– Traiter collectivement l'activité 3. Inciter les élèves à partager leurs idées. On n'attend pas qu'une réponse unique soit trouvée. Faire remarquer aux élèves que plusieurs réponses sont possibles. On pourra discuter de la cohérence des propositions des élèves avec ce qui est connu de la situation du récit.

10. Fluence (*cf.* Semaine 1)

Période 5 • Semaine 5

1. Proposition d'emploi du temps (*cf.* Semaine 1)

2. Code : graphèmes ill et aill / ouill / euill / eill

Modalités	**JOUR 1** – Oral – Classe entière – 40 min
Matériel	*Manuel de code* p. 134

Étape 1

– Proposer le corpus de mots suivant, en bloc : *bille – abeille – billet – nouille – caillou – feuille – gorille – corbeille – maillot – chenille – médaille – oreille – grenouille – fille – brouillon – portefeuille.*
– Demander aux élèves ce qu'ils remarquent : *Il y a « ill » dans chaque mot.*
– Lire les mots deux fois chacun. Demander aux élèves de bien écouter comment se prononce cet ensemble de lettres dans chacun des mots.
– Demander aux élèves ce qu'ils ont entendu.

Étape 2

– Proposer aux élèves de classer ces mots selon les différents sons entendus.
– Tracer 5 colonnes au tableau.
– Lire tour à tour chaque mot, et demander aux élèves de les classer dans une colonne.
– Faire observer les colonnes et déterminer la graphie du son dans chacune.
– Écrire en haut de chaque colonne le graphème correspondant.

Étape 3

– Expliquer aux élèves que pour certains mots qui contiennent ces sons en fin de mot, celui-ci peut s'écrire sans le double « l » et le « e ».
– Donner le corpus suivant : *portail ; orteil ; fenouil ; fauteuil ; écureuil* ; et lire les mots.
– Les faire lire par quelques élèves puis leur demander de les placer en-dessous des colonnes du tableau précédent.

Étape 4

– Lire les mots et les **mots à mémoriser** du Manuel.

3. Activités d'encodage/décodage

Modalités	**JOURS 2, 3 et 4** – Par groupe de besoins, ☀ ★ ☾, en rotation : – Oral avec l'enseignant à partir du *Manuel* – Écrit en autonomie sur les *Fiches d'exercices de code* 40 min
Matériel enseignant	*Manuel de code* p. 134 à 137
Matériel élève	– *Manuel de code* pour le travail avec l'enseignant – Cahier du jour pour la dictée avec l'enseignant – *Fiche d'exercices de code* ☀ ★ ou ☾ pour le travail en autonomie – Tablette (ou duo d'élèves) pour le travail en autonomie

	JOUR 2	JOUR 3	JOUR 4
Ateliers guidés avec l'enseignant	*Manuel* : – lecture mots – exercices 2, 3	*Manuel* : – lecture phrases	*Manuel* : exercices 6, 7
Ateliers en autonomie	*Fiches* : exercice 2	*Fiches* : exercice 3	*Fiches* : exercices 6, 7

Exercice 2 • manuel, p. 135	– Reproduire le tableau des 4 graphèmes au tableau. – Lire chaque mot de la leçon et demander à un élève à tour de rôle de désigner la colonne dans laquelle il rangerait le mot entendu. – Prolonger l'exercice avec les mots de l'exercice de copie n° 1, ou en proposer d'autres.
Exercice 3 • manuel, p. 135	Mots dictés par l'enseignant sur le cahier du jour : ☀ bille – caillou – abeille – feuille ★ maillot – corbeille – billet – fouille – famille ☾ oreille – brouillon – médaille – grenouille – chenille
Exercice 6 • manuel, p. 136	*cf.* semaine 1. – Adjectifs à écrire au tableau : *petite ; grand ; forte ; beaux ; bonne ; noirs ; longue ; silencieuses.* – Groupes de mots à écrire au tableau (rappeler que l'adjectif peut être placé avant ou après le nom) : *des rues – un garçon – une journée – des cheveux – des oiseaux – une galette – une souris – de la moutarde.* – Effectuer ensuite l'**exercice 6 à l'oral**.
Exercice 7 • manuel, p. 137	Après avoir effectué l'exercice à l'oral, proposer d'autres inducteurs temporels du présent et du futur en début des phrases, et faire opérer les transformations conséquentes dans le reste de la phrase.
Consignes pour les groupes en autonomie sur les *Fiches d'exercices de code*	*Cf.* Période 1.

4. Dictée : le quart d'heure quotidien

Modalités	Classe entière. Procédé « Lamartinière » sur ardoise.
Durée	**Tous les jours.** 15 min
Matériel élève	Ardoise

	Planning et textes
JOUR 1	une bille – une abeille – un caillou – des feuilles
JOUR 2	un billet – un maillot – une cheville – une corbeille
JOUR 3	une chenille – une médaille – une chenille sur la paille
JOUR 4	une feuille de brouillon – une grenouille sur un nénuphar

5. Geste d'écriture et copie

Modalités	Classe entière. **Tous les jours.** 20 min
Matériel enseignant	– Vidéo *échauffement des doigts* (*cf.* Partie III) – Outil de différenciation en usage, en fonction des besoins (*cf.* Partie III) – Tableau d'observation des élèves (*cf.* site Ressources)
Matériel élève	– Cahier de l'élève – Modèles de texte à copier

JOUR 1	JOUR 2	JOUR 3	JOUR 4
– Situation A	– Situation B	– Situation C	– Situation C

À partir de la semaine 5, nous introduisons trois nouvelles situations pour développer la capacité à copier des unités de plus en plus longues : phrases et textes courts puis plus longs, en respectant la ponctuation et la présentation.

JOURS 1, 2

Situation A

Entraîner les élèves à mémoriser une phrase pour copier en limitant les allers-retours au modèle :

– Distribuer à chaque élève la phrase à copier sur une bande de papier.

Variables : la longueur de la phrase et l'utilisation de mots connus et mémorisés ou non connus/non mémorisés.

– Lire la phrase, s'assurer de la compréhension de celle-ci. Expliciter : on copie mieux quand on comprend ce que l'on copie.

– Faire observer les particularités orthographiques (les faire nommer par les élèves, utiliser un code couleur pour les repérer).

– Mettre en mémoire en mobilisant des modalités déjà connues : répéter plusieurs fois, épeler les mots non connus, difficiles, yeux ouverts, yeux fermés… Aider les élèves dans cette étape : découper la phrase en groupes de mots à mémoriser. Expliciter : on copie mieux quand on connaît l'orthographe des mots que l'on copie.

– Quand l'élève est prêt à copier, il donne la bande à l'enseignant. Puis il écrit sur son cahier.

Variables : autoriser ou non le retour au modèle (bande de papier avec la phrase modèle à disposition en fond de classe ou en situation de copie retournée), nombre de retours possibles au modèle limité (mettre une croix à chaque retour au modèle). Avant de copier, l'élève coupe les mots qu'il pense pouvoir écrire sans le modèle et les met de côté.

Situation B

Proposer plusieurs phrases et les élèves doivent en copier une seule.

– Énoncer un critère de choix pour sélectionner cette phrase, par exemple : celle de leur choix, celle qui parle du personnage, celle qui contient un mot précis…

– Faire travailler la mémorisation en binôme ou en autonomie.

Lorsque les élèves sont prêts à copier, le déroulement est le même que dans la situation A.

– Recommencer l'exercice à partir de la même liste et faire copier une seconde phrase à partir d'un nouveau critère.

JOURS 3, 4

Situation C

Copier puis réviser la copie d'un texte de 3 phrases en respectant la ponctuation et la présentation

– Choisir un texte simple, connu des élèves, sans dialogue. (Utiliser les textes *Lisons ensemble !* ou tout autre support de votre choix).

– Pour ceux qui ont encore des difficultés de transcription script-cursif, proposer le modèle en cursif.

POUR TOUS LES JOURS

1. Avant de copier	– Se préparer à copier : préparation matérielle et corporelle. – Expliciter les stratégies : lire et comprendre le texte, observer les particularités et les difficultés possibles, mémoriser des unités suffisamment longues pour limiter le nombre d'allers-retours au modèle, s'appuyer sur ses connaissances, épeler les mots non connus, découper en unités plus petites. – Pendant la copie, être attentif aux procédures des élèves. Réguler leur activité.
2. Pour apprendre à réviser un texte copié	– Donner une consigne de relecture : vérifier les oublis de mots, les espaces entre les mots, par exemple. – Vérifier et souligner les erreurs que l'élève pourra corriger en autonomie sans retour au texte. Introduire éventuellement un codage des erreurs (codage à harmoniser au sein de l'école) que les élèves peuvent corriger en autonomie avec au sans outils d'aide. – Travailler la révision avec un groupe d'élèves ciblés autour de difficultés communes.
3. Copier en respectant l'orthographe, la présentation et la ponctuation	

6. Copie (*cf.* Semaine 1)

7. Production d'écrit

Modalités	**JOUR 3 –** Par groupe de besoins avec l'enseignant, en rotation avec des activités en autonomie
Durée	**Matin :** 20 min 10 min 10 min **Après-midi :** 30 min 20 min 20 min
Matériel enseignant	– *Manuel de code* p. 136 – *Guide pédagogique* Partie III
Matériel élève	– *Fiche d'exercices de code* ou – Matériel pour réaliser et décorer des cartes d'invitation

Exercice 5 • manuel, p. 136	**Objectifs :** s'entraîner à produire de l'écrit à partir d'un court écrit fonctionnel : une invitation ; mettre en œuvre une démarche de production d'écrit ; développer la capacité à améliorer son écrit avec l'aide de l'enseignant.
MATIN	**Préparation à l'écriture**
1. Introduire la séance	Présenter le but et engager les élèves : Nous allons continuer à apprendre à écrire en réalisant une carte d'invitation pour un anniversaire. Ce matin, il va falloir organiser notre carte d'invitation et choisir les informations importantes que vous devrez écrire.
2. Expliciter le type d'écrit	Faire observer des cartons d'anniversaire pour en déduire quelques caractéristiques du genre.
3. Préciser les conditions	– Chaque élève détermine les conditions d'un anniversaire imaginaire auquel il souhaiterait inviter la personne de son choix : mettre en commun quelques propositions (date, horaire, lieu, activités prévues…). – Utiliser éventuellement comme situation inductrice commune le texte *Lisons ensemble* du manuel (Chouchou a invité ses amis pour son anniversaire. La fête se passe l'après-midi. Des jeux sont prévus dans le jardin et les amis sont également invités à dormir).
4. Élaborer le contenu de la carte d'invitation	Utiliser un support mémoire qui permette à chaque élève de disposer d'une feuille de route pour anticiper la carte d'anniversaire qu'il écrira l'après-midi (faire figurer : le nom de l'invité, la date, le lieu, l'heure, l'adresse, le but, les activités prévues…). Les élèves y notent des mots, des nombres, des dessins. On ne fait pas de premier jet linéaire.

APRÈS-MIDI	**Mise en texte et révision**
5. Lancer les élèves dans l'écriture	– Rappeler les éléments élaborés le matin. En binôme, les élèves peuvent, à l'oral, préparer ce qu'ils vont écrire.
6. Accompagner les élèves dans l'écriture	*cf.* semaine 1.
7. Clôturer la séance	
Prolongement possible	Décorer la carte d'anniversaire.

8. Compréhension : *La chèvre de monsieur Seguin* – 3e partie

Modalités	**Tous les jours.** Classe entière avec mise en groupes ou binômes
Durée	16 séances de 20 min sur 4 semaines
Matériel enseignant	– Manuel numérique de *Mon carnet d'apprenti lecteur* – Texte de l'histoire (cf. Partie V) – Carte mentale
Matériel élève	– *Mon carnet d'apprenti lecteur* – Vignettes représentant les personnages, Décor 2 (*cf.* site Ressources)

JOUR 1 SÉANCE 9

1. Introduire la séance	**Objectifs :** – analyser l'**épisode 4** pour mieux comprendre la suite de l'histoire, – s'appuyer sur l'état mental de la chèvre pour comprendre son dilemne : la peur la fera-t-elle rentrer ou rester dans la montagne ?
2. Étude de l'épisode 4 : ***la menace du loup et le dilemme de la chèvre***	– Lire l'épisode 4 aux élèves. – Mettre en mémoire le récit : rappeler les différents épisodes et les états mentaux déjà travaillés, à partir de la carte mentale. – Constituer des groupes de trois élèves et annoncer la tâche : un jeu de rôles (la chèvre, le loup, M. Seguin). Critère de réussite : exprimer l'hésitation de la chèvre. – Circuler entre les différents groupes, écouter les saynètes et valoriser les groupes dans lesquels le jeu des trois élèves est cohérent. Ne pas regarder uniquement l'élève qui joue la chèvre. – Bilan collectif : revenir sur le changement d'état mental de la chèvre et donc son hésitation. – Compléter la carte mentale.

JOUR 2 SÉANCE 10

1. Introduire la séance	**Objectif :** débattre et argumenter pour mieux comprendre le dilemne de Blanquette. Il s'agit de se mettre à la place de Blanquette et de s'interroger sur les choix auxquels elle fait face.
2. Organiser un débat type dilemme moral	– Expliciter aux élèves que les questions à venir n'ont pas leur réponse dans le texte et qu'il faut donc les résoudre en s'impliquant personnellement. – Expliquer cet extrait du texte : *Blanquette eut envie de revenir ; mais en se rappelant la corde, la haie du clos, elle pensa que maintenant elle ne pouvait plus faire face à cette vie, et qu'il valait mieux rester.* – Ouvrir le débat : Qu'auriez-vous fait, à sa place ? – Transcrire les arguments des élèves au tableau. Critère de réussite : les arguments doivent être en lien avec le contexte du récit. Si aucun élève ne comprend le choix de rester en liberté, introduire la controverse pour relancer la discussion et permettre aux élèves d'embrasser un autre point de vue : préférer être libre dans la montagne pour gambader, sentir les fleurs, boire dans les ruisseaux plutôt que de tourner en rond autour du pieu en mangeant tous les jours la même herbe. Conduire les élèves à envisager les

	conséquences de chacun des choix possibles pour Blanquette. Il n'y en a pas un qui prévaut sur l'autre. – Élargir la réflexion et ouvrir à des situations personnelles vécues par les élèves où ils ont été placés face à une telle hésitation (hésiter et faire un choix).

JOUR 3 SÉANCE 11

	Objectifs : – raconter pour s'approprier le récit en entier, – manifester sa compréhension en identifiant les réponses correctes ou erronées.
1. Introduire la séance	– Raconter (sans appui sur le texte) l'histoire **en entier** aux élèves. – Afficher en même temps la carte mentale sur laquelle sont inscrites les étapes de l'histoire et les états mentaux des personnages mis en avant au cours des séances précédentes.
2. Réaliser les activités de compréhension sur *Mon carnet d'apprenti lecteur* p. 55	**Activité 4** – Stratégie : manifester sa compréhension en validant des affirmations. – Laisser les élèves travailler en autonomie complète sur cet exercice. – Lire la consigne aux élèves. – Bilan collectif : s'attacher à expliciter les justifications pour chacune des phrases, qu'elles soient vraies ou fausses

JOUR 4 SÉANCE 12

1. Introduire la séance	**Objectif :** – analyser l'**épisode 5** pour mieux comprendre la suite de l'histoire : – s'appuyer sur l'état mental de la chèvre pour montrer son courage. – montrer que le personnage du loup est typique de la représentation classique de ce personnage dans les histoires.
Étude de l'épisode 5 : ***Rencontre avec le loup et combat***	– Lire l'épisode 5 aux élèves. – Le faire raconter par les élèves et les questionner sur les états mentaux de Blanquette selon la méthodologie habituelle. – Guider les élèves dans l'identification de ce qui fait état de son courage dans le texte entendu. Faire relever les mots ou expressions suivantes : *brave chèvre, plus de dix fois, elle força le loup à reculer, cela dura toute la nuit, elle y allait de bon cœur.* – Faire relever les mots ou expressions suivantes concernant le loup : *Ha ! ha ! la petite chèvre de M. Seguin ! et il passa sa grosse langue rouge sur ses babines d'amadou ; Le loup se jeta sur la petite chèvre et la mangea.* – Compléter la carte mentale au fur et à mesure.

9. Lecture autonome

Modalités	Travail individuel, en autonomie – Bilan en classe entière
Durée	**JOUR 1 :** 2 ou 3 min en début de journée + 1 séance de lecture autonome : 20 min 30 min **JOURS 2, 3 :** 2 séances de 10 min **JOUR 4 :** 1 séance de lecture autonome de 10 min + 1 séance de lecture fluence guidée de 10 min + 1 séance bilan de 20 min
Matériel élève	– *Fiche de lecture autonome* ou – Fiche autocorrective

Planning

	JOUR 1	JOUR 2	JOUR 3	JOUR 4
Groupe classe	Rappel de l'épisode de la semaine précédente Lecture du titre			Bilan
Ateliers en autonomie	Lecture	Lecture	Lecture et activités	Lecture et activités / autocorrection.
Ateliers guidés avec l'enseignant				Lecture/fluence

Narration de l'enseignant pour présenter l'épisode

Réaliser un rappel collectif de l'épisode précédent. Émettre quelques hypothèses sur la suite à partir du titre …

Caractéristiques des textes par groupe de besoins

	Nombre de mots	%	L'anniversaire Épisode 5 : Un plan presque parfait
☀	92	97 %	*Cf. Fiche de lecture autonome* p. 107
★	105	97 %	*Cf. Fiche de lecture autonome* p. 108 et *Manuel* p. 137
☾	113	97 %	*Cf. Fiche de lecture autonome* p. 109

Compétences travaillées

<table>
<tr><th></th><th>Activité 1</th><th>Activité 2</th><th>Activité 3</th></tr>
<tr><td>☀</td><td rowspan="2">Identifier une phrase qui se répète dans le texte.</td><td rowspan="2">Manifester sa compréhension en distinguant le rôle de chaque personnage.</td><td rowspan="3">Exprimer une opinion et imaginer la suite.</td></tr>
<tr><td>★</td></tr>
<tr><td>☾</td><td>Manifester sa compréhension en distinguant le rôle de chaque personnage.</td><td>Identifiez l'adjuvant.</td></tr>
</table>

Bilan du JOUR 4

– Demander aux élèves de restituer l'histoire en veillant à identifier les personnages et le rôle de chacun (en appui sur l'activité 2 fiche ☀).
– Résoudre collectivement l'activité 2 de la fiche ☾. Expliciter les inférences à réaliser.
– Traiter collectivement l'activité 3 en veillant à la cohérence des propositions avec le contexte du récit.

10. Fluence (*cf.* Semaine 1)

Période 5 • Semaine 6

1. Proposition d'emploi du temps (*cf.* Semaine 1)

2. Code : graphèmes w et ù û ô ï à

Modalités	**JOUR 1** – Oral – Classe entière – 40 min
Matériel	*Manuel de code* p. 138

Étape 1	– Proposer le corpus de mots suivant, en bloc : *wagon – kiwi – wapiti – tramway – wagonnet – sandwich – western.* – Demander aux élèves d'identifier le point commun à tous les mots du corpus : *la présence du « w ».* – Lire tous les mots et demander aux élèves ce qu'ils remarquent : *le « w » est soit prononcé [v] soit [oue].* – Faire relire ces mots par les élèves.
Étape 2	– Proposer le corpus de mots suivant, en bloc : *héroïne – hôtel – où vas-tu ? – glaïeul – août – déjà – hôpital – maïs – pôle – là.* – Demander aux élèves de repérer les lettres spéciales : *les ù, ô, û, ï, à.* – Tracer 4 colonnes au tableau. Demander aux élèves, à tour de rôle de lire les mots du corpus et de les classer dans les colonnes. – Relever ce classement pour le conserver dans le répertoire mémoire de classe et l'alimenter régulièrement. – Prolonger par la lecture des **mots** du *Manuel* et des **mots à mémoriser** ou les lire le lendemain matin.

3. Activités d'encodage/décodage

Modalités	**JOURS 2, 3 et 4** – Par groupe de besoins ☀ ★ ☾, en rotation : – Oral avec l'enseignant à partir du *Manuel* – Écrit en autonomie sur les *Fiches d'exercices* – 40 min
Matériel enseignant	*Manuel de code* p. 138 à 141
Matériel élève	– *Manuel de code* pour le travail avec l'enseignant – Cahier du jour pour la dictée avec l'enseignant – *Fiches d'exercices de code* ☀ ★ ou ☾ pour le travail en autonomie – Tablette (ou duos d'élèves) pour le travail en autonomie

Planning

	JOUR 2	JOUR 3	JOUR 4
Ateliers guidés avec l'enseignant	*Manuel* : – lecture mots – exercices 2, 4	*Manuel* : – lecture phrases	*Manuel* : – exercices 3, 7, 8
Ateliers en autonomie	*Fiche : exercice 2*	*Fiche* : exercice 4	*Fiche* : exercices 3, 7, 8

Exercice 2 • manuel, p. 139	*cf.* semaine 5.
Exercice 3 • manuel, p. 139	Exécuter l'exercice selon la consigne.
Exercice 4 • manuel, p. 139	Mots dictés par l'enseignant sur le cahier du jour : ☀ soleil – kiwi – hôtel – voilà – égoïste ★ hôpital – tramway – faïence – déjà – là où j'habite ☾ wagon – à côté – héroïne – drôle – diplôme

Exercice 7 • manuel, p. 140	Effectuer l'exercice à l'oral dans un premier temps. Faire lire chaque phrase par les élèves et leur demander de la classer dans le tableau. Proposer aux élèves de transformer les phrases en changeant de temps.
Exercice 8 • manuel, p. 141	Formaliser les marques de conjugaison pour *il* et *ils*, au présent des verbes du premier groupe.

4. Dictée : le quart d'heure quotidien

Modalités	Classe entière. Procédé « Lamartinière » sur ardoise.
Durée	**Tous les jours** – 15 min
Matériel élève	Ardoise

Planning et textes

JOUR 1	un kiwi – un hôtel – voilà – maïs
JOUR 2	un tramway – aïe – hôpital – faïence
JOUR 3	wagon – bientôt – là où je vais au mois d'août
JOUR 4	J'irai là-bas. – Je suis dans le wagon du tramway.

5. Geste d'écriture et copie

Modalités	Classe entière. **Tous les jours.** 20 min
Matériel enseignant	– Vidéo *échauffement des doigts* (*cf.* Partie III) – Outils de différenciation en usage, en fonction des besoins (*cf.* Partie III) – Tableau d'observation des élèves (*cf.* site Ressources)
Matériel élève	– Modèle de texte à copier – Cahier de l'élève

JOURS 1, 2 **Entraîner les élèves à mémoriser une phrase pour copier en limitant les aller-retours au modèle (situation A ou B).**

JOURS 3, 4 **Copier en respectant l'orthographe, la présentation et la ponctuation**

– Choisir un texte simple, connu des élèves, sans dialogue (utiliser les textes de lecture autonome pour sélectionner un extrait, ou tout autre support de votre choix par exemple « Rêve » de Anne-Marie Chapouton).

– Situation de copie directe.

– Pour les élèves qui ont encore des difficultés de transcription script-cursif, proposer le modèle en cursif.

6. Copie (*cf.* Semaine 1)

7. Production d'écrit

Modalités	**JOUR 3** – Par groupe hétérogène avec l'enseignant, en rotation avec des activités en autonomie
Durée	**Matin** : de 10 min à 20 min **Après-midi** : de 20 min à 30 min
Matériel enseignant	– *Manuel de code* p. 140 – *Guide pédagogique* Partie III

Matériel élève	– *Fiche d'exercices de code* ou cahier du jour/d'écrivain (selon le choix de l'enseignant) – Photographies ou objets apportés par les élèves

Exercice 5 • manuel, p. 140	**Objectif** : s'entraîner à produire de l'écrit à partir d'un événement vécu (support, photo), mettre en œuvre une démarche de production d'écrit ; développer la capacité à améliorer son écrit avec l'aide de l'enseignant. **En amont de la séance :** choisir un événement commun à la classe (une sortie scolaire, une rencontre sportive ou tout autre événement marquant de votre choix), ou faire choisir à chaque élève un événement personnel (une visite dans un zoo, un musée, une fête d'anniversaire…) et lui demander d'en apporter une photographie à l'école.
MATIN	**Préparation à l'écriture**
1. Introduire la séance	– Présenter la situation et expliciter l'objectif. Votre texte devra permettre à quelqu'un qui n'a pas vécu l'événement de se représenter la situation. Votre histoire doit répondre aux questions suivantes : Qui ? Quand ? Où ? Que s'est-il passé ? Qu'avez-vous ressenti ce jour-là ? Pourquoi avez-vous choisi de raconter cet événement ? – Noter les évènements choisis au tableau ou sur une feuille support.
2. Raconter à l'oral	– Constituer des binômes hétérogènes. – Donner aux élèves un temps de réflexion pour se préparer à raconter. – Laisser les élèves s'entraîner en brouillon d'oral. L'élève qui écoute peut poser des questions à son camarade s'il veut des précisions ou s'il manque d'informations pour comprendre. – Recommencer en changeant les binômes.
APRÈS-MIDI	**Mise en texte et révision**
3. Lancer les élèves dans l'écriture	Rappeler le travail effectué le matin.
4. Accompagner les élèves dans l'écriture **5. Clôturer la séance**	*cf.* semaine 1.

8. Compréhension : *La chèvre de monsieur Seguin* – 4e partie

Modalités	**Tous les jours.** Classe entière avec mise en groupes ou binômes
Durée	16 séances de 20 min sur 4 semaines
Matériel enseignant	– Manuel numérique de *Mon carnet d'apprenti lecteur* – Texte de l'histoire (cf. Partie V) – Carte mentale – Smartphone
Matériel élève	– *Mon carnet d'apprenti lecteur* – Vignettes représentant les personnages, Décor 2

JOUR 1 SÉANCE 13

1. Introduire la séance	**Objectifs :** – jouer l'**épisode 5** pour mieux comprendre les personnages, – jouer le combat en exprimant le courage de la chèvre et la férocité du loup.
2. Étudier l'épisode 5 : ***Rencontre avec le loup et combat***	– Mettre en mémoire le récit : rappeler les différents épisodes à partir de la carte mentale en insistant sur les états mentaux des personnages mis en avant lors des séances précédentes. – Lire l'épisode 5. – Constituer des groupes de 3 élèves et annoncer la tâche : jeu de rôles (2 rôles : la chèvre, le loup, et un élève *chuchoteur*). – Circuler entre les différents groupes, écouter les saynètes et encourager les élèves.

JOUR 2 SÉANCE 14

1. Introduire la séance

Objectif : vérifier la cohérence chronologique du récit des élèves.

2. Réaliser une activité de compréhension sur *Mon carnet d'apprenti lecteur* p. 56

– Lire la nouvelle dans son intégralité.
– **Activité 5** – Stratégie
– Lire les consignes à tous les élèves.
– Laisser le groupe travailler en autonomie. Prendre en charge les deux autres groupes .

JOUR 3 SÉANCE 15

1. Introduire la séance

Objectif : mémoriser le récit entier.

2. Enregistrer une restitution du récit entier

– Lire **intégralement** la nouvelle aux élèves.
– Constituer des groupes homogènes de trois élèves et annoncer la tâche : s'entraîner en brouillon d'oral pour raconter l'histoire en entier, en vue d'un enregistrement.
– S'orienter vers les élèves pour les encourager et étayer leur production par des reformulations. Garder à l'esprit les différents types de guidage :
  - Éviter les questions qui entraînent des productions de mots et non de phrases.
  - Privilégier les reformulations qui engagent l'élève sur des productions plus longues et lui offrent des formes syntaxiques modélisantes.
– Enregistrer une des productions du groupe .

JOUR 4 SÉANCE 16

Objectif : manifester sa compréhension des lieux et des personnages.

1. Réaliser une activité de compréhension sur *Mon carnet d'apprenti lecteur* p 57

Activité 6 – Stratégie
– Lire les consignes à tous les élèves.
– Laisser le groupe travailler en autonomie. Prendre en charge les deux autres groupes .
– Puis débattre sur les points problématiques en classe entière (Monsieur Seguin n'est pas sur le lieu du combat mais dans la vallée. Il n'y a qu'une chèvre dans l'histoire. Le tigre vit bien dans les montagnes, mais pas dans celles de l'auteur qui se situent en Provence, dans le sud de la France. Il manque le clos d'aubépines qui enferme Blanquette).

2. Écouter une production

– Écouter l'enregistrement réalisé en séance 15. Chasser les écarts entre *ce que j'entends* et *ce que je sais du récit*.
– Se remémorer les étapes principales à l'aide de la carte mentale.

3. Bilan

S'attarder sur la variation des états mentaux de la chèvre. Les récapituler car ce personnage permet d'identifier les émotions majeures que sont la joie et la peur et des vertus comme le courage.

9. Lecture autonome

Modalités	Travail individuel en autonomie – Séances guidées – Bilan en classe entière
Durée	**JOUR 1 :** 2 ou 3 min en début de journée + 1 séance de lecture autonome : 20 min 30 min **JOURS 2, 3 :** 2 séances de 10 min **JOUR 4 :** 1 séance de lecture autonome de 10 min + 1 séance de lecture fluence guidée de 10 min + 1 séance bilan de 20 min
Matériel élève	– *Fiche de lecture autonome* ou – Fiche autocorrective

Planning

	JOUR 1	JOUR 2	JOUR 3	JOUR 4
Groupe classe	Narration et lecture du titre lors de la présentation de la semaine en collectif			Bilan
Ateliers en autonomie	Lecture	Lecture	Lecture et activités	Lecture et activités + autocorrection
Ateliers guidés avec l'enseignant				Lecture fluence

Narration de l'enseignant pour présenter l'épisode

Réaliser un rappel collectif de l'épisode précédent. Émettre quelques hypothèses sur la suite à partir du titre…

Caractéristiques des textes par groupe de besoins

	Nombre de mots	%	L'anniversaire Épisode 6 : Un imprévu
☼	82	97 %	*Cf. Fiche de lecture autonome* p. 111
★	96	97 %	*Cf. Fiche de lecture autonome* p. 112 et *Manuel* p. 141
☾	119	97 %	*Cf. Fiche de lecture autonome* p. 113

Compétences travaillées

	Activité 1	Activité 2
☼	Manifester sa compréhension : identifier les représentations de la situation correctes ou erronées.	Établir des liens entre le texte et le titre : justifier une interprétation.
★	Manifester sa compréhension : identifier les phrases correspondant à la situation du récit.	
☾	Manifester sa compréhension : rectifier les incohérences.	

Bilan du JOUR 4

– Demander aux élèves de restituer l'histoire, en veillant à l'identification du changement de lieu, des différents personnages, du rôle de chacun et notamment de « l'imprévu ».
– Lire le texte à voix haute aux élèves.
– Traiter collectivement l'activité 3. Inciter les élèves à justifier leur réponse en appui sur le lien à faire entre le titre et le texte.

10. Fluence (*cf.* Semaine 1)

Période 5 • Semaine 7

1. Proposition d'emploi du temps (*cf.* Semaine 1)

2. Code : Les consonnes finales

Modalités	**JOUR 1** – Oral – Classe entière – 40 min
Matériel enseignant	*Manuel de code* p. 142
Matériel élève	Une enveloppe avec les mots du corpus sur étiquettes

Étape 1

– Proposer le corpus suivant au tableau : *dehors – ours – os – huit – forêt – net – canal – bol – outil – bec – arc – blanc.*
– Expliquer que les lettres en fin de mot sont parfois muettes, et parfois prononcées : Nous allons ensemble essayer de voir dans les mots au tableau les lettres que l'on entend.
– Demander à des élèves à tour de rôle d'essayer de lire un mot.
– Échanger sur le fait que la lettre finale se prononce ou pas.
– Classer les mots en deux colonnes (lettre finale entendue / lettre finale muette).

Étape 2

– Distribuer à chaque élève une enveloppe contenant les mots du corpus suivant sur étiquettes, avec la lettre finale entourée : *dehors – ours – os – huit – forêt – net – canal – bol – outil – bec – arc – blanc – fort – carnaval – autobus – trois – exact – calcul – général – échec – tennis – tournevis – brutal – choc – pont – mars – avril.*
– Pendant 10 min, individuellement puis en binôme, faire trier les étiquettes selon que l'on entend ou que l'on n'entend pas la dernière lettre.
– Prolonger par la lecture des **mots** du *Manuel* et des **mots à mémoriser** ou les lire le lendemain matin.

3. Activités d'encodage/décodage

Modalités	**JOURS 2, 3 et 4** – Par groupe de besoins ☀ ★ ☾, en rotation : – Oral avec l'enseignant à partir du *Manuel* – Écrit en autonomie sur les *Fiches d'exercices* – 40 min
Matériel enseignant	*Manuel de code* p. 142 à 145
Matériel élève	– *Manuel de code* pour le travail avec l'enseignant – Cahier du jour pour la dictée avec l'enseignant – *Fiches d'exercices de code* ☀ ★ ou ☾ pour le travail en autonomie – Tablette (ou duos d'élèves) pour le travail en autonomie

Planning

	JOUR 2	JOUR 3	JOUR 4
Ateliers guidés avec l'enseignant	*Manuel* : – lecture mots – exercices 2, 4	*Manuel* : – lecture phrases	*Manuel* : – exercices 3, 7
Ateliers en autonomie	*Fiche : exercice 2*	Fiche : exercice 4	Fiche : exercices 3, 7

Exercice 2 • manuel, p. 143

Cf. semaine 5.

Exercice 3 • manuel, p. 143

Faire justifier les choix proposés par les élèves.

Exercice 4 • manuel, p. 143

Mots dictés par l'enseignant sur le cahier du jour :
☀ ours – huit – parc – cheval
★ ciel – viaduc – autobus – granit
☾ calcul – tournevis – public – festival – hamac

Exercices 7 • manuel, p. 145	– Rappeler aux élèves les indices qui permettent de mettre les mots d'une phrase dans le bon ordre : *majuscules aux noms communs, ce qui ne vaut pas forcément pour les noms propres ; points finaux, sens de la phrase.* – Expliquer le principe de l'exercice : ne pas remettre en ordre les mots de chaque phrase mais les phrases entre elles dans le texte. Le sens sera donc primordial, appuyé sur les marqueurs de temps et les mots de liaison. – À titre d'essai, proposer aux élèves les trois phrases suivantes issues du texte de lecture autonome : - *« Je peux t'accompagner ! Je prendrai le chemin de droite et toi le chemin de gauche ! »* - *« Chez ma grand-mère malade ! »* - *« Où vas-tu comme ça mon enfant ? »* – Remettre ces trois phrases en ordre en explicitant et commentant les indices retenus pour retrouver le bon ordre. – Effectuer ensuite **l'exercice 7.**

4. Dictée : le quart d'heure quotidien

Modalités	Classe entière. Procédé « Lamartinière » sur ardoise.
Durée	**Tous les jours** – 15 min
Matériel élève	Ardoise

Planning et textes

JOUR 1	os – bol – bec – avril
JOUR 2	ours – arc-en-ciel – net – viaduc – canal
JOUR 3	calcul – tournevis – J'ai passé le viaduc à cheval.
JOUR 4	En mars, c'est le bal du carnaval. – Les ours n'ont pas de bec.

5. Geste d'écriture et copie (*cf.* Semaine 6)

6. Copie (*cf.* Semaine 1)

7. Production d'écrit

Modalités	**JOUR 3** – Par groupe de besoins ☀ ★ ☾ avec l'enseignant, en rotation avec des activités en autonomie
Durée	**Matin :** ☀ 20 min ★ 10 min ☾ 10 min **Après-midi :** ☀ 30 min ★ 20 min ☾ 20 min
Matériel enseignant	– *Manuel de code* p. 144 – *Guide pédagogique* Partie III – Version numérique du *Manuel de code* pour la vidéoprojection des images
Matériel élève	– *Fiche d'exercices de code* ☀ ★ ou ☾ ou cahier du jour/d'écrivain (selon le choix de l'enseignant)

Exercice 6 • manuel, p. 144	**Objectif** : s'entraîner à produire de l'écrit à partir d'images séquentielles, mettre en œuvre une démarche de production d'écrit ; développer la capacité à améliorer son écrit avec l'aide de l'enseignant. – Se reporter au déroulement des séances d'écriture à partir d'images séquentielles (semaines de révisions des Période 3 et Période 4). – Proposer des lectures en réseau : conte du *Petit Chaperon Rouge* dans différentes versions ou contes détournés.

Différenciation	Selon les élèves réduire le nombre d'images à traiter, ou organiser une répartition des images entre les élèves, ou un travail en binômes.

8. Compréhension : *Pitikok* – 1re partie

Modalités	**Tous les jours.** Classe entière avec mise en groupes ou binômes
Durée	16 séances de 20 min sur 4 semaines
Matériel enseignant	– Manuel numérique de *Mon carnet d'apprenti lecteur* – Texte de l'histoire (cf. Partie V) – Carte mentale (*cf.* Manuel numérique) – Smartphone ou tout autre moyen d'enregistrement
Matériel élève	– *Mon carnet d'apprenti lecteur* – Masques des personnages : Pitikok, Plouf, le chat sauvage (à créer)

– L'étude de ce texte s'étale sur quatre semaines. Il s'agit pour les élèves de réinvestir des compétences qu'ils ont abordées dans les autres périodes et de les mettre en œuvre de façon plus autonome mais toujours guidés par l'enseignant.

– On retrouve donc l'importance du **schéma narratif** dans l'étude par épisodes, le réinvestissement de la **théorie de l'esprit** dans l'analyse des états mentaux des personnages ainsi que la prépondérance du **jeu de rôles** et de la **restitution du récit** dans le dispositif pédagogique facilitant pour l'élève l'intégration de tous les éléments nécessaires à une compréhension fine de l'œuvre étudiée.

– Le problème d'identité et le désir d'émancipation du personnage du poisson vont résister à la compréhension des élèves.

– Il est possible de réaliser des séances décrochées autour du lexique mais le choix a été fait ici de ne pas en présenter si ce n'est autour du champ lexical des émotions afin de privilégier les stratégies de restitution et de compréhension de la psychologie des personnages du récit.

SCHÉMA NARRATIF à reconstituer au fil des épisodes et de la carte mentale
Situation initiale : Pitikok intervient sur un incendie avec les pélicans.
Élément de perturbation : La plainte de Plouf
Épisode 1 : La rencontre
Épisode 2 : La discussion. Plouf ne sait pas s'il est un poisson ou un chat. Il se noie.
Péripéties : Plouf s'enfuit. Il veut échapper à Pitikok.
Épisode 3 : Rencontre dangereuse avec le chat sauvage.
Épisode 4 : Pitikok le sauve.
Situation finale : Plouf retrouve ses parents.

SÉANCE 0

Lire et faire découvrir le récit	– Lire de manière expressive le récit en entier à toute la classe en amont de la séquence (au moins deux fois). – Renouveler cette lecture offerte régulièrement sur des temps « libres » durant les 4 semaines d'étude de ce texte. – Donner une fois par semaine la nouvelle à réécouter (QR code® p. 58), en devoir à la maison, pour permettre aux élèves de s'imprégner davantage de l'histoire.

JOUR 1 SÉANCE 1

1. Introduire la séance	**Objectif :** connaître le nouveau récit, *Pitikok et le poisson à moustaches*, et le lire pour le comprendre.
2. Rappeler le récit en collectif	– Recueillir les dires des élèves sur ce qu'ils ont retenu de la lecture offerte. – Tracer la carte mentale au fur et à mesure de la narration par les élèves.

3. Lire l'album	– Lire l'album **en entier**. – Demander des précisions sur les lieux, les personnages et la causalité des faits. – Compléter la carte mentale. Veiller à ce que les différents épisodes soient identifiés.
Prolongement	Donner en devoir le récit à réécouter (QR code® p. 58).

JOUR 2 SÉANCE 2

1. Introduire la séance	**Objectifs :** – identifier l'**épisode 1** et comprendre l'enjeu de la discussion entre Pitikok et Plouf, – réaliser les inférences nécessaires pour prendre conscience de la problématique d'identité de Plouf.
2. Analyser le 1er épisode : *La rencontre*	– Constituer des groupes de trois élèves (Pitikok, Plouf, un élève « chochoteur ») et laisser les élèves s'entraîner en brouillon d'oral (*cf.* Partie III). – Enregistrer le premier épisode raconté par un ou deux élèves. **Éléments obligatoires du récit :** Plouf se retrouve dans le bec d'un pélican. Pitikok entend sa plainte.
3. Résoudre les inférences du récit de l'épisode 2 sur la problématique d'identité de Plouf	– Expliciter aux élèves que les questions à venir n'ont pas leur réponse dans le texte mais qu'il faut les résoudre grâce à des indices du texte ou à ses connaissances personnelles. Les élèves sont désormais capables d'entrer dans la tête et le cœur des personnages. – Mettre en avant l'ambiguïté chat/poisson de Plouf : Est-ce que Plouf est vraiment un chat ? Après avoir laissé les élèves expliciter leur opinion, les aider à valider par des retours au texte : *ronronner, se faire les griffes, se planter une écharde dans la patte, se gratter derrière l'oreille, dort en boule.* Or, il a été trouvé dans l'eau et ses parents sont bien des poissons. La question ne peut pas être tranchée tout de suite : il ne sait plus nager, Pitikok doit le sauver. Que pense Pitikok de cet animal ? *Pitikok est étonné de voir un poisson à moustaches. Mais il n'est pas dupe.*

JOUR 3 SÉANCE 3

1. Introduire la séance	**Objectif :** s'approprier le début de l'histoire par une lecture individuelle (*Mon carnet d'apprenti lecteur* p. 58) et par un jeu de rôle : la discussion entre Pitikok et Plouf.
2. Travailler en groupes	– Diviser la classe en deux groupes hétérogènes A et B et diviser la séance en deux temps de façon à ce que les deux groupes réalisent les deux activités.
Groupe A, avec l'enseignant	Jeu de rôles sur la discussion entre Pitikok et Plouf (*Plouf veut convaincre Pitikok qu'il est un chat. Pitikok est étonné*). – Constituer des groupes de trois élèves (2 rôles : Pitikok, Plouf et un élève chuchoteur). – Distribuer le matériel : 1 masque Pitikok et 1 masque Plouf. – Écouter les élèves, les aider à mobiliser les éléments mis en avant lors de la séance 2.
Groupe B, en autonomie	– Lire le texte p. 58 en binômes. – Réaliser **l'activité 1** de compréhension sur *Mon carnet d'apprenti lecteur* p. 59

JOUR 4 SÉANCE 4

	Objectif : s'approprier l'histoire.
1. Chasser les écarts	– Écouter un enregistrement fait en séance 2. – Chasser les écarts : prendre en note au tableau les manques perçus par les élèves en appui sur leur mémorisation et sur la relecture de l'épisode 1, si nécessaire. Les écarts vont résider sur les informations ou les étapes manquantes. Il s'agit donc pour le professeur de faire référence à la carte mentale.
2. Poursuivre l'étude de l'épisode 2 : La discussion	– Lire l'album aux élèves. – Compléter la carte mentale.

– Faire raconter par les élèves le début de l'histoire jusqu'à la fin de l'épisode 2. Les enregistrer. Veiller à ce que soient élucidés la scène de la noyade, le rôle et les intentions des personnages : Plouf veut être le meilleur chasseur d'oiseaux du Mississipi.

Épisodes :

1. La rencontre
2. La discussion. Plouf ne sait pas s'il est un poisson ou un chat. Il se noie.
3. Plouf s'enfuit. Il veut échapper à Pitikok. Rencontre dangereuse avec le chat sauvage.
4. Pitikok sauve Plouf. Situation finale : Plouf retrouve ses parents.

9. Lecture autonome

Modalités	Travail individuel en autonomie – Séances guidées – Bilan en classe entière
Durée	**JOUR 1 :** 2 ou 3 min en début de journée + 1 séance de lecture autonome : ☀ 20 min ★ ☾ 30 min **JOURS 2, 3 :** 2 séances de 10 min **JOUR 4 :** 1 séance de lecture autonome de 10 min + 1 séance de lecture fluence guidée de 10 min + 1 séance bilan de 20 min
Matériel élève	– *Fiche de lecture autonome* ☀ ★ ou ☾ – Fiche autocorrective

Planning

	JOUR 1	JOUR 2	JOUR 3	JOUR 4
Groupe classe	Narration et lecture du titre lors de la présentation de la semaine en collectif			Bilan
Ateliers en autonomie	Lecture	Lecture	Lecture et activités	Lecture et activités + autocorrection
Ateliers guidés avec l'enseignant				Lecture fluence

Narration de l'enseignant pour présenter l'épisode

Réaliser un rappel collectif de l'épisode précédent. Émettre quelques hypothèses sur la suite à partir du titre…

Caractéristiques des textes par groupe de besoins

	Nombre de mots	%	L'anniversaire Épisode 7 : Héroïne d'un jour
☀	89	96 %	*Cf. Fiche de lecture autonome* p. 115
★	103	96 %	*Cf. Fiche de lecture autonome* p. 116 et *Manuel* p. 145
☾	125	97 %	*Cf. Fiche de lecture autonome* p. 117

Compétences travaillées

	Activité 1	Activité 2	Activité 3
☀	Identifier les personnages.	Manifester sa compréhension de la fin de l'épisode par le lien texte-image.	Établir des liens avec ses connaissances littéraires (intertextualité).
★		Manifester sa compréhension de la fin de l'épisode : choisir la bonne proposition.	
☾	Manifester sa compréhension, répondre à des questions nécessitant d'utiliser des indices dans le texte et d'élaborer un raisonnement.		

Bilan du JOUR 4

– Demander aux élèves de restituer l'histoire, en veillant à l'identification des différents personnages, du rôle de chacun, de la chronologie des événements et de la ruse.
– Traiter collectivement à l'oral l'activité 2 de la fiche ☀ et les questions de la fiche ☾. Expliciter les inférences à réaliser.
– Traiter collectivement l'activité 3. Amener les élèves à identifier les codes qui font référence au *Petit Chaperon rouge* sans qu'il soit réellement présent dans l'épisode : la tarte, le loup qui prend sa douce voix, la grand-mère malade (ici, c'est une ruse de Nina alors que le *Petit Chaperon rouge* va véritablement chez sa grand-mère), la course dans la forêt (ruse du loup), la fillette en rouge, l'échec du loup, piégé ici par les animaux de la forêt.

10. Fluence (*cf.* Semaine 1)

Période 5 • Semaine 8

1. Proposition d'emploi du temps (*cf.* Semaine 1)

2. Code : Les consonnes muettes

Modalités	**JOUR 1** – Oral – Classe entière – 40 min
Matériel	*Manuel de code* p. 146

Étape 1	– Proposer le corpus suivant au tableau : *loup – outil – blanc – clef – étang – poing – coup – fusil – plomb – sirop – gentil – banc – drap.* – Lire les mots lentement, puis demander aux élèves les particularités qu'ils remarquent dans tous ces mots. – Si les élèves ne les voient pas, leur préciser : « concernant la dernière lettre ». – Noter qu'à l'inverse de la semaine précédente, le travail porte sur les lettres finales qu'on n'entend pas.
Étape 2	– Écrire les mots suivants au tableau : *compte – automne – compteur – sculpteur – sept – baptême – comptoir.* – Demander aux élèves de bien regarder les mots pendant la lecture qui va suivre : ils doivent remarquer quelque chose de particulier. – Lire les mots deux fois chacun. – Après que les élèves aient identifié les « m » et « p » muets dans ces mots, les leur faire lire à tour de rôle. – Prolonger par la lecture des **mots** du *Manuel* et des **mots à mémoriser** ou les lire le lendemain matin.

3. Activités d'encodage/décodage

Modalités	**JOURS 2, 3 et 4** – Par groupe de besoins ☼ ★ ☾, en rotation : – Oral avec l'enseignant à partir du *Manuel* – Écrit en autonomie sur les *Fiches d'exercices* – 40 min
Matériel enseignant	*Manuel de code* p. 146 à 149
Matériel élève	– *Manuel de code* pour le travail avec l'enseignant – Cahier du jour pour la dictée avec l'enseignant – *Fiches d'exercices de code* ☼ ★ ou ☾ pour le travail en autonomie – Tablette (ou duos d'élèves) pour le travail en autonomie

Planning

	JOUR 2	JOUR 3	JOUR 4
Ateliers guidés avec l'enseignant	*Manuel* : – lecture mots – exercices 2, 4	*Manuel* : – lecture phrases	*Manuel* : – exercices 3, 7, 8
Ateliers en autonomie	*Fiche : exercice 2*	*Fiche* : exercice 4	*Fiche* : exercices 3, 7, 8

Exercice 2 • manuel, p. 147	*cf.* semaine 5.
Exercice 3 • manuel, p. 147	Tous les mots de cet exercice ont été déjà rencontrés dans les premières séances de code de la semaine. Faire commenter les choix des élèves sur les graphèmes pour compléter les mots.

Exercice 4 • manuel, p. 147	Mots dictés par l'enseignant sur le cahier du jour : ☀ sept – plomb – drap – banc ★ sirop – outil – étang – cham – tronc ☾ comptoir – loup – gentil – coup de poing – clef
Exercice 7 • manuel, p. 148	– Effectuer tout d'abord l'exercice à l'oral. – Prolonger l'exercice avec les groupes nominaux suivants : *un livreur – un calculateur – la neige – le plomb – un chasseur – un point – une règle – une tranche*
Exercice 8 • manuel, p. 149	Effectuer l'exercice selon la consigne. Faire argumenter les choix opérés par les élèves pour mettre en évidence l'importance du sens dans la construction de phrase.

4. Dictée : le quart d'heure quotidien

Modalités	Classe entière. Procédé « Lamartinière » sur ardoise.
Durée	**Tous les jours** – 15 min
Matériel élève	Ardoise

Planning et textes

JOUR 1	loup – banc – plomb – sirop
JOUR 2	champ – outil – drap – coup de poing
JOUR 3	automne – comptoir – Le dompteur fait ses comptes.
JOUR 4	une feuille d'automne sur un banc – L'ours et le cerf sont mes amis.

5. Geste d'écriture et copie (*cf.* Semaine 6)

6. Copie (*cf.* Semaine 1)

7. Production d'écrit

Modalités	**JOUR 3** – Par groupe hétérogène avec l'enseignant, en rotation avec des activités en autonomie
Durée	**Matin** : de 10 min à 20 min **Après-midi** : de 20 min à 30 min
Matériel enseignant	– *Manuel de code* p. 148 – *Guide pédagogique* Partie III – Version numérique du *Manuel de code* pour la vidéoprojection des images
Matériel élève	– *Fiche d'exercices de code* ou cahier du jour/d'écrivain (selon le choix de l'enseignant) – Marottes, décor de la scène.

Exercice 6 • manuel, p. 148	**Objectif** : s'entraîner à produire de l'écrit à partir d'une séquence d'images type BD (écrire les paroles des personnages), mettre en œuvre une démarche de production d'écrit ; développer la capacité à améliorer son écrit avec l'aide de l'enseignant.
MATIN	**Préparation à l'écriture**
1. Introduire la séance	– Présenter la situation et expliciter l'objectif : écrire les paroles des personnages en cohérence avec la situation visible sur l'image.

2. Comprendre la situation	– Demander aux élèves de raconter de quel type de situation il s'agit en justifiant à partir des indices présents et leur chronologie : *c'est un match de foot. Chouchou et Nina sont dans la même équipe. Ils sont amis et on peut imaginer qu'ils s'encouragent. Nina marque un but qui permet à son équipe de remporter le match. Ils gagent une coupe. Ils sont heureux et fiers.*
3. Jouer les dialogues	– Constituer des binômes hétérogènes et faire choisir un personnage à chaque élève (Chouchou ou Nina). – Faire jouer la scène à l'aide de marottes des personnages, d'une illustration d'un terrain de foot avec une cage, d'un dessin d'un trophée… Ce matériel sera aidant pour les élèves, notamment les moins à l'aise à l'oral pour s'exprimer dans ce jeu de rôle.
APRÈS-MIDI	**Mise en texte et révision**
3. Lancer les élèves dans l'écriture	– Rappeler le travail effectué le matin. – Réaliser une synthèse collective en demandant aux élèves des paroles qui pourraient être écrites dans les bulles.
4. Accompagner les élèves dans l'écriture	*cf.* semaine 1.
5. Clôturer la séance	

8. Compréhension : *Pitikok* – 2e partie

Modalités	**Tous les jours.** Classe entière avec mise en groupes ou binômes
Durée	16 séances de 20 min sur 4 semaines
Matériel enseignant	– Manuel numérique de *Mon carnet d'apprenti lecteur* – Texte de l'histoire (cf. Partie V) – Carte mentale commencée la semaine précédente – Smartphone ou tout autre moyen d'enregistrement
Matériel élève	– *Mon carnet d'apprenti lecteur* – Masques des personnages : Pitikok, Plouf, le chat sauvage

JOUR 1 SÉANCE 5

1. Introduire la séance	**Objectif** : s'approprier l'histoire.
2. Écouter	Faire écouter un enregistrement réalisé en séance 4 pour se remettre en mémoire l'histoire jusqu'à la scène de la noyade.
3. Réaliser une activité de compréhension sur *Mon carnet d'apprenti lecteur* p. 60	**Activité 3** – stratégie – Laisser le groupe ☾ travailler tout seul. Prendre en charge les deux autres groupes ☀★. – Interroger les ☀ : centrer la discussion sur Plouf et son état mental (insister sur la question verte p. 60 du *carnet*) : *Plouf est d'abord vaniteux, puis vexé, puis en colère. Il veut que Pitikok le laisse tranquille pour vivre sa vie de chat.* Les questions bleue et orange visent à montrer la complémentarité texte/image au service de la compréhension du récit.

JOUR 2 SÉANCE 6

1. Introduire la séance	**Objectif** : jouer pour mieux comprendre.
2. Étudier l'épisode 3 : *Rencontre dangereuse avec le chat sauvage*	– Lire l'**épisode 3** aux élèves. – Mettre les élèves en brouillon d'oral à trois (2 rôles : le chat et Plouf, et un 3e élève qui restitue l'épisode au groupe classe). – Les faire jouer la scène de la rencontre avec le chat sauvage. – Passer dans les groupes pour soutenir l'activité.

3. Questionner	– Expliquer aux élèves que les questions à venir n'ont pas leur réponse dans le texte et qu'il faut donc les résoudre grâce à des indices donnés dans le texte. Pourquoi Plouf s'enfuit-il ? Que va-t-il comprendre du danger qu'il a encouru ? *Plouf s'enfuit car il veut échapper aux adultes (ses parents) et ici, à Pitikok (figure parentale qui essaie de le raisonner depuis le début) : « Laisse-moi vivre ma vie de chat ». Comme tout enfant ou personnage qui échappe aux règles, à la sécurité organisée dans son lieu de vie habituel, Plouf va devoir affronter les dangers de l'inconnu pour lequel il n'est pas encore armé (liens à tisser avec La chèvre de M. Seguin ou Le Petit Chaperon rouge).* – Transcrire les hypothèses des élèves au tableau. – Valider par rapport au texte entendu (indices), aux connaissances culturelles ou de vie des élèves. – Compléter la carte mentale.

JOUR 3 SÉANCE 7

1. Introduire la séance	**Objectif :** comprendre les intentions du chat sauvage en s'appuyant sur d'autres textes littéraires.
2. S'approprier la forme de la ruse (épisode 3)	– Faire un lien entre textes : il est ici intéressant de faire chercher aux élèves d'autres histoire où le personnage principal ne se méfie pas du danger (*cf. Le Petit Chaperon rouge*, vu en Période 3) et rencontre un opposant qui met en place une ruse pour essayer de le manger. – Rappeler le récit en appui sur la carte mentale. – Expliciter la ruse du chat : il se présente sous la forme d'une devinette. – Réaliser des devinettes à l'oral pour faire deviner d'autres personnages des histoires fréquentées.

JOUR 4 SÉANCE 8

1. Introduire la séance **2. Réaliser une activité de compréhension sur *Mon carnet d'apprenti lecteur* p. 59**	**Objectif :** comprendre les personnages. **Activité 2** – Stratégie – Faire travailler les élèves par binômes. – Réguler l'activité de tous, tout en portant son regard sur les élèves ☀. – Expliciter les inférences réalisées, par exemple *Laisse-moi vivre ma vie de chat.* – Relier les phrases à l'épisode correspondant (épisodes 2, 3 + situation finale). – Identifier les retours nécessaires aux textes : stratégie de contrôle que l'enseignant doit expliciter chaque fois qu'il le peut.

9. Lecture autonome

Modalités	Travail individuel en autonomie – Séances guidées – Bilan en classe entière
Durée	**JOUR 1 :** 2 ou 3 min en début de journée + 1 séance de lecture autonome : ☀ 20 min ★ ☾ 30 min **JOURS 2, 3 :** 2 séances de 10 min **JOUR 4 :** 1 séance de lecture autonome de 10 min + 1 séance de lecture fluence guidée de 10 min + 1 séance bilan de 20 min
Matériel élève	– *Fiche de lecture autonome* ☀ ★ ou ☾ – Fiche autocorrective

Planning

	JOUR 1	JOUR 2	JOUR 3	JOUR 4
Groupe classe	Narration et lecture du titre lors de la présentation de la semaine en collectif			Bilan
Ateliers en autonomie	Lecture	Lecture	Lecture et activités	Lecture et activités + autocorrection
Ateliers guidés avec l'enseignant				Lecture fluence

Narration de l'enseignant pour présenter l'épisode

Réaliser un rappel collectif de l'épisode précédent. Émettre quelques hypothèses sur la suite à partir du titre…

Caractéristiques des textes par groupe de besoins

	Nombre de mots	%	L'anniversaire Épisode 8 : Tous unis contre Goupil
☀	90	97 %	*Cf. Fiche de lecture autonome* p. 119
★	107	97 %	*Cf. Fiche de lecture autonome* p. 120 et *Manuel* p. 149
☾	134	97 %	*Cf. Fiche de lecture autonome* p. 121

Compétences travaillées

	Activité 1	Activité 2	Activité 3
☀	Manifester sa compréhension en remettant les images ou les phrases dans l'ordre des événements du récit.	Identifier les personnages.	Restituer un récit à partir des éléments mis en mémoire.
★			
☾			

Bilan du JOUR 4

– Demander aux élèves de restituer l'histoire, en veillant à l'identification des différents personnages, du rôle de chacun et surtout à la chronologie des événements.
– Lire le texte à voix haute aux élèves.
– Traiter collectivement l'activité 3, c'est-à-dire la résolution du problème.

10. Fluence (*cf.* Semaine 1)

Période 5 ■ Semaine 9

1. Proposition d'emploi du temps (*cf.* Semaine 1)

2. Code : graphèmes x [s] ; x [z] ; x muet ; c [g]

Modalités	**JOUR 1** – Oral – Classe entière – 40 min
Matériel	*Manuel de code* p. 150

Étape 1	– Proposer le corpus suivant au tableau : *dix – deux – deuxième – six – sixième – prix – creux – dixième – dix-huit – heureux – soixante.* – Demander aux élèves de bien regarder les mots pendant la lecture qui va suivre : ils doivent remarquer quelque chose de particulier concernant la lettre « x ». – Lire les mots deux fois chacun. – Tracer trois colonnes au tableau. Inviter quelques élèves à lire un mot du corpus, puis à le classer dans l'une des trois colonnes.
Étape 2	– Écrire les mots suivants au tableau : *second – seconde – secondaire.* – Demander aux élèves de bien regarder les mots pendant la lecture qui va suivre : ils doivent remarquer quelque chose de particulier. – Lire les mots deux fois chacun. – Après que les élèves aient identifié que les « c » se prononcent [g] dans ces mots, les leur faire lire à tour de rôle. – Prolonger par la lecture des **mots** du *Manuel* et des **mots à mémoriser** ou les lire le lendemain matin.

3. Activités d'encodage/décodage

Modalités	**JOURS 2, 3 et 4** – Par groupe de besoins ☀ ★ ☾, en rotation : – Oral avec l'enseignant à partir du *Manuel* – Écrit en autonomie sur les *Fiches d'exercices* – 40 min
Matériel enseignant	*Manuel de code* p. 150 à 153
Matériel élève	– *Manuel de code* pour le travail avec l'enseignant – Cahier du jour pour la dictée avec l'enseignant – *Fiches d'exercices de code* ☀ ★ ou ☾ pour le travail en autonomie – Tablette (ou duos d'élèves) pour le travail en autonomie

Planning

	JOUR 2	JOUR 3	JOUR 4
Ateliers guidés avec l'enseignant	*Manuel* : – lecture mots – exercices 2, 4	*Manuel* : – lecture phrases	*Manuel* : – exercices 3, 7, 8
Ateliers en autonomie	*Fiche : exercice 2*	Fiche : exercice 4	Fiche : exercices 3, 7, 8

Exercice 2 • manuel, p. 151	*cf.* semaine 5.
Exercice 3 • manuel, p. 152	– Effectuer l'exercice selon la consigne. – Faire identifier la transformation du x = s en x = z pour six, dix. – Prolonger l'exercice avec d'autres propositions similaires.
Exercice 4 • manuel, p. 151	Mots dictés par l'enseignant sur le cahier du jour : ☀ deux – six – dixième – second ★ soixante-deux – sixième – choix – seconde ☾ soixantième – des chevaux – dix – creux – secondaire
Exercice 7 • manuel, p. 152	– Avant de réaliser l'exercice à l'oral, écrire au tableau les groupes nominaux suivants : *un tableau – des oiseaux – un tuyau – des corbeaux – des signaux – un poteau.* – Lire ensemble tous les groupes nominaux. – Demander aux élèves ce qu'ils remarquent. Les aiguiller vers les terminaisons si nécessaire, puis vers le lien entre article et terminaison du nom. – Faire identifier que le « x » marque le pluriel. – Effectuer ensuite l'**exercice 7 à l'oral.**

Exercice 8 • manuel, p. 153	Suite aux remarques faites sur l'exercice d'encodage concernant la valence sonore du graphème « x », effectuer l'exercice 8.

4. Dictée : le quart d'heure quotidien

Modalités	Classe entière. Procédé « Lamartinière » sur ardoise.
Durée	**Tous les jours** – 15 min
Matériel élève	Ardoise

Planning et textes

JOUR 1	six – dix – deuxième – soixante
JOUR 2	dix-huit – deux – dixième – deuxièmement
JOUR 3	soixante-douze – sixième – Le second prix est gagné par le numéro dix-huit.
JOUR 4	Il y a deux six dans soixante-six. – Le deuxième vient avant le dixième.

5. Geste d'écriture et copie (*cf.* Semaine 6)

6. Copie (*cf.* Semaine 1)

7. Production d'écrit

Modalités	**JOUR 3** – Par groupe hétérogène avec l'enseignant, en rotation avec des activités en autonomie
Durée	**Matin** : de 10 min à 20 min **Après-midi** : de 20 min à 30 min
Matériel enseignant	– *Manuel de code* p. 152 – *Guide pédagogique* Partie III – Version numérique du *Manuel de code* pour la vidéoprojection de l'image
Matériel élève	– *Fiche d'exercices de code* ☀ ★ ou ☾ ou cahier du jour/d'écrivain (selon le choix de l'enseignant) – Flashcards : personnages secondaires (parents, grands-parents…), lieux de vacances (*cf.* site Ressources)

Exercice 6 • manuel, p. 152	**Objectif** : écrire un court récit, mettre en œuvre une démarche de production d'écrit ; développer la capacité à améliorer son écrit avec l'aide de l'enseignant. **En amont de la séance,** fabriquer le matériel élève.
MATIN	**Préparation à l'écriture**
1. Introduire la séance	– Constituer des groupes hétérogènes. – Présenter la situation et expliciter l'objectif : écrire pour raconter. Il faut que votre histoire réponde aux questions suivantes : Avec qui partent Noé, Nina et Chouchou ? > Chaque groupe choisit un personnage secondaire (une flashcard). Où partent-ils en vacances ? > Chaque groupe choisit un lieu (une flashcard de lieu). Avec quel moyen de transport ? *le train* Comment s'est préparé le départ ? *Un personnage a oublié de se lever, ils sont partis en retard ; un personnage a pris trop de bagages, il doit faire du tri ; il faut emmener le chien Napo, que faire ?* Que rêvent-ils de faire pendant leurs vacances ? *un château de sable, une bataille d'eau dans la mer, aller à la fête foraine pour faire du manège, aller au zoo…*

	Répondre collectivement aux deux dernières questions. Les différentes propositions sont notées au tableau.
2. Raconter à l'oral	Laisser les élèves s'entraîner en brouillon d'oral à raconter leur histoire à l'aide de l'image du manuel, des flashcards et des idées définies collectivement.
APRÈS-MIDI	**Mise en texte et révision**
3. Lancer les élèves dans l'écriture	– Rappeler le travail effectué le matin – Faire raconter chaque binôme devant un autre binôme. Le binôme qui écoute peut poser des questions s'il veut des précisions ou s'il manque des informations pour comprendre.
4. Accompagner les élèves dans l'écriture 5. Clôturer la séance	*cf.* semaine 1.

8. Compréhension : *Pitikok* – 3e partie

Modalités	**Tous les jours.** Classe entière avec mise en groupes ou binômes
Durée	16 séances de 20 min sur 4 semaines
Matériel enseignant	– Manuel numérique de *Mon carnet d'apprenti lecteur* – Texte de l'histoire (cf. Partie V) – Carte mentale – Smartphone
Matériel élève	– *Mon carnet d'apprenti lecteur* – masques des personnages : Pitikok, Plouf, le chat sauvage

JOUR 1 SÉANCE 9

1. Introduire la séance	**Objectif** : s'approprier l'histoire en entier.
2. Raconter	Raconter l'histoire **en entier** aux élèves. Il est important que l'enseignant se donne à voir en train de raconter et réexplique la distinction entre lire et raconter.
3. Faire restituer le récit	– Mettre les élèves en brouillon d'oral : les élèves par groupe de trois s'entraînent à raconter l'histoire en appui sur la carte mentale. Critères de réussite : respecter la chronologie des épisodes, citer les personnages et traiter leurs états mentaux. – Enregistrer une production choisie par l'enseignant.

JOUR 2 SÉANCE 10

1. Introduire la séance	**Objectif** : analyser le personnage de Pitikok (figure du sauveur).
2. Écouter de manière active	– Lire de manière expressive le récit **en entier** à toute la classe. – Demander aux élèves de se concentrer sur Pitikok.
3. Analyser l'épisode 4 *Pitikok le sauve* et étudier le personnage de Pitikok	*Pitikok est un sauveur* : faire répertorier aux élèves les situations dans lesquelles il porte secours à Plouf. – Laisser les élèves rechercher et répertorier les situations par petits groupes de trois (ils vont devoir se raconter l'histoire pour retrouver chacun des moments). **Épisode 1 :** *Pitikok sauve Plouf qui s'est fait attraper par le pélican, il est terrorisé.* **Épisode 2 :** *Pitikok sauve Plouf de la noyade. Plouf veut tellement être un chat qu'il en oublie ses capacités de nageur.* **Épisode 4 :** *Pitikok sauve Plouf des griffes du chat sauvage. Plouf veut vivre sa vie de chat sans être surveillé par Pitikok et ses parents. Il part et se met en danger.*

– Relier les trois situations aux épisodes concernés de l'album ; insister sur les liens de causalité : ce qui met Plouf en danger.

– Compléter la carte mentale avec le mot *sauveur*.

JOUR 3 SÉANCE 11

1. Introduire la séance

Objectif : connaître l'histoire et maîtriser son ordre chronologique.

2. Remettre en mémoire

Écouter l'enregistrement de la séance 10 ; chasser les écarts rapidement (entre *ce que j'entends* et *ce que je sais*). Étayage par retour au texte ou à la carte mentale..

3. Réaliser une activité de compréhension sur *Mon carnet d'apprenti lecteur* p. 61

Activité 4 – Stratégie : les élèves sont à présents capables d'avoir une représentation mentale de l'histoire suffisante. Leur mémorisation doit pouvoir leur permettre de réaliser la tâche décrite ici.

– Lire les consignes à tous les élèves. Laisser le groupe travailler en autonomie. Prendre en charge les deux autres groupes . Veiller à la bonne compréhension de la consigne et réguler l'activité. Certains élèves vont avoir besoin de se référer à la carte mentale, d'autres vont pouvoir se raconter l'histoire. Regarder l'album reste également possible.

Différenciation : prévoir des photocopies de cette page, découper les différentes phrases afin de permettre aux élèves qui en auraient besoin de pouvoir les déplacer matériellement. Cette modalité d'ergonomie est nécessaire pour certains élèves afin de faciliter la réalisation de la tâche, lourde sur le plan cognitif et pour favoriser les essais multiples si besoin.

Bilan de séance : demander à un élève de lire les étapes dans l'ordre dans lequel il les a numérotées. Les autres élèves peuvent intervenir s'ils n'ont pas rétabli le même ordre. Amener les élèves à justifier leur désaccord. La justification de la réponse *correcte* se fait en référence au récit et au support de la carte mentale.

JOUR 4 SÉANCE 12

1. Introduire la séance

Objectif : comprendre la situation finale.

2. Mettre en mémoire la situation finale

– Raconter l'épisode aux élèves : l'album a été lu à de nombreuses reprises, les élèves connaissent la situation finale dans laquelle Plouf retrouve ses parents.

3. Questionner sur les états mentaux

– Questionner sur les états mentaux de Plouf et ses parents (*Cf.* les transactions personnelles qui concernent les connexions que l'élève peut faire avec son vécu, Sipe 2000).

Est-ce que Plouf a de la chance d'avoir rencontré Pitikok ?

Les élèves doivent mobiliser leurs connaissances ou leur expérience de ce qui peut arriver lorsqu'on est trop jeune pour aller dans le monde tout seul. Laisser les élèves s'exprimer et encourager ceux qui argumentent : *oui, Plouf a de la chance car sans Pitikok ou sans ses parents, il aurait pu se perdre, se noyer ou être mangé par le chat sauvage.*

4. Faire un lien avec le vécu personnel

Que ressentent les parents de Plouf, à votre avis ?

Les élèves ont la possibilité ici de rapatrier des exemples de moments où leurs propres parents ont été heureux et soulagés de les retrouver, quand ils se sont perdus dans un magasin, par exemple, ou que leurs parents ont eu du mal à les trouver, alors qu'ils étaient cachés dans le jardin.

– Compléter la carte mentale.

9. Lecture autonome

Modalités	Travail individuel en autonomie – Séances guidées – Bilan en classe entière
Durée	**JOUR 1 :** 2 ou 3 min en début de journée + 1 séance de lecture autonome : ☀ 20 min ★ ☾ 30 min **JOURS 2, 3 :** 2 séances de 10 min **JOUR 4 :** 1 séance de lecture autonome de 10 min + 1 séance de lecture fluence guidée de 10 min + 1 séance bilan de 20 min
Matériel élève	– *Fiche de lecture autonome* ☀ ★ ou ☾ – Fiche autocorrective

Planning

	JOUR 1	JOUR 2	JOUR 3	JOUR 4
Groupe classe	Narration et lecture du titre lors de la présentation de la semaine en collectif			Bilan
Ateliers en autonomie	Lecture	Lecture	Lecture et activités	Lecture et activités + autocorrection
Ateliers guidés avec l'enseignant				Lecture fluence

Narration de l'enseignant pour présenter l'épisode

Réaliser un rappel collectif de l'épisode précédent. Émettre quelques hypothèses sur la suite à partir du titre…

Caractéristiques des textes par groupe de besoins

	Nombre de mots	%	L'anniversaire Épisode 9 : Tout est bien qui finit bien
☀	102	97 %	*Cf. Fiche de lecture autonome* p. 123
★	115	97 %	*Cf. Fiche de lecture autonome* p. 124 et *Manuel* p. 153
☾	137	96 %	*Cf. Fiche de lecture autonome* p. 125

Compétences travaillées

	Activité 1	Activité 2	Activité 3
☀	Identifier les personnages.	Prélever l'information qui exprime la situation finale.	Exprimer une préférence au sujet de l'histoire.
★		Effectuer une inférence pour émettre une hypothèse.	
☾		Effectuer une interprétation à l'aide de son propre vécu.	

Bilan du JOUR 4	– Demander aux élèves de restituer l'histoire, en veillant à l'identification des différents personnages, du rôle de chacun et la chronologie des événements. – Lire le texte à voix haute aux élèves. – Traiter collectivement à l'oral les activités 2 des fiches ★☾. Expliciter les inférences à réaliser. Puis traiter l'activité 2 de la fiche ☾. – Traiter collectivement l'activité 3. Inciter les élèves à produire une réponse justifiée. Faire restituer le récit entier.

10. Fluence (*cf.* Semaine 1)

Période 5 ■ Semaine 10 – Révisions

1. Proposition d'emploi du temps (*cf.* Semaine 1)

2. Code

Modalités	**JOUR 1** – Oral – Classe entière – 40 min
Matériel	– *Manuel de code* p. 154
	– Lire les **mots** du *Manuel*. – Pendant cette semaine de révisions, les exercices sur *fiches de code* seront remplacés par des plans de travail personnalisés en fonction des besoins individuels d'approfondissement ou de remédiations. – *Cf.* Période 4 semaine 6.

3. Activités d'encodage/décodage

Modalités	**JOURS 2, 3 et 4** – Par groupe de besoins ☀ ★ ☾, en rotation : – Oral avec l'enseignant à partir du *Manuel* – Écrit en autonomie sur les *Fiches d'exercices* – 40 min
Matériel enseignant	*Manuel de code* p. 154 à 157
Matériel élève	– *Manuel de code* pour le travail avec l'enseignant – Cahier du jour pour la dictée avec l'enseignant

Planning

	JOUR 2	JOUR 3	JOUR 4
Ateliers guidés avec l'enseignant	*Manuel* : – lecture mots – exercices 2, 3, 5	*Manuel* : – lecture phrases	*Manuel* : – exercices 4, 8, 9

Exercices 2 et 3 • manuel, p. 155	Effectuer les exercices, et les étendre à d'autres mots proposés par les élèves ou par l'enseignant, avec détermination du nombre de syllabes dans un premier temps, puis recherche de la syllabe contenant le son dans un second temps.
Exercice 4 • manuel, p. 155	Effectuer l'exercice à l'oral, puis prolonger en cherchant d'autres mots contenant les graphèmes **ein** ou **ain**.

Exercice 5 • manuel, p. 156	Mots dictés par l'enseignant sur le cahier du jour : ☀ bille – wagon – chien – paysage ★ photographe – second – soixante-sept – aluminium ☾ train – création – oreille – téléphérique – maintenant – voyage
Exercices 8 et 9 • manuel, p. 156 et 157	Effectuer l'**exercice 8 à l'oral**, puis le prolonger en demandant aux élèves de produire des phrases en fonction du marqueur de temps proposé (hier, aujourd'hui ou demain). Puis effectuer **l'exercice 9.**

4. Dictée : le quart d'heure quotidien

Modalités	Classe entière. Procédé « Lamartinière » sur ardoise.
Durée	**Tous les jours** – 15 min
Matériel élève	Ardoise

Planning et textes

JOUR 1	album – peinture – voyage – chien
JOUR 2	minimum – photographe – compteur – corbeille
JOUR 3	mystère – wapiti – Je suis dans le deuxième wagon du train.
JOUR 4	Je vais photographier l'arc en ciel. – Le bec du corbeau est noir.

5. Geste d'écriture et copie (*cf.* Semaine 6)

6. Copie (*cf.* Semaine 1)

7. Production d'écrit

Modalités	**JOUR 3** – Par groupe de besoins ☀ ★ ☾ avec l'enseignant, en rotation avec des activités en autonomie
Durée	**Matin :** ☀ 20 min ★ 10 min ☾ 10 min **Après-midi :** ☀ 30 min ★ 20 min ☾ 20 min
Matériel enseignant	– *Manuel de code* p. 156 – *Guide pédagogique* Partie III
Matériel élève	– Cahier du jour/d'écrivain (selon le choix de l'enseignant) ou matériel pour simuler les cartes postales
Exercice 7 • manuel, p. 156	**Objectif** : s'entraîner à produire de l'écrit à partir d'une carte postale, mettre en œuvre une démarche de production d'écrit ; développer la capacité à améliorer son écrit avec l'aide de l'enseignant. **Déroulement** : *cf.* semaine 5 (cartons d'invitation).

8. Compréhension : *Pitikok* – 4e partie

Modalités	**Tous les jours.** Classe entière avec mise en groupes ou binômes
Durée	16 séances de 20 min sur 4 semaines
Matériel enseignant	– Manuel numérique de *Mon carnet d'apprenti lecteur* – Texte de l'histoire (cf. Partie V) – Carte mentale réalisée au cours des semaines précédentes – Smartphone ou tout autre moyen d'enregistrement

Matériel élève

– *Mon carnet d'apprenti lecteur*
– Masques des personnages : Pitikok, Plouf, le chat sauvage

JOUR 1 SÉANCE 13

1. Introduire la séance

Objectifs : – comprendre la situation finale,
– exprimer un avis.

2. Étudier la situation finale : ***Plouf retrouve ses parents***

Mettre en mémoire le récit : raconter la situation finale aux élèves.

3. Réaliser une activité de compréhension sur *Mon carnet d'apprenti lecteur* p. 63

Activité 6 – Stratégie

– Organiser un débat mouvant selon les modalités suivantes :

En amont de la séance : dans la classe, la salle d'arts plastiques ou la BCD (lieu où les élèves peuvent se déplacer et s'écouter), marquer matériellement deux espaces distincts et suffisamment éloignés correspondant aux deux affirmations de l'exercice.

– Placer les élèves à égale distance des deux espaces

Consigne : Je vais vous lire deux affirmations. Choisissez dans votre tête celle avec laquelle vous êtes d'accord. Vous devrez justifier (c'est-à-dire être capable de dire pourquoi vous avez choisi cette affirmation). Si vous ne voulez pas choisir, il faudra l'expliquer également.

– Lire les deux affirmations.
– Demander aux élèves de se déplacer dans la zone qui correspond à leur choix.
– Faire justifier deux élèves par zone : les laisser exprimer leur opinion. Il est possible que les autres élèves se laissent convaincre et changent de zone ou que des élèves qui n'en avaient pas choisie le fassent à ce moment-là.
– Clôturer la séance par 3 min de travail individuel sur le carnet avec le coloriage de la phrase retenue.

JOUR 2 SÉANCE 14

1. Introduire la séance

Objectif : manifester sa compréhension en identifiant des anomalies.

2. Réaliser une activité de compréhension sur *Mon carnet d'apprenti lecteur* p. 62

Activité 5 – stratégie : cette activité déjà rencontrée est complexe.

– Encourager les élèves à bien déchiffrer le texte et à expliciter les anomalies détectées.
– Laisser le groupe travailler tout seul. Prendre en charge les deux autres groupes . Prioriser la justification orale sur toute action des élèves dans le carnet.
– Faire la liste des anomalies détectées. Demander aux élèves en priorité leur justification car ils ont besoin d'un retour sur leurs réflexions individuelles.
– Valoriser toutes les demandes de retour au texte pour valider.

JOUR 3 SÉANCE 15

1. Introduire la séance

Objectif : exprimer une préférence.

2. Réaliser une activité de compréhension sur *Mon carnet d'apprenti lecteur* p. 63

Activité 7 – Stratégie et **Activité 8** – Stratégie

Préciser aux élèves qu'ils doivent privilégier l'écriture de la phrase (activité 8), le dessin pouvant être terminé plus tard, à la maison.

Étayage :

– Renvoyer les élèves sur les outils d'aide habituels mobilisés en production d'écrit.
– Les questionner sur l'écart entre ce qu'ils voulaient produire et la phrase écrite.
– Servir de dictionnaire pour les élèves.
– Rappeler les critères de réussite : une phrase complète commence par un point et se termine par une majuscule ; le thème de la phrase doit identifier l'épisode.
– Faire lire quelques phrases écrites.

JOUR 4 SÉANCE 16

1. Introduire la séance	**Objectif** : identifier les apprentissages réalisés.
2. Bilan de la séquence	S'attacher à faire revenir les élèves sur l'explicitation de : – la figure de sauveur de Pitikok, – la problématique d'identité de Plouf, – le lien avec les autres œuvres (*cf.* séance 7 Jour 3).
3. Valoriser le travail de l'année en compréhension	– Demander aux élèves de choisir (et justifier) leur œuvre étudiée préférée. – Afficher toutes les cartes mentales dans le couloir qui mène à la classe.

9. Lecture autonome

Modalités	Travail individuel en autonomie – Séances guidées – Bilan en classe entière
Durée	**JOUR 1** : 1 séance de lecture autonome : ☀ 20 min ★ ☾ 30 min **JOURS 2, 3** : 2 séances de 10 min **JOUR 4** : 1 séance de lecture autonome de 10 min + 1 séance de lecture fluence guidée de 10 min + 1 séance bilan de 20 min
Matériel élève	– *Fiches de lecture autonome* ☀ ★ ou ☾ de la période – Fiches autocorrectives de la période
	– Lors de la semaine de révision, le texte de lecture autonome est une synthèse des aventures de la période. Les phrases sont issues des textes précédents. Il n'y a pas de fiche activité. Ce texte est l'occasion d'effectuer un rappel de récit des différentes aventures, ce que nous avons appris des personnages, de leur personnalité, des personnages secondaires rencontrés… – C'est l'occasion de permettre à des élèves de relire certains épisodes de leur choix, d'essayer des lectures du niveau supérieur sur un texte déjà lu, de faire une fiche de lecture autonome qu'ils n'auraient pas pu faire pendant la période… – C'est également l'occasion de reprendre la fluence sur l'un ou l'autre (ou plusieurs) textes de la période.

10. Fluence (*cf.* Semaine 1)

Partie V
Textes à lire

Conte

Avanceras-tu, cochon têtu ? (Conte d'Europe, variante hollandaise)

Très têtu, le petit cochon ne veut pas rentrer à la maison. Qui arrivera à lui faire entendre raison ? La fermière, le petit chien ou le bâton ?

Épisode 1

Un jour, une fermière partit vendre son cochon au marché. Arrivé près d'un pont, le cochon refusa d'avancer. La femme, contrariée, lui parla d'abord gentiment :

« Allons, cochon, il faut que tu passes sur ce pont ! »

Le cochon baissait la tête et refusait toujours d'avancer. Rien n'y faisait : ni les paroles douces, ni les encouragements, ni les cris, ni quelques coups de baguette.

Alors, la fermière appela son chien et lui ordonna : « Chien, viens mordre le cochon ! Le cochon ne veut pas avancer. » Mais le chien répondit : « Le cochon est mon ami, je ne le mordrai pas. »

Épisode 2

Alors la fermière appela le bâton : « Bâton, viens battre le chien ! Le chien ne veut pas mordre le cochon. Le cochon ne veut pas avancer. » Mais le bâton répondit : « Le chien est mon ami, je ne le battrai pas. »

Épisode 3

Alors la fermière appela le feu : « Feu, viens brûler le bâton ! Le bâton ne veut pas battre le chien. Le chien ne veut pas mordre le cochon. Le cochon ne veut pas avancer. » Mais le feu répondit : « Le bâton est mon ami, je ne le brûlerai pas. »

Épisode 4

Alors la fermière appela le ruisseau : « Ruisseau, viens éteindre le feu ! Le feu ne veut pas brûler le bâton. Le bâton ne veut pas battre le chien. Le chien ne veut pas mordre le cochon. Le cochon ne veut pas avancer. » Mais le ruisseau répondit : « Le feu est mon ami, je ne l'éteindrai pas. »

Épisode 5

Alors la fermière appela la vache : « Vache, viens boire le ruisseau ! Le ruisseau ne veut pas éteindre le feu. Le feu ne veut pas brûler le bâton. Le bâton ne veut pas battre le chien. Le chien ne veut pas mordre le cochon. Le cochon ne veut pas avancer. » Mais la vache répondit : « Le ruisseau est mon ami, je ne le boirai pas. »

Épisode 6

Alors la fermière appela le boucher : « Boucher, viens tuer la vache ! La vache ne veut pas boire le ruisseau. Le ruisseau ne veut pas éteindre le feu. Le feu ne veut pas brûler le bâton. Le bâton ne veut pas battre le chien. Le chien ne veut pas mordre le cochon. Le cochon ne veut pas avancer. » Et le boucher dit : « Je viens tuer la vache ! »

Alors la vache, de peur d'être tuée, accepta de boire le ruisseau ; le ruisseau, de peur d'être bu, accepta d'éteindre le feu ; le feu, de peur d'être éteint, accepta de brûler le bâton ; le bâton, de peur d'être brûlé, accepta de battre le chien ; le chien, de peur d'être battu, accepta de mordre le cochon ; le cochon, de peur d'être mordu, accepta d'avancer sur le pont. Mais le marché était déjà fini. La fermière ramena le cochon chez elle. C'était tout ce qu'il attendait. Il ne voulait pas être vendu et finir en saucisses et boudins !

Poèmes

Les dimanches (Monique HION in « Mots et pitreries pour lire sans ennui », © Actes Sud 2013)

Les dimanches de parasol,
Sur ma serviette, je pot de colle.
Les dimanches de parasol,
Je me sens comme un tournesol.

Les dimanches de parapluie,
Dans les draps, je café au lit.
Les dimanches de parapluie,
Sous la couette, je dors et je lis.

Les dimanches de rien du tout,
Alors là, je caramel mou.
Les dimanches de rien du tout,
Je raplaplate et puis c'est tout !

Plus grands que le ventre (Droits réservés)

Voyons ce que je vais manger
Pour m'ouvrir l'appétit :
Des carottes râpées,
Un plat de spaghettis,
Une tartine de mayonnaise,
Une grande assiette de frites,
Une ou deux tartes aux fraises,
Une glace aux cerises confites.

Mon cher, je ne crois pas
Que dans ta bouche tout rentre !
Garde-toi, pour une fois,
De tes yeux plus grands que ton ventre.

L'éléphant (François HERICOURT)

Je connais un éléphant qui est très élégant.
À chacune de ses pattes, il met des gants.
C'est effarant !
Et quand vient la nuit, il met un manteau blanc.
C'est étonnant !
Bien sûr, deux fois par jour, il se brosse les dents.
C'est évident !
Mais surtout, surtout, il adore sa maman.
C'est épatant !

Où il est le loup ? (Hélène BENAIT in « Mots polissons pour attraper les sons », © Actes Sud 2013)

— Où il est le loup ? Dis-moi, Maman !
— Il sort de sa tanière en grondant.
Allez, va te laver les dents.

— Où il est le loup ? Dis-moi, Maman !
— Il approche du village
En courant à travers champs.
Allez, monte dans ta chambre !

— Où il est le loup ? Dis-moi, Maman !
— Il parcourt les rues en demandant
Où habitent les enfants.
Mets-toi au lit immédiatement !

— Où il est le loup ? Dis-moi, Maman !
— Il ouvre la porte en reniflant.
Vite ! Prends ta couette
et cache-toi dedans !

— Où il est le loup ? Dis-moi, Maman !
— Il a regardé sous ton lit
Et il est reparti en râlant.
Ouf ! Tu peux dormir maintenant !

Œuvres picturales

Le cirque (Georges SEURAT)

Ce tableau a été peint en 1890. Tu peux l'admirer au musée d'Orsay, à Paris.
Seurat essaie de représenter le mouvement. Il a inventé le pointillisme (c'est un courant en peinture) : par exemple, un point de couleur jaune posé à côté d'un point de couleur rouge va donner la couleur orange en le regardant de loin.

Paysage avec des oiseaux jaunes (Paul KLEE)

Ce paysage a été réalisé en 1923.
Klee était peintre, dessinateur et musicien. Il s'inscrit dans le courant de l'art abstrait. Il aimait la nature et se décrivait comme un peintre poète.

Un poisson d'avril (Boris VIAN, © Rue du monde)

Texte de Boris Vian intitulé « Un poisson d'avril »
tiré du recueil « Chanson »

ISBN : 978-2-912084-44-6
Direction éditoriale : Alain Serres
Maquette : BHT + K.O.

oh
!
qu'on lui avait pris
sa jolie corde à sauter

C'était
un cheval
VOYAGES
ORGANISES
1.000 NF
qui l'emportait
sur son cœur

le long du canal
où valsaient
les remorqueurs
54
LALA
TUT
29
Allegretto.

Et alors
un serpent
s'est offert
comm' remplaçant

Le poisson
très content
est parti
à travers champs

Il sauta si haut
qu'il s'est envolé
dans l'air

Il sauta si haut
qu'il est retombé...
SOUPE
Le poisson de mer fait durer la jeunesse.

dans
l'eau.
Fin

Notice de fabrication

Le moulin à vent

Le matériel

Un bouchon de liège
Une perle
Une épingle
Une feuille cartonnée carrée
Des feutres
Des ciseaux

Les étapes de fabrication

1 Décore la feuille cartonnée de forme carrée.

2 Plie la feuille en deux, dans les deux sens, pour marquer les deux diagonales.

3 Découpe les diagonales. Attention, ne va pas jusqu'au centre !

4 Plie un coin sur deux vers le milieu.

5 Fixe les coins avec une épingle.

6 Fixe l'épingle dans le bouchon de liège.

Documentaire

L'autruche

Description

L'autruche est le plus grand des oiseaux coureurs ; elle ne sait pas voler.

Taille	jusqu'à 2,75 m
Poids	de 60 à 150 kg
Vie	70 ans

Alimentation

L'autruche est omnivore, c'est-à-dire qu'elle mange des aliments d'origine végétale et animale. Elle doit manger 5 kg de nourriture par jour et a besoin de beaucoup d'eau.

Reproduction

L'autruche pond des œufs.
Le petit de l'autruche s'appelle l'autruchon.
Un œuf d'autruche pèse environ 1 kg. C'est donc le plus gros œuf pondu par un animal à ce jour.

Habitat

Elle vit dans les savanes et dans les régions très sèches d'Afrique.

Documentaire

Bébés des pôles (© Nathan)

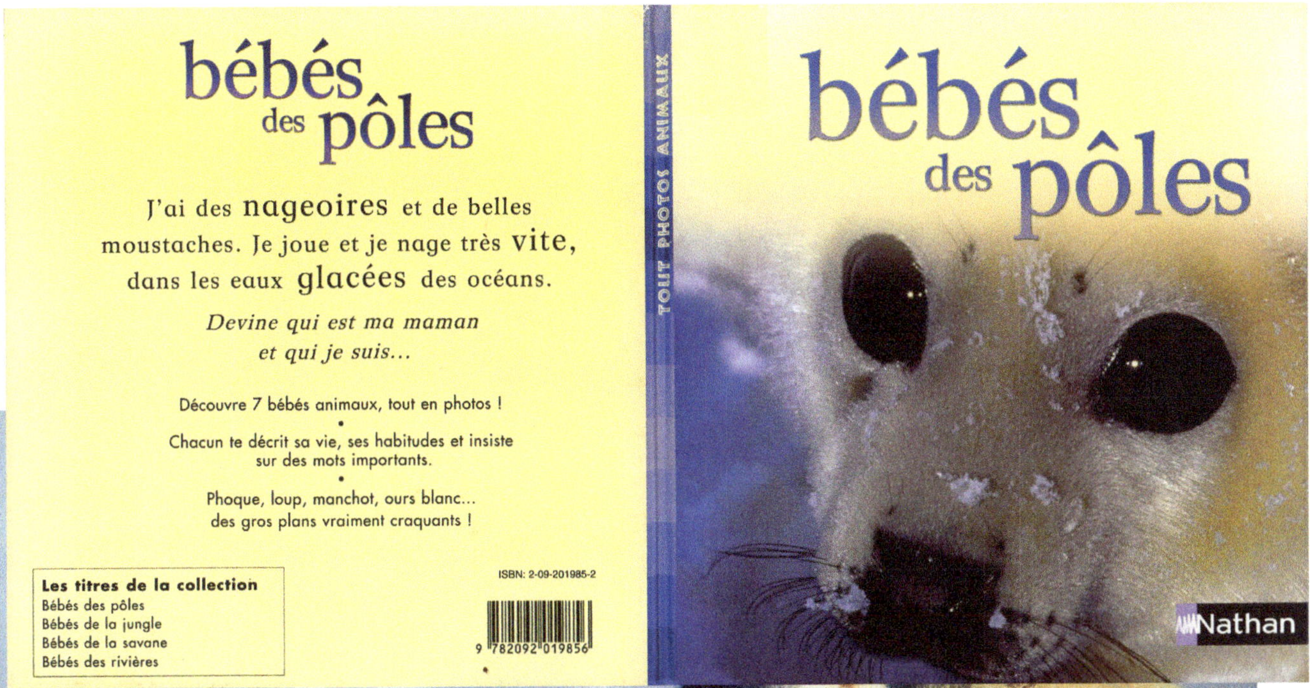

Ma fourrure est douce
et blanche ; le pelage de
ma maman est lisse et sombre.

Ma maman
est un phoque
et je suis son petit.

Mes oreilles pointues
sont dressées sur ma tête.
Je peux entendre des sons
même s'ils viennent de très loin.

Devine qui est ma maman
et qui je suis…

Ma maman est une louve
et je suis son louveteau.

J'aime jouer
au soleil,
pendant que
ma maman
se repose.

Mon bec est noir et pointu.
Lorsque j'ai faim, je m'en sers
pour attraper un calmar
ou un poisson.

*Devine qui est ma maman
et qui je suis…*

Ma maman
est un albatros
et je suis son petit.

Ma maman
me protège dans
un nid douillet,
jusqu'à ce que
je sache voler.

Au bout de mes pattes longues
et fines, j'ai deux doigts protégés
par de larges sabots qui
m'empêchent de glisser
sur la glace.

*Devine qui est ma maman
et qui je suis…*

Ma maman est un **renne**
et je suis son petit.

Au début de **l'été**,
mon **pelage** est
marron. Mais, quand
l'hiver arrive,
il devient tout **gris**.

J'ai deux grandes **nageoires**
de chaque côté de mon corps.
Je peux **plonger** et nager
dans **l'eau glacée**.

Devine qui est ma maman
et qui je suis…

Ma maman est un **manchot**
et je suis son petit.

Nous sommes des
oiseaux, mais nous
ne savons pas **voler**.
Alors, nous nageons
ou nous **trottinons**
sur la **banquise**.

Sur mes joues bien rondes,
j'ai des rangées de poils
qui me font comme
une moustache.

*Devine qui est ma maman
et qui je suis…*

Ma maman est un morse
et je suis son petit.

Notre épaisse
couche de graisse
nous garde
au chaud lorsqu'il
fait très froid.

Je suis le plus grand
des animaux polaires.
Mon épaisse fourrure blanche
me protège du froid.

*Devine qui est ma maman
et qui je suis…*

Le coin des parents savants

Voici quelques informations de plus sur les sept animaux du livre :

- **Le phoque**, friand de poisson et de calmar, ne vient sur terre que pour se reposer, s'accoupler et mettre bas. Autrefois chassé pour sa fourrure et sa graisse, il est aujourd'hui menacé par la pollution des océans.
- **Le loup** est un excellent chasseur. Il possède une ouïe, une vue et un odorat très développés. Ce carnassier vit en meutes très hiérarchisées comportant une vingtaine de membres.
- **L'albatros hurleur** est l'oiseau qui a la plus grande envergure, jusqu'à 3,40 m, ce qui lui permet de planer très longtemps.
- **Le renne** vit dans des hardes composées des femelles et de leurs petits qui sont rejointes à l'automne par les mâles. Ce ruminant se nourrit d'herbe en été et de lichens en hiver.
- **Le manchot** se nourrit de poissons. Son corps fusiforme est parfait pour la nage. La femelle du manchot empereur pond un œuf par an en automne sur la côte et repart en mer. C'est le mâle qui le couve tout l'hiver.
- **Le morse**, qui adore les mollusques, a une peau qui rosit au soleil et qui devient marron clair lorsqu'il sort de l'eau froide.
- **L'ours blanc** peut nager pendant des heures dans l'eau glacée en se servant de ses larges pattes antérieures comme de rames. Sa peau est noire sous sa fourrure blanche afin d'absorber la chaleur.

• • • • •

Remerciements

L'éditeur tient à remercier tous ceux qui lui ont permis de reproduire des illustrations.
Rien n'a été négligé pour retrouver les propriétaires des copyrights.
Cependant, tout oubli éventuel sera réparé lors d'une réimpression.

Couverture : Frank Lane Picture Agency ; 4e de couverture : Gunter Marx Photography/Corbis ; page de titre : Norbert Rosing/National Geographic ; Phoque 1 : Frank Lane Picture Agency ; Phoque 2 : Norbert Rosing/National Geographic ; Loup 1 : Art Wolfe/Getty ; Loup 2 : Joel Sartore/National Geographic ; Albatros 1 : Art Wolfe/Getty ; Albatros 2 : Edwin Mickleburgh/Ardea ; Renne 1 : Bill Bleisch/Ardea ; Renne 2 : Paul Nicklen/National Geographic ; Manchot 1 : Tim Davis/Corbis ; Manchot 2 : Ardea ; Morse 1 : Gunter Marx Photography/Corbis ; Morse 2 : Norbert Rosing/National Geographic ; Ours polaire 1 : Oxford Scientific Films ; Ours polaire 2 : Norbert Rosing/National Geographic

Article de journal

Le coati à nez blanc (Petit Quotidien)

À l'intérieur, numéro photos : les Vosges, dernière étape de notre série sur les montagnes en France.

samedi 15 août 2020

n° 6 301 - 6 302 premier cahier (1/2) 0,70 €

www.lepetitquotidien.fr

Petit Quotidien

100% FAITS 0% OPINIONS

NOUVELLE LOI POUR LA PRESSE CRÉDIT D'IMPÔT*

LA MÉTÉO DE DIMANCHE

Quel est cet animal mignon né dans un zoo d'Europe ?

C'est un coati à nez blanc. Découvre cette espèce peu connue vivant dans des forêts d'Amérique.

Fiche à garder : Le coati p. 2 | **Histoire du jour :** Des nouvelles du zoo qui manquait de bambou p. 3

*30 % du premier abonnement, d'au moins 12 mois, à un journal d'informations. Exemple : un abonnement de 2 ans à 250€ = 75€ de cadeau d'impôt sur le revenu.

L'info de la Une

2 coatis à nez blanc sont nés le 4 juin au zoo de Vienne, la capitale de l'Autriche. Le bébé en photo de Une est l'un d'eux.

• **Pendant leurs premières semaines de vie,** les jumeaux étaient aveugles et sourds, comme tous les petits de cette espèce. Ils sont restés dans leur nid.

• **Depuis fin juillet, ils commencent à explorer leur enclos,** se baladant sur des planches installées en hauteur. Leur maman ne les laisse pas s'éloigner d'elle ! Ils passent encore beaucoup de temps à la téter.

La fiche découverte ANIMAUX

Le coati à nez blanc

Les coatis sont des mammifères de la famille des ratons laveurs. Ils vivent en Amérique centrale et en Amérique du Sud. 4 espèces existent. Ici, les coatis à nez blanc, la seule espèce que l'on trouve dans les zoos européens.

Fiche d'identité :

- **Autre nom :** coati brun.
- **Longueur :** entre 80 cm et 1 mètre 30.
- **Poids :** entre 3 et 5 kilos (comme un gros chat).
- **Reproduction :** la femelle donne naissance à ses petits (entre 1 et 4) au printemps, dans un nid.
- **Lieux de vie :** mangroves, forêts de pins, savanes.

Plus forts ensemble

• Chez les coatis à nez blanc, les mâles vivent seuls, à l'écart (sauf à la saison des amours). Les femelles et leurs petits se rassemblent en groupes d'une vingtaine d'animaux au maximum. Toutes les femelles se partagent l'éducation de tous les petits.

• Le groupe se repose la nuit dans les arbres, ou abrité dans un creux sous un rocher.

• Le jour, les coatis sont actifs. Ils se protègent lors de leurs déplacements : ils crient pour alerter les autres sur la présence d'un ennemi. Ils se nettoient les uns les autres.

Activité : chercher de la nourriture

• Le coati à nez blanc passe la plus grande partie de sa journée à chercher de la nourriture, surtout au sol.

• Il mange des plantes, des insectes (fourmis, termites), des araignées, des scorpions, des crabes...

• Il mange aussi des petites souris, des oiseaux, des lézards ou des grenouilles. Il les déchiquette à l'aide de ses canines coupantes.

ART PRESSE

Nouvelle

La chèvre de Monsieur Seguin (Alphonse DAUDET)

M. Seguin n'avait jamais eu de bonheur avec ses chèvres.

Il les perdait toutes de la même façon : un beau matin, elles cassaient leur corde, s'en allaient dans la montagne, et là-haut le loup les mangeait. Ni les caresses de leur maître, ni la peur du loup, rien ne les retenait. C'était, paraît-il, des chèvres indépendantes, voulant à tout prix le grand air et la liberté.

Le brave M. Seguin, qui ne comprenait rien au caractère de ses bêtes, était consterné. Il disait :

— C'est fini ; les chèvres s'ennuient chez moi, je n'en garderai pas une.

Cependant il ne se découragea pas, et, après avoir perdu six chèvres de la même manière, il en acheta une septième ; seulement, cette fois, il eut soin de la prendre toute jeune, pour qu'elle s'habituât mieux à demeurer chez lui.

Ah !, [...] qu'elle était jolie la petite chèvre de M. Seguin ! qu'elle était jolie avec ses yeux doux, sa barbiche de sous-officier, ses sabots noirs et luisants, ses cornes zébrées et ses longs poils blancs qui lui faisaient une houppelande ! [...] — et puis, docile, caressante, se laissant traire sans bouger, sans mettre son pied dans l'écuelle. Un amour de petite chèvre...

M. Seguin avait derrière sa maison un clos entouré d'aubépines. C'est là qu'il mit sa nouvelle pensionnaire. Il l'attacha à un pieu, au plus bel endroit du pré, en ayant soin de lui laisser beaucoup de corde, et de temps en temps il venait voir si elle était bien. La chèvre se trouvait très heureuse et broutait l'herbe de si bon cœur que M. Seguin était ravi.

— Enfin, pensait le pauvre homme, en voilà une qui ne s'ennuiera pas chez moi !

M. Seguin se trompait, sa chèvre s'ennuya.

Un jour, elle se dit en regardant la montagne :

— Comme on doit être bien là-haut ! Quel plaisir de gambader dans la bruyère, sans cette maudite longe qui vous écorche le cou ! ... C'est bon pour l'âne ou pour le bœuf de brouter dans un clos ! ... Les chèvres, il leur faut du large.

À partir de ce moment, l'herbe du clos lui parut fade. L'ennui lui vint. Elle maigrit, son lait se fit rare. C'était pitié de la voir tirer tout le jour sur sa longe, la tête tournée du côté de la montagne, la narine ouverte, en faisant *Mê !* ... tristement.

M. Seguin s'apercevait bien que sa chèvre avait quelque chose, mais il ne savait pas ce que c'était... Un matin, comme il achevait de la traire, la chèvre se retourna et lui dit dans son patois :

— Écoutez, monsieur Seguin, je me languis chez vous, laissez-moi aller dans la montagne.

— Ah ! mon Dieu ! ... Elle aussi ! cria M. Seguin stupéfait, et du coup il laissa tomber son écuelle ; puis, s'asseyant dans l'herbe à côté de sa chèvre :

— Comment Blanquette, tu veux me quitter !

Et Blanquette répondit :

— Oui, monsieur Seguin.

— Est-ce que l'herbe te manque ici ?

— Oh ! non ! monsieur Seguin.

— Tu es peut-être attachée de trop court ; veux-tu que j'allonge la corde !

— Ce n'est pas la peine, monsieur Seguin.

— Alors, qu'est-ce qu'il te faut ! qu'est-ce que tu veux ?

— Je veux aller dans la montagne, monsieur Seguin.

— Mais, malheureuse, tu ne sais pas qu'il y a le loup dans la montagne... Que feras-tu quand il viendra ?...

— Je lui donnerai des coups de corne, monsieur Seguin.

— Le loup se moque bien de tes cornes. Il m'a mangé des biques autrement encornées que toi... Tu sais bien, la pauvre vieille Renaude qui était ici l'an dernier ? une maîtresse chèvre, forte et méchante comme un bouc. Elle s'est battue avec le loup toute la nuit... puis, le matin, le loup l'a mangée.

— Pécaïre ! Pauvre Renaude ! ... Ça ne fait rien, monsieur Seguin, laissez-moi aller dans la montagne.

— Bonté divine ! ... dit M. Seguin ; mais qu'est-ce qu'on leur fait donc à mes chèvres ? Encore une que le loup va me manger... Eh bien, non... je te sauverai malgré toi, coquine ! et de peur que tu ne rompes ta corde, je vais t'enfermer dans l'étable, et tu y resteras toujours.

Là-dessus, M. Seguin emporta la chèvre dans une étable toute noire, dont il ferma la porte à double tour. Malheureusement, il avait oublié la fenêtre, et à peine eu-t-il le dos tourné, que la petite s'en alla... [...]

Quand la chèvre blanche arriva dans la montagne, ce fut un ravissement général. Jamais les vieux sapins n'avaient rien vu d'aussi joli. On la reçut comme une petite reine. Les châtaigniers se baissaient jusqu'à terre pour la caresser du bout de leurs branches. Les genêts d'or s'ouvraient sur son passage, et sentaient bon tant qu'ils pouvaient. Toute la montagne lui fit fête.

[...] Plus de corde, plus de pieu... rien qui l'empêchât de gambader, de brouter à sa guise... C'est là qu'il y en avait de l'herbe ! jusque par-dessus les cornes, Et quelle herbe ! Savoureuse, fine, dentelée, faite de mille plantes... C'était bien autre chose que le gazon du clos. Et les fleurs donc ! ... De grandes campanules bleues, des digitales de pourpre à longs calices, toute une forêt de fleurs sauvages débordant de sucs capiteux ! ...

La chèvre blanche, à moitié soûle, se vautrait là-dedans les jambes en l'air et roulait le long des talus, pêle-mêle avec les feuilles tombées et les châtaignes... Puis, tout à coup, elle se redressait d'un bond sur ses pattes. Hop ! la voilà partie, la tête en avant, à travers les maquis et les buissières, tantôt sur un pic, tantôt au fond d'un ravin, là-haut, en bas, partout... On aurait dit qu'il y avait dix chèvres de M. Seguin dans la montagne.

C'est qu'elle n'avait peur de rien la Blanquette.

Elle franchissait d'un saut de grands torrents qui l'éclaboussaient au passage de poussière humide et d'écume. Alors, toute ruisselante, elle allait s'étendre sur quelque roche plate et se faisait sécher par le soleil... Une fois, s'avançant au bord d'un plateau, une fleur de cytise aux dents, elle aperçut en bas, tout en bas dans la plaine, la maison de M. Seguin avec le clos derrière. Cela la fit rire aux larmes.

— Que c'est petit ! dit-elle ; comment ai-je pu tenir là-dedans ?

Pauvrette ! de se voir si haut perchée, elle se croyait au moins aussi grande que le monde...

En somme, ce fut une bonne journée pour la chèvre de M. Seguin. Vers le milieu du jour, en courant de droite et de gauche, elle tomba dans une troupe de chamois en train de croquer une lambrusque à belles dents. Notre petite coureuse en robe blanche fit sensation. On lui donna la meilleure place à la lambrusque, et tous ces messieurs furent très galants... [...]

Tout à coup le vent fraîchit. La montagne devint violette ; c'était le soir...

— Déjà ! dit la petite chèvre ; et elle s'arrêta fort étonnée.

En bas, les champs étaient noyés de brume. Le clos de M. Seguin disparaissait dans le brouillard, et de la maisonnette on ne voyait plus que le toit avec un peu de fumée. Elle écouta les clochettes d'un troupeau qu'on ramenait, et se sentit l'âme toute triste... Un gerfaut, qui rentrait, la frôla de ses ailes en passant. Elle tressaillit... puis ce fut un hurlement dans la montagne :

— Hou ! hou !

Elle pensa au loup ; de tout le jour la folle n'y avait pas pensé... Au même moment une trompe sonna bien loin dans la vallée. C'était ce bon M. Seguin qui tentait un dernier effort.

— Hou ! hou ! ... faisait le loup.

— Reviens ! reviens ! ... criait la trompe.

Blanquette eut envie de revenir ; mais en se rappelant le pieu, la corde, la haie du clos, elle pensa que maintenant elle ne pouvait plus se faire à cette vie, et qu'il valait mieux rester.

La trompe ne sonnait plus...

La chèvre entendit derrière elle un bruit de feuilles. Elle se retourna et vit dans l'ombre deux oreilles courtes, toutes droites, avec deux yeux qui reluisaient... C'était le loup.

Énorme, immobile, assis sur son train de derrière, il était là regardant la petite chèvre blanche et la dégustant par avance. Comme il savait bien qu'il la mangerait, le loup ne se pressait pas ; seulement, quand elle se retourna, il se mit à rire méchamment.

— Ha ! ha ! la petite chèvre de M. Seguin ! et il passa sa grosse langue rouge sur ses babines d'amadou.

Blanquette se sentit perdue... Un moment en se rappelant l'histoire de la vieille Renaude, qui s'était battue toute la nuit pour être mangée le matin, elle se dit qu'il vaudrait peut-être mieux se laisser manger tout de suite ; puis, s'étant ravisée, elle tomba en garde, la tête basse et la corne en avant, comme une brave chèvre de M. Seguin qu'elle était... Non pas qu'elle eût l'espoir de tuer le loup, — les chèvres ne tuent pas le loup, — mais seulement pour voir si elle pourrait tenir aussi longtemps que la Renaude...

Alors le monstre s'avança, et les petites cornes entrèrent en danse.

Ah ! la brave chevrette, comme elle y allait de bon cœur ! Plus de dix fois, je ne mens pas, [...] elle força le loup à reculer pour reprendre haleine. Pendant ces trêves d'une minute, la gourmande cueillait en hâte encore un brin de sa chère herbe ; puis elle retournait au combat, la bouche pleine... Cela dura toute la nuit. De temps en temps la chèvre de M. Seguin regardait les étoiles danser dans le ciel clair, et elle se disait :

— Oh ! pourvu que je tienne jusqu'à l'aube...

L'une après l'autre, les étoiles s'éteignirent. Blanquette redoubla de coups de cornes, le loup de coups de dents... Une lueur pâle parut dans l'horizon... Le chant d'un coq enroué monta d'une métairie.

— Enfin ! dit la pauvre bête, qui n'attendait plus que le jour pour mourir ; et elle s'allongea par terre dans sa belle fourrure blanche toute tachée de sang...

Alors le loup se jeta sur la petite chèvre et la mangea.

Albums jeunesse

Éléphanfare (Sophie LOUBIÈRE, Olivier LATYK, © Albin Michel)

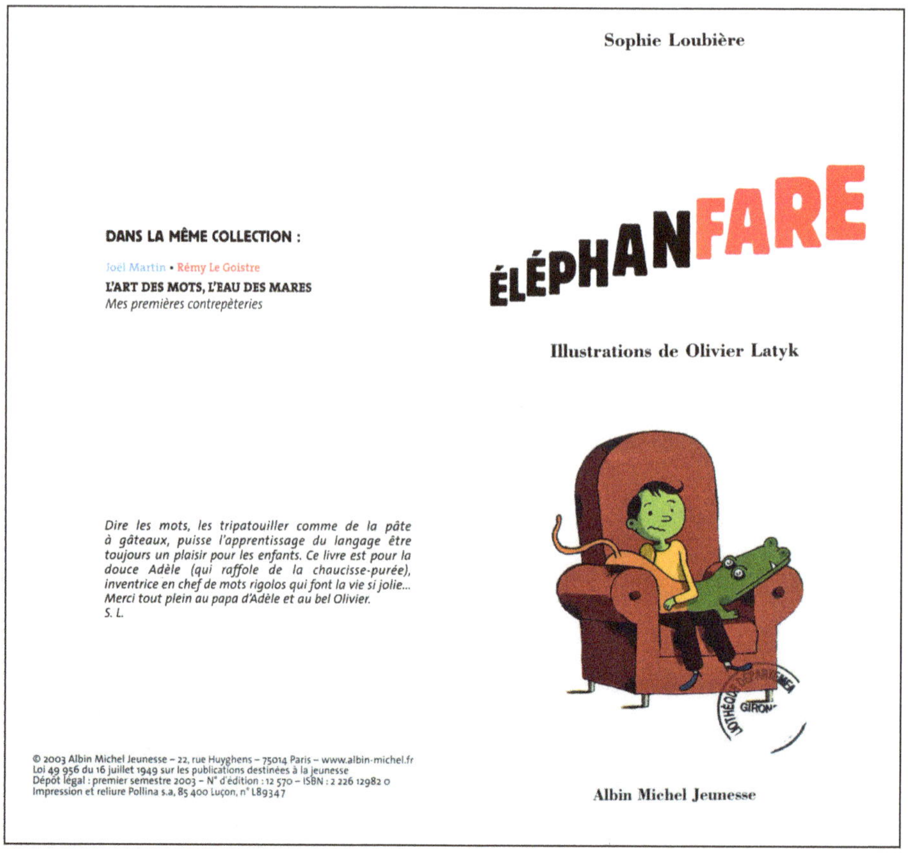

DANS LA MÊME COLLECTION :

Joël Martin • Rémy Le Goistre
L'ART DES MOTS, L'EAU DES MARES
Mes premières contrepèteries

Dire les mots, les tripatouiller comme de la pâte à gâteaux, puisse l'apprentissage du langage être toujours un plaisir pour les enfants. Ce livre est pour la douce Adèle (qui raffole de la chaucisse-purée), inventrice en chef de mots rigolos qui font la vie si jolie... Merci tout plein au papa d'Adèle et au bel Olivier.
S. L.

© 2003 Albin Michel Jeunesse – 22, rue Huyghens – 75014 Paris – www.albin-michel.fr
Loi 49 956 du 16 juillet 1949 sur les publications destinées à la jeunesse
Dépôt légal : premier semestre 2003 – N° d'édition : 12 570 – ISBN : 2 226 12982 0
Impression et reliure Pollina s.a, 85 400 Luçon, n° L89347

Sophie Loubière

ÉLÉPHANFARE

Illustrations de Olivier Latyk

Albin Michel Jeunesse

À TABLE !

la biscothèque

Ce gâteau grillé fait de la musique dans ta tête lorsque tu le croques. Mais qu'est-ce que c'est fort !

RÉPONSE : BISCOTTE + DISCOTHÈQUE

ET TOI, VEUX-TU INVENTER UN NOUVEAU PETIT DÉJEUNER ?
Tu peux te servir de croissant et sanglier, de confiture et vitrine...

8

À TABLE !

le camembar

C'est un fromage très bon qui colle aux dents, et qu'on trouve à la cantine ou à la maison. Il contient un truc magique qui nous rend très, très, très forts : ABRACAMEMBAR !

RÉPONSE : CAMEMBERT + CARAMBAR

ET TOI, VEUX-TU INVENTER UN NOUVEAU PLAT ?
Tu peux te servir de pomme et omelette, de ratatouille et roudoudou...

9

À TABLE !

la crème gentilly

C'est un dessert onctueux et délicieux pour les enfants coquins, qui les rend adorables dès la première cuillerée.

RÉPONSE : CRÈME CHANTILLY + GENTIL

ET TOI, VEUX-TU INVENTER UN NOUVEAU DESSERT ?
Tu peux te servir de caramel et méchant, de compote et potiron...

10

À TABLE !

la grondadine

Si tu verses trop de grondadine dans ton verre, le dentiste le saura et te fera les gros yeux ! Mais comment devine-t-il que tu aimes tant la grondadine ?

RÉPONSE : GRONDER + GRENADINE

ET TOI, VEUX-TU INVENTER UNE NOUVELLE BOISSON ?
Tu peux te servir de grogner et orangeade, de farine et maligne...

11

À TABLE !

Les spaguilis

À la cantine, lorsqu'on les aspire, ils font de drôles de chatouilles dans le cou.

RÉPONSE : SPAGHETTI + GUILI-GUILI

Et toi, veux-tu inventer de nouvelles pâtes ?
Tu peux te servir de coquillettes et douillette, de chatouilles et nouilles...

12

À LA MAISON

la sorsœur

Quand ton petit frère vient t'embêter, tu peux devenir une sorsœur : taper du pied, faire les joues rouges et préparer une potion magique pour le transformer en crapaud. Quelle peur !

RÉPONSE : SORCIÈRE + SŒUR

Et toi, veux-tu inventer un nouveau personnage ?
Tu peux te servir de mamie et magicienne, de papi et pirate...

13

À LA MAISON

le refroigérateur

Lorsque tu as trop chaud, en plein été, tu t'installes devant le refroigérateur et, au bout d'un moment, tu es vraiment frigorifié.

RÉPONSE : REFROIDIR + RÉFRIGÉRATEUR

Et toi, veux-tu inventer une nouvelle machine ?
Tu peux te servir de matelas et aspirateur, de cafetière et chaudière...

14

À LA MAISON

le cabajour

Ce sac à provisions s'allume lorsque ta maman fait les courses tard le soir... Parfois même, il clignote. Et c'est beau !

RÉPONSE : CABAS + ABAT-JOUR

Et toi, veux-tu inventer un nouvel objet pour transporter ? *Tu peux te servir de papa et panier, de bagage et lampadaire...*

15

À LA MAISON

la courchette

Elle aime bien se sauver de l'assiette.
Zut ! Si tu veux manger, il faut courir après...

RÉPONSE : COURIR + FOURCHETTE

ET TOI, VEUX-TU INVENTER UN NOUVEL USTENSILE DE CUISINE ? *Tu peux te servir de trottiner et cuillère, de harmonica et casserole...*

16

À LA MAISON

la fesselle

Tous les soirs, il faut la laver. Mais elle est farceuse et, si tu la casses, vlan ! elle est capable de te botter les fesses ! Pour rigoler !

RÉPONSE : FESSÉE + VAISSELLE

ET TOI, VEUX-TU INVENTER UNE NOUVELLE BLAGUE ? *Tu peux te servir de pleurer et éponge, de dispute et torchon...*

17

À LA MAISON

l'artichaumière

C'est une maison très confortable, qui s'épluche selon les saisons. Au printemps, tu la manges avec de la vinaigrette. En hiver, papa la cuisine en paupiettes.

RÉPONSE : ARTICHAUT + CHAUMIÈRE

ET TOI, VEUX-TU INVENTER UNE NOUVELLE MAISON ? *Tu peux te servir de château et tomate, de cabane et banane...*

18

VIVE L'ÉCOLE !

la carapuche

Elle est cousue au col des manteaux pour qu'on ne la perde pas. Elle protège la tête de la neige, du vent et aussi des pluies de tortues.

RÉPONSE : CARAPACE + CAPUCHE

ET TOI, VEUX-TU INVENTER UN NOUVEL HABIT ? *Tu peux te servir de bouclier et bonnet, de rempart et pardessus...*

19

VIVE L'ÉCOLE !

un crayongle

C'est un doigt très pratique pour dessiner
et, en plus, on peut le tailler avec ses dents.
Chaque doigt a sa couleur : quel bonheur !

RÉPONSE : CRAYON + ONGLE

ET TOI, VEUX-TU INVENTER UN NOUVEL INSTRUMENT ?
Tu peux te servir de pied et pinceau ,
de cheveu et feutre...

20

VIVE L'ÉCOLE !

le potographe

Dans notre classe, à l'école, le potographe
sait qu'on n'arrête pas de bouger.
Alors il se cache, immobile,
et on ne sait plus où il est. Quel rusé !

RÉPONSE : POTEAU + PHOTOGRAPHE

ET TOI, VEUX-TU INVENTER UN NOUVEAU MÉTIER ?
Tu peux te servir de poubelle et boulanger,
de gendarme et armoire...

21

VIVE L'ÉCOLE !

l'institutriche

J'adore l'institutriche : elle nous met de
bonnes notes même quand on a tout faux,
et s'amuse à remplir nos cahiers d'écriture
à notre place quand on a le dos tourné.
La coquine !

RÉPONSE : INSTITUTRICE + TRICHE

ET TOI, VEUX-TU INVENTER UNE NOUVELLE MAÎTRESSE ?
Tu peux te servir de instituteur et pleur,
de soldes et dame...

22

VIVE L'ÉCOLE !

le sparadrame

C'est un talisman qui guérit tout de suite
les blessures très graves, comme
les éraflures aux genoux et les coup
de griffes du chat de la voisine sur la main.
(Mais ça marche encore mieux si maman
embrasse l'endroit où l'on a mal avant
de coller le sparadrame.)

RÉPONSE : SPARADRAP + DRAME

ET TOI, VEUX-TU INVENTER UN NOUVEAU REMÈDE ?
Tu peux te servir de pansement et menteur,
de coton et catastrophe...

23

DRÔLES DE BÊTES

le barbapabar

C'est un éléphant gentil comme un papa, dont la barbe est très douce, rose et bonne comme de la fraise. Hum !

RÉPONSE : BARBE À PAPA + BABAR

ET TOI, VEUX-TU INVENTER UN NOUVEAU HÉROS ? *Tu peux te servir de oiseau et Zorro, de berlingot et Tintin...*

24

DRÔLES DE BÊTES

le chaligator

Cet animal étrange peut rester des heures à la surface de l'eau sans bouger, et venir ensuite se pelotonner sur tes genoux pour ronronner.

RÉPONSE : CHAT + ALLIGATOR

ET TOI, VEUX-INVENTER UN NOUVEL ANIMAL DOMESTIQUE ? *Tu peux te servir de boa et hamster, de marmotte et otarie...*

25

DRÔLES DE BÊTES

un éléphanfare

Cet énorme animal joue d'un tas d'instruments en même temps. C'est très impressionnant ! Et plutôt dansant !

RÉPONSE : ÉLÉPHANT + FANFARE

ET TOI, VEUX-TU INVENTER UN NOUVEL ANIMAL DE CIRQUE ? *Tu peux te servir de magicien et chien, de tigre et grenouille...*

26

DRÔLES DE BÊTES

un hippopoflamme

C'est un cousin du dragon, qui adore cracher du feu et prendre des bains pour se rafraîchir un brin.

RÉPONSE : HIPPOPOTAME + FLAMME

ET TOI, VEUX-TU INVENTER UN NOUVEL ANIMAL DE CONTE ? *Tu peux te servir de licorne et corde, de dromadaire et désert...*

27

DRÔLES DE BÊTES

l'orangoûtant

Shocking ! L'orangoûtant déteste les bonnes manières. Impossible de lui faire porter le smoking ni de lui demander de boire le thé dans une tasse en porcelaine. Il préfère déguster les épluchures de légumes avec les doigts pendant sa séance de gymnastique quotidienne.

le cocholat

Quand il mange de la crème dessert, cet animal glouton s'en met partout. Il prend même des bains dedans ! Celui-là, quel sacré cracra !

DRÔLES DE BÊTES

RÉPONSE : ORANG-OUTANG + DÉGOÛTANT

RÉPONSE : COCHON + CHOCOLAT

ET TOI, VEUX-TU INVENTER UN NOUVEL ANIMAL DÉGOÛTANT ? *Tu peux te servir de caca et araignée...* *... ou encore de yaourt et ours...*

28 29

DRÔLES DE BÊTES

le rhinoféroce

Ne t'inquiète pas : avec toi, il est gentil. Il attaque seulement les méchants chasseurs que l'on voit dans les films à la télévision.

un néventail

C'est un objet très recherché par les sorcières dans le monde entier, parce qu'elles voudraient bien cacher leur nez derrière, et croient qu'en l'agitant elles seront changées en princesses. Quelles bêtes !

DRÔLES DE BÊTES

RÉPONSE : RHINOCÉROS + FÉROCE

RÉPONSE : NEZ + ÉVENTAIL

ET TOI, VEUX-TU INVENTER UN NOUVEL ANIMAL DE LA SAVANE ? *Tu peux te servir de toucan et antilope, de serpent et pantoufle...*

ET TOI, VEUX-TU INVENTER UN NOUVEAU DÉGUISEMENT ? *Tu peux te servir de genou et ouragan, de cape et pelage...*

30 31

TOUS DEHORS !

le boboggan

Si tu te laisses glisser trop vite sur les bosses de son dos, gare à l'atterrissage, car il n'a pas de bras pour te rattraper !

RÉPONSE : BOBO + TOBOGGAN

ET TOI, VEUX-TU INVENTER UN NOUVEAU JEU ?
Tu peux te servir de patinette et entorse, de égratignure et râteau...

32

TOUS DEHORS !

le cracteur

Le cracteur écrase tout sur son chemin : il est très pressé d'aller croquer, pour son goûter, le blé des champs. Quel gros gourmand !

RÉPONSE : CRAC + TRACTEUR

ET TOI, VEUX-TU INVENTER UN NOUVEL ENGIN ?
Tu peux te servir de fusée et hélicoptère, de toc et locomotive...

33

TOUS DEHORS !

le crottoir

Sur le crottoir devant la maison, quel drôle de jeu ! On évite de poser nos chaussures là où Mamie Rolande dit que ça porte bonheur.

RÉPONSE : CROTTE + TROTTOIR

ET TOI, VEUX-TU INVENTER UN NOUVEAU PIÈGE ?
Tu peux te servir de dépotoir et square, de caniveau et autoroute...

34

TOUS DEHORS !

le prestaurant

À midi, lorsque tu vas au prestaurant avec tes parents, il faut vite manger l'entrée, les frites et le dessert en même temps, parce que tout le monde doit retourner travailler.

RÉPONSE : PRESSÉ + RESTAURANT

ET TOI, VEUX-TU INVENTER UN NOUVEAU LIEU ?
Tu peux te servir de rapide et piscine, de paisible et librairie...

35

La cachette de Rita et Machin (J.-P. ARROU-VIGNOD, O. TALLEC, © Éditions Gallimard)

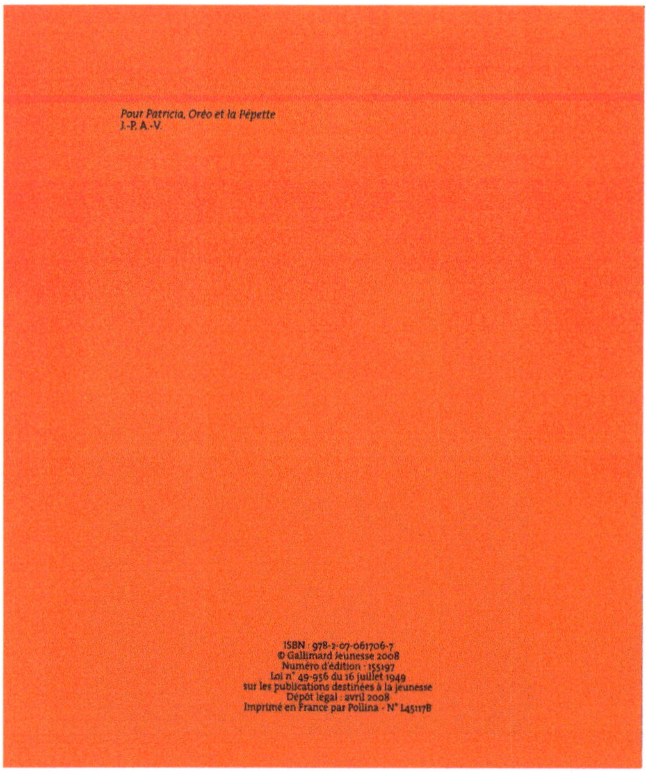
Pour Patricia, Oréo et la Pépette
J.-P. A.-V.

ISBN : 978-2-07-061706-7

Numéro d'édition : 155197
Loi n° 49-956 du 16 juillet 1949
sur les publications destinées à la jeunesse
Dépôt légal : avril 2008
Imprimé en France par Pollina - N° L45117B

Rita et Machin ont une cachette secrète :
une cabane à outils vermoulue
tout au fond du jardin.

Que c'est bien, quand il fait mauvais, de s'y abriter,
au milieu des vieux pots et des toiles d'araignée !

Ouh ! Ouh ! fait le vent sous la porte.
– On dit qu'on serait dans un igloo, imagine Rita.
Je serais Rita-Rita, la reine des Esquimaudes.

– Et moi, Machin-Machin,
le colonel en chef des chiens de traîneau.

– Rita ! Machin ! Où êtes-vous ? appelle Papa.

Pauvres Rita et Machin perdus sur la banquise !
Jamais personne ne pourra les retrouver !

Floc ! Floc ! fait la pluie sur le toit.

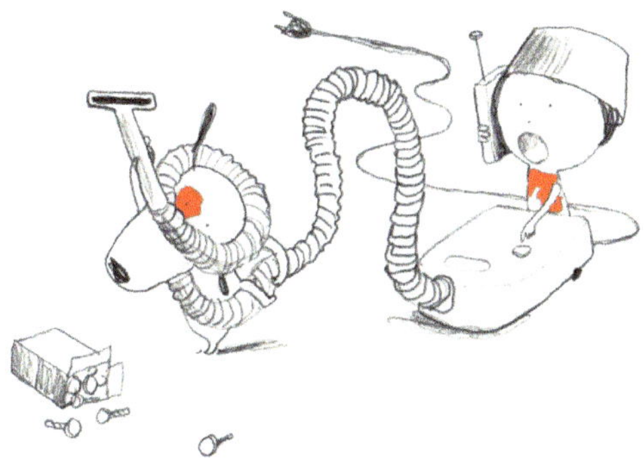

– Un bombardement de météorites ! crie Rita-Rita.
– Vite ! Sautons à bord de notre écuelle volante ! ordonne le colonel Machin-Machin.

– Rita ! Machin ! Où êtes-vous ? appelle Papa.

Pauvres Rita et Machin perdus dans l'espace !
Jamais ils ne pourront revenir sur Terre !

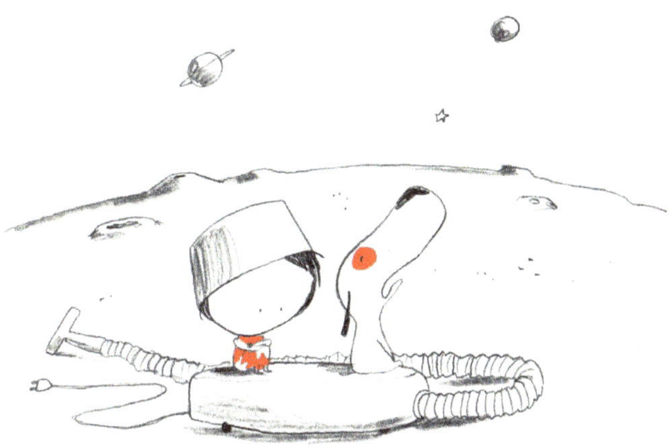

Crac ! Crac ! font les planches
de la cabane.

– Une attaque de puces géantes ! crie Machin-Machin.
– Vite ! En plongée dans notre sous-marin de poche !
ordonne la reine Rita-Rita.

Pauvres Rita et Machin perdus sous la mer !
Jamais ils ne vont pouvoir remonter à temps pour le dîner !

– Rita ! Machin ! Où êtes-êtes vous ? appelle Papa.
Cette fois je vais me fâcher !

Toc ! Toc ! Quelque chose cogne à la fenêtre.

– Un monstre des bois ! crie Rita-Rita.
Qu'est-ce qu'on fait, mon colonel ?
– Sortez les arrosoirs de combat.
On va le désintégrer !

Halte-là ! Ne tirez pas, c'est Papa !

– Rita ! Machin ! Je vous cherche partout !
Puisque vous ne répondez pas quand on vous appelle,
filez au lit, et sans manger !

Pauvres Rita et Machin, privés de dîner…
Ils vont devoir se partager un bout de réglisse tout suçoté.

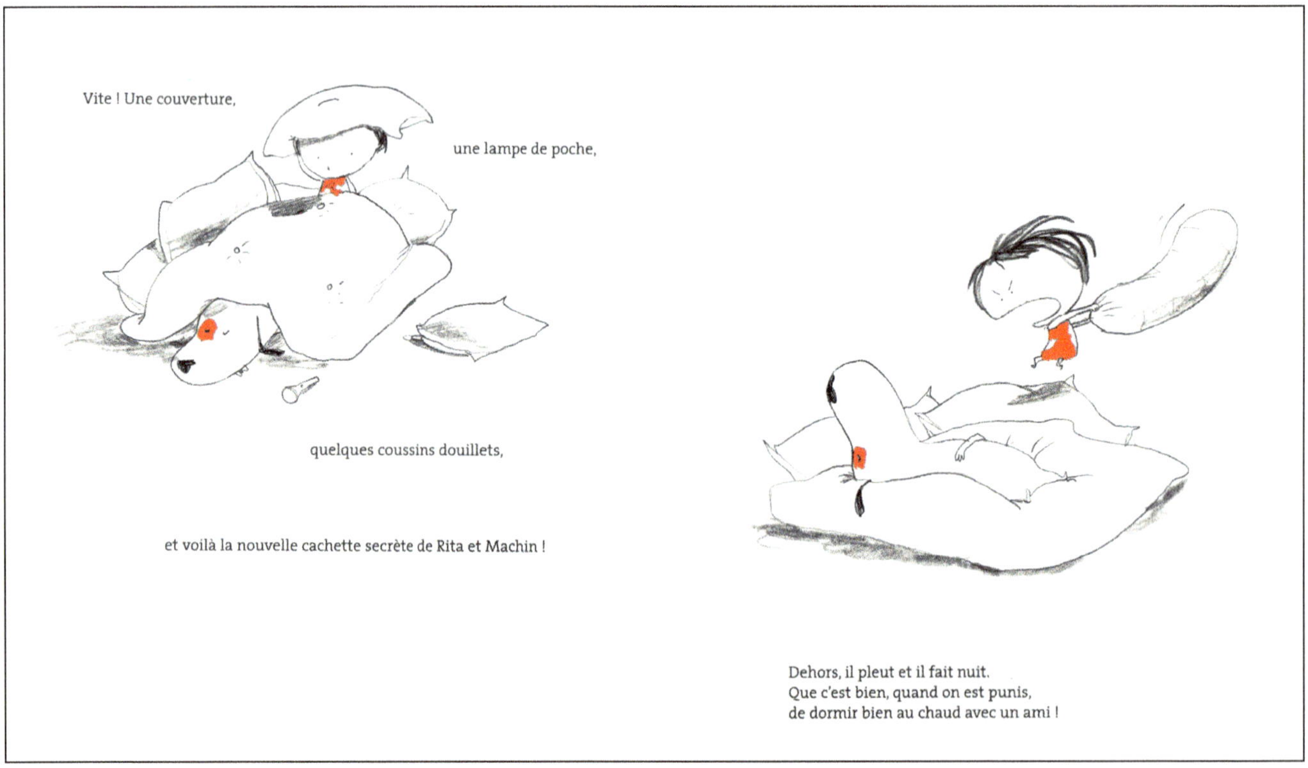
Vite ! Une couverture,
une lampe de poche,
quelques coussins douillets,
et voilà la nouvelle cachette secrète de Rita et Machin !
Dehors, il pleut et il fait nuit.
Que c'est bien, quand on est punis,
de dormir bien au chaud avec un ami !

Le gentil facteur ou Lettres à des gens célèbres (Janet & Allan AHLBERG, Droits réservés)

Il était une fois sur sa bicyclette,
Et tralala et tralalère,
Un gentil facteur qui venait de loin,
De vraiment très, très loin…

Avec une *lettre* pour les Trois Ours.

cher M. et Mme Ours
et Bébé Ours,
je suis très désolé d'être entrée dans
votre maison, et d'avoir manger
la bouilli de Bébé Ours.
Maman dit que je suis une vilaine fille.
elle dit que je mange presque pas de bouillie
quand c'est elle qui la fait. Papa dit
qu'il réparerat la petite chèse.

Baisers de
Boucle d'Or

P.S. Bébé Ours peut venir à ma
fête si il veut. Il y aura 3 sortes de
gateaux, des glasses et du minimistafia.

Alors les ours lurent la lettre,
Mais pas Bébé Ours qui ne savait pas lire.
Le facteur but du thé.
Et qu'arriva-t-il ensuite ?
Tu vas bientôt le savoir.

Le gentil facteur s'en alla,
Et tralalère et tralala,
Dans son bel uniforme bleu,
Vers une petite maison en pain d'épice,
Perdue au fond des bois,

Avec une *lettre* pour la méchante sorcière.

La sorcière lut sa lettre,
En ricanant joyeusement,
Tandis que le facteur parcourait le journal,
Sans boire son thé (empoisonné, bien sûr !)

Puis le gentil facteur reprit sa tournée
Et s'arrêta, cela va bien t'étonner,
Devant la porte d'un géant,
Qui avait une sonnette pour géant,
Et une marche de géant, également,

Avec une *carte postale* pour… devine qui ?

CARTE POSTALE

TIMBRER ICI

CHER GÉANT TREGRAND,

NOUS PASSONS DE BONNES VACANCES, MOI, MA MÈRE ET VOT' POULE AUX ŒUFS D'OR (C'EST BEAUCOUP MIEUX QUE LES CHÈQUES DE VOYAGE.) AVONS VU UN MEC, DURANT NOT' VOL. PLUS GRAND QUE VOUS ! J'AI PRIS SON ADRESSE. PRENEZ SOIN D' VOUS ET D' VOTRE HARPE PARLANTE. JE SERAI D' RETOUR UN D'CES JOURS, JE NE SAIS PAS QUAND.

ALORS SALUT ! VOT' (TRÈS) PETIT COPAIN,

JACK

NOS COURRIERS SONT TOUJOURS À VOTRE SERVICE
TAPIS VOLANTS TOURS

Alors le géant lut son courrier,
  Son bébé sur les genoux,
Et le facteur but d'un seul coup
  Un dé à coudre de géant plein de thé.

Une fois encore, le gentil facteur
  Enfourcha sa bicyclette,
En route pour un magnifique palais.
  Les rossignols chantaient,
Et une pancarte indiquait : VENDU,

Avec une *lettre* pour… Cendrillon.
(Quelle surprise !)

LE TOURNANT
* 19 MAI 05
7H.45

S.A.S. la Princesse Cendrillon
Le Palais
Route du Mitan du Royaume

Les Presses Petit Pas

Chère Princesse,

Les Presses Petit Pas souhaitent publier prochainement un album illustré destiné à un jeune public commémorant votre récent mariage avec S.A.S le Prince Charmant. Nous vous adressons ci-joint une épreuve de cet ouvrage espérant qu'il vous donnera entière satisfaction.

Nous pensons que cette version abrégée de la merveilleuse histoire d'amour que vous venez de vivre trouvera en librairie l'accueil chaleureux qu'elle mérite.

Espérant que la nouvelle installation de votre Altesse est conforme à ses voeux, nous souhaitons vous y voir vivre pour toujours, heureuse à jamais.

Votre tout dévoué et loyal sujet.

Pierre Petit Pas

Pierre Petit Pas

LES PRESSES PETIT PAS • PLACE PATATRAS • PARPEVILLE

Publié par les Presses Petit Pas
Place Patatras, Parpeville 02240

Composé en Bembo C9

Il était une fois une jeune fille nommée Cendrillon qui avait une cruelle belle-mère, deux méchantes et affreuses belles-sœurs, et un père qui n'était pas souvent là. Un jour, le facteur apporta une invitation au bal du Roi.

La belle-mère et les deux sœurs revêtirent leurs plus beaux atours et s'en allèrent, laissant Cendrillon. Elle ne pouvait pas aller au bal : elle n'avait rien à se mettre, et pas de moyen de transport.

Heureusement, au même moment, la marraine de Cendrillon, qui était une fée, fit son apparition. Trouvant Cendrillon en pleurs, elle fit quelques tours de magie, et sa filleule s'en vint

au bal, vêtue d'une robe magnifique, dans un carrosse d'or.
« Mais rentre à minuit ! » dit-elle.
« L'enchantement n'ira pas au-delà. »

Alors Cendrillon se rendit au bal où elle passa des moments fantastiques. Elle mangea des quantités de petites

saucisses piquées sur un bâton et dansa tout le temps avec le Prince qui l'admirait manifestement. Tandis que tout allait pour le mieux, l'horloge sonna minuit et Cendrillon dut s'en aller.

Le Prince en fut inconsolable, mais heureusement pour lui, il trouva une des petites pantoufles de verre de Cendrillon, ce qui lui redonna courage. Dès le lendemain,

il se mit à la recherche d'une jeune fille dont le pied entrerait dans la pantoufle. Puis il la demanderait en mariage. Toutes les demoiselles de la ville, jeunes et vieilles, y compris

les affreuses sœurs, essayèrent la pantoufle, mais en vain. Enfin, Cendrillon l'essaya, et elle lui alla, bien sûr. Et il advint ce qui devait advenir.

Alors, on célébra le mariage de Cendrillon et du Prince. Des télégrammes de félicitations arrivèrent de tous les coins du Royaume, et les journaux relatèrent les faits.

« UNE PRINCESSE DE CONTE DE FÉES » titraient les journaux, ce qui, disons-le, n'avait rien d'exagéré.

FIN

Cendrillon, ravie, lut son petit livre,
Le gentil facteur but du champagne,
Et, un peu ivre,
Regagna en zigzagant la campagne.
(Hops ! Hops !)

Un peu plus tard, le gentil facteur,
Qui n'avait vraiment pas peur,
Se rendit chez une « Grand-mère »
Aux grandes dents et au drôle d'air.

Il avait une *lettre* pour… Whouuuu !

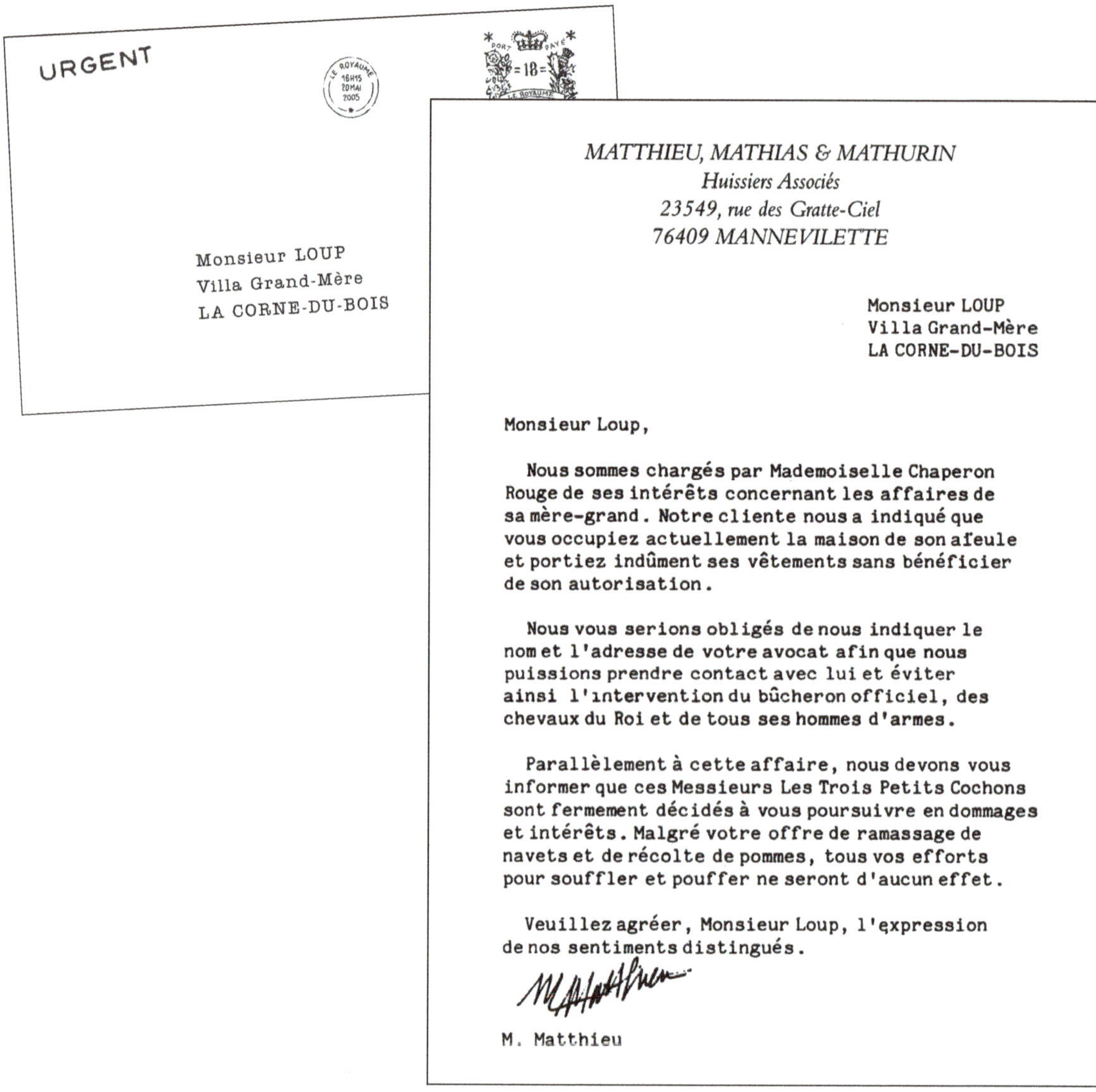

URGENT

Monsieur LOUP
Villa Grand-Mère
LA CORNE-DU-BOIS

MATTHIEU, MATHIAS & MATHURIN
Huissiers Associés
23549, rue des Gratte-Ciel
76409 MANNEVILETTE

Monsieur LOUP
Villa Grand-Mère
LA CORNE-DU-BOIS

Monsieur Loup,

Nous sommes chargés par Mademoiselle Chaperon Rouge de ses intérêts concernant les affaires de sa mère-grand. Notre cliente nous a indiqué que vous occupiez actuellement la maison de son aïeule et portiez indûment ses vêtements sans bénéficier de son autorisation.

Nous vous serions obligés de nous indiquer le nom et l'adresse de votre avocat afin que nous puissions prendre contact avec lui et éviter ainsi l'intervention du bûcheron officiel, des chevaux du Roi et de tous ses hommes d'armes.

Parallèlement à cette affaire, nous devons vous informer que ces Messieurs Les Trois Petits Cochons sont fermement décidés à vous poursuivre en dommages et intérêts. Malgré votre offre de ramassage de navets et de récolte de pommes, tous vos efforts pour souffler et pouffer ne seront d'aucun effet.

Veuillez agréer, Monsieur Loup, l'expression de nos sentiments distingués.

M. Matthieu

La « grand-mère » lut la lettre,
Et servit le thé
Que le pauvre gentil facteur
But avec frayeur.

Enfin le gentil facteur,
Vraiment très très fatigué,
Se rendit à une maison en fête.
Sur le seuil, un petit ours
Tenait un gâteau dans sa main.

La *lettre* était pour… Boucle d'Or.

Marchand de gâteaux, marchand de gâteaux,
Fais-moi vite un bon gâteau,
Et livre-le à mon logis,
Tout resplendissant de bougies !

AUJOURD'HUI, J'AI HUIT ANS !

À Boucle d'Or
affectueusement
Mme Ours et Bébé
xxxxx

Et Boucle d'Or, l'air guilleret,
Serra dans sa poche le billet,
Le facteur se mit de la partie,
Et fit fête avec les amis.

Il était une fois sur sa bicyclette,
Et tralala et tralalère,
Un gentil facteur qui venait de loin,
De par-delà les collines,
De vraiment très, très loin…

Et qui rentra chez lui, à cinq heures, pour le thé !

Les Tchouks – On a attaqué un château ! (Benjamin RICHARD, © Rue de Sèvres)

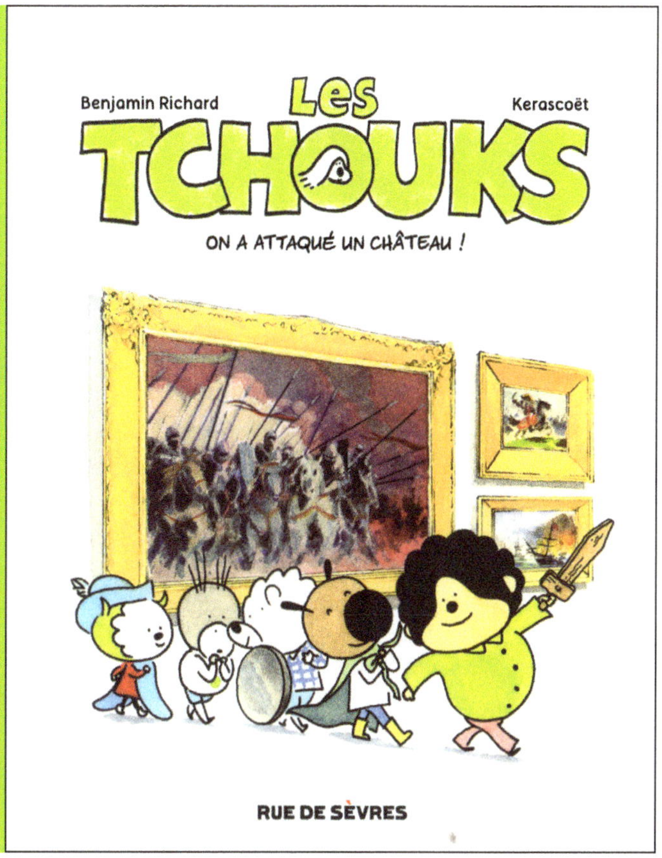

Mise en page : Marie Pécastaing

ISBN 978-2-36981-109-1

Dépôt légal : janvier 2015. Imprimé en France par Pollina - L70314a
Loi n°49-956 du 16 juillet 1949 sur les publications destinées à la jeunesse.

Benjamin Richard
LES TCHOUKS
Kerascoët

ON A ATTAQUÉ UN CHÂTEAU !

RUE DE SÈVRES

Avec Tchoukrik et les copains, on avait prévu d'aller attaquer un château.
On s'est préparés dans le grenier de Tchoukadou. Tout le monde était là,
même Tchouki, alors qu'elle n'aime pas trop se salir, d'habitude.
EN AVANT, MARCHE !

On ne connaissait pas ce château, mais moi, j'espérais que ce soit
un château hanté.
Patatchouk, il voulait
un château en ruines.
Tchoukidou, il voulait un château chinois
et Tchoukrik, un château fort.
Là, Tchougrak, il a dit...
STOP !!

COMMENT ÇA UN CHÂTEAU FORT ?
ET IL SERAIT FORT COMMENT, CE CHÂTEAU ?
PARCE QUE C'EST MOI LE PLUS FORT, ON EST D'ACCORD ?
Tchougrak, il veut tout le temps être le plus fort.
Il a cassé son épée pour nous le prouver.
TAP!
KRAK!
Après, il avait plus d'épée...
Et même Tchouki, elle ne voulait pas lui donner la sienne.

En fait, le château,
il n'était même pas un peu cassé.
Il avait l'air tout neuf.
On était tous un peu déçus, forcément...
FRANCHEMENT, J'EN AI DÉJÀ VU DES PLUS FORTS...
Seule Tchouki était contente.
On commençait à se demander
si elle voulait vraiment l'attaquer,
ce château.

Moi, j'étais un peu moins déçu que les autres
parce que le château était peut-être hanté quand même...
ON NE SAIT JAMAIS !
Mais de toute façon,
avant de pouvoir attaquer,
il fallait faire la queue et acheter des billets.

Pour arriver au château, on a dû traverser plein de jardins.
Tchoukadou, elle trouvait ça long,
même si on rigolait bien !
Tchougris a dit que sur ce château on verrait des mâchicoulis.
On a trop rigolé : « mâchicoulis », c'est trop marrant comme mot.
Tchougris, il ne trouvait pas.

Après, on s'est tous perdus dans le labyrinthe. C'était trop chouette.
MÂCHICOULIS DE FRAISE !
MÂCHICOULIS DE POIRE !
MAIS ARRÊTEZ ! C'EST PAS DRÔLE !

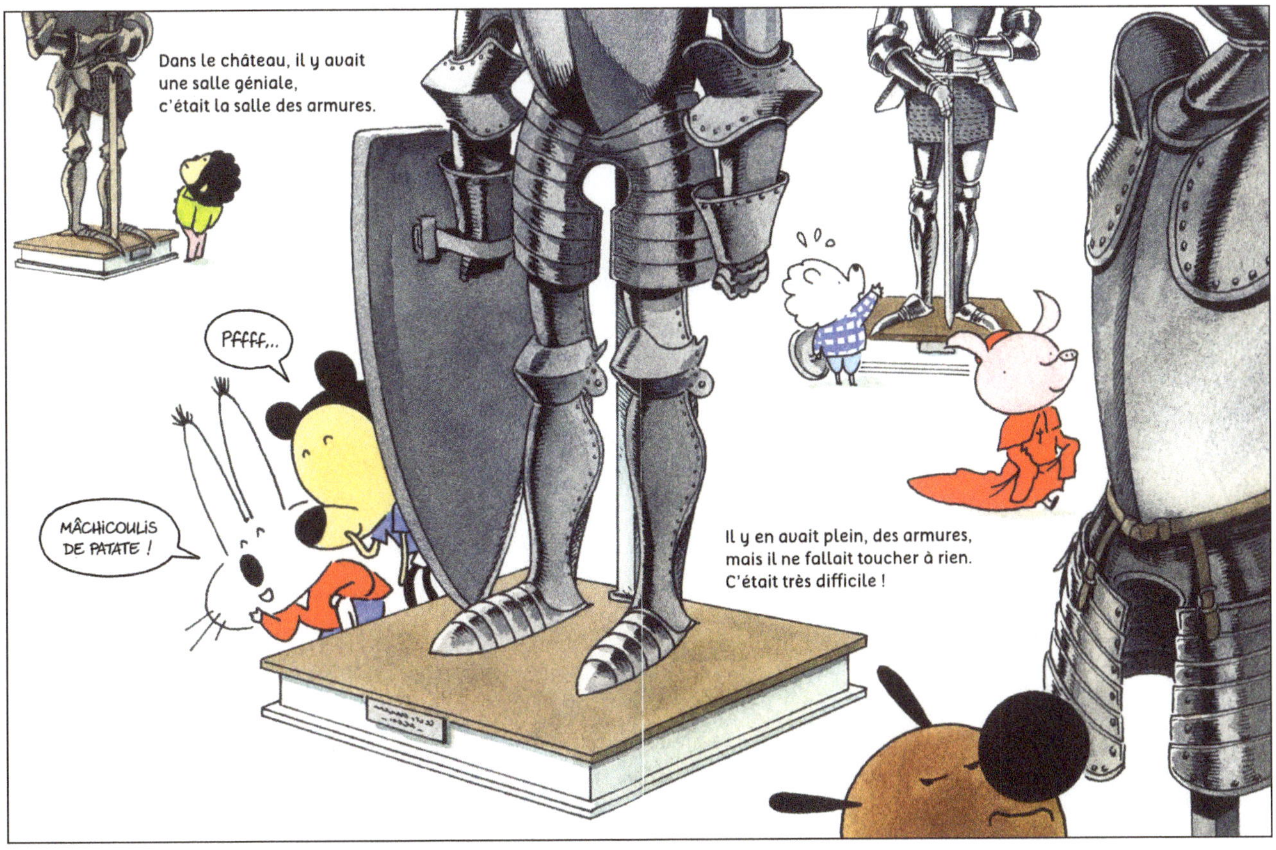
Dans le château, il y avait une salle géniale, c'était la salle des armures.
PFFFF...
MÂCHICOULIS DE PATATE !
Il y en avait plein, des armures, mais il ne fallait toucher à rien. C'était très difficile !

Mais notre salle préférée, c'était la salle des portraits !
MÂCHICOULIS DE BROCOLI !
Tchoukadou l'a rebaptisée la salle des glissades.

ALORS ?
Sur les remparts, Tchougris nous a montré les mâchicoulis.
C'est juste des trous dans le sol…
C'est vrai que c'est pas drôle, en fait.

Au sommet de la tour,
Tchougrak a décidé
qu'on avait capturé le château.
FAUT QU'ON PLANTE NOTRE DRAPEAU !
Mais comme on n'avait pas de drapeau,
Tchouki a proposé qu'on mette sa baguette magique.
Tchougrak a essayé de la planter mais il était trop petit.
Heureusement que Tchouki l'a aidé !

ALORS ? C'EST QUI QU'EST PLUS FORT QUE LE CHÂTEAU FORT ?
C'EST TCHOUKI !!

Pitikok et le poisson à moustaches (extrait) (C. JOLIBOIS, C. HEINRICH, © Pocket Jeunesse)

DANS LA MÊME COLLECTION :
PITIKOK

DES MÊMES AUTEURS :
LES P'TITES POULES

La petite poule qui voulait voir la mer
Un poulailler dans les étoiles
Le jour où mon frère viendra
Nom d'une poule, on a volé le soleil !
Charivari chez les P'tites Poules
Les P'tites Poules, la Bête et le Chevalier
Jean qui dort et Jean qui lit
Sauve qui poule !
Coup de foudre au poulailler
Un poule tous, tous poule un !
Pas de poules mouillées au poulailler !
Les P'tites Poules et la Grande Casserole
La Poule au Bois Dormant
Les P'tites Poules sur l'île de Toutégratos
Les P'tites Poules et la cabane maléfique
Album collector (tomes 1 à 4)
Album collector (tomes 5 à 8)
Album collector (tomes 9 à 12)

Loi n° 49-956 du 16 juillet 1949
sur les publications destinées à la jeunesse : mars 2010.

ISBN : 978-2-266-20337-1
Achevé d'imprimer en France par Pollina, 85400 Luçon - n° L79192
Dépôt légal : mars 2010
Suite du premier tirage : décembre 2016

CHRISTIAN JOLIBOIS & CHRISTIAN HEINRICH
PITIKOK
ET LE POISSON À MOUSTACHES
COQ-GUILI-GUILI-DOO !
PKJ·

Le petit coq n'a jamais vu une chose pareille.
Un poisson qui respire hors de l'eau
et qui se fait les griffes
comme n'importe quel matou…

– Ouille, ouille !
couine soudain le poisson rigolo.
Je me suis planté une écharde dans la nageoire…
heu… dans la patte.

– Allez, Plouf le Chat, suis-moi ! dit Pitikok.
Je vais te raccompagner jusqu'à la rivière.

– Regarde, répond le jeune poisson,
qui fait mine de n'avoir rien entendu.
J'arrive à me gratter derrière l'oreille,
à m'étirer, et je sais même dormir en boule.
Hé ? Tu veux que je te montre
qui est le plus grand chasseur d'oiseaux
du Mississippi ?

– Incroyable ! Un poisson qui ne sait plus nager !

– Blurp, blurp ! crachote Plouf, un peu vexé.
Tu sais bien que les chats n'aiment pas l'eau.
Pitikok insiste :
– Viens, petit. Tes parents doivent s'inquiéter…

– Mais laisse-moi vivre ma vie de chat !
miaule le poisson en colère.
Un grand félin solitaire comme moi
n'a besoin de personne. Adieu !

Et il s'enfonce seul dans la forêt.

Soudain, au détour d'un fourré,
le jeune aventurier se sent observé.
– Qui es-tu ? demande Plouf.

Une tornade rouge arrache de justesse
l'imprudent des griffes mortelles.

– Ce que tu es fort, Pitikok !
s'émerveille le poisson tout tremblant.
Cette méchante bête allait me croquer tout cru !
Je veux voir ma maman !

Pitikok est un peu perdu
dans cette immense forêt.
Alors, il demande à sa plume magique
de lui indiquer la bonne direction.

Bordas est un éditeur qui s'engage pour la préservation de l'environnement et utilise du papier issu de forêts gérées de manière responsable et d'autres sources contrôlées.

Certifié PEFC
Ce produit est issu de forêts gérées durablement et de sources contrôlées
PEFC 10-31-3532
www.pefc-france.org

Ce livre a été imprimé en France en avril 2022 par SEPEC-Numérique, imprimeur certifié IMPRIM'VERT®

N° de projet : 10283756 • Dépôt légal : mai 2021